suhrkamp taschenbuch 1435

Gleich zu Beginn seines Vorworts zum *Karl-Kraus-Lesebuch* spricht Hans Wollschläger vom »Wahnsinn des Unternehmens, ein so riesiges Lebenswerk auf nur ein Prozent zu reduzieren«. In der Tat sind die Selbstzweifel ob der Grundberechtigung einer solchen Auswahl nachvollziehbar – angesichts des gigantischen Werkes, das Karl Kraus mit der Zeitschrift *Die Fackel* schuf, anfangs mit wenigen Mitarbeitern, später als alleiniger Autor eines Werkes, das weit mehr als 30000 Seiten umfaßt; angesichts eines Dutzends von Buchveröffentlichungen; angesichts der Fülle von Übersetzungen und Bearbeitungen.

Hans Wollschläger versucht mit seiner Auswahl einen Weg durch die Entwicklung der *Fackel* abzustecken, nicht thematisch, sondern chronologisch in drei Abschnitte untergliedert: Texte aus den Jahren 1899–1913; 1914–1919; und 1920–1933. So treten Glossen und Gedichte, Essays und Aphorismen in der gleichen Verschränkung auf, in der sie für die *Fackel* entstanden.

Im Blick auf die »Aktualität« der Texte, die geradezu erst mit dem Erlöschen ihrer Stoffkenntnis für Kraus »aktuell« zu werden begannen, wünscht sich der Herausgeber, daß der Leser die damit verbundene Schwierigkeit begreifend überwinden möge. »Er möge, der Leser, an diesem Lesebuch aus Karl Kraus lesen lernen überhaupt.«

Karl-Kraus-Lesebuch

Herausgegeben von
Hans Wollschläger

Suhrkamp

suhrkamp taschenbuch 1435
Erste Auflage 1987

Satz: Uhl + Massopust, Aalen
Druck: Ebner Ulm
Printed in Germany
Umschlag nach Entwürfen von
Willy Fleckhaus und Rolf Staudt
unter Verwendung einer Fotografie
von Benda d'Ora (1933/1934)

1 2 3 4 5 6 – 92 91 90 89 88 87

Vorwort

ein so riesiges Lebenswerk auf nur ein Prozent zu reduzieren, könnte mit jedem Recht verlangt werden, daß er wenigstens Methode habe. So muß der Herausgeber gleich an den Eingang dieser Auswahl das Geständnis setzen, wie wenig sicher er ihrer Methodik ist, ja daß er an ihrer Grundberechtigung schlechterdings zweifelt und das Bewußtsein, an einer zerstörenden Tat mitzuwirken, nur unvollkommen mit dem Wunsch beschwichtigen kann, so vielleicht doch einer zum Großen Ganzen immer seltener fähigen Leserschaft die Annäherung zu erleichtern, und mit der Gewißheit der Unzerstörbarkeit dieses Ganzen, das auch im Fragmentarischen seine Kraft bewahren und bewähren mag. Der Leser, der mit der Erscheinung Karl Kraus hier zum erstenmal bekannt wird, möge in seinem berechtigten Staunen denn auch Platz für ein Stück Schuldgefühl lassen – dafür, daß dieses Bekanntwerden vom Werk selbst erst durch ein Opfer ermöglicht werden mußte, dessen Größe voll zu erfahren er, der Leser, vielleicht angeregt wird.

Das gigantische Werk der Zeitschrift ›Die Fackel‹, die Karl Kraus 1899–1936 in Wien herausgab und, nur anfangs mit wenigen Mitarbeitern, schließlich allein schrieb, mehr als 25 000 ›Normalseiten‹ Prosa, ein Phänomen der Kultur- und Gesellschaftskritik, wie die Weltliteratur kein ähnliches hat, und ein Phänomen der Weltliteratur selbst zugleich, wie die Kultur- und Gesellschaftskritik kein ähnliches hat, ist durch eine Auswahl nicht repräsentierbar. Nicht nur muß die durchdringende Systematik, zu der sich die Fülle verdichtet, dabei unsichtbar bleiben; auch die kunstvolle innere Komposition der ›Fackel‹-Hefte wird so zerbrochen. Hinzu kommt, daß es im Ganzen eigentlich keine ›Nebenarbeiten‹ gibt, die voll entbehrlich wären: – der Blick der Nachwelt, die sich den Relevanz-Gesichtspunkt leistet, ist selten ungetrübt von nachlassender Sehkraft und hält oft einfach für unbedeutend, was nur ihrem Wissensstand in seiner Bedeutung verlorengegangen ist. Ein Extrakt aus der ›Fackel‹ läßt sich nicht bilden; jede Auswahl, die ihr Wesentliches erfassen wollte, ist dazu verurteilt, unterhalb seiner zu bleiben und Stückwerk. Karl Kraus hat selber Auswahlbände zusammengestellt (und seine Texte dabei einer äußerst skrupulösen nochmaligen Durchfeilung unterzogen), aber sie folgten durchweg dem Thematisierungs-Prinzip und bedeuteten keine Verwerfung der zurückgebliebenen Kontexte; auch stellen sich die ›Ausgewählten Schriften‹ als ein unabgeschlossener Arbeitsprozeß dar, den für den Autor posthum fortzusetzen niemand befugt ist: sie enthalten Endgültiges, ziehen aber keine endgültige Grenze. Müßte so die Nachahmung des Verfahrens schon gegen Kraus selbst verstoßen, so erst recht der Versuch, seine eigenen Sammlungen ein weiteresmal zu reduzieren – zum Zweck der Wiedervereinigung in einem einzigen Lesebuch. Was der Herausgeber darin vorlegt, ist denn methodisch noch weniger als ein Kompromiß und muß seine Ohnmacht einbekennen: gegenüber dem Autor, vor dem jede Vermittlung zu seinen Lesern ohnehin im Unrecht bleibt, wie gegenüber den Lesern selbst, deren Verständnis zwangsläufig überfordert werden mußte.

Die Auswahl versucht, einen Weg durch die Entwicklung der ›Fackel‹ abzustecken, und hat deshalb alle Verbindungsprinzipien zugunsten der Chronologie vernachlässigt. So treten Glossen und Gedichte, Essays und Aphorismen in der gleichen Verschränkung auf, in der sie für die ›Fackel‹ entstanden. Der Wunsch, deren Vielseitigkeit auch im Thematischen wenigstens aufscheinen zu lassen, zwang zu weiteren Verzichtleistungen: so zu der auf die schon rein quantitativ großen Texte zugunsten der kleineren. Gerade die mächtigsten Essays, die sich fortsetzenden Polemik-Reihen gegen die Großgegner, von Harden bis Bekessy, mußten so sämtlich vor der Umfangsbegrenzung zurücktreten, – gerade das zentrale Werk auch mußte zurücktreten, das wie kein anderes den Namen seines Autors für die ganze noch unbegrenzte, aber endliche Dauer des kriegführenden Planeten am Leben erhalten wird: ›Die letzten Tage der Menschheit‹. Es ist in Teilstücken entstanden und vorpubliziert worden; zu ihnen aus seiner Totalität zurückzukehren, schien jedoch unstatthaft: sie ist, seine Totalität, ein Form- und Sinnergebnis, das nicht widerrufen werden darf. Der Herausgeber muß freilich auch hier eine Inkonsequenz eingestehen: in einem Fall hat er das sich selbst gesetzte Verbot, Textteile in dieser Auswahl zu separieren, durchbrochen, und zwar beim ›Nachruf‹ auf den Weltkrieg – »sicherlich dem stärksten Kriegsfluch, der in deutscher Sprache geschrieben wurde«, wie Kraus selber wußte (F 787–94, 69), und, wie der Herausgeber weiß, der gern die den Oberlehrern aller Sorten zukommende Zurückhaltung verläßt, dem vielleicht gewaltigsten Prosastück der Weltliteratur überhaupt. Es in einer Kraus-Auswahl unvertreten zu lassen, ging einfach nicht an, und wenn schon dem Ganzen das volle Viertel dieses Bandes, das es beansprucht hätte, nicht zur Verfügung stehen konnte, so sollte doch seine Schlußperiode den unterirdischen Text, in dem die ganze Welterscheinung untergraben wird, in seiner Mündung zeigen und Mut wecken zum Betreten seiner Tiefe: er mag als das Zentrum dieser Auswahl wie der gesamten ›Fackel‹-Satire erkannt werden. Das Lesebuch schließt mit dem Todesgedicht vom Entschlafenen Wort, mit dem Karl Kraus die Heraufkunft des nicht mehr satirefähigen deutschen Banditenstaates beantwortete; was er danach, bis zu seinem physischen Tod 1936, noch publizierte, vor allem die große Begründung ›Warum die Fackel nicht erscheint‹ und ihr erst posthum erschienenes Seitenstück ›Dritte Walpurgisnacht‹, leitete die Zukunft der ›Fackel‹ ein, als Prophetie wie zugleich als Übergang in die Symbolik des Bedeutend-Allgemeinen, zu der alle ihre Topoi inzwischen gehören. Die Auswahl mündet demgemäß ins Offene: mit ihrem Schluß möge die eigentliche Kraus-Lektüre erst beginnen.

Was in diesem Band freiwillig und mit Bedacht fehlt, ist ein Anmerkungsteil üblichen Musters, also jene beamtenhafte Datenbeigabe, die sich in der Regel wie eine Leistung der Einwohnerbehörde ausnimmt, ebenso überflüssig ist und mit ihren meist hochgradig zufälligen Nase- und Binsenweisheiten der Belästigung des Rückblätterns nur den schlechten Scherz der Düpierung hinzufügt: – dergleichen ist selten mehr als akademische Zeilenschinderei und mißbräuchliche Papierbenutzung. Freilich ist eine kritische Kraus-Ausgabe längst überfällig, und der Apparat, den sie zu leisten hätte, müßte gerade bei der ›Fackel‹-Sprache, der jedes Zeitdetail zum schillernden Allusionsmaterial wurde, hochpräzise Annotationen und Querverweisungen bringen, die den gesamten Tages-Wissensstand zum Zeitpunkt der Textentstehung aufschlössen. Ein solcher, einzig sinnvoller Apparat – und daß die Vereinigte Germanistik zu seinen Gunsten den Krempel, mit dem sie ihre hochdotierten Jahre verbringt, eine Zeitlang beiseite tun könnte, ist wohl eine unzulässige Erwartung – ein solcher Apparat wäre für ein Lesebuch, für das ihn der Herausgeber gern als Modell vorgelegt hätte, zu umfangreich ausgefallen und hätte den der Werkauswahl gezogenen Rahmen in unvertretbarer Weise weiter verengt; ja, er hätte von diesem Band das Doppelte seines Umfangs verlangt. So bleibt einstweilen nur weiter die Möglichkeit, sich auf Karl Kraus selbst zu berufen, der die »Aktualität« seiner Texte geradezu erst mit dem Erlöschen ihrer Stoffkenntnis beginnen sah, und die bloße Hilfeleistung zu unterlassen. Der Leser ist, durch den Autor selbst, aufgefordert, diese Schwierigkeit begreifend zu überwinden – bei Strafe des Unverständnisses, vor der auch Klugheit nicht schützt. Es wird ihm aber leichter gelingen, als er selber meint. Denn tatsächlich waren fast alle Namen und Ereignisse schon bei ihrem Übergang in die ›Fackel‹ zu funktionellen Repräsentanzen des Welt-Anblicks geworden; heute sind sie, durch die ›Fackel‹, fast rein abstrakte Begriffe. Daß der Leser sie nicht kennt, gehört zuletzt viel weniger zu seiner Wissens- als zu seiner allgemeinen Wortschatzarmut: – er möge sie, statt ihrer Etymologie nachzugrübeln, einfach lesen lernen.

Er möge, der Leser, an diesem Lesebuch aus Karl Kraus lesen lernen überhaupt.

Bamberg, Mai 1979 H. W.

Für Lola.

Die Orthographie der frühen Texte ist vom Herausgeber jener der späteren angeglichen worden; alle ›Fackel‹-Arbeiten, die Karl Kraus für seine eigenen Auswahlbände einer Bearbeitung unterzog, erscheinen in der Textgestalt letzter Hand. Die Annonce auf den Seiten 288/289, die im Faksimile der ›Fackel‹ über 3 Seiten reicht, mußte für diesen Band aus technischen Gründen nachgesetzt werden; verzichtet wurde dabei auf die Textteile, die Karl Kraus selber in seiner auf Film überlieferten Lesung fortließ.

I.
1899–1913

Die Unabhängigen

Es sei mir gestattet, in Kürze mein geistiges Vorleben zu skizzieren, bevor ich es unternehme, von selbständiger Tribüne zu einem Forum zu sprechen, auf welchem dank dem Marktgeschrei der täglich zweimal verfälschten öffentlichen Meinung der ehrliche Mann sein eigenes Wort nicht hört. Ich habe es bisher nicht über den Ruhm hinausgebracht, in engeren Kreisen mißliebig geworden zu sein. Zum Hasse einer literarischen Coterie, deren anmaßendes Strebertum und hochstaplerisch durch Geckereien und allerlei Niedlichkeiten verdecktes Unvermögen ich mir zu enthüllen erlaubte, hat sich die Wut einer neuestens organisierten politischen Radautruppe gesellt. Sie nennen sich »Zionisten«, möchten in dem durch nationale Krakeele sattsam verunreinigten Österreich den Bestand einer neuen, der jüdischen Volkheit behaupten und harmlosen Passanten, die glücklich den antisemitischen Kotwürfen entgangen sind, Sehnsucht nach dem gelobten Lande aufdrängen. Eine kleine Satire, zu der mich dies muntere Treiben anregte, hat mich in der Folge jene bekannte Rachsucht verkosten lassen, »die da ahndet bis ins dritte und vierte Glied«, und aus jener unpolitischen Wut, wie sie nur die Angehörigen einer noch ungeübten Nation so offen betätigen können, ergoß sich ein rotes Meer von Beschimpfungen über mich, durch das trockenen Fußes hindurchzukommen auch mir gelang, der von dem projektierten Auszug in das gelobte Land so entschieden abgeraten hatte.

Mein Sündenregister wäre unvollständig, vergäße ich die Erwähnung des Kampfes, den ich in mehreren periodisch erscheinenden Druckschriften seit einer Reihe von Jahren gegen die periodisch erscheinenden Dummheiten und Lächerlichkeiten unseres politischen, gesellschaftlichen und literarischen Lebens geführt habe. Freilich, nicht immer mit der zum Angriff nötigen Lust, weil – ja, weil gewisse Rücksichten, die selbst die Herausgeber anständiger oder, um ein milderes Wort zu gebrauchen, »unabhängiger« Blätter gewissen Cliquen schuldig zu sein glauben, nun einmal kein befeuerndes Motiv sind. Wenn ihm der ursprüngliche Antrieb freier Wahl genommen, steht der kritische Losgeher selbst den von oben bewilligten Opfern teilnahmslos gegenüber. Nicht die Zensur des Staatsanwaltes habe ich gefürchtet, vielmehr die intimere eines Chefredakteurs, die, wenn ich sozialen Ekels voll, einmal in das schändliche Hausierertreiben unserer Literaten, in die Zusammenhänge von Theater und Journalistik hineinfahren wollte, mit weicher Sorglichkeit all' den Ärger in fernere Regionen abzulenken bemüht war. Galt es, dem Publikum endlich die Augen zu öffnen über eine Pressgenossenschaft, welche, feil bis auf die Knochen, die vom halb verwesten Liberalismus noch übrig geblieben sind, eine ungeahnte Werbekraft für jede von ihr bekämpfte Idee entfaltet und durch eine klägliche Opposition dem Antisemitentroß täglich neue Anhänger zuführt – galt es diese oder jene von dem Treibhaus der Wiener Eitelkeiten ängstlich ferngehaltene Wahrheit auszusprechen, dann wurde mir gewiß der Stilschnitzer in der letzten Rede des Ackerbauministers entgegengehalten, den zu bekämpfen mein heiliges Amt sei.

Aber ein Kind, das von Schmerzen geplagt ist, pflegt sich im Anblick der ihm beharrlich entgegengehaltenen Puppe erst recht nicht zu beruhigen, und so ließ ich denn die schönste Gelegenheit, ein auskömmliches Dasein durch das in den weitesten Familienkreisen noch immer für »Kühnheit« gehaltene Anulken der allwöchentlichen österreichischen Minister zu führen, im Stiche, warf den Maulkorb in den Papierkorb und ging.....

Jetzt lag er hinter mir, der Kreis der wahrhaft Unabhängigen, die pseudonym und manchmal sogar mit vollem Namen jeder Regierung an den Leib rücken, die den Mut haben, dem Grafen Thun »Sie« zu sagen, und weil sie alles, nur nicht den aufreibenden Kampf gegen das Geschmeiß im eigenen Hause wagen, ihrer Oppositionslust einen »weiten Horizont« zusprechen möchten. »Zu Haß und zur Verachtung gegen die Regierung« aufgereizt oder gar die Majestät beleidigt – mehr als eine Konfiskation kann bei der Beliebtheit des objektiven Verfahrens da nicht passieren; unternähme man es jedoch, ausnahmsweise einmal das schmutzige Kartell journalistischer Theaterpaschas aufzustöbern, so wäre das – man lebt ja in traulicher concordia – nicht nur inkollegial, es trüge auch sicher allerlei »subjektive Verfolgung« ein, die schmerzhafter ist und weniger reklamedienlich als die vom Staatsanwalt besorgte objektive. Und endlich: den Ackerbauminister, der selten zu Premieren geht, lernt man nie persönlich kennen, während man doch über Herrn Siegfried Löwy bei allen besseren Gelegenheiten stolpert. Die Direktive für einen unabhängigen Journalisten lautet also: Die Umgebung bleibe sakrosankt; auf Wiener Boden sind natürlich die Antisemiten anzugreifen; in der innern und äußern Politik Österreichs hat man reichliche Auswahl, und wenn man dann den einen Sektionschef und die zwei liberalen Abgeordneten, die der Herausgeber von Jours her kennt, nach heißen Kämpfen abzieht, erübrigt noch immer ein weites Feld zur Betätigung der wahren Unabhängigkeit....

Wer selbst den journalistischen Taglöhnern der Lüge, den Offiziösen der Regierung oder des Kapitalismus jedwede Schweinerei als ein geheiligtes Gewohnheitsrecht nachsehen wollte, den müßte die Heuchelei der angeblich unbefleckten Wöchnerinnen des Zeitungswesens in Harnisch bringen. Dort, wo zu keinem Amt, keiner Finanzgruppe, ja zuweilen selbst zu keiner Meinung Beziehungen nachweisbar sind, stellt sich pünktlich die Rücksicht auf tausend gesellschaftliche Machtfaktoren ein. Hat man sie nicht, so borgt man sich sie von der nächstbesten liberalen Zeitungsredaktion aus, und das große Tagesblatt wird nicht verfehlen, bei jeder Gelegenheit auf die junge aufstrebende Revue hinzuweisen, die so freudig ein ansehnliches Segment seines Interessenkreises auf sich genommen hat.

So sehen wir das bißchen Aufmerksamkeit, das unser Publikum nach erledigter Leibblattlektüre für bedrucktes Papier noch zu vergeben hat, in unverantwortlicher Weise allwöchentlich von Neuem mißbraucht. Wer sich zum Abonnement einer Revue aufgerafft hat, fühlt sich um seine Erwartung, hier noch jene Wahrheit zu finden, die in der Tagespresse Raummangels halber ewig im »Übersatz« bleiben muß, schmählich betrogen: Statt frisch zugreifender Sozialkritik und rücksichtsloser Auffassung aller Aktualitäten nichts als eine hochmütige Sachlichkeit, dazu die gangbaren politischen Radikalismen, von einem Hohn durchtränkt, der etwa nach Prossnitz zuständig ist, und einer Unentwegtheit, die nach irgendeinem freisinnigen Bezirksverein weist – und alles dies mit einer Selbstzufriedenheit vorgebracht, als ob der Völkerfrühling ein Quartalswechsel und die Machthaber die »noch rückständigen Abonnenten« wären. Ein ewiges Kokettieren mit der Korrektheit einer Verwaltung, die zuweilen sogar die Aufnahme von Bankinseraten verweigert; aber die politisch und finanziell so prononcirt reinen Hände scheuen sich nicht, dem nächstbesten Literaturdelinquenten, wofern er nur dem bekannten »Wiener Milieu« angehört, willfährig sich entgegenzustrekken...

Ich habe rückschauend der Plage des Wochenchronisten in unfreiem Kreise gedacht und noch einmal wie von weiter Ferne gesprengte Ketten rasseln gehört. Ohne Wehmut scheide ich von einer Welt der »angenehmen Verbindungen«, seit langem schon, weil man den Störer der Gemütlichkeit und des liberalen Ringelreihens in mir gewittert, scheel angesehen – bald vielleicht ein Verfemter. Kein freundlicher Warner wird künftig der unbesiegbaren Lust, Gesellschaftsgötter zu lästern, taktische Bedenken entgegenhalten, kein Chefredakteur, zitternd um seine Beziehungen, hinter meinem Rücken stehen und besorgt, ich könnte mich an Näherliegendem vergreifen, mit suggestiv warmer Stimme mir beständig in die Ohren raunen: »Aber – so machen Sie sich doch über den Ackerbauminister lustig! . . . .«

[F 1, 4–8; 1899]

Atta Troll

Herr Wessely hat sich gegen Heine ausgesprochen, Herr Noske hat sofort eine Aktion eingeleitet, um das Grab des Dichters mit einem Kranz zu schmücken. Eine Reihe ähnlicher Kundgebungen steht noch in Aussicht. Sollten sie durchgeführt werden, so wird über die »Affaire« noch ein abschließendes Wort zu sagen sein. Für heute nur die Bemerkung, daß Herr Frischauer in Paris den ganzen Rummel: die klobige Entrüstung des Wiener Stadtrates, die Verlegenheit des Wiener Männergesangvereines und die Tempelklagen der Wiener liberalen Presse, durch sein erfundenes Telegramm verschuldet hat. Offenbar wollte der Pariser Korrespondent der ›Neuen Freien Presse‹ für einen Kollegen, der auch Pariser Briefe geschrieben hat, und der überdies der Bruder des ehemaligen Chefredakteurs des ›Fremdenblatt‹ Freiherrn v. Heine war, etwas tun. Herr Benedikt benützte die Gelegenheit zu einer Charakteristik Heines, die mit den Worten begann: »Töne hat er gefunden – –« (was soll ich Ihnen sagen): – Herr Benedikt versichert, daß »nur Deutsche Heine ganz in sich aufnehmen« können. Und wir hatten bisher geglaubt, daß gerade die Leser der ›Neuen Freien Presse‹ ein Spezialverständnis für Heine besitzen. Wenigstens wurde der Dichter den gleichgültigen Rüpeleien des Stadtrates gegenüber in diesen Tagen beharrlich und mit seltener Ungeschicklichkeit als ein jüdisches National-Heiligtum verteidigt. Herr Benedikt preist den Sänger so vieler schöner Volkslieder. Aber jeder Zeile seines Leitartikels merkt man es an, daß er die ganze Lyrik Heines einer einzigen Stelle seiner Prosaschriften zu opfern bereit ist, jener einen Stelle, da Heine das Lob der Schaletspeise singt und die Hoffnung ausspricht, daß einst die christliche Kirche, »wenn ihre heiligsten Symbole, sogar das Kreuz, seine Kraft verloren«, den Schalet adoptieren werde..... Einen Gesichtspunkt gibt es für mich, von dem aus in der ganzen Sache klar zu sehen ist. Stellen wir uns doch, anstatt über die belanglose Rohheit und Unbildung Einzelner Jeremiaden anzustimmen, vor eine Wahl. Was ist förderlicher für die jetzt so sehr beschrieene »Kultur«: Wenn die Greißler von einem Lyriker nichts wissen wollen oder wenn die Börseaner sich seiner annehmen?

[F 45, 22–23; 1900]

Witzblätter

Die Verurteilung des Eigentümers der ›Pschütt-Caricaturen‹ gibt mehreren Lesern Gelegenheit, Klagen über die durch keines Staatsanwaltes Arme zu dämmende Witzblattseuche anzustimmen. Ich werde aufgefordert, mich eingehender mit den kolorierten Pestbeulen der Wiener Journalistik zu befassen. Aber ich fühle mich stark genug, der Verlockung zu widerstehen. Die Wiener Witzblätter verunglimpfen, hieße sich einen Einfluß auf die erotischen Funktionen der Wiener Kaffeehausbesucher anmaßen. Und das liegt mir, wie jeder »Eingriff ins Privatleben«, ferne. Die politische Presse hat nicht Dienerin, sondern Erzieherin der Menge zu sein; sie ist angriffswürdig, wenn sie ihr Geschäft besser als ihre Kulturmission wahrnimmt und Pöbelinstinkten zu willfahren beginnt. Die illustrierte Witzpresse bleibt in ihrem Geleise, wenn sie die Pöbelinstinkte ausnützt; sie darf geistig nicht höher gestimmt sein als der Leser, dem sie Bedürfnisartikel ist. ›Pschütt-Caricaturen‹, ›Bombe‹, ›Humorist‹, ›Caricaturen‹, ›Wespen‹, ›Kleines Witzblatt‹ u. s. w. sind so ekelhaft, wie es ihr Publikum verlangt, nicht ekelhafter als ihr Publikum. Erfreulich ist, daß das Absatzgebiet dieser völlig humorfreien und zumeist sudelhaft hergestellten Presserzeugnisse von Jahr zu Jahr schmäler wird, traurig, daß noch immer das Kaffeehaus, das heimische wie das norddeutsche, die Domäne des Geistes bildet, der sich selbst

»pschütt« nennt. Seit zwanzig Jahren hat sich der Inhalt dieser Literatur nicht geändert. Die Typen, die dem Nachtleben von einst entnommen waren, sind ausgestorben, aber die alten Clichés werden noch immer verwendet, und die unkünstlerisch hergestellten Zeichnungen veranschaulichen uns noch immer den an einem Buffet charmierenden Lieutenant, den Herr Köystrand vor Jahren beobachtet hat, noch immer die auf dem Sofa lungernde Lebedame, hinter der eine »Wurzen« steht, Rauchwolken ringelnd und die Chancen eines Seebades erwägend. Der Text ist jedesmal erneuert, aber er dreht sich nach wie vor um den galanten Geschäftsbetrieb.

Auch viele Pariser Witzblätter sind obszön, aber man weiß, daß an diesen wirkliche Künstler des modernen und mondänen Illustrationsgenres tätig sind. Unsere Witzblätter sind n u r gemein und albern, in Wort und Bild: nichts als Fachblätter für die Interessen der Prostitution im redaktionellen wie im Annoncenteile. Und es läßt sich leider nicht in Abrede stellen, daß man in Deutschland ›Caricaturen‹ und ›Bombe‹ nach wie vor als die Repräsentanten der Wiener Literatur und des wienerischen Geistes betrachtet und allwöchentlich mit Ungeduld erwartet. Da mangelnde Grazie in erotischen Dingen der norddeutschen Art immerhin nicht fernliegt, so setzt die hohe Meinung, die man in Berlin von den Wiener Witzblättern hat, eher den norddeutschen als unseren Geschmack herab. Und es ist nicht jene beleidigende Sympathie für das Österreichische, jenes hochmütige Ergötzen an inferiorer »Gemütlichkeit«, das sonst den Ton norddeutscher Gastfreundlichkeit bestimmt. Bismarck freilich, der die Mitarbeit der ausgesuchtesten Dummköpfe Österreichs an den ›Hamburger Nachrichten‹ mit Wohlgefallen sah, mochte es zufrieden sein, daß den Deutschen die die Berliner Kaffeehäuser überschwemmende Witzbelletristik als das untrügliche Spiegelbild österreichischen Lebens galt. Aber uns kann es zur Genugtuung gereichen, daß die Norddeutschen dort noch immer Grazie und Feschheit sehen, wo wir längst nichts anderes mehr als Ekel und Langeweile empfinden, daß die Berliner Lebewelt sich reinen Herzens heute noch an einer Sorte von »Pikanterie« erquickt, über deren Monotonie und Widerwärtigkeit der gute Geschmack bei uns längst schlüssig geworden ist. Es bedarf nur mehr eines solidarischen Vorgehens der Cafetiers, die einfach den Mut haben müßten, sich eine Ersparnis von mehreren Jahresabonnements zu gönnen: sie können bei der Erziehung ihres Publikums nur profitieren. Es ist noch immer ein erquicklicherer Anblick, ergraute Sektionschefs auf der Stadtbahn sich in die Lektüre des ›Kleinen Witzblatt‹ vergraben als im Kaffeehause am Sonntag junge Haustöchter einander die ›Pschütt-Caricaturen‹ entreißen zu sehen.

*

In Nr. 76 bin ich den kolorierten Pestbeulen der Wiener Journalistik nahegekommen. Eine ging auf. Sie fühlte sich getroffen und wollte beweisen, daß sie keine sei. Herr Leopold Spitzer, Eigentümer der ›Wespen‹, ging hin und klagte mich an. Damals erfuhr ich, daß der Eigentümer der ›Wespen‹ Spitzer heiße. Das setzte mich weniger in Erstaunen als sein Entschluß, mich anzuklagen. Ich hatte sein Organ unter den anderen den Fachinteressen der Prostitution dienenden Journalen erwähnt und bestimmt darauf gerechnet, daß die ›Wespen‹ es als ein Kompliment auffassen würden, in einem Atemzuge mit den ›Pschütt-Caricaturen‹ genannt zu werden; denn welches Blatt könnte es wagen, sich diesem in der Technik der koloristischen Schweinerei zu vergleichen? Aber nein. Eines Tages wird mir aus meiner Administration telephonisch zugerufen, die Staatsgewalt sei anwesend und konfisziere im Auftrage des Herrn Spitzer die noch vorhandenen Exemplare der 76. Nummer der ›Fackel‹; Herr Spitzer, das seien die ›Wespen‹, die ›Wespen‹ seien nicht geschmeichelt, sondern beleidigt und das Landesgericht habe die Beschlagnahme des beleidigenden Artikels verfügt. Damals ist mir die Staatsgewalt als eine Märtyrerin erschienen. Sie erkennt gewiß die heilsame Notwendigkeit, Preßerzeugnisse wie die ›Wespen‹ mit Feuer und Fackeln zu vertilgen. Einen Monat vorher hatte sie den Eigentümer der ›Pschütt-Caricaturen‹ subjektiv verfolgt, und die Zustimmung aller reinlichkeitsliebenden Kaffeehausbesucher war damals nur durch das Bedauern getrübt, daß die Staatsgewalt neun Jahre liberaler Duldung brauche, um im zehnten zu einer energischen Aktion gegen die Witzblattpest auszuholen. Da ich die subjektive Verfolgung der illustrierten Schandliteratur fortsetzte, konnte ich mir schmeicheln, freiwillig ein im besten Sinne offiziöses Werk zu verrichten. Und nun, da ich's begonnen, fährt mir das k. k. Landesgericht dazwischen? Legt seine schützende Hand auf die geheiligte Person des Herrn Leopold Spitzer? Beauftragt die Polizei, jene Nummer der ›Fackel‹ den Augen der Öffentlichkeit zu entziehen, in der über die ›Wespen‹ und verwandte Blätter gesagt ward, was niemand geringerer als der Staatsanwalt ein paar Wochen zuvor gesagt hatte? Sollte ich, weil ich mich um das Gemeinwohl verdient gemacht, nach Athener Sitte, wenn schon nicht lebenslänglich, so doch durch ein paar Monate auf Staatskosten gespeist werden? Nun, Herr Spitzer war, wiewohl ich seinen mir bis dahin unbekannten Namen überhaupt nicht genannt hatte, »beleidigt« worden, und dem formalen Anspruch auf Beschlagnahme und Einleitung der Voruntersuchung gegen mich konnte sich das Gericht nicht entziehen. Der Arm der Gerechtigkeit mag, sagte ich mir, gezögert haben, die Hand des Herrn Spitzer, die sich ihm entgegenstreckte, zu fassen; aber er konnte, wo äußerlich so etwas wie ein »Tatbestand« gegeben war, nicht gut zurück. Es ist eben eine der empfindlichsten Lücken in unserem Strafgesetz, daß dort nicht ausdrücklich gewisse Beleidigungen freigegeben, wenn nicht geradezu empfohlen sind, daß es nicht gestattet ist, ein Wiener Witzblatt eine Pestbeule, die ›Wespen‹ ein Fachblatt für die Interessen der Prostitution zu nennen. Ich gab denn auch bei der Einvernehmung meinem Bedauern über diesen Mangel Ausdruck und kondolierte der Justiz, die zur Rehabilitierung des Herrn Spitzer den ganzen, so zeitraubenden Apparat in Bewegung setzen müsse; und der Hoffnung, daß ein neues Strafgesetz Eigentümer schweinischer Zeitungen außerhalb des gemeinen Rechtes stellen und so gegen jede »Ehrenbeleidigung« gewissermaßen immunisieren werde, vermählte sich die Freude, dem Kampf gegen die Witzblattpest nun bald auch das resonanzkräftigere Forum des Gerichtssaales zu gewinnen. Ich weiß, daß die Herren im Landesgericht für ein paar heitere Augenblicke zwischen Stunden trockener Bureauarbeit nicht undankbar sind, und ich kann verraten, daß seit dem Tage, an dem Herr Otto Frischauer mich belangen wollte, weil ich ihn einen klebrigen Herrn geheißen hatte, in den Zimmern des grauen Hauses nicht so herzlich gelacht worden ist wie damals, als die Meldung des Herrn Spitzer, daß jemand die ›Wespen‹ beleidigt habe, einlief und als Herr Spitzer persönlich erschien, um den Schritt der rächenden Gerechtigkeit zu beschleunigen. Ja, ich glaube, daß die Anzeige des Eigentümers der ›Wespen‹ sogar mehr Heiterkeit geweckt hat als je eine Nummer der ›Wespen‹ selbst. Und so gebe ich sie denn mit allen grammatikalischen und orthographischen Eigentümlichkeiten des Originals wieder:

Eingelangt etc. 22. Mai 1901. Pr. XXXV 153/1
1

Hochlöbliches k. k. Landesgericht!

Herr Karl Kraus, Herausgeber und verantwortlicher Redacteur der periodischen Druckschrift ›Die Fackel‹, hat in seiner anfangs Mai erschienenen Nr. 76 auf Seite 10, 11 und 12 unter der Aufschrift ›Witzblätter‹ unter andern auch das von mir herausgegebene Witzblatt ›Die Wespen‹ als Pestbeule der Wiener Journalistik als ekelhaft und sudelhaft hergestelltes Presserzeugnis hingestellt, er hat dasselbe nur als gemein und albern in Wort und Bild, nur als Fachblätter für die Interessen der Prostitution bezeichnet und auf diese Weise Schmähungen gegen mein Journal gebraucht, durch welche ich mich in meiner Ehre schwer gekränkt fühle.

Ich klage deshalb Herrn Karl Kraus wegen Vergehens nach §§ 488, 491 St. G. an und stelle durch meinen in *A* ausgewiesenen Anwalt die ergebene

Bitte:

Das hochlöbliche k. k. Landesgericht geruhe den Angeklagten nach dem Gesetze zu bestrafen bezw. den Act an das k. k. Bezirksgericht Josefstadt zur Amtshandlung abzutreten, jedenfalls wolle das hochlöbliche k. k. Landesgericht die Beschlagnahme der sub Nr. 76 erschienenen periodischen Druckschrift ›Die Fackel‹ zu bewilligen, und bezüglich der Beschlagnahme der noch vorhandenen Nummern in der Administration der ›Fackel‹, ferner in den Zeitungsbureaux Hermann Goldschmidt, Robert Weiss, I., Wollzeile und in allen k. k. Tabaktrafiken und Buchhandlungen das Erforderliche zu veranlassen.

Leopold Spitzer.

Dem Akt ward dann das folgende »Protokoll, aufgenommen am 23. Mai 1901« beigelegt:

»Erscheint über Vorladung Herr Dr. Benisch und erklärt den Passus auf Abtretung des Actes an das Bezirksgericht Josefstadt zurückzuziehen und ersucht um Erledigung der beantragten Beschlagnahme.

Crespi. Mixa. Dr. Benisch.«

»Es erscheint nachträglich, ohne vorgeladen zu sein, Herr Leopold Spitzer und ergänzt die erstattete Anzeige durch den weiteren Antrag auf Einleitung der Voruntersuchung gegen Karl Kraus wegen Vergehens der Ehrenbeleidigung.

Crespi. Mixa. Leopold Spitzer.«

Man sieht, Klient und Advokat – gewiß, ein Wiener Hof- und

Gerichtsadvokat hat jenes Strafgesuch stilisiert – waren sich über den sichersten Weg, der zu meiner Bestrafung führen könnte, nicht klar. Die liebenswürdige Bescheidenheit, mit der sie einer eventuellen »Abtretung des Actes an das k. k. Bezirksgericht Josefstadt« zustimmten, rührte mich, die Offenherzigkeit des Klägers, der am liebsten das Schwurgericht umschifft und an den Klippen des Wahrheitsbeweises vorbei in dem sichern Hafen der vernachlässigten pflichtgemäßen Obsorge gelandet wäre, war nichts weniger als unsympathisch. Der Kläger war geständig, aber ich konnte ihm nicht den Gefallen tun, vor Gericht zu sagen, ich hätte den Artikel vor der Drucklegung nicht gelesen. Hatte ich denn, als ich schrieb, die Wiener Witzblätter seien die kolorierten Pestbeulen der Journalistik, meine pflichtgemäße Obsorge vernachlässigt? Im Gegenteil: ich hatte sie im höchsten Grade erfüllt. So blieb denn für beide Teile nichts übrig, als geduldig dem Tage des Schwurgerichts entgegenzuharren. Wenn einer einmal beleidigt worden ist, muß er die Konsequenzen tragen. Oder gäbe es noch einen Ausweg? Kann man auch, wenn man Gericht und Polizei bereits hinreichend behelligt hat, im letzten Augenblick zurücktreten?

Eben war ich daran, über diese Frage nachzudenken, als der Gerichtsdiener an meine Tür klopfte und mir ein Schriftstück überreichte, das den folgenden Text enthielt:

Vom k. k. Landesgerichte in Wien.
An Se. Wohlgeboren Herrn Karl Kraus, Herausgeber und verantwortlichen Redacteur der ›Fackel‹.

Pr. XXXV $\frac{153/1}{1}$

Die gegen Sie über die Privatklage des Leopold Spitzer wegen Vergehens gegen die Sicherheit der Ehre eingeleitete Voruntersuchung wurde wegen Rücktritts des Anklägers von der strafgerichtlichen Verfolgung eingestellt, nachdem die zur Einbringung der Anklageschrift offenstehende 14tägige Frist fruchtlos abgelaufen ist. (§§ 109, 112 St. P. O.)

Wien, am 15. Juni 1901.

Der k. k. Landesgerichtsrath:
Crespi.

Eine Ehrenerklärung hat mir Herr Leopold Spitzer, Eigentümer der ›Wespen‹, nicht ausgestellt. Aber das angenehme Gefühl, durch drei Wochen beleidigt gewesen zu sein, muß er jetzt mit den beiderseitigen Anwaltskosten, mit den Spesen der Konfiskation, dem Schadenersatz für die konfiszierten Exemplare u. s. w.

bezahlen. Immerhin, Herr Spitzer ist billig davongekommen. Man weiß, nicht jede Schwurgerichtssache endet so glimpflich; nicht einmal dann, wenn man bloß Angeklagter ist. Und Herr Spitzer kann die Unterlassung der Klage sogar als einen ehrenvollen Ausgleich darstellen: Tausendmal haben die ›Wespen‹ den guten Geschmack beleidigt, und der gute Geschmack hat nicht ein einzigesmal geklagt; so ziehen denn auch die ›Wespen‹ ihre Klage zurück, da sie vom guten Geschmack bloß einmal beleidigt wurden. Ich aber muß mich in Geduld fassen. Vielleicht habe ich mit einer der anderen von mir »namentlich angeführten« kolorierten Pestbeulen mehr Glück. Noch ist ja die Frist zur Erstattung einer Anzeige nicht verstrichen; und es sollte mich wundern, wenn ›Caricaturen‹, ›Pschütt‹ und ›Kleines Witzblatt‹ nicht auch eine Ehre zu verteidigen hätten.

*

Nr. 76 der ›Fackel‹ ist wieder freigegeben. Aber die Agitation, die sie angeregt, war auch durch die Beschlagnahme nicht unterbrochen. In jenem Artikel, der die Ehre des Eigentümers der ›Wespen‹ so sehr getroffen hat, daß er beinahe eine Klage eingebracht hätte, standen die Sätze: »Erfreulich ist, daß das Absatzgebiet dieser völlig humorfreien und zumeist sudelhaft hergestellten Pressererzeugnisse von Jahr zu Jahr schmäler wird, traurig, daß noch immer das Kaffeehaus, das heimische wie das norddeutsche, die Domäne des Geistes bildet, der sich selbst ›pschütt‹ nennt.... Es bedarf nur mehr eines solidarischen Vorgehens der Cafetiers, die einfach den Mut haben müßten, sich eine Ersparnis von mehreren Jahresabonnements zu gönnen: sie können bei der Erziehung ihres Publikums nur profitieren.« In dankenswerter Weise hat nun ein Wiener Schriftsteller, Herr Paul v. Schönthan, dieser Mahnung zu größerer Publizität verholfen. In einer Berliner Feuilletonkorrespondenz ließ er einen Aufsatz über »Wiener Witz und Wiener Ernst« erscheinen, der nun durch die ganze reichsdeutsche und einen Teil der österreichischen Provinzpresse die Runde macht. Die ›Fackel‹ habe, heißt es dort, »ein Thema zur Sprache gebracht, das im Ausland – besonders in dem mit Wiener Kaffeehäusern reichlich gesegneten Berlin – bekannt zu werden verdient...« Nicht mit Unrecht gebe sie »der Besorgnis Ausdruck, daß man im Reich durch die importierten sogenannten Witzblätter Wiener Herkunft von der spezifischen Eigenart unseres Volkscharakters, unseres Humors und unserer Witzart einen recht despektierlichen Begriff bekommen müsse. Kein Schluß wäre trügerischer als der, daß jene Witzblätter die Wiener Art verkörperten, und es ist kein Ausfluß des beschönigenden Lokalpatriotismus, wenn man die Gelegenheit ergreift, dies ausdrücklich zu konstatieren«. Das Witzblatt-Genre »war niemals wienerisch und hat hier niemals einen nennenswerten Erfolg, niemals eine ehrende Beachtung gefunden; man soll auch nicht glauben, daß sich ihm die Familie erschlossen hat. Das Kaffeehaus ist das einzige Terrain, auf dem es sich bisher behauptet hat. Die ›Fackel‹ richtet deshalb mit voller Berechtigung an die Wiener Cafetiers die Mahnung, damit aufzuräumen und die Haustöchter – die ja wohl auch in Begleitung der Mama oder Eltern ein Kaffeehaus betreten – davor zu bewahren, daß ihnen der Kellner eine Anzahl derartiger pikanter Journale mit anstößigen Illustrationen und ebenso ordinären als witzarmen Texten vorlegt. Hoffentlich beherzigen die Cafetiers diese Apostrophe. Es würde keine Lücke entstehen, wenn diese periodische Literatur verschwände«. Es bestehe die Gefahr, daß man im Reiche »von unserem Witz und unserer Tugend üble Vorstellungen bekommt. Das wäre uns nicht lieb und nicht dienlich. Darum hat die ›Fackel‹ einen glücklichen Einfall gehabt, als sie das delikate Thema einmal rücksichtslos vor die Öffentlichkeit brachte.«

Die ›Fackel‹ geht noch weiter. Sie ist bereit, die Namen jener Cafetiers zu veröffentlichen, die sich zur Reinigung ihres Lokals entschlossen haben, jener Kellner, die sich weigern, dem brünstig verlangenden Gast ein Wiener Witzblatt zu reichen, und jener Gäste, die geneigt sind, die Last von Witzblättern, die der Kellner freiwillig vor ihnen aufgeschichtet hat, mit dem Fuße vom Sessel hinunterzustoßen.

[F 76, 10–12; 80, 11–17; 1901]

Sittlichkeit und Kriminalität

Tod um Ehbruch? – Nein!
Der Zeisig tut's, die kleine goldne Fliege,
Vor meinen Augen buhlt sie.
Laßt Üppigkeit gedeihn!

»Lear«, IV. 6.

»— Wenn ihr
nur zehn Jahre lang hintereinander alle die hängen
und köpfen laßt, die sich in diesem Stücke vergehn,
so könnt ihr euch bei Zeiten danach umsehen, woher
ihr mehr Köpfe verschreiben wollt. Wenn dies Gesetz
zehn Jahre in Wien besteht, will ich das schönste
Haus drin für einen Dreier per Tag mieten.«

»Maß für Maß«, II. 1.

»Meiner Sendung Amt
Ließ manches mich erleben hier in Wien:
Ich sah, wie hier Verderbnis dampft und siedet
Und überschäumt. Gesetz für jede Sünde;
Doch Sünden so beschützt, daß eure Satzung
Wie Warnungstafeln in des Baders Stube
Da steht, und was verpönt, nur wird verhöhnt.«

»Maß für Maß«, V. 1.

»Bedenkt, mein werter Richter
(Von dem ich weiß, Ihr seid sehr streng in Tugend),
Ob in der Regung eigner Leidenschaft,
Wenn Zeit mit Ort gestimmt, und Ort mit Wunsch,
Ob, wenn des Blutes ungestümes Treiben
Das Ziel erreichen mochte, das Euch lockte, –
Ob Ihr nicht selber dann und wann gefehlt
In diesem Punkt, den Ihr an ihm verdammt,
Und dem Gesetz verfallen?«

»Maß für Maß«, II. 1.

»Könnten die Großen donnern
Wie Jupiter, sie machten taub den Gott:
Denn jeder winz'ge kleinste Richter würde
Mit Jovis Himmel donnern, – nichts als donnern!
O gnadenreicher Himmel!
Du mit dem scharfen Flammenkeile spaltest
Den unzerkeilbar knot'gen Eichenstamm,
Nicht zarte Myrten: Doch der Mensch, der stolze Mensch,
In kleine, kurze Majestät gekleidet,
Vergessend (was am mind'sten zweifelhaft)
Sein gläsern Element, – wie zorn'ge Affen,
Spielt solchen Wahnsinn gaukelnd vor dem Himmel,
Daß Engel weinen, die, gelaunt wie wir,
Sich alle sterblich lachen würden.«

»Maß für Maß«, II. 2.

»Der neue Richter
Weckt mir die längst verjährten Strafgesetze,
Die gleich bestäubter Wehr im Winkel hingen,
So lang, daß neunzehn Jahreskreise schwanden,
Und keins gebraucht je ward; und läßt aus Ruhmsucht
Nun dieses schläfrige vergess'ne Recht
Frisch wider mich erstehn: ja, nur aus Ruhmsucht!«

»Maß für Maß«, I. 3.

Du schuft'ger Büttel, weg die blut'ge Hand!
Was geißelst du die Hure? Peitsch dich selbst!
Dich lüstet heiß mit ihr zu tun, wofür
Dein Arm sie stäupt.

»Lear«, IV. 6.

I

Es gibt eine Art unproduktiver Empörung, die sich gegen jeden Versuch, sie literarisch auszudrücken, wehrt. Seit Monatsfrist würge ich an der alle Kulturillusion vernichtenden Schmach, die ein Doppelprozeß wegen Ehebruchs, seine Führung und seine journalistische Behandlung uns angetan hat. Der Zwang, zu jedem Ereignis ein Sprüchlein zu sagen, befeuert den nicht, den der Gedanke lähmt an ein Wirrsal von Unwahrscheinlichkeiten, einen Wettlauf von Brutalität und Heuchelei, an das Walten einer Gerechtigkeit, bei der Vernunft Unsinn, Wohltat Plage wird. Jetzt beruhigt die Aussicht, daß des Wahnsinns noch lange kein Ende sein, der Prozeß seine Fortsetzungen finden und der Ehemann das Protokoll im Buchhandel erscheinen lassen werde, das Gewissen des Publizisten, dem im Widerstreit zwischen Abscheu und Pflichtgefühl die Feder entglitten ist. Jetzt stachelt ihn wieder die Furcht vor der Erhaltung einer beschämenden Aktualität aus allen zögernden Stimmungen zu einem vernehmlichen Protest gegen jeden weiteren Versuch, unsere von tausend Sorgen belastete Öffentlichkeit mit den Eifersuchtsanfällen eines Bezirksothello zu belästigen.

Shakespeare hat alles vorausgewußt. Die Dialogstellen aus »Maß für Maß« und »Lear«, die ich zum Motto dieser Betrachtung wählte, enthalten das letzte Wort, das über die Moral, die jenen Prozeß ermöglichte und blähte, zu sagen ist, und selbst der Zufall, der den Dichter für die Eigenart einer moralverpesteten Stadt den

Namen Wien finden ließ, mag den Glauben an die in alle Fernen reichende divinatorische Kraft des Genies bestärken. Ich habe den Ruf eines Heutigen: »O Gott, was bist du für ein Shakespeare!« nie für eine Gotteslästerung, wohl aber desselben Autors Behauptung, daß in der Westminsterabtei »Shakespeare und die anderen englischen Könige ruhen«, stets für eine Majestätsbeleidigung Shakespeares gehalten. Von ihm müßten die Moralbauherren aller Völker Werkzeug und Mörtel entlehnen, von seiner Höhe bietet jede Weltansicht, die konservative wie die fortschrittliche, ein dem Schöpfer wohlgefälliges Bild; dort ist Kultur, wo die Gesetze des Staates paragraphierte Shakespearegedanken sind, wo mindestens, wie im Deutschland Bismarcks, Gedanken an Shakespeare das Tun der leitenden Männer bestimmen. Nach seinen Erkenntnissen greife, wer berufen ist, zwischen Gut und Böse die kriminalistische Grenzwand zu errichten oder zu erneuern. Und er wird finden, daß die alte Mauer da und dort nicht die natürliche Linie zog, weil sie an den Hindernissen engstirniger Zeitalter: Schlagwortwahn und Heuchelei, vorbei mußte. So reift ein hundertjähriges Gesetz zur Menschenqual: Der Eifer, der da schützt, was des Menschenschutzes nicht bedarf, hatte es mit der Langmut erzeugt, die gewähren läßt, was dem gesunden Sinn strafwürdig scheint. Aus der Beschränktheit einer Generation erschaffen, hat es dennoch für alle Zeiten, die es währte, gelebt, weil es den Schlechtesten seiner Zeit genug getan.

Wessen Beruf es ist, vor den Gefahren zu warnen, die die Entwicklung der merkantilen Meinungspresse für die allgemeine Kultur und für das Wohl der Nationen heraufbeschwört, wer für die Erhaltung aller konservativen Gewalten gegenüber dem Einbruch einer traditionslosen Horde eintritt, wer selbst den Polizeistaat – und nicht nur im ästhetischen Sinne – der Etablierung einer Willkürherrschaft von der Journaille Gnaden vorzieht, wer es gradaus bekennt, daß er auf allen Gebieten öffentlicher Erörterung schon aus Ressentiment die Partei der Schlechten gegen die Schlechteren ergriffen, ja zuweilen selbst die gute Sache aus Abscheu gegen ihre Verfechter im Stich gelassen hat: der darf hoffen, daß auch ein Bekenntnis, das manchem unerwartet kommen mag, als unverdächtig gewertet und als der reine Ausdruck einer Überzeugung geachtet werde. Und so bekenne ich, daß ich den Standpunkt des Staatsfreundes, der von der Gesetzgebung immer wieder das verlangt, was der manchesterliche Schwindelgeist höhnisch »Bevormundung« nennt, ausschließlich dann beziehe, wenn ich das Geltungsgebiet ökonomischer Werte betrachte. Daß mir hier die strengste Überwachung geboten scheint, daß ich den neuen Formen neue Paragraphen an den Hals wünsche und nichts für dringlicher halte, als daß mit den tätigen Zerstörern der materiellen Wohlfahrt des Volkes auch die Helfer der Presse in der fester gezogenen Schlinge Platz fänden: dies betonen, hieße Eulen nach Athen, Bauernfänger auf die Börse und Zutreiber in die liberale Presse tragen. Aber mit der Sorge für die wirtschaftliche Sicherheit halte ich die Mission des Gesetzgebers beinahe für erfüllt. Er möge dann noch über der Gesundheit und Unverletzlichkeit des Leibes und des Lebens und über anderen greif- und umgrenzbaren »Rechtsgütern« seine Hand halten. Ich weiß nicht, wie viele ihrer das alte Strafgesetz schützt und ob das neue die Zahl vermehren oder vermindern wird. Aber es sind ihrer zu viele; und wenn Menschen über Menschen richten dürfen, so sollten sie stets der Grenzen ihres Erkenntnisvermögens eingedenk sein. Gerade ein Gesetz, das auch religiöse Gefühle behütet und die Beleidigung des Glaubens straft, dürfte sich nimmer vermessen, in die irdischem Einfluß verschlossenen Tiefen der Menschenbrust langen zu wollen. Und gerade konservative Geister, denen man »klerikale Gesinnung« nachsagt, müßten, anstatt die staatliche Justiz zur Überwachung psychischer Geheimwege anzutreiben, kein anderes Bestreben kennen, als darauf zu achten, daß neben der irdischen Gewalt, die straft, auch dem Vertreter der überirdischen, die ermahnt, Spielraum bleibe. Schon das Gut der »Ehre« ist bei beamteten Wächtern in zweifelhafter Hut, und mindestens wäre hier – unter Vermeidung der Gefahr einer Cliquengerichtsbarkeit – der Aufteilung in leichter faßbare Berufs- und Kreisehren das Wort zu sprechen, wäre dahin zu wirken, daß das Gesetz nicht vorweg ein vages »Ansehen«, in dem auch der ärgste Lump »herabgesetzt« werden kann, annehme, sondern den Nachweis des Ansehens – etwa durch Einführung von Leumundszeugen – zulasse, der erst den Nachweis der »Herabsetzung« und die Bestimmung ihres Grades ermöglicht. Von burlesker Wirkung ist ein Sühneverfahren, mittelst dessen der Millionendieb sich durch die unrichtige und unbeweisbare Beschuldigung, auch fünf Gulden gestohlen zu haben, gekränkt fühlen und durch Bestrafung des »Beleidigers« ein vollgültiges Zeugnis der Ehrenhaftigkeit sich verschaffen kann.

Aber wenn die Gesetzgebung, die mit Falstaff-Schläue an der Definierung des Begriffes »Ehre« herumarbeitet, hier gleich dem prahlerischen Taugenichts Vorsicht als der Tapferkeit besseres Teil erkennen muß, so ist sie gegenüber jenem andern Feinde völlig wehrlos, der hinter der Maske »Moral« seine Tücken treibt. Sie ziehe sich zurück und lasse ihn gewähren. Gespenster bannen, liegt nicht in ihrem Machtbereich; sie kreuzen ihr, wo sie's am wenigsten vermutete, den Weg, und wo ihr Fuß hintrat, dort wachsen sie aus der Erde. Und wieder muß Shakespeare heran, der die Narrenweisheit die Geschichte von der albernen Köchin erzählen läßt, die die Aale lebendig in die Pastete tat: »sie schlug ihnen mit einem Stecken auf die Köpfe und rief: hinunter ihr Gesindel, hinunter!... Ihr Bruder war's, der aus lauter Güte für sein Pferd ihm das Heu mit Butter bestrich«. Solch zweckloser Mühe unterzieht sich die staatliche Aufsicht, die mit Feuer und Schwert der »Unsittlichkeit« an den Leib rückt. Ein grandioses Mißverständnis hat hier die beste Kraft und die lauterste Absicht auf Irrwege geführt. Von der Aufgabe, dem Ärgernis, das öffentliche Unsittlichkeit bereitet, eine rechtliche Sühne zu erwirken, ward der Gesetzgeber zu dem Trugschluß verlockt, daß Unsittlichkeit öffentliches Ärgernis bereitet. Und als das öffentliche Ärgernis wirklich durch die Verfolgung privater Unsittlichkeit gegeben war, hatte der nach Tatbeständen jagende Sinn die Fähigkeit, zwischen Ursache und Wirkung zu unterscheiden, verloren. Wer nach der Schablone denkt, würde es nicht fassen, daß einer für die lex Heinze eintreten und vor jedem Eingriff der Gesetzgebung in das sittenloseste Privatleben warnen könnte; daß man den Staatsanwalt auf Kuppelannoncen hetzen und die »Gelegenheitsmacherei«, die zwei Mündige und Willige zusammenführt, straffrei sehen möchte; daß man zur Schau getragene Unflätigkeit, die den, der nicht will, belästigt und den, der nicht darf, verführt, unter schärfere Kontrolle gestellt wissen möchte und zugleich wünschen, daß jeder im stillen Kämmerlein nach seiner Fasson selig werde. Aber ein Verstand, der solch gegensätzliche Anschauungen vereinen könnte, geht noch weiter. Er sagt: Das »Rechtsgut der Sittlichkeit« ist ein Phantom. Mit der »Moral« hat die kriminelle Gerichtsbarkeit nichts, hat nur die des Bezirksklatsches zu schaffen. Was die Justiz hier erreichen kann, ist der Schutz der Wehrlosigkeit, der Unmündigkeit und der Gesundheit. Auf diese noch arg verwahrlosten Rechtsgüter werfe sich die Sorge, die heute das Privatleben von staatswegen belästigt. Der Gesetzgeber als schnüffelnder Reporter, der vor der Öffentlichkeit die Dessous des Lebens lüpft; Gerechtigkeit als indiskreter Dienstbote, der an Schlafzimmertüren horcht und durch Schlüssellöcher späht! So wenigstens nach dem Ideal eines heute in Wien wirkenden Professors, der in seinem Schweizer Strafgesetzentwurf sich für den nuancierten Verkehr der Geschlechter interessiert und jede Abweichung vom horizontalen Pfad der Tugend unter Strafsanktion stellt. Man könnte über dergleichen kriminelle Mikoschwitze hell auflachen, wenn sie nicht die Allgewalt jenes Philistersinns, vor dem es kein Entrinnen gibt, mit so erschütternder Deutlichkeit bewiesen. Wie mögen solche Gesetzesweisen vor der philosophischen Einfalt bestehen, die einst aus Kindermund – auf die Frage, was unschicklich sei – das Wort sprach: »Unschicklich ist, wenn jemand dabei ist!« Der erwachsene Gesetzgeber möchte immer dabei sein. Außer ihm errötet über die Vorgänge in einem Alkoven niemand, – wofern man nicht das »öffentliche Ärgernis« aus der bekannten Beobachtung herleiten wollte, daß die Wände Ohren haben, und aus der Vorstellung, daß sie demgemäß auch bis über die Ohren erröten könnten. Die Zudringlichkeit einer Justiz, die die Beziehungen der Geschlechter reglementiert, hat stets noch der ärgsten Unmoral, die vom Strafgesetz nicht zu fassen ist, oder schweren Vergehungen und Verbrechen Vorschub geleistet. Wäre ernstlich zu befürchten, daß jener demokratische Biedersinn, der den Schweizer Entwurf erfüllt, auch auf die bevorstehende Reform unseres Gesetzes Einfluß gewinnen könnte, man müßte bei dem bloßen Gedanken an die Folgen einer Cabinet particulier-Justiz – Züchtung des häuslichen Denunzianten- und Erpressertums – erschrecken.

Immer werden für ein Rechtsgut, das geschützt wird, eines oder mehrere andere preisgegeben; es fragt sich nur, welches relevanter ist: das einer »Sittlichkeit«, deren Gefährdung keines Menschen Auge beleidigt, oder das der Freiheit, des Seelenfriedens und der wirtschaftlichen Sicherheit. Vor solche Wahl gestellt, müßte jeder Gesetzgeber, der den Mut seiner Einsicht hätte, sich sofort etwa für die Straflosigkeit homosexuellen Verkehrs entscheiden. Und er dürfte sich dabei auf die Petition berufen, die seinerzeit ein paar hundert Männer von wissenschaftlichem, künstlerischem und sozialem Ansehen, die sicherlich nur die niedrigste Spießbürgergesinnung des »pro domo«-Sprechens verdächtigen könnte, an den

Deutschen Reichstag gerichtet haben. Ich weiß nicht, ob in jener Adresse der einzige Gesichtspunkt, von dem auch den Widerstrebenden die Dringlichkeit der Lösung des Problems zu zeigen ist, genügend zur Geltung gebracht wurde. Der Gesetzgeber begnügt sich hier erst recht nicht damit, die Vergewaltigung zu strafen, die Unmündigkeit und die Gesundheit zu schützen; aber er will hier nicht nur der Moral, die ihm verletzt scheint, sondern auch dem natürlichen Geschmack, dem zuwidergehandelt wurde, eine Satisfaktion verschaffen. Er eifert stets dort, wo Trieb und freier Wille mündiger Menschen ein Einverständnis schufen. Bei allen sexuellen Möglichkeiten. Wie erst bei den homosexuellen! Die Moral erhält – wenn der Delinquent nicht zufällig den Besten und Edelsten der Nation angehört (in welchem Fall psychopathische Naturanlage angenommen wird) – ihre Genugtuung: der einer perversen Handlung Überführte wird durch die mehrmonatliche Gewöhnung an schlechtere Kost sittlich geläutert. Aber inzwischen blüht auf dem Fettboden der Strafsanktion der Weizen der Erpressung. Ja, wendet der Kriminalist ein, der Erpresser ist doch mitgefangen und muß sogar doppelte Schuld büßen! Natürlich; und der Staatsanwalt kennt nicht einmal die Pflicht der Dankbarkeit gegenüber dem Anzeiger, dessen Prämie wahrhaftig in der Verurteilung wegen zweier Delikte besteht. Wie aber, wenn der Erpresser *nicht* zum Denunzianten wird, wenn der auf das Opfer geübte Druck die gewünschte Wirkung tut und die Unterlassung der Strafanzeige mit täglichen Höllenqualen und dem wirtschaftlichen Ruin erkauft wird? Hier versagt des Nurtheoretikers Weisheit, und gewohnt, auf der Faulenzerunterlage der »Statistik« zu denken, bleibt er die Antwort schuldig, weil es leider noch keine Statistik von nicht erstatteten Anzeigen und von gelungenen Erpressungen gibt. Und da ihm ein dürftiger Besitz an Phantasie und Lebenserfahrung die Zahlenweisheit nicht ersetzen kann, so ahnt er nicht, daß in derselben Stunde, in der er sich einer Weltordnung freut, die Unsittlichkeit und Vergewaltigung unter Strafe setzt, in seines Vaterlandes Gauen tausend unglückliche Menschen in Furcht und Schrecken des nahenden Erpressers harren ... Zwei Delikte auf dem Papier: aber sie machen einander straflos und eines leistet dem anderen Vorschub. Man öffne das Moralventil, und die Erpressungen, die bisher bloß nicht angezeigt und nicht verfolgt wurden, werden auch nicht begangen werden. Oder wollte man auf ein schönes Verbrechen aus dem Grunde nicht verzichten, weil jene Sorte von Kriminalwissenschaft, die vom Zählen zum Denken gelangt, an der Aussichtslosigkeit verzweifeln müßte, eine Statistik der nicht begangenen Erpressungen zu erhalten?*

Im ewigen Reich der sinnlichen Triebe, die selbst älter sind als der Drang nach Heuchelei, wird der Gesetzgeber immer vergebens stümpern. Wenn's glimpflich abgeht, belustigt er in der Melderolle des beflissenen Polizisten, der nächtens auf verschwiegener Stätte »ein beischlafähnliches Geräusch« gehört haben will, oder jenes andern, der einmal einem Wiener Amt buchstäblich die folgende Relation gebracht hat: »Ich kam gerade dazu, wie auf einer Bank im Stadtpark ein Mann einen Soldaten küßte und umarmte. Ich kam leider zu früh und kann darum keinen Unzuchtsakt melden.« Aber der Moralschutzmann kann auch rechtzeitig kommen und Unheil anrichten. Mit Pflastern und Salben deckt er geschäftig moralische Bläschen zu, und der soziale Körper beginnt an inneren Stellen zu eitern. Wie die Verfolgung geschlechtlicher Abarten die Chantage fördert, so löst auch jeder andere Versuch, das Privatleben mit einem Paragraphenzaun zu umhegen, neue Unmoral, neue

* Der Psychiater Albert Moll schrieb: »Den Homosexuellen wird manchmal, auch von Wohlmeinenden, der Vorwurf gemacht, sie agitierten zu viel. Was aber sollen sie tun? Wenn sie nicht agitieren, erreichen sie ihr Ziel niemals. Sie hätten dann höchstens noch einen anderen Weg: sie müßten suchen, nach Art eines rücksichtslosen Feldherrn oder Politikers über einen Berg von Leichen ans Ziel zu kommen. Sie brauchten nur die Namen von Männern öffentlich zu nennen, deren Homosexualität notorisch und jeden Augenblick zu beweisen ist. Sicher würde dann mancher, der die Homosexualität aus tiefster Seele verabscheut, der aber Homosexuellen, ohne deren geschlechtliche Neigung zu kennen, nah steht, über die Enthüllung erstaunt sein. Mancher hohe Beamte, mancher einflußreiche Politiker würde sich schließlich verwundert sagen: ›Ich glaubte stets, die Homosexuellen seien das elendeste Pack der Welt, nun höre ich aber, daß mein Neffe, mein Sohn, mein Freund gleichgeschlechtlich verkehren. Und er ist doch ein so braver, ausgezeichneter Mensch. Wenn er auch so ist, dann muß man doch anders über die Sache denken.‹ Dieser Standpunkt wäre rücksichtslos, und zahllose Existenzen würden dabei sozial vernichtet werden. Einflußreiche Personen aber würden dadurch unmittelbar für die Sache interessiert und ein schneller Erfolg wäre mehr als wahrscheinlich. Trotzdem wäre solches Vorgehen entschieden zu tadeln. Ich erinnere an diesen Weg nur, weil man den Homosexuellen, die ihn nicht beschreiten, nicht verwehren soll, sachlich zu agitieren.« – Und bekannt ist die Äußerung eines preußischen Ministers, dem der Polizeichef die Liste jener Personen überreichte, gegen die gerade ein gerichtliches Verfahren im Sinne des § 175 des deutschen Strafgesetzes eingeleitet werden sollte: »Furchtbar feudale Gesellschaft! Man muß sich rein schämen, daß man nicht auch drauf steht...«

Strafwürdigkeiten aus. Die pathetisch beklagte Schmach des Mädchenhandels wäre den Kulturnationen erspart geblieben, wenn ihre Gesetzgeber besser erzürnen als erröten könnten, wenn sich an der Debatte über das Thema »Prostitution« die Vertreter der Schamhaftigkeit nie beteiligt hätten. Wucher und Ausbeutung gedeihen, solange den Liebeshändlern das strafgesetzliche Risiko mitbezahlt werden muß, und auch das Verbot jener harmloseren Vermittlung, die bloß Gelegenheit schafft, nicht vergewaltigt, mehrt nur die Chancen des Zwischenhändlergewinns: es drückt auf den Lohn, der empfangen wird, und treibt den Preis, der gezahlt wird, in die Höhe. Und von grimmigem Humor war die Lehre, die ein Sittlichkeitsexzeß des alten preußischen Landrechts nach sich zog. Um der Prostitution beizukommen, machte man Frauen, denen Geldannahme im Geschlechtsdienst nachgewiesen werden konnte, des Anspruchs auf Alimente verlustig. Was taten die Herren der Schöpfung? Sie zeigten vorweg ihre Noblesse; sie prostituierten die Frauen und ersparten die Alimente.

Zur bevorstehenden Hundertjahrfeier des österreichischen Paragraphendickichts wäre eine Zusammenstellung aller Verbrechen, Vergehen und Übertretungen lehrreich, deren sich das Gesetz und seine konsequenten Ausleger schuldig gemacht haben. Ich denke nicht nur an jene schmerzhaften Kontraste, wie sie das systemisierte Unrecht auf Schritt und Tritt offenbart: Der hungernde Krüppel, der, zu stolz zum Betteln, von weißen Mäusen »Planeten« ziehen läßt, muß – wegen »Übertretung des Kolportageverbotes« – in den Arrest, und die bestialische Mutter, die ihr Kind »zum erstenmal« röstet, erhält eine Verwarnung... Nein, dort, wo dies Strafgesetz vom Jahre 1803 sich selbst verurteilt, hätte der feierliche Säkularbetrachter mit einem heitern, einem nassen Auge einzusetzen. Daß es dem Verbrechen der Erpressung in beispielhafter Weise Vorschub leistet, daß es gegen den Paragraphen verstößt, der da verbietet, »öffentlich wider Jemanden ehrenrührige, wenn auch wahre Tatsachen des Privat- und Familienlebens bekannt zu machen«, und dadurch wieder jenes »gröbliche und öffentliche Ärgernis verursacht«, das der Sittlichkeitsparagraph ahndet, sind nur die wichtigsten Fälle, in denen sich die Schlange in den Schwanz beißt. Und bedeutet nicht dort, wo ein »Rechtsgut« verletzt wurde, das kein Rechtsgut ist, die Verhängung der Gefängnisstrafe eine »Beschränkung der persönlichen Freiheit«?

II

Und damit kehre ich zu dem Schulbeispiel gesetzlich geförderter Unmoral zurück, das den entsetzten Blicken der Wiener Öffentlichkeit neulich vorgeführt wurde: Zu dem »Ehebruchsprozeß P.«, wie ihn eine verlotterte Presse, die kein Detail, kein Bruchstück dieser Ehe ihren Lesern vorenthalten wollte, an der Spitze spaltenlanger Berichte diskret genannt hat. Ausgleich, Petroleumkartell und Preßreform, ja selbst die vom Obersten Gerichtshof angetastete »Ehre der Zeitung« hatten den Zerwürfnissen eines Gattenpaares Platz machen müssen, und Arm in Arm mit einem aufgeregten Ehemann raste die Justiz über die Szene, zu der das Tribunal ward. Arm in Arm mit dem Privatkläger, der sich zum Anwalt staatlicher Interessen erhöht fühlen konnte, weil er eine in französischen Possen wie im Leben abgedroschene Kalamität gerichtsordnungsmäßig feststellen ließ. Und wenn man, ermüdet und belästigt von diesem Veitstanz der Gerechtigkeit, bei dem der engagierte Gatte seine Hörner als Schmuck tragen durfte, zwischen Tat und Sühne die Resultante suchte, so gelangte, wer trotz dem Vertrauen in Moralparagraphe das Schämen noch nicht verlernt hat, zu einer grotesken Erkenntnis: Die geständige Ehebrecherin, die lange vorher schon die Martern einer häuslichen Justiz mit Revolver, Peitsche und Haarschere ausgestanden hatte, bot keinen verabscheuungswürdigen Anblick. Was sie gelitten, war häßlicher als was sie getan, und im tiefsten Sinne unmoralischer als Ehebruch war ein gerichtliches Verfahren, das – dank dem Ehrgeiz eines unverbrauchten Gerichtssekretärs – das Publikum zum Zeugen der geheimsten Möglichkeiten, für die ein eheliches Schlafgemach Raum hat, anrief. Wäre der Name »Mayer« nicht ein Sammelname, wahrlich, jener Prozeß hätte ihm zu unverwüstlicher Popularität verholfen. Wenn Meyers Lexikon vergilben sollte, wird Mayers Sittenkodex sich noch sprichwörtlichen Rufes erfreuen und Kulturforschern ein wertvoller Behelf sein bei der Ergründung jener Anschauungen über die Rechte des Gatten und die Pflichten der Frau, die in Wien am Beginn des zwanzigsten Jahrhunderts maßgebend waren. Ein Schatz von geflügelten Worten bewahrt die Erinnerung an die zwei Tage, da der Strafrichter des Bezirksgerichtes Wieden schwertrasselnd das Rechtsgut der Heiligkeit einer durch den Schadchen geschlossenen Ehe zu schützen unternahm. Noch nie zuvor ein war Geständnis freier und williger abgelegt worden. Die Angeklagte erzählte, wie sie durch Vermittlung zur Ehe und durch Mißhandlung zum Ehebruch gelangte. Ein anderer Richter – von denen, die es in Österreich noch gibt – hätte nach diesem Anfang ein Beweisverfahren für überflüssig erachtet und wäre zur Urteilsfällung geschritten; hätte der Majestät des Gesetzes – o schlotterichte Königin – durch möglichst gelinde Strafbemessung flüchtig Reverenz erwiesen, als mildernd das offenbare Rachebedürfnis des Gatten, zu dessen Befriedigung sich die Justiz nicht hergeben dürfe, gelten lassen, und – ohne weitern Sachverständigenbeweis – mit der Wertlosigkeit der Ehe die Schmerzlosigkeit des Bruchs begründet. Ein anderer Richter hätte, sei es durch Abkürzung, sei es durch absolute Geheimerklärung des Prozesses, der auf Skandal lauernden Journaille, der referierenden und der plaudernden, der der Tages- und jener der Witzblattpresse, es unmöglich gemacht, die sittliche Atmosphäre einer Stadt auf Wochen hinaus zu verpesten und den Flugsand einer Unmoral zu verbreiten, der das Schmutzstäubchen der verhandelten Untat reichlich zudeckt. Vielleicht hätte sogar ein anderer an eigener Lebenserfahrung die Unvollkommenheit des Gesetzes gemessen, an die Verfolgung eines Antragsdelikts nicht prinzipielles Pathos verschwendet und nicht den Kontrast zwischen dem einen angezeigten und den tausend – dem Himmel sei dank – nicht judizierten Fällen zu jenem unsittlichen Grad von Deutlichkeit getrieben, bei dem der Hohn zu fragen beginnt, ob denn in Wiens Bezirken nun jede Ehe gesichert, jeder Ehebruch ausgeschlossen sei ... Anders Herr Mayer.

Seitdem der natürliche Grenzstreit zwischen richterlicher Autorität und Freiheit der Verteidigung zur ständigen Störung der österreichischen Rechtspflege gediehen ist, habe ich keine Gelegenheit versäumt, für die Unabhängigkeit der Justiz nach unten einzutreten und den geplagten Verhandlungsleiter gegen die Zumutungen zu schützen, die immer wieder die Reklamesucht taktloser Phrasendrescher an seine Geduld stellt. So bin ich wohl ein unverdächtiger Beurteiler, wenn ich bekennen muß, daß der Verteidiger mit jedem Wort, das er in jenen beiden Verhandlungen zur Abwehr eines noch nie erlebten Autoritätsexzesses sprach, im Recht war. Und diese Meinung fällt umso schwerer ins Gewicht, als mich selbst die schmerzliche Erfahrung, daß Wiener Tagesblätter sie teilten, nicht von ihr abzubringen vermocht hat. Es war ungeheuerlich. Herr Mayer hat zwar einige Stellen des Verhandlungsberichtes, der in den Zeitungen erschien, richtig gestellt, und fern sei es von mir, ihm den berühmten Dogmensatz: »Ich irre nie« (Herr Mayer sagte bloß: »Ich irre mich nie«) noch einmal vorzuwerfen; seine Sinnlosigkeit liegt klar zutage: es irrt der Mensch, so lang er strebt, woraus folgt, daß gerade jüngere Gerichtsbeamte sehr häufig Irrtümern ausgesetzt sind. Unbestritten aber ist das Wort geblieben: »Kraft meines richterlichen Amtes bin ich souverän. Eine Verwahrung gegen richterliche Konstatierungen gibt es nicht.« Unbestritten ist, daß Herr Mayer, Leiter einer Prangerjustiz gegen die Frau und eines Rehabilitierungsverfahrens für den Mann, diesem das feierliche Attest ausstellte: »Kraft meiner richterlichen Autorität kann ich Ihnen die Versicherung geben, daß in der heutigen Verhandlung nichts vorgekommen ist, was auch nur den Schein rechtfertigen würde, daß Sie von dem Gebaren Ihrer Frau gewußt und daraus Vorteil gezogen haben!« Man griff sich an den Kopf und fragte, wie denn ein Richter dazukomme, die Rechtsvertretung einer Partei zu übernehmen und geradezu das Urteil eines Ehrenbeleidigungsprozesses zu antizipieren, den der Gatte erst anstrengen müßte, wenn wirklich irgend ein Bezirksverleumder ihn, den steinreichen Mann, des Zuhältertums bezichtigt hätte. Unbestritten blieb, daß Herr Mayer eine Bemängelung der Art, wie die Gegenseite ihre ehelichen Pflichten auffaßte, der »Ehebrecherin« mit den Worten abschnitt: »Sie sollen sich heute verantworten, nicht Ihr Mann!«, daß er Fragen, die sich auf dies Thema bezogen, »als irrelevant und unpassend« nicht zuzulassen erklärte und daß er, der vierzehn Tage später über gewisse Dienstbotenabenteuer des in seiner Familienehre schwer gekränkten Gatten richten sollte, einer auf jede Weise gedemütigten Angeklagten das Wort zurief: »Ich muß bemerken, daß nur Sie Ihren Mann erniedrigt haben.« Irrt Herr Mayer nicht doch? Und wäre das Gesetz nicht völlig um jeden Sinn gebracht, wenn es anginge, heute über Antrag des Gatten mit dem schwersten Geschütz gegen eine Ehebrecherin aufzufahren und morgen über Antrag der Gattin – mit einem allerdings minder schweren – gegen den Ehebrecher? Die »Heiligkeit der Ehe«, die geschützt werden soll, ist naturgemäß die einer Ehe, die bloß von einer Seite bedroht wurde: hier könnte vielleicht von einem Rechtsgut die Rede sein, das des Schützers bedürftig und des Schutzes noch wert ist. Wäre der Ehebruch kein Antragsdelikt und treuloses Verhalten an und für sich und aus öffentlich-sittlichen

Rücksichten verfolgbar, so wäre das Einsperren beider Teile und die Etablierung der Strafzelle als Ehegemach immerhin logisch. Herr Mayer aber hätte, da schon die Kompensation, die im gegebenen Fall eintreten müßte, im Gesetz nicht vorgesehen ist, mindestens das Schuldmaß der einander untreuen Gatten vergleichen, beide mit einer kleinen Geldstrafe aus dem Saale weisen und darüber belehren müssen, daß der Geber des Gesetzes zwar an die Möglichkeit seines Mißbrauchs nicht gedacht habe, aber die Justiz es ablehne, ihren Arm der Befriedigung wechselseitiger Rache zu leihen. Herr Mayer hat allerdings den Grundsatz der Wechselseitigkeit nicht allzu stark betont. Der Kläger wurde liebreicher als die Geklagte, der Geklagte milder als die Klägerin behandelt. Von den zahlreichen »Höhepunkten« des Prozesses ist ja noch die folgende Szene in Erinnerung: Die Frau verwahrt sich – mit Recht – dagegen, der Vernehmung der »schwangeren Geliebten« ihres Gatten, einer Köchin, beizuwohnen. Der Richter verhängt über sie »wegen Beschimpfung der Zeugin« eine Geldstrafe von fünfzig Kronen und fordert sie auf, diese Strafe »sofort zu erlegen«; die Angeklagte macht sich des weiteren Verbrechens schuldig, das Geld nicht bei sich zu haben, worauf der Richter mit der »sofortigen Umwandlung der Geldstrafe in eine Arreststrafe« droht; der Verteidiger erlegt den Betrag. Solches geschah in einem Wiener Gerichtssaal am 25. Juli 1902. Vierzehn Tage später fühlt sich der Gatte durch die Zeugenschaft einer Dienstmagd geniert; denn diese ist erschienen, um den mit ihr begangenen Ehebruch zuzugeben. »Alles erfunden«, ruft er, erregt aufspringend, »wie können Sie so etwas sagen?« – Richter: »Mäßigen Sie sich doch, Sie müssen ruhig bleiben!« – Angeklagter: »Ich kann nicht. Bitte, Herr Richter, sehen Sie sich doch die Person an, mit einem solchen Häring soll ich mich vergangen haben?« – Richter: »Aber mäßigen Sie sich doch!«... Der Standpunkt ästhetischen Alibibeweises schien diesem parteiischen Sittenrichter, der nur die Frau Moralgesetzen unterwirft, zu behagen; denn bald darauf spielte sich die folgende Szene ab: Eine Bonne tritt auf, die den Ehebruch des Hausherrn mit einer Dienstgenossin bestätigt und einen Kosenamen, den diese erhielt, verrät. »Ja, wenn ich gut gelaunt war«, wirft der Gebieter ein, habe ich allen solche Scherznamen gegeben, auch meiner Frau. Habe ich Sie nicht auch manchmal irgendwie gerufen?« – Zeugin: »Ja, Dudli haben Sie mich gerufen.« – Angeklagter: »Sagen Sie nur die Wahrheit, Sie waren doch die Appetitlichste unter meinem Gesinde, und Sie können trotzdem – –«. Hier brummt der Vertreter der Klägerin die unabweisliche Bemerkung in den Bart: »Harem!« Richter: »Herr Doktor, ich muß Sie energisch aufmerksam machen, daß derartige Äußerungen unzulässig sind!« Der Angeklagte (ermutigt): »Pfui!« Der Advokat: »Nun, nun, beruhigen Sie sich!« Angeklagter: »Pfui! Pfui!« Richter zum Advokaten: »Ich verweise Ihnen die von Ihnen gemachte Bemerkung!«...

Daß hier eine brüchige Ehe gebrochen ward, daß barbarische Behandlung dem »Treubruch« voranging und dieser im Grunde erst der Scheidungsabsicht helfen sollte, mag Herr Mayer wohl erkannt haben. Vielleicht auch, daß er mit den an den Gatten (der den Liebhaber mißhandelt hatte) gerichteten Worten: »Ihre Frau wollte durch ihr Geständnis das Leben des Geliebten retten, wenn auch um den Preis ihrer eigenen Schande« dieser das höchste Maß ethischer Anerkennung spendete. Dennoch hielt Herr Mayer den Kolportageton der großen Vergeltung, der das Bezirksgericht Wieden zum Weltgericht machen sollte, mit erstaunlicher Zähigkeit fest: »Was dachten Sie sich, als die Frau ihre eigene Schande preisgab?« fragte er den Kläger und ließ ihn die schönen Worte sprechen: »Ich dachte, daß sie sich auf den letzten Gang vorbereiten wolle«. Mit den Schrecken des jüngsten Gerichtes aber, die damals über die arme Sünderin trotz alledem nicht hereingebrochen sind, sollte erst Herr Mayer, der jüngste Richter, dienen, und er rief ihr gleich zu Beginn ihrer Vernehmung die Worte zu: »Sie stehen nach langen Irrfahrten vor Ihrem Richter. Bleiben Sie bei der Wahrheit!« Ich zitiere nach Gerichtssaalberichten, denen der § 19 bisher nicht widersprochen hat; es wäre immerhin möglich, daß in dem auf Kosten des Klägers angefertigten Protokoll der Satz ein wenig anders lautet und daß vor einem Richter, der nie irrt, auch eine Angeklagte gestanden ist, die nie Irrfahrten unternommen hat. Aber der Ton dürfte getroffen sein. Herr Mayer traf allerdings auch den Ton freiwilligen Humors. Und daß diesem weitester Spielraum ward, versteht sich von selbst bei dem fortwährenden Kommen und Gehen von beeideten Stubenmädchen, Zimmerkellnern und Gasthofbesitzern, die aus dem Salzkammergut herbeigeeilt waren, nicht um eine Ehebrecherin der Schuld zu überführen, sondern um vor Herrn Mayer deren Geständnis zu bestätigen. »Hat er seine Frau auch aufgefordert, in den See zu gehen?« Eine Köchin antwortet stotternd: »Ja, er hat sie gefragt, ob sie einverstanden ist, daß sie in den See geht.« Richter: »Sie war aber nicht einverstanden!« (Heiterkeit). – Richter zur Angeklagten: »Hat er Sie tatsächlich gezwungen, sich das Haar abzuschneiden?« »Ja, den ganzen Zopf. Was ich hier trage, ist falsches Haar.« Richter: »Es ist sehr unangenehm für Sie, daß Sie diesen Schmuck verloren haben, aber ich fürchte, daß dies nicht der einzige Schmuck ist, der Ihnen in jener Nacht in Verlust geraten ist.« Hier sprach dieselbe Delikatesse, die kein Rügewort fand, als aus dem Auditorium ein unflätiges Halloh den in den Saal getragenen Divan begrüßte, auf dem die sich unwohl fühlende Angeklagte – der eifervolle Richter hatte persönlich die Zögernde aus der Krankenstube geholt – Platz behalten durfte. Aber in Schimpf und Ernst sollte dieser Frau keine Demütigung erspart bleiben, und die Ehebrecherin erlitt, an den Pranger einer verhundertfachten Öffentlichkeit gepfählt, Torturen, welche ein Mittelalter, das bloß Daumenschrauben und nicht die Presse kannte, nicht zu vergeben hatte. Ein so seltenes Delikt mußte eben exemplarisch bestraft werden, und schon vor der Verhängung der grausamen Strafe von zwei Monaten. Der Richter verlas, nachdem das ehebrecherische Paar längst das Geständnis abgelegt, die Liebesbriefe, die sie miteinander gewechselt hatten, und jedes darin vorkommende »liebe Mausi« weckte das Echo einer mit Entrüstung versetzten Heiterkeit. Dank einem schweren Eingriff in das Privatleben geständiger Angeklagter, der keinem Richter zusteht, schien endlich der Nachweis gelungen, daß Liebesleute einander nicht »Ew. Wohlgeboren« schreiben.

Aus der Zeugenaussage eines Advokaten, mit dessen Hilfe die Angeklagte einst ihre Ehescheidung hatte durchführen wollen, erfuhr Herr Mayer, daß schon lange vor der Verletzung der ehelichen Treue Verletzungen am Oberarm konstatiert wurden und daß der Gatte »die Mißhandlungen nicht in Abrede stellte«; als deren Grund habe er »vermögensrechtliche Dinge« angegeben: die Kränkung darüber, »daß seine Frau ihm nicht das Vermögen zugebracht habe, das ihm versprochen worden sei«; und »stand übrigens auf dem Standpunkt, er sei als Gatte berechtigt, seine Frau so zu behandeln«. Die Mehrzahl der Herren der Schöpfung, die, ach, so oft Herren der Zerstörung sind, mag diesen Standpunkt teilen. Und die Versicherung einer Frau, die Beziehungen zum Geliebten seien ihr »als der einzige Ausweg erschienen«, um aus der »elenden Ehe«, die der Gatte freiwillig nicht lösen wollte, herauszukommen – der Drang, ein Hörigkeitsverhältnis zu verlassen, könnte an sich schon die meisten ein Frevel dünken, der mit zwei Monaten Arrests nicht hart genug gestraft ist. Als Operettenrefrain ist ihnen Nietzsches Weisung, die Peitsche mitzunehmen, wenn sie zum Weibe gehen, geläufig; nicht aber Zarathustras: »Und besser noch Ehe brechen als Ehe biegen, Ehe lügen. So sprach mir ein Weib: Wohl brach ich die Ehe, aber zuerst brach die Ehe mich!« Sie harren in Ungeduld des Ausganges, den der vorläufig vertagte Prozeß gegen den Gatten nehmen wird; daß ein ehrlicher Mann wegen solch unvermeidlicher Ausflüge aus dem ehelichen Schlafgemach ins nahe Dienstbotenzimmer zum Märtyrer werden könnte, wäre wirklich »nur in Österreich möglich«... Sonst würden der brutalen Männermoral unserer Tage ein Strafgesetz, das alles straft, und eine Exekutive, die eine Auswahl gestattet, gleichermaßen zusagen. Der berühmte Herr P., der an die Freunde gedruckte Einladungskarten zur Gerichtsverhandlung sandte, der die Zeitungen aufforderte, ehrenrührige Tatsachen aus seinem Privat- und Familienleben mitzuteilen, und der in stickluft-erfülltem Saale die Heiligkeit seiner Ehe von einem Richter und acht Polizisten bewachen ließ, ist ihr erwachsenster Typus.

Wäre die gesamte Wiener Presse so anständig wie die Neue Freie, die mit zehn vornehmen Zeilen über das Sensationsschauspiel hinwegging, würden alle Zeitungen gleich ihr sich die Verschweigung eines Ehebruchsprozesses mit dem Jahrespauschale des Bankvereins verrechnen lassen – der Schwiegersohn des Präsidenten war nämlich einer der Akteure –, man müßte gegen die Öffentlichkeit derartiger Prozeduren kein Bedenken tragen. Aber alle Erfahrung drängt zu einer gesetzlichen Reform, die richterlichen Losgehern auf dem Moralterrain Zügel anlegt. Nirgends ist Unbefangenheit schwerer zu bewahren, nirgends tritt Lebensunkenntnis oder Verbitterung des Richters leichter in Erscheinung als gerade hier, wo über Allzumenschliches verhandelt wird. Ich will den Donnerer, der neulich Jupiter taub machte, weder der übersättigten Erfahrung noch der freudlosen Unerfahrenheit in Dingen der Geschlechtsmoral zeihen, und fern liegt es mir, seine Persönlichkeit in eine Beziehung zu bringen, die der – natürlich wahnsinnige – König Lear zwischen einem Büttel und einer Buhlerin herzustellen wagt und an die man bei der Behandlung prostituierter Steuerzahlerinnen durch die Organe der Polizei immer denken muß. Ich wollte durch Anrufung Shakespeares nur irdische Richter, die irren können, und nicht Vertreter einer höheren, menschlichen Einflüssen entrückten Gerichtsbarkeit zur Selbstbesinnung mahnen und die schiefe und lächerliche Beziehung zwischen Kriminalität und Sittlichkeit treffen.

Sittlichkeit und Kriminalität: Die große Gelegenheit, ihre Unverträglichkeit zu zeigen, ist der Ehebruchsprozeß. Der Typus der Frau, die zwar zu schön ist, um treu, aber auch zu gesetzeskundig, um untreu zu sein, lebt nur in einer einfältigen Doktrin. Deutsche Philosophen, die in den idealsten Höhen der Sittlichkeit gedacht haben, sind für die Ausscheidung des Ehebruchs aus dem Strafrecht und dafür eingetreten, daß der Frau die Scheidung erleichtert werde. Denn die Heiligkeit der Ehe würde, sobald sie aufhörte »Rechtsgut« zu sein, beträchtlich gemehrt werden. Sie wäre nicht mehr von jener unseligen Heuchelei beleidigt, unter der Menschen fortleben, die längst erkannt haben, daß sie, als sie »in die Ehe traten«, keinen andern »Fehltritt« mehr begehen konnten – man müßte denn das Heraustreten aus allen Dingen, in die einer auf der Lebensstraße treten kann, als Fehltritt bezeichnen ... Aber dies ist vom Standpunkt vergangener und hoffentlich kommender Zeiten gesprochen, nicht aus dem Herzen der Gegenwart. Sie ist beruhigt, ihre Ideale in gesetzlicher Hut zu wissen, und braucht sie darum nicht zu befolgen. Sie sehnt sich nicht nach Reformen. Eine Gesittung, die der zwischen Arbeitstier und Lustobjekt gestellten Frau gleißnerisch den Vorrang des Grußes läßt, die Geldheirat erstrebenswert und die Geldbegattung verächtlich findet, die Frau zur Dirne macht und die Dirne beschimpft, die Geliebte geringer wertet als die Ungeliebte, muß sich wahrlich eines Strafgesetzes nicht schämen, das den Verkehr der Geschlechter ein »unerlaubtes Verständnis« nennt. Die Sitte ist geschützt. Und die Sittlichkeit könnte arg überhandnehmen, wenn's nicht Verbote gegen die Unsittlichkeit gäbe.

[F 115, 1–24; 1902]

Salome

»Wenn die Kritiker sich streiten, so beweist das, daß der Künstler im Einklang mit sich ist«, hat Oscar Wilde in der Vorrede zum wundervollen »Bildnis Dorian Grays« gesagt. In der Region seiner königlichen Geisteskultur wird das Gezänke armseliger Taglöhner des Gedankens nur hörbar wie das von einer feinen Regie gedämpfte Gemauschel der Pharisäer in »Salome«. Aber mir ist's nicht vergönnt, Kunstwerke als Betrachter zu genießen; eine unselige Hellhörigkeit zwingt mich, den Stimmen zu lauschen, die aus der Tiefe dringen, und ich kann nicht beten, wenn ich nicht zuvor den Heiligtumsschändern geflucht habe. Wie das Gemauschel der Pharisäer in »Salome« ... »Da sieht man, daß er nicht ist der Elias!« ruft einer, drängt sich gestikulierend in die vorderste Reihe und heißt Friedrich Schütz.

»F. Sch.« signiert er in der ›Neuen Freien Presse‹ seit langen Jahren. Leser, denen oft Entrüstung über diese beispiellose Konkurrenz von Dreistigkeit und Beschränktheit das Zeitungsblatt aus den Händen sinken ließ, mögen die Initialen anders ergänzt haben. Ich versichere, daß der Mann Friedrich Schütz heißt, der am 15. Dezember 1903 das Beispiel jenes Frechen Schafskopfs nachgeahmt hat, welcher Oscar Wilde auf dem Weg ins Zuchthaus von Reading ins Gesicht spuckte. Aber Oscar Wilde war damals in Ketten; also lebte er. Dann ward er in der Tretmühle gemordet und in jenen Zustand endgültiger Wehrlosigkeit versetzt, der heute Herrn Friedrich Schütz eine Annäherung ermöglicht. Der freche Schafskopf von Reading hätte nie einem Leichnam ins Antlitz gespuckt. Er war der Exponent puritanischer Pöbelwut, die sich vielleicht über der furchtbaren Erkenntnis eines Martyriums längst beruhigt hat. Herr Friedrich Schütz aber ist ein Literat. Vor hunderttausend Lesern bekennt er sich des Mutes schuldig, ein allen Künstlermenschen Europas heiliges Grab mit seinen Gehirnfäkalien zu bewerfen. Für solches Handeln böte wohl der angeborne Trieb der kulturfeindlichsten Zeitung, lebendige Vollpersönlichkeiten totzuschweigen und tote zu bespeien, eine zureichende Erklärung. Aber der Eifer, mit dem diesmal exhumiert wurde, ist so auffallend, die infernalische Lust, mit der Herr Schütz das tote Dichterhaupt insultierte, so ungleich perverser als der saugende Kuß der Salome, daß auch durch die Reihen der abgesagten Feinde modernen Kunstschaffens Abscheu und Entsetzen ging. Ob solcher Schändlichkeit mag selbst ein besinnungsloser Literaturherodes wie Herr Nordau winken: »Man erschlage diesen Kritiker!« ...

Herr Friedrich Schütz ist kein Päderast. Das wird der einzige

Ruhmestitel sein, der von ihm auf die Nachwelt kommt. Das wissen wir gründlich, seitdem wir sein Feuilleton über Oscar Wilde gelesen haben. Oscar Wilde war nämlich ein Päderast, und Friedrich Schütz ist keiner. Wohl ihm! Drei Jahre Tretmühle bleiben ihm dafür erspart, und in dieser beruhigenden Gewißheit darf er Feuilletons schreiben, die er in Anerkennung seiner normalen Anlage gewiß für bedeutender hält als die Schriften Oscar Wilde's. Solange ein Schriftsteller gegen den Homosexualismus nicht ausdrücklich Stellung genommen hat, kann man eben immer noch zweifeln, ob er nicht auch am Ende »einer von jenen« ist. Der Verdacht liegt näher, wenn einer, wie's zum Beispiel in der ›Fackel‹ geschah und immer geschehen wird, die strafrechtliche Behandlung des Problems als eine der größten Kulturscheußlichkeiten zu bezeichnen wagt. Herr Friedrich Schütz aber hat sich mit einer Deutlichkeit, die nichts zu wünschen übrig läßt, zu den normalen Usancen des Geschlechtsverkehrs bekannt, und es darf ihn nicht überraschen, wenn ihm Gratulationen aus allen Gegenden, wo die ›Neue Freie Presse‹ gelesen wird, in's Haus fliegen. Der Glückliche! Er muß nicht seine geistigen Säfte in unerwünschter Bewahrung der physischen verzehren, muß nicht, wenn seine Willensstärke doch einmal seinem Trieb erlag, in der schwebenden Pein eines mörderischen Gesetzes hangen oder dem Morgen, da der Epresser die Rechnung präsentiert, in schlafloser Qual entgegenharren. Aber die Kühnheit, die heute noch immer dazu gehört, die Bestrafung jenes perversen Geschlechtsverkehrs, zu dem freies Einverständnis mündige Leute vereinigt, für legislativen Wahnwitz zu erklären, ist nicht mehr größer als der Mut, der heute bereits erforderlich ist, um für die strafrechtliche Belästigung des Privatlebens einzutreten oder an physiologische Irrungen sittliches Pathos zu wenden. Der Gehirnnebel, der dichter denn je über Europa lagert, verhüllt ja gewiß die Hoffnungen jener Kulturmenschen, die von da und dort geplanten Strafgesetzreformen eine Verbesserung der Sexualjustiz erwarten, und es ist ausgemacht, daß auch die Staatsanwälte des zwanzigsten Jahrhunderts über den Geschlechtsregungen der Steuerzahler wachen werden. Aber sicher ist auch, daß kein Kriminalist mehr, und wäre er noch so erbarmungslos, noch so phantasieverlassen und lebensfremd, daß kein Minister im eigenen Namen das Siegel auf die alte Niedertracht zu drücken wagen und daß man es den stumpfsinnigen Parlamentsmehrheiten überlassen wird, ein quieta movere auf dem Gebiete der Moralheuchelei zu versagen. Ist England eine Kulturnation, weil es Geister wie Oscar Wilde hervorbringen konnte? Weil es einen Geist wie Oscar Wilde um einer sexuellen Neigung willen in der Tretmühle zerstört hat, ist's, solange das Niveau des lieben Demos den Maßstab gibt, ein Barbarenland, dem man höchstens die technischen Errungenschaften einer Watercloset-Kultur zubilligen mag.

Aber als die Exekutive des Pöbelwillens gewaltet, als Philisterrache das Opfer eines Genies gefordert hatte, vernahm man es da, daß ein britischer Literat Beifall klatschte? Herr Friedrich Schütz in Wien hatte einen guten Tag. Und heute, da Wilde's Leichnam längst verwest ist, dankt er seinem Schöpfer und versichert er seinen Lesern, daß er nicht ist wie jener. Der Lebensanfang Wilde's habe »diesen Abschluß nicht erwarten lassen«. Denn – »seine Familie gehörte zu den wohlhabendsten des Landes«. Nach diesem vorläufig noch mehr den Hausbesitzer im Cottage als den Literaturphilister kennzeichnenden Geständnis beginnt Herr Schütz sich über die Entartung des Patriziersohnes aufzuregen. Er hatte eine sorgfältige Erziehung genossen; »aber Eltern denken und Kinder lenken ihre Geschicke«. Einige Jahre später fängt Wilde »seine tollen Streiche« an, die Herr Schütz im Ton des entsetzten Hebräers schildert, dem so viel »Überspanntheit« und »Ausgefallenheit« noch nicht untergekommen ist. Dann zitiert er in schlechter Übersetzung ein paar brillante Paradoxen des Dichters, nennt sie »Offenbarungen der albernsten Banalität«, zitiert eine Strophe der tiefergreifenden »Ballade vom Zuchthaus zu Reading«, nennt sie »läppisch«, beschimpft die körperliche Erscheinung Wilde's, spricht von der »Unsitte des Altertums«, für die sich der Dichter begeistert, und von der »gassenbübischen Logik«, in der er »wie weiland Graf Platen mit dem Nachweis spielte, daß Shakespeare's Sonette an einen Knaben gerichtet seien«. Herr Schütz kann das nämlich noch immer nicht glauben, lebt sichtlich der braven Überzeugung, daß die Sonette der Königin Elisabeth gewidmet sind, und wäre über die Enthüllung, daß in verschiedenen Epochen auch von ihm bewunderte Künstler perverser Neigung fähig und Sappho der sapphischen Liebe ergeben war, gewiß konsterniert. Da sich Wilde »nicht mit der Theorie begnügte«, hat Herr Schütz eine polizeiliche Leumundsnote angelegt: »Gerüchte von Affairen, die er in Süditalien hatte, drangen nach London, an der Riviera wies ihm ein Hôtelier die Tür, in

Paris hatte er Anstände«. Wenn Herr Schütz einen Freund Wilde's nennt, beeilt er sich hinzuzufügen: »Das Wort Freund im garstigsten Sinne genommen«. Aber die Londoner Richter, versichert er, haben durchaus nicht der Sexualheuchelei ihres Volkes ein Opfer bringen wollen; nein, »im Zorn darüber, daß die Bohèmepose dieser zur schwindelhaften Täuschung neigenden Natur England betrogen hatte, das einen originell tuenden Cabotin für einen Künstler nahm,... fällten sie das schärfste Urteil«..... »Ein Sturm der Entrüstung schnitt dem Angeklagten die Verteidigungsrede ab«.... »Aber auch nachdem er das Gefängnis verlassen hatte, will ihn die Verachtung seiner Landsleute nicht auf englischem Boden dulden.« Und all dies nicht einmal, wie man bisher gewähnt, zur Strafe für Verirrungen des Nervensystems, sondern gar nur für Verirrungen der Feder! Es ist gut, daß Herr Schütz die »Sophie Dorothea« geschrieben hat und daß wir nicht in England leben. Wilde mußte vor der Empörung der Leser nach Paris flüchten. Herrn Schütz sind auch die Laster, denen er dort frönte, bekannt: Er trinkt Cognac und wird katholisch. »Einmal will er sich besonders gütlich tun und läßt Austern kommen, sie sind verfault und geben ihm den Tod.« Ist das nicht bezeichnend? Der Dekadent greift auch nach verfaulten Nahrungsmitteln. Ein Dichter, der Stücke nach dem Geschmack des Herrn Schütz schreibt, wird nie der Gefahr einer Austernvergiftung ausgesetzt sein... Mit dieser Elegie auf den Tod eines Jünglings, die in einem verhaltenen »Krepier!« gipfelt, ist aber Herr Schütz nicht zu Ende. Noch einmal muß er, ehe er zu einer fast analphabetischen Auffassung der »Salome« übergeht, seiner Freude Ausdruck geben, daß Wilde's »mittelmäßige Begabung in Schmutz und Schande erstickte«, und seinem Bedauern, daß er »eine ähnliche Ruhestätte wie Mozart fand«...

Gegen ein Meisterstück, das an kondensierter Stimmung und rhythmischem Einklang von Handlung und Sprache kaum seinesgleichen in der Weltliteratur hat, führt Herr Schütz zuvörderst die »historische Wahrheit« ins Treffen, die ihm irgendein am Tag vor der Première beschaffter Schmöker geoffenbart hat. »Im Todesjahr des Johannes war Salome, Tochter der Herodias, die Witwe des Tetrarchen Philipp, Mutter dreier Kinder, also kaum zu berückenden Tänzen geeignet«. »Aufgelegt«, hätte Herr Schütz sagen sollen, um seine eigene Darstellung der historischen Wiener Wirklichkeit und dem Verständnis des Volkstheaterpublikums näherzubringen. Folgt eine Ehrenrettung des Herrn von Herodes, die an lustiger Dummheit alle Leistungen dieses mit skurrilster Zettelkastenbildung prunkenden Kritikers übertrifft. Die Charakteristik in »Salome« stelle »in der bekannten Strich- und Klecksmanier schlechter Illustratoren die Menschen wie Fratzen dar«; denn der »große Herodes«, der »bei Tiberius so viel galt, daß er in allen asiatischen Fragen Roms mit entschied, der aufgeklärte Herrscher, der die Segnungen der europäischen Kultur seinem Volke erschließen wollte, wird zu einem schwachsinnigen Kartenkönig, der auf der Höhe des Stückes in die senile Geilheit eines der Alten verfällt, welche die schöne Susanne im Bade belauschen«. In einer Vornotiz über »Salome« hatte sich der Dichter der »Sophie Dorothea« begnügt, von »niedriger Romantik« zu sprechen. Jetzt konnten wir lesen, daß die Sprache Wilde's »das einfältigste Bild zu Tode hetzt« und daß der Tanz der Salome eine »Balletepisode« und »Orpheumskunst« sei, die Herr Schütz lieber »ohne den Ballast eines die Poesie schändenden Stückes« sehen möchte.

Man greift sich an den Kopf und fragt, wie es denn, wenn schon die Herausgeber eines Weltblatts solcher Blamage nicht den Einlaß gesperrt hatten, möglich war, daß die einsichtigeren Zeitungssetzer nicht den Dienst versagten. Ein kritischer Muskelprotz mag sich von einem verfeinerten Künstlertum der Nerven verächtlich abwenden; aber keiner hat noch zu behaupten gewagt, daß auf dem Mistbeet, dem er die Gedankenwelt der englischen Ästheten vergleicht, eine herrlichere Blume wachsen konnte als »Salome«. Daß der Wildschütz im Wiener Blätterwald es gewagt hat, dafür bietet sein bösartiger Philistersinn allein keine hinreichende Erklärung. Wenn in Wien an demselben Tage das standard work einer Richtung – die respektvolle Würdigung der Uhl, Schönaich, Hevesi und noch einiger ausgenommen – in der idiotischesten Weise abgetan und Saar's Dilettantenarbeit für die Literaturgeschichte gerettet wird, wenn die ›Neue Freie Presse' Sudermann's Theaterschmarren preist und Wilde's Dichtung bespeit, dann, ja dann muß – der Antisemitismus seine Hand im Spiele haben. Wie das? L'art pour l'art, Ästhetentum, englische Dekadence und – Antisemitismus? Ein Blick in das Gemütsleben des Herrn Schütz macht alles erklärlich. Dieser Fortschrittsmann, der die moderne Kunst aus dem Gesichtswinkel der Prager Kleinseite betrachtet, propagiert seit Jahr und Tag eine Idee. Sie ist zwar nicht tief, aber fix: Jedes Dichterwerk, das seiner Besprechung ausgeliefert ist, muß irgendwo und irgendwie über die Stellung seines Autors zur Judenfrage Aufschluß geben können. Ich glaube, er hat einmal in Grillparzer's »Medea« »Fäden« entdeckt, die zur Wiener Gemeinderatsmajorität »hinüberführen«, oder in »Weh dem der lügt« eine Parteinahme für Dreyfus, und er läßt – von einer Beziehung zu den Sprachenverordnungen abgesehen – keine andere Tendenz in einem Kunstwerk gelten als die zur »Abwehr des Antisemitismus«. Seit Herr Noske nicht mehr gewählt wurde, hat für ihn die Literatur jeden Selbständigkeitswert verloren, und aufgeregter denn je horcht er dem Bekenntnis, das sich oder das er einer Dichterbrust entringt. Die technischen Qualitäten mißt er an »Sophie Dorothea«, die ethischen an seiner fixen Idee. Ein anderes Problem gilt ihm in der modernen Literatur nicht, und ein Autor kann eine noch so neue, noch so eigenartige »Frage« aufwerfen: wenn's nicht die eine ist, auf die sich wieder mit einer Frage antworten läßt, findet er bei Herrn Schütz keine Gegenliebe ... Der Uneingeweihte hat sechs Spalten seines Feuilletons über »Salome« gelesen und ist noch immer nicht hinter den Grund so albernen Wütens gekommen. Da springt ihm plötzlich das Wort »Antisemit« in die Augen. »Der Anlage und Empfindung nach Antisemit, hatte Wilde mit einem jüdischen Stoffe relatives Glück.« »Hat ihn schon!« lautet ein Refrain in Offenbach's »Pariser Leben«. Wilde ist also Antisemit; aber mit einem »jüdischen Stoff« Glück haben, das möchte ihm schmecken! Dies der Gedankengang des Herrn Schütz; die Prager Kleinseite beginnt sich zu regen. So hadert ein Kritiker mit einem Dichter. Oder nein: so kritisiert ein Hadernhändler ... Und da, in der neunten Spalte, löst sich das Rätsel vollends. Daß Wilde den großen Herodes verkleinert, aus der edlen Herodias eine böse Sieben, aus der keuschen Salome eine »Lustmörderin« gemacht, wären der Fehler schlimmste nicht. Aber was ward unter den Händen dieses verruchten Briten-Goi aus dem jüdischen Volke? »Das Volk, dessen Widerstandskraft gegen die Übermacht, die es zu zermalmen drohte, nach dem Urteil des Gregorovius ›zu den erhabensten Zügen seiner Geschichte zählt‹, wird in einem Quintett wackelnder Juden mit häßlichen Gebärden dargestellt, die der tiefste Knechtsinn erfüllt.« Die Regie des Volkstheaters aber tut ein Übriges und »läßt diese Hebräer mauscheln«. Und das muß Herrn Schütz passieren, der jedem Kunstwerk bloß die eine Lehre entnehmen will: »Es gibt keine jüdischen Unarten!«

Inde irae et lacrumae! Nicht der Zopf dieses Kritikers, sein Weichselzopf erklärt es, daß er an Wilde so schnöde sich vergriff. Wenn aber der arme Teufel schon in der ersten Spalte gestanden hätte, was ihm das Herz drückt, die kritische Mühe wäre ihm erspart, mindestens Mitleid statt Empörung ihr Lohn geblieben. Vielleicht betrachtet er es sogar als eine persönliche Beleidigung, die ihm Herr Weisse als Revanche für jahrelange Verfolgung antut, wenn auf der Bühne des Deutschen Volkstheaters gemauschelt wird. Mit Unrecht. Wohl hätte der Jargon der Pharisäergruppe – schon mit Rücksicht auf das Premièrenpublikum, dessen sich eine der Gesamtwirkung abträgliche Familienstimmung bemächtigte – gemildert werden müssen. Daß er von Wilde überhaupt nicht intendiert und ein Regiefehler war, konnten nur die Ganzgescheiten entdecken. Wie sollte denn der Haß anders gemalt werden, der bei Salome's Wunsch nach dem Haupt des Täufers, Golgatha antizipierend, die Arme reckt? In solchen Naturlauten hat von Moses bis Mosse Pharisäerrache den »Abtrünnigen« verfolgt, und die Flüche des Herrn Schütz klingen deutschem Empfinden nicht reiner als die Debatten der Schriftgelehrten am Hofe des Herodes.

Ihrer Bedeutung im szenischen Bild wird freilich durch bloße Dialektfärbung nicht entsprochen. So wenig wie dem szenischen Bild durch die Betonung des rein Theatralischen genügt wird. Ward die Besprechung der »Salome« zum Prüfstein kritischer Einsicht, so ist ihre Inszenierung zum Maßstab deutscher Theaterkunst geworden: Zum Heil oder Schaden der Dichtung haben sich – in Hamburg, Berlin und Wien – drei Richtungen an ihr betätigt. Äußerster Realismus in Berlin und äußerste Theatralik in Wien schienen mir die gleich wirksame Parodie auf Wilde's Absichten zu bieten. Dort war's ein kaum von Berlinismen gesäubertes »Familienidyll« im Hause Herodes. Ohne Grauen vor dem Kommenden offerierte der Tetrarch einer gesunden Salome seine Edelsteine, wie ein Juwelier mit einer Soubrette feilscht. Der Ausruf »Aussätzige mag er heilen; aber Tote soll er nicht lebendig machen!«, den eine furchtbare Ahnung aus zugeschnürter Kehle preßt und in dem die ganze Stimmung der »Salome« kulminiert, erweckte als ein schnoddriger Bibelwitz Heiterkeit. Dieser Herodes hielt seinen Jochanaan in der Zisterne wie ein seltenes Tier im Käfig, das bei festlichem Anlaß gezeigt wird. Eine tiefere Beziehung als die der Neugierde verband ihn nicht mit dem Propheten, geschweige denn mit dem Größeren, der sich durch ihn und hinter ihm ankündigt.

Herr Reicher hat den Herodes gespielt: zu völligem Nichtverstehen einer Rolle kann ein vortrefflicher Schauspieler durch die realistische Stilschrulle gebracht werden, die der Talentlosigkeit das Bühnendasein erleichert; Defekte verwandelt sie in Charakteristik, Qualitäten in Farblosigkeit. Gertrude Eysoldt habe ich leider als Salome nicht gesehen: was vermag die blendendste Einzelleistung in einem Stücke, dessen Wirkung ausschließlich in der Ensemblestimmung wurzelt? Diese mußte in Berlin der falschen Natürlichkeit eines psychologischen Zwiegesprächs, in Wien der falschen Theatralik einer lärmenden Handlung weichen. Das Unirdische, nur in den Formen stilvollster Unnatur Mögliche – dort »vermenschlicht« und vernatürlicht, hier zu den Effekten einer abgestandenen Pathetik mißbraucht. Beide Richtungen entspringen derselben geistigen Dürftigkeit deutscher Theaterregie und führen zum Verderben einer Dichtung, bei der Regie alles ist. Wer sie in der Gestalt, die ihr der Dichter ersehen hat, sehen wollte, müßte weit nach dem deutschen Norden fahren, wo ein Regisseur wirkt, dessen befeuernder Theaterblick eine Gesamtheit von Künstlern, von denen die meisten einem Burgtheatervergleich gewiß nicht Stand halten könnten, zu unvergleichlich höheren Wirkungen geführt hat, als man sie hier oder in Berlin gewohnt ist: Berger in Hamburg, dessen Gaben wir, weil er ein Österreicher ist, nicht im Burgtheater genießen dürfen. In der Aufführung des Deutschen Schauspielhauses wäre – mehr kann ich zu ihrem Lobe nicht sagen – selbst Herr Schütz dem Zauber der «Salome« erlegen. Die somnambule Stimmung einer aus Wollust und Grauen bereiteten Vision; das rhythmisierte Tempo des aus schwüler Ruhe zur Katastrophe eines Zeitalters hastenden Fiebertraums; die aus dumpfen Seelen, aus einer Zisterne und aus dem Himmel dräuende Wende zweier Welten, der unsichtbare Galiläer und ein stilisierter Mond, der vom blanken Rund zum scharlachfleckigen Ungetüm alle Phasen irdischen Unheils begleitet, – die Unregelmäßigkeit der aus den Fugen gebrachten Natur: all dies ist auf der Hamburger Bühne, wo die erste öffentliche Aufführung der »Salome« stattfand, möglich gewesen. In Berlin wies realistische Vernunft den Mond in die Schranken seiner natürlichen Beschaulichkeit und ließ ihn bloß als Statisten mitwirken; in Wien strich man, im Konflikt zwischen theatralischem Wollen und technischem Unvermögen, ihm auch diese Rolle. Hier wie dort blieb die Beziehung des »Pagen der Herodias« zu dem jungen Syrer, dessen Blicke er von Salome ablenken möchte, während diese auf Jochanaan starrt, unverständlich: dort ließ man den Epheben, den in Hamburg ein schlankes Mädchen gab, von einem dicken Helden, hier von einem Charakterkomiker vertreten. Vergleicht man aber die Gesamtwirkungen, so kann man sagen: haben sie in Berlin »Familienidyll« gespielt, so wurde in Wien – dank Herrn Weisse – »Bluthochzeit« gefeiert. Aber bei uns kamen, wenn schon nicht ein Königshaus, so doch wenigstens die Kulissen eines Königshauses ins Wanken. Momente lang dachte ich an noch Argeres als die Epigonentragik Albert Lindner's, und für den Unterschied zwischen Hamburger und Wiener Regiekunst fand ich die Formel: Berger kriegt das Kunststück fertig, einen Rudolph Lothar so herauszubringen, daß man beinahe glaubt, es sei ein Oscar Wilde. Im Deutschen Volkstheater spielen sie »Salome«, und jeder schwört, daß es ein Stück von Rudolph Lothar ist.

Weil's aber doch diesen guten Namen nicht trägt, wird es den Literaturbütteln zur Beute. Daß »die Protektion elender Mittelmäßigkeit viel mehr Unheil angerichtet hat als Auszeichnung poetischer Extravaganz«, ist eine gute Erkenntnis Schumann's, auf die sich Hugo Wolf als Musikkritiker irgend einmal bezieht. Darum ist selbst die Skrupellosigkeit eines Hermann Bahr, die tausendmal kleinere Potenzen als den Dichter der »Salome« ins Licht gestellt hat, unschädlicher als jene Verbindung von Unverstand und Tücke, die den flach- und querköpfigen Typus Nordau ergibt. Grotesk werden diese Gesellen, wenn sie, die so oft ihres Hasses Richtung weisen, ein- oder das andere mal auch über ihre Sympathien Klarheit schaffen. Herr Schütz, der es nach »Salome« rühmlich versucht, den Tyrannen zu übertyrannen, hat sich neulich erst vor des Onkel Medelsky tüchtiger Tischlerarbeit »Liebessünden« in Anbetung gewunden. Wer sich vor Ambradüften die Nase zuhält, mag ihre Flügel weit öffnen, wenn Leimgeruch aufsteigt. Ich störe ihm das Vergnügen nicht. Aber er sollte doch auch perversere Ansprüche gelten lassen. Ich wehrte mich ja nur gegen die sittliche Entrüstung, die ausbricht, wenn's in der Literaturküche einmal statt Geselchten mit Bauernknödeln Pfauenzungen oder auch nur Austern (gesunde, Herr Schütz!) geben soll. Ich wollte nicht immer Pfauenzungen essen, wiewohl ich sie für schmackhafter halte als Knödel, und bin somit konziliänter als die, die immer Knödel essen wollen, weil sie sie für »solider« halten als Pfauenzungen. Nicht aus Hochmut, aus der bescheidenen Erkenntnis tiefster Verkommenheit erkläre ich, daß mir die traurige Liebesgeschichte des Blochhacker-Hias, die Herr Werkmann-Medelsky mit Talent erzählt, nichts mehr zu sagen hat und daß ich den Priester, den der Zölibat drückt, nicht bedauere, wenn er noch die Kraft hat, einen so schönen Satz zu prägen wie den im 7. Auftritt des III. Aktes: »Immer mehr durchfurcht vom Gram, zernagt vom Leiden des Entsagens, ist meine Brust heute ein jämmerliches Heim meines eigenen Elends«! Ich glaube – dies ist bloß eine Privatmeinung –, die Stunde der Blochhacker-Hiase hat in der Poesie geschlagen; als Träger dramatischer Gefühle verpöne ich sie auf das entschiedenste, und im modernen Bühnenleben räume ich ihren unkomplizierten Seelen nur einen Platz ein, wenn es einem Dichter gelang, ihre sozialen Nöte zu erfassen. Von den Beschwerden des Priesterstandes aber hat Herr Werkmann kaum mehr als Leitartikelpathos abzuschöpfen vermocht, das vielleicht den Vergleich mit dem Autor des »Pfarrer von Kirchfeld«, nie und nimmer aber den mit dem Dichter Anzengruber gestattet. Herr Schütz freilich gerät aus Rand und Band, wenn er nur das Wort Zölibat hört, beginnt sofort die Leser mit den Wissensbrocken liberaler Geschichtsforschung zu bewerfen und erhebt den »schlichten Mann aus der Tischlerwerkstatt« zum Bühnenkaiser. Findet Werkmann die Bretter, die Herr Schütz vor dem Kopfe hat, und den Zettelkasten, aus dem er schöpft, nicht reparaturbedürftig? ...

Hab' ich doch meine Freude dran, daß »Salome« die Schwarzalben aus beiden Lagern, freisinnige und klerikale Kunstfeinde gepaart hat! Das Schauspiel, die Kritiker der ›Neuen Freien Presse‹ und des ›Vaterland‹ Arm in Arm zu sehen, kehrt nicht oft wieder. Welche suggestive Kraft muß einem Kunstwerk innewohnen, das es vermocht hat, den Philistersinn, von den verschiedenen Parteischlacken, die sonst so argen Zwistes Ursprung sind, erlöst, sich in Reinheit und Einheit offenbaren zu lassen! Mag Herr Schütz Wilde's Vision an der Geschichte, der erleuchtete Kollege vom ›Vaterland‹ sie an der heiligen Schrift kontrolieren, jener über die Zumutung, daß eine Mutter dreier Kinder tanze, entsetzt, dieser befriedigt sein, daß Johannes »die ekelhaften Liebesausbrüche des tollen Weibes zurückweist« (»glücklicherweise« sagt er ausdrücklich): sie haben doch dieselbe Beziehung zur Kunst. Die häßlichere Spielart bleibt der liberale Schächer; und die häufigere. Er hat gegen die Teufelsinsel eine Welt in Waffen gerufen und begeistert sich für die Tretmühle; er fragt nicht nach dem Wert der leidenden Persönlichkeit, er fragt nur nach ihrer Konfession. Er ist da und dort. Auf der »Salome«-Szene reckt er triumphierend die Arme, wenn ein Prophet getötet werden soll. Vor Reading hat er dem gefesselten Wilde ins Gesicht gespuckt. Von seinem Kritikerstuhl bespeit er den toten... Ich glaube, er hat dem Vorgang auf Golgatha als Berichterstatter der ›Neuen Freien Presse‹ beigewohnt.

[F 150, 1–14; 1903]

Kunstkritik

(Klinger's »Urtheil des Paris«.)

Herr Hevesi:

»Ein Kraftwesen mit titanischen Armen zerdrückt mit der Faust den Kopf einer Hydra, diese aber reckt nur desto riesenhafter den anderen Hals, mit dem anderen Kopfe, in die oberen lichten Regionen auf...«

Herr Servaes:

»Vor ihm gleitet ein fischartiges Ungethüm nieder, auf dessen steil gestrecktem Schweif sich ein schmerzvoll verzerrtes Medusenhaupt hebt...«

[F 138, 17; 1903]

Ein Unhold

»Des Himmels Antlitz glüht, ja diese Feste,
Dies Weltgebäu, mit trauerndem Gesicht,
Als nahte sich der jüngste Tag, gedenkt Trübsinnig dieser Tat...«

März 1904

Johann Feigl, Hofrat und Vizepräsident des Wiener Landesgerichts, hat als Vorsitzender einer Schwurgerichtsverhandlung am 10. März 1904 einen dreiundzwanzigjährigen Burschen, der in Not und Trunkenheit eine Frau auf der Ringstraße attackiert und ihr die Handtasche zu entreißen versucht hatte, zu lebenslänglichem schweren Kerker verurteilt.

Das Datum wird aus der Geschichte der österreichischen Rechtspflege, der märzgefallenen, nicht mehr verschwinden. Wenn wir die Reihe der Sünder im Talar passierten, die in nüchternem Zustand die leibhaftige Gerechtigkeit attackiert, vergewaltigt, geschändet haben, nur einem konnten wir keinen Milderungsgrund zubilligen: Herrn Johann Feigl. Er ist der persönlichen Freiheit der Staatsbürger am gefährlichsten geworden, er, der einzige, der dem Wahnwitz jenes hundertjährigen Gesetzes buchstäblich gerecht ward. Die grauenvollsten Strafgebote hat man, da ein delirantes Parlament die gesetzgeberische Arbeit hindert, auf alle Art zu dämpfen gesucht. Oft gelang's durch einen verzweifelten Freispruch der Geschworenen, der dem Freunde der Rechtssicherheit einen nicht gelinden Schrecken einflößte, als das Wüten des Paragraphenrichters, und auch dem liberalsten Verteidiger des Unfugs »Volksjustiz« zu denken gab. Aber hinter dem Berufsrichter steht jetzt eine von ihrer Modernität begeisterte Regierung und beschwört ihn in allwöchentlichen Erlässen und Festreden, nicht die Strafmaße des unmenschlichen Gesetzes, sondern die seines humanen Fühlens anzuwenden. Ach, man könnte, wenn man diesen Johann Feigl den Wunsch des Ministers in Tat umsetzen sieht, beinah sich zum Glauben bekehren, die alte List österreichischer Staatskunst sei auch hier am Werke und »Küsse auf den Lippen, Schwerter im Busen« der Wahlspruch modernster Justizpolitik. Und der Räuber Karl Moor handelt ethischer als die Heuchlerwelt, die ihn richten wird...

Hat Herr v. Koerber den Mut, das Urteil vom 10. März ungesühnt zu lassen? Wird man aus plötzlichem Respekt vor einem Staatsgrundgesetz, aus einer neuen Rücksicht auf die richterliche Unabhängigkeit, Herrn Johann Feigl seine Attacken auf Menschengefühl und Gerechtigkeit weiter verüben lassen? Weg mit dem österreichischen »Justament nöt«! Weg mit dem törichten Beamtenhochmut, der sich entgegen aller bessern Einsicht nur deshalb sträubt, ein Übel zu beseitigen, weil dessen Beseitigung auch in ein paar »Druckschriften« verlangt wurde! Die Wiener Bevölkerung will Herrn Johann Feigl nicht, und wenn ihre Vertreter in Staat, Land und Gemeinde ihren Wünschen zu horchen verständen, dann würde jetzt in einer Sache, die hundertmal wichtiger ist als der ganze nationale Trödel, ein parlamentarisches

Bombardement losgehen, dem die Justizverwaltung nicht lange trotzen dürfte. Nicht der Räuber von der Ringstraße, Herr Feigl werde unschädlich gemacht! Für jenen ein paar Monate Gefängnis, für diesen ein Zivilgericht – damit wäre der Gerechtigkeit Genüge geschehen, der Wiener Menschheit künftig ein Erstarren des Blutes erspart. Wenn man bedenkt, ein wie wertvolles Gefühl der Rechtssicherheit Millionen durch die Kaltstellung eines einzigen Hofrats wiedergegeben werden kann, dann muß man eigentlich staunen, daß eine auf populäre Wirkungen bedachte Regierung nicht öfter die Gelegenheit nützt. Der Papst hat der Unzufriedenheit des kleinen Klerus einen Fürsterzbischof geopfert: kann der österreichische Ministerpräsident auch nur einen Augenblick zögern, für weit ernstere und viel schwerer verletzte Interessen einzutreten? Wir haben es satt, dem Spiel mit Menschenleben und Menschenwürde länger zuzusehen. Und wenn wir ihm – gemäß dem neuesten Erlaß zur Hebung des Ansehens der Justiz – nicht mehr mit Operngucker zusehen dürfen, so wollen wir es überhaupt nicht mehr sehen. Wir haben es satt, diesen Räuschen des Blutdurstes beizuwohnen, in die eine nüchterne Verhöhnung des Angeklagten am Schlusse des Schauspiels verfällt. Wir haben das Walten einer Wiener Kriminalistik satt, die ihren Namen nicht vom »crimen«, sondern vom Kriminal ableitet, und die sich in selbstgefälligem Stumpfsinn als die Wissenschaft vom »Einspirrn« definiert. Wir haben Holzingers Ende nicht vergessen. Und wir ertragen an dürftigen Epigonen nicht, was uns an der stilvollen Persönlichkeit eines großzügigen Sünders entsetzt, nie abgestoßen hat. Holzinger war mehr als ein österreichischer Kerkermeister; jedes seiner Urteile schien eine Schuld der Menschheit zu rächen. Eigene Rache befriedigt, eigener Bosheit frönt Herr Johann Feigl. Ihn erfüllt bloß die Spielerfreude seiner Machtvollkommenheit, das widerliche Behagen an dem Mißverhältnis zwischen einem kleinen Menschen und einem großen Amt. Er ist ganz und gar Shakespeares »winz'ger Richter«, der mit Jovis Himmel donnern möchte, »nichts als donnern«, ganz der »in kurze Majestät gekleidete Mensch«, der, sein gläsern Element vergessend, »wie zorn'ge Affen spielt solchen Wahnsinn gaukelnd vor dem Himmel, daß Engel weinen, die, gelaunt wie wir, sich sterblich lachen würden«. Darum »weckt er die längst verjährten Strafgesetze, die gleich bestäubter Wehr im Winkel hingen«, darum höhnt er den Delinquenten, bevor sein Urteil die Gerechtigkeit höhnt ... Ein norwegischer Strafrechtslehrer, der einmal in Wien einer Verhandlung unter dem Vorsitz des Herrn Feigl beigewohnt hat, versicherte, daß in seiner Heimat kein Staatsanwalt soviel nörgelnde Gehässigkeit gegen den Angeklagten aufbrächte wie hier der über den Parteien stehende Verhandlungsleiter. Und der Wiener Staatsanwalt hat – ein Fall, der, soweit das Gedächtnis der ältesten Juristen reicht, nicht vorgekommen ist – zum Schutze des letzten Opfers Feigl'scher Judikatur Berufung angemeldet. Ich weiß, und bin in der Lage es zu beweisen, wie Richter mit fünf Sinnen, wie hochgestellte Funktionäre über die Tätigkeit Johann Feigls denken. Ist es wirklich unumgänglich, mit verschränkten Armen auch vor der strafgerichtlichen Abteilung des österreichischen Chaos zu stehen? Könntet ihr hier nicht Wandel wirken, wo die Lösung einer Personenfrage beinahe die Reform eines Gesetzes erspart?

Die Verurteilung des Dreiundzwanzigjährigen bis zum Tode, die furchtbarer als die zum Tode ist, wollte man selbst Herrn Feigls bewährter Kerkermeisterschaft nicht glauben. Nur genaueste Lektüre des Verhandlungsberichtes bietet die Möglichkeit, dem Wahnwitz psychologisch beizukommen. Durch Jahrzehnte hat Härte des Urteils den Hohn des Verhörs gekrönt. Aber sie war auch gemildert durch den starken Verbrauch seiner Natur, den eine lange Verhandlung Herrn Feigl erlaubte. Das fühlte er selbst: ein gut Teil der Strafe hat ein Angeklagter überstanden, der eine Verhandlung unter seinem Vorsitz über sich hatte ergehen lassen müssen; wie eine Erlösung wirkte das Urteil. Wie würde es, so hätte man sich längst fragen können, wirken, wie würde es ausfallen, wenn Herrn Feigl einmal die Gelegenheit genommen wäre, mit dem Angeklagten wie die Katze mit der Maus zu spielen? Wenn ihm ein Verzweifelter gegenüberstände, der in Lebensnot sein Selbstbewußtsein nicht verloren hat, den Richter nicht als sein Schicksal betrachtet, nach dessen Mienenspiel nicht ängstlich forscht, sich nicht duckt, dem Spott nicht mit Erröten, dem Schimpf mit Trotz antwortet? Herr Johann Feigl hat seinen Meister gefunden. »Das mag Ihre Ansicht sein, Herr Präsident! Ich teile diese Ansicht nicht« – ruft ihm der Bursche zu, der wegen eines Raubanfalls vor seinem Richtstuhl steht. Einmal, wieder, immer wieder. Herr Feigl stutzt. »Man kommt nach Ihrem Auftreten nahezu auf den Gedanken, daß Sie unverbesserlich sind... Ihre ungehörige Verantwortung muß ich rügen«. Der Angeklagte verwahrt sich gegen »die spitzen Redensarten des

Gerichtshofes«. Das ward in diesem Hause und von Herrn Feigl noch nicht erlebt. Der Kerl kanzelt seinen Anwalt herunter und hält ein Plaidoyer, das als ein hochdeutsches Sammelsurium der bekanntesten Verteidigerphrasen, in dem selbst zum Schluß der Hinweis auf die eigene psychische Minderwertigkeit nicht fehlt, ein parodistisches Meisterwerk genannt werden muß. Mit Hohn war diesem Angeklagten nicht beizukommen, diesem nicht. Also blieb nichts übrig, als ein Urteil zu fällen, das weithin wirke als Exempel – zur Verhütung künftiger Raubanfälle? Nein, zur Verhütung unbotmäßigen Betragens vor Gericht. War gestern in demselben Hause ein Mann, der einem andern ein Messer in den Bauch gerannt hatte, zu fünf Tagen Arrest verurteilt worden, hier mußte mit anderm Strafmaß gemessen werden. In diesem Dreiundzwanzigjährigen war ja noch Leben! Ein Kerl, stark genug, um ein paar Monate Gefängnis, die er redlich verdient hat, zu übertauchen, noch nicht völlig verkommen, der Besserungsfähigkeit dringend verdächtig, und möglicherweise imstande, sich mit seinem Witz noch ehrlich durchs Leben zu schlagen. Vor allem aber – sympathischer als Herr Johann Feigl, der seinerseits mit der Karriere abgeschlossen hat und, wenn er aus dem Landesgerichte herauskäme, nichts Rechtes mehr anzufangen wüßte ... So ward denn Anton Krafft zu lebenslänglichem schweren Kerker verurteilt. »Er war allerdings auch«, bemerkt das ›Deutsche Volksblatt‹ wörtlich, »während der Verhandlung ungemein keck und trat sogar dem Vorsitzenden Dr. Feigl entgegen, wo er nur konnte« ... Am 10. März 1904 wurde in Wien lebenslänglicher schwerer Kerker wegen kecken Benehmens im Gerichtssaal diktiert.

Wird Herrn Johann Feigl nicht bang? Es soll irgendwo im Paragraphendickicht eine Möglichkeit verborgen sein, aus der sich die Verhängung der grauenvollsten Pein für den Trunkenheitsexzeß des Minderjährigen, der seiner Not keinen Heller erbeutet hat, formell rechtfertigen läßt, eine Bestimmung, die Herr Feigl bei einigem guten Willen »anwenden« konnte. Wenn Herr Feigl einst sein tatenreiches Leben endet, das etwa zehntausend Jahre, die andere im Kerker verbrachten, umfaßt hat, so mag sich ihm in schwerer Stunde, vor der Entscheidung einer höhern Instanz, die Beichte seiner schwersten Sünde entringen: »Ich habe mein ganzes Leben hindurch das österreichische Strafgesetz angewendet!«

Das Urteil über die Tat des Johann Feigl ist vom Oberlandesgericht augenblicklich gefällt worden. Die Justiz hat mit standgerichtlicher Promptheit gearbeitet. Leider ist die Differenz zwischen »lebenslänglich« und zwölf Jahren, zu der Herr Feigl verurteilt wurde, eine viel zu geringe, und zwölf Jahre für den Streich, den ein halbverhungerter Bursche auf der Ringstraße verübt hat, noch immer zu viel. Wiewohl Herrn Feigl kein mildernder Umstand zugebilligt werden kann, wiewohl er weder minderjährig ist noch in Volltrunkenheit gehandelt hat, wiewohl er sich der Folgen seiner Handlungsweise – Erschütterung des Vertrauens in die Strafjustiz, dauernde Berufsstörung bei Anton Krafft u. s. w. – bewußt sein mußte, hat das Oberlandesgericht sich für bemüßigt gehalten, ihn mit mehr Rücksicht zu behandeln als den andern Angeklagten. Warum, Ihr Herren? Warum wird denn mit den »Jahrln« nur so herumgeschmissen? Es ist ja sehr selbstlos, wenn ein Berufungsgericht einen Teil des Entsetzens, das ein Urteil erregt hat, auf sich nehmen will. Aber schließlich ist doch die Gerechtigkeit auch ein Faktor, auf den in der Judikatur Rücksicht genommen werden sollte, obgleich ich gern einsehe, daß die Kollegialität voranzugehen hat. Das Schicksal eines Angeklagten müßte doch nicht so ganz apathisch zwischen den Höflichkeitsbezeugungen der Instanzen zerrieben werden. »Sollte nicht selbst die Umwandlung des lebenslangen in zwölfjährigen Kerker durch das Oberlandesgericht der gewiß schwer ins Gewicht fallenden Absicht, die Richter der ersten Instanz nicht allzu schroff ins Unrecht zu setzen, entsprungen sein? Dann würde der Fehler, den diese begangen haben, zum Nachteile eines Unglücklichen fortgewirkt haben. Uns scheint, daß der Fall Krafft sich eher zu einer Annäherung an die unterste Grenze der drei Jahre schweren Kerkers empfohlen hätte.« So schreibt Dr. Edmund Benedikt, ein Jurist, dem man die Kompetenz so wenig wie die Sachlichkeit absprechen wird, in den ›Juristischen Blättern‹. Wenn die Empörung fühlender Laien die Maßgebenden nicht aufgerüttelt hat, vielleicht macht sie die Tatsache stutzig, daß dem Fall Feigl gegenüber ein juristisches Fachblatt zum erstenmal aus seiner wissenschaftlichen Reserve heraustritt. Dr. Benedikt schreibt: »Nach der letzten veröffentlichten Statistik wurde in ganz Österreich im Laufe des Jahres 1897 über 28 Personen lebenslänglicher Kerker verhängt, darunter über 21 infolge gnadenweiser Umwandlung der gesetzlichen Todesstrafe. Wenn man die Seltenheit der Hinrichtungen bedenkt, deren Zahl im Jahre 1897 nicht mehr als 5 betrug, so daß die vielleicht ebenso fürchterliche Strafe des ewigen Kerkers bei den verworfensten Mördern an deren Stelle gesetzt wird, während in 41 von im ganzen 67 Fällen todeswürdig erkannter Mordtaten 8- bis 20jähriger Kerker als angemessene Sühne erkannt wurde, so muß die ungeheure Aufregung, welche die Verurteilung des Krafft durch einen Wiener Schwurgerichtssenat hervorgerufen hat, selbst vom trockensten Zahlenmenschen geteilt werden.« Nach Benedikts Ansicht hat Herr Feigl nicht einmal die Berufung auf den traurigen Buchstaben des österreichischen Strafgesetzes für sich: »Die Überfallene hatte infolge des Schreckens einen Nervenschock erlitten, der sie durch mehr als zwanzig Tage arbeitsunfähig machte. Es ist bei diesem Tatbestande zweifelhaft, ob überhaupt die Sanktion des lebenslänglichen Kerkers zutrifft, ob nicht vielmehr das Gesetz im § 195 eine unmittelbare schwere Verwundung oder Verletzung fordert, so daß der Eintritt eines Nervenschocks, dem sonst die Gerichte nicht allzu freundlich zu sein pflegen, außerhalb dieses Rahmens fällt.« »Aber sei dem wie immer«, fährt der Jurist fort, »die Tatsache, daß die unmittelbar zugefügten Verletzungen ganz leichter Art waren, ist ein höchst wichtiger Milderungsumstand. Dazu kommt die Nichtvollbringung des Raubes, dessen Begehung am hellen Tage in sehr belebter Gegend, also unter möglichst ungefährlichen Umständen, in subjektiver Hinsicht das jugendliche Alter, die Angetrunkenheit und die Not. Und dieses Verbrechen, das verglichen mit den übrigen schweren Straftaten in der Monarchie, kaum in deren oberen Hälfte zu stehen kommen dürfte, wurde mit der fürchterlichsten Strafe belegt, deren Schwere desto größer ist, einen je jüngeren Delinquenten sie trifft. Unter allen begnadigten Mördern des Jahres 1897 war nur ein Minderjähriger, dem Kerker auf Lebenszeit zuerkannt wurde, und dieser hatte ein achtjähriges Kind getötet, das er mißbrauchen wollte. In wie beispielloser Weise das Urteil des Wiener Schwurgerichtshofes die seit so vielen Jahrzehnten in so vielen tausenden von Fällen hergestellte Verhältnismäßigkeit zwischen Strafe und Verbrechen gestört hat, sagt jedem die Erfahrung und bestätigen die Zahlen. Wie immer man über Grund und Zweck der Strafe denken mag, wie sehr man davon überzeugt sein mag, daß eine absolute Gerechtigkeit schon wegen der Inkommensurabilität von Schuld und Strafe niemals erreicht werden kann, man muß daran festhalten, daß jene Proportion, die sich auf Grund der Gesetze durch die Übung der Spruchpraxis herausgebildet hat, nicht verletzt werden darf, wenn man nicht aus der Strafjustiz eine *willkürliche und sinnlose Straferei* machen will.« Und nun werden die Folgen der Feigl'schen Tat erörtert. Das Urteil habe nicht nur die heilsame Assoziation der Vorstellungen von Verbrechen und Strafübel, in der allein die Rechtfertigung der Strafe liege, erschüttert; es »scheint noch eine weitere verwerfliche Wirkung in der kurz darauf unter demselben Vorsitz erfolgten Freisprechung von Funddieben durch die Geschworenen hervorgerufen zu haben. Daß die Jury, wenn ihr Verdikt in einer unerwartet harten Strafbemessung Geltung erhalten hat, durch Absolvierung anderer Angeklagter sich zu salvieren glaubt, ist eine jedem Praktiker bekannte Sache. Aber es irren diejenigen, die sich in gutherziger Weise über solche Geschenke des Schicksals an Schuldige freuen; denn in solchen Freisprüchen liegt eine tiefe Grausamkeit, weil sie die Wurzel des Strafrechtes angreifen und Willkür an Stelle des Urteils setzen.« ... Am schärfsten treffen Herrn Feigl die folgenden Worte: »So traurig uns die Überschreitung des Strafmaßes berührt, so können wir doch nicht glauben, daß das Benehmen des Beschuldigten bei der Verhandlung dabei in Betracht gekommen sei. Leider ist ja die Tradition noch nicht bei allen Vorsitzenden verschwunden, daß es richtig sei, zu dem Angeklagten in die Arena hinabzusteigen und ihn *im Ringkampf die geistige Überlegenheit fühlen zu lassen* und jede Auflehnung des Delinquenten oder auch manchmal der Entlastungszeugen gegen dieses oft *grausame Spiel* als Rebellion zu empfinden. Daß Richter eine solche Auflehnung den Verurteilten im Spruche entgelten lassen sollten, können wir nicht glauben. Daß aber der Vorsitzende den minderjährigen Angeklagten, der soeben zu lebenslänglichem Kerker verurteilt worden war, zu einer Strafe, die vielen härter dünkt als der Tod, *sofort mit der Frage übereilte*, ob er berufen wolle, statt ihn ausdrücklich zu warnen, die Erklärung nicht früher abzugeben, bevor er sich nicht mit seinem Verteidiger besprochen und sich die Sache genau überlegt habe, daß er dann die in verbissenem Trotz hervorgestoßene Erklärung, auf die Berufung zu verzichten, als eine unwiderrufliche statuierte, ist ein Vorgang, *den man nicht begreifen kann*. Die Rechtsmittelbelehrung hat den Zweck, den Inkulpaten auf die ihm zustehenden

Rechte aufmerksam zu machen und ihm Zeit und auch womöglich die Sammlung zur Überlegung zu gewähren, nicht aber ihn in der Schlinge der unvermittelt hervorgestoßenen Erklärung zu fangen.« »Wer in solcher Weise«, schließt Benedikt, »an dem Verhältnis zwischen Strafe und Tat rüttelt, zerbricht einen der stärksten Pfeiler unserer ohnehin unvollkommenen Gerechtigkeit und lädt eine schwere Schuld auf sich.«

Und Herr Feigl hat – nachträglich wird es bekannt – über den Wahnsinn des österreichischen Gesetzes hinaus die lebenslängliche Strafe mit einem jährlichen Fasttage verschärft.

Nach vier Jahren

Prozeß Blecha. Vorsitzender: Hofrat Feigl. Vorgeführt wird der Zeuge Anton Krafft. »Während der Einvernahme des Zeugen Krafft bemerkt der Verteidiger zu ihm: Warum sehen Sie so blaß aus? Sind Sie krank? – Zeuge (zögernd): Ich war lange Zeit im Spital. – Verteidiger: Wann werden Sie denn frei? – Zeuge: Im Jahre 1916. – Verteidiger: Lassen Sie sich draußen meine Adresse geben und schicken Sie mir einen Brief aus Stein. Vielleicht kann ich etwas für Sie tun. Ich werde um Ihre Begnadigung einkommen.« Der Gerichtssaalbericht fügt trocken hinzu, Krafft büße eine zwölfjährige Kerkerstrafe wegen Raubes ab. Die Begnadigung durch Tuberkulose scheint gesichert.

Welch ein Wiedersehen! Wer mag blässer gewesen sein? Der Blasse oder der Erblaßte?

*

Am Tage, nachdem ich dieses Wiedersehen geschildert hatte, erhielt ich die folgende Zuschrift:

17. Oktober 1907

Ihre Notiz in der letzten ›Fackel‹ über die Geschichte Krafft-Feigl macht mir diese Episode wieder schmerzlich lebendig. Ich war damals unter den Geschworenen, und ich kann Ihnen bestimmt sagen, daß eine Voreingenommenheit gegen den Angeklagten sich bei uns nicht eingenistet hat – trotz Feigl. Im Gegenteil, es blieb nicht ohne Eindruck auf uns, daß der Krafft einen jämmerlichen alten ex offo-Schwätzer zum Verteidiger hatte, der sich vor dem

»Hohen Gerichtshof« in tausend devoten Verbeugungen erging und seinen Schutzbefohlenen, der just nicht das Gleiche tat, indigniert preisgab. Wir standen also dem Krafft ziemlich unbefangen gegenüber. Leider aber auch dem Feigl. Denn wenn wir geahnt hätten – nun, Sie erinnern sich gewiß, wie wir einige Tage später angesichts des abermaligen Feigl uns durch einen Freispruch Luft gemacht haben. Allein vorher kannten wir unseren Feigl noch nicht ganz; und da die Ergebnisse der Verhandlung sich mit den Schuldfragen glatt deckten, konnten wir nichts anderes tun, als diese bejahen. Wie dann aber das Wort »lebenslänglich« gefallen ist, sind wir dagestanden, wie vom Donner gerührt und haben einer den andern angestarrt – völlig entgeistert. Ich bin aus dem Saale getaumelt, buchstäblich betäubt und: »Barmherziger Himmel, das haben wir nicht gewollt, nein, das haben wir nicht gewollt« mußte ich fort und fort murmeln. Als nachträglich die Änderung des Urteils bekannt wurde, die über Berufung nicht des Verteidigers, sondern des Staatsanwaltes erfolgte, haben wir die Strafmilderung wie eine Befreiung von eigener Schuld empfunden. Und nunmehr muß ich lesen, daß der arme Teufel unheilbarem Siechtum verfallen ist!

Ich weiß, ich kann nichts dafür, und übermäßig sentimental bin ich kaum. Wie denn auch? Mich hat das Leben genau so derb herumgestoßen, wie jeden von uns, bei dem die Druckstellen hart geworden sind. Aber ich erbitte mir von einem gütigen Schicksal, daß es mich vor neuerlicher Auslosung zum Geschwornen bewahre. Für dieses Amt tauge ich seither nicht, wenigstens so lange, als noch der Feigl im Landesgericht haust...

Mein lieber Freund, wenn es nicht ein bloßer Gelegenheitswitz war – blaß wird der nicht, da irren Sie sehr! Wenigstens nicht aus solchen Anlässen. Blaß wurde er nur damals – beim Freispruch.«

Epilog

»Der mit dem Titel und Charakter eines Hofrates bekleidete Vizepräsident des Landesgerichtes in Strafsachen Dr. Johann Feigl ist zum Hofrat ad personam unter Belassung auf seinem gegenwärtigen Dienstposten ernannt worden.«

[F 157, 1–6; F 158, 17–20; 1904 und F 232–33, 9; 1907]

Technik und Tod*

Man kann, wenn man von Wien nach Prag will, auf zwei Arten um's Leben kommen: durch die Nordbahn und durch die Franz Josefsbahn. Eine solche Auswahl guter Verbindungen mit dem Jenseits macht uns stolz. Nach der Katastrophe von Hohenau erklärte ein hervorragender Technologe dem Reporter der ›Neuen Freien Presse‹, »ein großer Teil des im Inland erzeugten Schienenmaterials sei infolge der Reinheit des Roheisens so vorzüglich, daß bis vor einem Jahrzehnt noch die Verhältnisse in Österreich entschieden günstiger zu nennen waren als in Deutschland«. Und nach der Katastrophe bei Tabor erklärte der Eisenbahnminister den interpellierenden Abgeordneten, daß »sich die technischen Einrichtungen auf den österreichischen Staatsbahnen und ihre Handhabung auf der vollen Höhe der Anforderungen befinden, welche der moderne Verkehr an sie stellt«. Österreich ist das Land, in dem Schlamperei zum Schicksal wird und Schicksalswendungen durch Redewendungen übertüncht werden. Nie wird eine Bahnverwaltung mehr gelobt als nach einem Unfall. Auf der Nordbahnstrecke fliegen die Waggons über die Böschung, und die ›Neue Freie Presse‹ druckt die »die Öffentlichkeit beruhigenden« Mitteilungen des Technologen. Dieses mörderische Bemühen, die Öffentlichkeit immer zu »beruhigen« – sie, die den begründetsten Anspruch darauf hat, beunruhigt zu werden! Daß ihn die Erklärung des Fachmanns eigentlich erfüllt, war im Phrasendunst nicht mehr zu erkennen. »Ein großer Teil« unseres Schienenmaterials – nicht das ganze – ist so vorzüglich, daß »bis vor einem Jahrzehnt« die Verhältnisse in Österreich günstiger waren als in Deutschland. Der typische Ausdruck österreichischen Stolzes auf Errungenschaften, in denen wir früher konkurrenzlos waren. Wir wähnen immer, daß mit unserem Ruhm der Fortschritt der Anderen nicht Schritt halten könne, und sind heute noch auf die Wiener Kipfel stolz, weil man sie vor zwanzig Jahren in Berlin nicht so schön verfertigen konnte. Im österreichischen Beruhigungswörterbuch stehen Wendungen, die sich zur Rehabilitierung jeder Institution, deren Ansehen durch gravierende Tatsachen erschüttert wurde, nach Belieben verwenden lassen. Zur Aufdeckung eines Justizmordes wird eine Enquete einberufen, und das Resultat ist die von

* in der ›Fackel‹ ohne Überschrift

dem leidenschaftlichen Verteidiger der Unschuld ausgesprochene Erkenntnis, daß Österreich die »beste Justiz der Welt« habe. Eine Interpellation führt aus, daß die beiden letzten Bahnunfälle vermuten lassen, »der Oberbau unserer Eisenbahnen sei den in enormer Weise seit dessen Herstellung gesteigerten Anforderungen nicht mehr vollkommen gewachsen«, beklagt, daß »aus Gründen der Sparsamkeit zu leichte Schienenprofile gewählt und verwendet werden«, fordert, daß »aus Rücksicht auf die Sicherheit des Reisepublikums und auf die Stabilität des Verkehrs derartige Übelstände beseitigt werden«. Die Antwort der Offiziellen ist vor allem eine Lobeserhebung der Bahnverwaltungen und dann die Zusage, noch anderweitige »Erhebungen« zu pflegen....

[F 174, 1–2; 1905]

Kaiserworte

Und wieder hat der Inseratenagent als Flügeladjutant fungiert. Der österreichische Patriotismus, der fast so wehleidig ist wie der österreichische Katholizismus, zeigt sich unglaublich tolerant, wenn das »Gott erhalte« zur Formel für eine Inseratenquittung wird, und jener Staatsanwalt, der einst die Denunziation einer Majestätsbeleidigung als die vornehmste Pflicht des Bürgers bezeichnet hat, sitzt jetzt im Preßbureau, inspiziert die Tagespresse und »macht nicht mau«, wenn sich die Schweinepriester der öffentlichen Meinung von den für fingierte oder entstellte Kaiserworte abgepreßten Firmengeldern mästen. Wenn die Majestätsbeleidigung sich mit Erpressung paart, drückt der Staat ein Auge – just das Auge des Gesetzes – zu. »Der Kaiser in der Kochkunstausstellung.« Welche Devise für einen Raubzug! Hat Se. Majestät eine Ahnung, welches Handwerk er, in der landesväterlich frommen Absicht, dem Gewerbe auf die Beine zu helfen, fördert? Weiß es der Kaiser? Er weiß es nicht. Und das Gesinde wagt es nicht, es ihm zu sagen. Hat so ein Obersthofmeister die Rache der Preßmaffia, die ja in ihrem Raubbezirk gefährlicher sein mag als die Kamarilla, zu fürchten? Gewiß nicht. Aber – »der Weltgeist will's«. Der Kaiser muß nun einmal herhalten, wenn eine Liqueurfirma eine wirksame Reklame braucht. Und einem Nachtkaffeesieder muß er gesagt haben: »Ja, ja, ich kenne Ihr Geschäft, und es ist sehr schön, daß Sie sich so betätigen«.

»Ein Kaiserwort soll man nicht drehn noch deuteln!« Der klassische Spruch steht gewiß nicht über den Türen der Wiener Preßhöhlen angeschrieben. Österreich ist halb erheitert, halb angewidert von dem journalistischen Zeremoniell, das bei jedem Rundgang des Kaisers durch eine Ausstellung eingehalten wird, ein Zivilrichter hat es ausgesprochen, daß die Abmachung eines Annoncenbureaus, das Kaiserworte vermittelte, mit einer Firma (die sie nicht bezahlen wollte) ein unmoralischer Vertrag war, und die Bellegardes, Paars und Kielmanseggs führen den alten Monarchen noch immer mit dem gleichen Ernst zwischen den Spießruten der Erpressung und Reklamesucht hindurch. Und alles findet er, der seine Güte nicht mißbraucht fühlt, »sehr schön«... Aber diesmal ward der Trug frecher betrieben. Nicht nur daß der Kaiser vor jeder Cognacfirma bewundernd verweilen, bei jeder Obstkonservenhandlung sich erinnern sollte, daß er sie von früher her kenne, und mit dem Paprika-Schlesinger über die Schlechtigkeit der Menschen klagte, die Fälschungen von Paprika auf den Markt bringen, – diesmal mußte er auch der Presse, die für ihre patriotische Vermittlertätigkeit den Undank der ›Fackel‹ geerntet hat, ein tröstendes Kaiserwort widmen. Was also sagte er zu dem »Obmann des Preßkomitees«, der ihm vorgestellt wurde? Ich denke mir Rede und Gegenrede etwa so: »Ah, der Bernhard Münz! Ich kenne Sie schon von früher. Es freut mich sehr, daß auch die Presse wieder vertreten ist. Sie haben hier wohl viel Mühe gehabt?« »Majestät, die Presse stellt sich gerne in den Dienst der guten Sache, wenn sie etwas trägt.« »Ich weiß, ich weiß. Es muß Ihnen viele Mühe machen, die Worte, die ich nicht sprechen werde, zusammenzustellen und mit jedem einzelnen Firmeninhaber über den Preis einig zu werden. Es ist sehr schön, daß Sie nicht unter fünf Gulden per Zeile heruntergehen.« Von dieser Unterredung wird natürlich nur ein Bruchstück den Lesern der ›Neuen Freien Presse‹ übermittelt. »›Sie haben hier wohl viel Mühe gehabt?‹ Herr Bernhard Münz erwiderte, daß sich die Presse gerne in den Dienst der guten Sache gestellt habe. Der Kaiser bemerkte darauf: ›Die Presse hat hier ein gutes Werk gefördert, wenn es ihr auch Mühe machte‹.«... Daß aber bei der sorgfältigsten Stilisierung der Kaiserworte, die ja oft noch im letzten Moment Preisschwankungen unterworfen sind, Irrtümer unterlaufen können, ist nur zu begreiflich. Auf ein bedenkliches Beispiel ungenauer Wiedergabe der vom Monarchen gespendeten Anerkennung macht mich ein Strafrichter aufmerksam, der seiner Verwunderung Ausdruck gibt, daß man ein Blatt, das den Kaiser von Österreich im Serenissimuston sprechen lasse, nicht konfisziert habe. »Nähertretend apostrophierte der Kaiser« – so schreibt das ›Neue Wiener Tagblatt‹ – »Herrn Riener, auf die Forellen im Teiche weisend: ›Das sind schöne Forellen, sie schwimmen wie natürlich‹.« ... Ob man aber die Form, in der das ›Neue Wiener Tagblatt‹ und die ›Zeit‹ eine andere freundliche Bemerkung des Monarchen wiedergaben, als Irrtum oder als Racheakt bezeichnen müßte, bleibe dahingestellt. Die Sache ist inzwischen gewiß witzblattreif geworden; der ›Fackel‹ wurde der Zeitungsausschnitt in einem halben Hundert Exemplaren zugeschickt. Ein Teil der Einsender vertritt die Ansicht, daß nur eine Enttäuschung der Administration die folgende schmeichelhafte Reklame verschuldet haben könne: »Vor der großen Ausstellung der Firma Jakob Neumayer & Komp. wurden die Firmainhaber Neumayer sen., Heinrich Schedl und Nimmrichter vorgestellt. Der Kaiser sagte: ›Das sind ja kolossale Prachttiere. Das findet man selten‹.« ...

Die Firmeninhaber würden, auch wenn sie solchen Insulten nicht ausgesetzt wären, die publizistische Verwertung kaiserlichen Lobes nicht durchaus als Wohltat empfinden. Wie zahlreiche Beschwerden, die ich auch diesmal wieder aus industriellen Kreisen erhielt, beweisen, weichen viele bloß der sechsläufigen Drohung der dreimal gespaltenen Zeile. Das Machtmittel der Druckerschwärze, bei patriotischem Anlaß verwendet, wirkt verheerend. Die Bedrohten müssen es sich zur Ehre anrechnen, für das, was ihnen ein Kaiser gesagt hat, einen Journalisten bezahlen zu dürfen. Dieses durch alle Ausstellungen raunende »Was hat er gesagt?« gebückter Reporter bedeutet eine fürchterliche Steuer, die der Staat im Staate der Industrie abpreßt. Aber von dem Urtext bis zu der veröffentlichten Fassung ist ein weiter Weg des Feilschens. Nichts ist praktikabler als ein Kaiserwort. Jener betriebsame Tapezierer, der eine »Dekoration« auf dem Umweg der patriotischen Gründung einer Arbeiteraltersversorgung erreichen möchte, läßt ein Zirkular versenden, in dem ein Kaiserwort nicht mehr wiederzuerkennen ist. Der Monarch hatte angeblich zu ihm gesagt: »Es würde mich sehr freuen, wenn auch weitere Kreise sich für Ihre so lobenswerte Absicht interessierten.« So ließ er in der ihm geneigten Presse verkünden. Das Zirkular, das vom Minister des Innern, dem Grafen Bylandt-Rheidt, als »Ehrenpräsidenten des Komitees« unterzeichnet ist, wird zudringlicher, vermeidet es aber, von der kaum mehr zu drapierenden »Absicht« des patriotischen Tapezierers zu sprechen, und läßt den Kaiser zur Firma Jaray also reden: »Ich hoffe und wünsche, daß sämtliche Hof- und Kammerlieferanten dieser Vereinigung beitreten, um so etwas Großes zu schaffen«. Das Kaiserwort, das in den Zeitungen schon unwahrscheinlich klang, ist im Zirkular des »Kaiser Franz Josefs-Vereins« wirksam abgeändert. In fetten Lettern wird es den Angeschnorrten zugerufen. Wer früher nicht beitrat, war kein Patriot. Wer jetzt nicht zahlt, ist ein Hochverräter ... Analysieret die schwarzgelbe Schminke, und ihr werdet finden, daß sie aus 50% reiner Furcht und 50% schmutziger Hoffnung gemischt ist!

[F 193, 1–5; 1906]

Abfälle

Publizistische Themen: Nicht auf die Größe der Zielscheibe, auf die Distanz kommt es an.

*

Der Parlamentarismus ist die Kasernierung der politischen Prostitution.

*

Der Wiener zum Schicksal: »Hau her eine, wannst di traust!«

*

Wenn die Ärzte ein Consilium halten, wird zumeist ein consilium abeundi daraus.

*

Narkose: Wunden ohne Schmerzen. Neurasthenie: Schmerzen ohne Wunden.

*

Die Frauen.
Ob sündig oder sittenrein?
Laßt sie doch lieber gleich begraben!
Ich teile sie in Gefallene ein
Und solche, die nicht gefallen haben.

*

Eine je stärkere Persönlichkeit die Frau ist, desto leichter trägt sie die Bürde ihrer Erlebnisse. Hochmut kommt nach dem Fall.

*

Die schöne Frau hat so viel Verstand mitbekommen, daß man alles zu ihr und nichts mit ihr sprechen kann.

*

Frauen wollen anziehend aussehen und ausziehend angesehen werden.

*

Wenn ein Frauenkenner sich verliebt, so gleicht er dem Arzt, der sich am Krankenbett infiziert: Märtyrer ihres Berufs.

*

Man lebt nicht einmal einmal.

[F 198, 1ff. und F 202, 1ff.; 1906]

Die Reverenz

Liest man in dem Bericht über einen Strafprozeß, in dem es sich um eine Beleidigung katholischer Gefühle handelt, den Namen Pollak, so kann man sich auf eine energische Behandlung der Sache gefaßt machen. Immerzu geht der österreichische Staatsanwalt als Ministrantenknabe hinter dem Priester einher, heißt er aber gar Pollak, so ist der Gottgefälligkeit einer Justiz, die sonst bloß der Regierung gefällig ist, kein Ende. Und wenn der öffentliche Ankläger nach seiner letzten Fleißaufgabe nicht in den Himmel kommt, dann ist auch auf jene besondere Avancementsordnung, die irdischem Streben höchsten Lohn verheißt, kein Verlaß mehr. Ein versierter Katholik wie Herr Dr. Pollak muß zwar die österreichische

Auffassung gutheißen, daß man die katholische Religion beleidige, wenn man eine Prozession oder einen Geistlichen auf dem Versehgang nicht grüßt, wenn man von dem staatsgrundgesetzlichen Recht, an einer religiösen Handlung nicht teilzunehmen, Gebrauch macht, also unterläßt, was zu tun man nicht verhalten werden darf. Aber diesmal hatte der Fall noch seine besonderen Reize. Der Angeklagte Franz Housowitz, Schriftsetzer, bezeichnete sich als gläubigen Christen. Er habe am 17. Juni in Begleitung einer Familie aus der Josefstadt nach der Stadt gehen wollen und sei in der Laudongasse der Fronleichnamsprozession begegnet, die sich von der Kirche »zur heiligen Dreifaltigkeit« zu den vier Altären bewegte. Das dichte Gedränge habe ihn am Weitergehen gehindert. »Als das Allerheiligste gezeigt wurde, mahnten ihn die Umstehenden in ziemlich heftiger Erregung, den Hut abzunehmen, und riefen ihm, als die Mahnung unbeachtet blieb, Schimpfworte zu.« Man muß die leichte Reizbarkeit des katholischen Gefühls kennen. Es gerät immer in Wallung, wenn der Andere es nicht hat. Die Heiligkeit einer religiösen Handlung hält den Religiösen nicht so ganz gefangen, daß er nicht die Geistesgegenwart hätte, zu kontrollieren, ob sie den Andern gefangen hält, und die von wachsamen Kooperatoren geführte Menge hat sich daran gewöhnt, die eigentliche Andacht nicht so sehr im Abnehmen des Hutes wie im Herunterschlagen des Hutes zu betätigen. Eine Justiz aber, die ihre Würde vom Talar bezieht, arbeitet jahraus jahrein im Dienste eines Klerus, dessen Machtgefühl lieber auf die Köpfe als auf die Hüte verzichtet. Die gerichtliche Praxis nimmt eine Störung der Andacht an, wo es sich schlimmstenfalls um eine Kränkung der Andächtigen handelt, und verurteilt wegen eines Religionsdelikts, weil ihr ein Strafparagraph gegen Taktlosigkeit fehlt. Nun erklärt aber der angeklagte Schriftsetzer, daß er einer christlichsozialen Organisation angehöre, daß er an demselben Tage schon früher an einer Prozession teilgenommen und vor einem anderen Altar seine Andacht verrichtet habe. »Das Tatsächliche« gibt er zu, seine Weigerung, den Hut abzunehmen, motiviert er mit der schroffen Form, in der die Aufforderung an ihn gerichtet wurde und die seinen Trotz wachgerufen habe. Er sei sehr nervös; aber ein gläubiger Katholik. Eine Beleidigung der Kirche sei ihm gänzlich fern gelegen ... Kann man sich eine demütigere Ehrenerklärung eines Kirchenbeleidigers vorstellen? Herr Dr. Pollak gehört keiner christlich-sozialen Organisation an. Aber er ist jedenfalls über die Zeit hinaus, in der er noch der Meinung sein durfte, daß das Nichtabnehmen der Kopfbedeckung bei einer gottesdienstlichen Handlung eher ein Beweis für gläubige als für ungläubige Gesinnung sei. Und so »verwies«, erzählt der Gerichtssaalbericht, der oft den Humor der Kontrastwirkung hat, »der Staatsanwalt Pollak auf das tatsächliche Verhalten des Angeklagten und der Gerichtshof verurteilte diesen zu vierzehn Tagen strengen Arrests«. Es gibt eben immer noch Leute, die von katholischen Dingen mehr verstehen als ein christlich-sozialer Schriftsetzer... Die leidige Tatsache, daß der liebe Gott die österreichischen Staatsanwälte mit der Vertretung seiner Interessen betraut hat, zeigt ihre parodistische Seite erst im Licht eines Prozesses, der dank der Überführung durch einen sachverständigen Israeliten mit der Bestrafung eines strenggläubigen Christen wegen Religionsstörung endet... Wann wird die Gesetzgebung den Geßlerhut beseitigen? Nicht darüber, daß der Staatsbürger das Allerheiligste der katholischen Religion nicht grüßt, erhitzen sich die Gemüter aller Konfessionen, sondern darüber, daß er dem Hut, den die andern ziehen, nicht Reverenz bewiesen hat.

[F 210, 1–3; 1906]

Nulla Dies...

Kein Tag vergeht, ohne daß ein Gerichtsfall die Erkenntnis von der wahren Bestimmung aller Gesetzlichkeit und Behördlichkeit predigte: ein Hohn ihrer Bestimmung, ein Lohn ihrer Verhöhnung zu sein. Seit langer Zeit ahnt man es, aber die Ahnung wird zur Gewißheit erwachsen, wenn erst ein neues Strafgesetz die Gehirnschande besiegelt haben wird: Diese dreiste Richterspielerei erwachsener Schulknaben, denen man durch Ministerialerlässe die Lebensfremdheit abzugewöhnen sucht, taugt nichts. Diese ganze Institution »Justiz« kann in einer Welt, der der Mensch ein Fremdling ist und der nur die Tat gilt, nie etwas anderes bedeuten als die kostbare Gelegenheit für eine Rotte schlechtbezahlter Sünder, sich an den Gerechten zu rächen, nie etwas anderes als die wollüstige Bereitschaft der Spießruten, zwischen denen der Menschenwert hindurch muß und von allen Lebensgütern zuerst das Schamgefühl verblutet. Kreaturen, die höchstens durch ihren

Ursprung aus dem Aktenstaub der Schöpfungsprotokolle an eine göttliche Absicht glauben lassen, deren Anblick aber in keinem Falle die Feststellung, daß es gut war, provoziert haben kann, sind berufen, über Menschen zu richten. Das Weltbild, das uns die Justiz an jedem Tage bietet, zeigt, daß die Flüsse an ihrer Mündung entspringen und in ihre Quelle münden. Das Verbrechen beginnt mit der Gerichtsverhandlung. Alle bösen Triebe sind zur Sitzung versammelt, aller dolus der Welt ist aufgeboten, um eine culpa zu schaffen. Die Menschheit verblutet unter dem trostlosen Scharfsinn einer Wissenschaft, die operiert und nicht verbindet. Wie lange noch wird sie's ertragen? Wie lange werden ihre Richter ungestraft strafen dürfen? Gäbe es doch eine Statistik der durch die Gerechtigkeit erzeugten Übeltaten! Die Summe moralischen und materiellen Schadens, der einem Volk durch seine Verbrecher zugefügt wird, ist nichts neben der Summe moralischen und materiellen Schadens, den seine Richter bewirken. Der Strafe mag es gelingen, Verbrecher abzuschrecken. Einen Richter hat sie noch nie abgeschreckt.

Der Landesschulrat hat beschlossen, in eine neue Ausgabe der Fibel das folgende Lesestück aufzunehmen:

»Im Juli 1894 – also vor mehr als zwölf Jahren – wurde der gegenwärtig 27 Jahre alte Privatbeamte L. P. unter eigenartigen Umständen vom Bezirksgerichte Favoriten wegen Übertretung des Diebstahls zu acht Tagen Arrest verurteilt. P., der damals 15 Jahre alt und in der Elektrizitäts-Aktiengesellschaft E. als Lehrling bedienstet war, hatte in Favoriten auf der Straße ein kleines Kind weinend angetroffen, das sich verirrt hatte und nicht anzugeben wußte, wo seine Eltern seien. Aus Mitleid führte der Lehrling das Kind auf die nächste Wachstube, wo sich inzwischen die Eltern des Kindes bereits gemeldet hatten. Als der Lehrling sich aus der Wachstube entfernen wollte, fragte ihn der diensthabende Polizeibeamte, woher er die zwei Zinkpole, einen Metalltaster und eine Platte, die aus seiner inneren Rocktasche hervorlugten, habe. Der Lehrling gab freiwillig an, daß er die Metallstücke aus der Fabrik genommen habe, um sie für häusliche Arbeiten zu verwenden. Er wurde nun beim Bezirksgerichte Favoriten wegen Diebstahls der beiden Zinkpole im Werte von 80 Kreuzern angeklagt. In der im Juli 1894 durchgeführten Verhandlung gab P. zu seiner Verantwortung an, daß er der Meinung war, die beiden Metallstückchen für häusliche Arbeiten mitnehmen zu können. Auf Grund seines

Geständnisses wurde der Lehrling wegen Diebstahls zu acht Tagen Arrest verurteilt. Die Eltern des Knaben waren von der Verhandlung nicht verständigt worden. Der Verurteilte wurde sofort in Haft behalten und büßte die Strafe ab. In späteren Jahren aber konnte er wegen der verbüßten Strafe nirgends Arbeit finden. Er wendete deshalb alles auf, um die Verurteilung rückgängig zu machen. Ein von ihm überreichtes Majestätsgesuch blieb erfolglos, ebenso ein Gesuch um Wiederaufnahme des Strafverfahrens. Erst eine von seinem Rechtsfreund überreichte Beschwerde hatte Erfolg. Es wurde dem Bezirksgerichte Favoriten die Vornahme einer neuerlichen Verhandlung wider P. aufgetragen. Der Angeklagte beteuerte jetzt, daß er sich, als er als Lehrling die beiden Metallstücke aus der Fabrik nach Hause nahm, nicht bewußt war, eine strafbare Handlung zu begehen. Es sei oft vorgekommen, daß Arbeiter kleine Metallstücke für ihren Gebrauch anstandslos nach Hause nahmen. Der als Zeuge vernommene Professor R., der im Jahre 1894 Direktor der Fabrik war, entlastete den Angeklagten, indem er angab, daß er ihm, wenn er darum ersucht hätte, ohneweiters die Metallstücke geschenkt hätte. Seitens der Fabrik sei auch keine Anzeige gegen den Angeklagten erstattet worden. Auch ein als Zeuge vernommener Werkführer bestätigte die Richtigkeit der Verantwortung des Angeklagten, der nun von der vor zwölf Jahren verbüßten Strafe freigesprochen und rehabilitiert wurde.«

Die Moral: Sei nicht mitleidig, sonst wirst du in späteren Jahren keine Arbeit finden. Wenn du ein verirrtes Kind auf der Straße siehst, führe es nicht auf die Wachstube, sonst kann es dir geschehen, daß du dort behalten wirst und dann als verirrtes Kind auf der Straße stehst. Laß dich von fremden Tränen nicht rühren, damit du nicht eigene trocknen mußt... So findet's der Bürgersinn in Ordnung. Er geht an der Gerichtssaalwelt vorüber: es ist nichts. Die Märtyrer wohnen auf der Teufelsinsel. Aber die diensthabenden Polizeibeamten und die Bezirksrichter wohnen in Wien, zertreten Existenzen und sind auch nach zwölf Jahren noch davor geschützt, daß die Chronik, die ihre Taten kündet, auch ihre Namen verrät. Zwölf Jahre hat der Angeklagte gebraucht, um sich zu rehabilitieren. Die Diensthabenden waren in all der Zeit nicht müßig und sind avanciert. Wenn sie Mut haben, mögen sie vortreten. Schlimmere Lynchjustiz, als sie geübt haben, kann ihnen nicht widerfahren. Man wird sie als Vertreter des verbreitetsten Amtstypus höchstens fragen, ob die Wichtigmacherei auf Kosten des Menschenglücks zu den Grundbedingungen des staatlichen Lebens gehört. Man wird einen Polizeibeamten, der ausschließlich jene Platten für gefährlich hält, die aus der inneren Rocktasche eines Lehrlings hervorlugen, fragen, ob die Deklassierung der Ehrlichen eine Aufgabe der behördlichen Fürsorge sei. Der arme Junge wollte den Verstand darüber verlieren, daß gerade er zu einem tragischen Konflikt mit der Gesellschaftsordnung ausersehen sei. Die acht Tage Arrest für die Einmengung in die Untätigkeit einer Behörde leuchteten ihm ein. Aber die zwölf Jahre Ehrverlust empfand er als grausame Verschärfung. So lange Zeit mußte er sehen, daß die Welt sich zwischen zwei Zinkpolen bewege, – und hatte vordem nicht einmal geahnt, daß man Metallstücke auch zum Schutz gegen einen diensthabenden Peiniger verwenden könne. Wehe einer Gerechtigkeit, die solche Erkenntnisse vorbereitet!

*

Eher noch möchte eine Feuersbrunst durch Hineinspucken gelöscht werden, als daß ein Ministerialerlaß jene freiheitliche Errungenschaft ersticken könnte, die wir als die richterliche Unabhängigkeit von Takt, Würde, Einsicht und Erbarmen kennen. Nulla dies... Aber derselbe Tag sah nebeneinander die folgenden publizistischen Tatsachen:

»Das Justizministerium will nicht behaupten, daß diese Mahnungen fruchtlos geblieben sind; aber einige Fälle neueren Datums, in denen das Verhalten der Vorsitzenden in der Öffentlichkeit nicht ohne Grund einer herben Kritik unterzogen wurde, verpflichten, auf diesen Gegenstand zurückzukommen und die eben erwähnten Mahnungen des Erlasses vom Jahre 1892 in Erinnerung zu bringen... Wenn menschliche Schwächen des Beschuldigten und Verirrungen, die mit der Tat selbst in keinem Zusammenhange stehen, in gesuchter Weise hervorgekehrt, des-

»Vor dem Schwurgericht unter Vorsitz des Landesgerichtsrates Dr. Engelbrecht hatte sich der 26jährige Holzdrechslergehilfe Leopold Sch. wegen Verbrechens der Notzucht zu verantworten. Die Anklage vertrat Staatsanwaltssubstitut Dr. Wiesner, als Verteidiger fungierte Dr. L. Der Angeklagte bewohnte seit Mai 1906 bei einer Frau und deren 13jähriger Tochter im 16. Bezirk als Aftermieter ein Kabinett. Nach einigen Monaten fiel der veränderte Zustand des Kindes auf und es gestand der Mutter, daß seine Niederkunft bevorstehe. Sch. gibt die intimen Bezie-

sen Antworten mit ironischen oder mißgünstigen Bemerkungen begleitet oder gegen ihn auffahrend und rauh verfahren würde, so steht das nicht bloß mit den Pflichten des Vorsitzenden als Richter und Verhandlungsleiter in Widerspruch, sondern ein derartiges Verhalten vermag auch Konflikte aller Art heraufzubeschwören, Leidenschaften zu wecken und das Urteil zu trüben. Der Vorsitzende soll durch die gelassene und sachgemäße Methode seines Verfahrens beruhigend und ernüchternd wirken und darf nicht der Versuchung unterliegen, seinen Scharfsinn, seine Gewandtheit, seinen Witz im Lichte der Öffentlichkeit glänzen zu lassen oder sonst durch die Art der Vorführung der Beweise und der Fragestellung die Sensationslust zu fördern ... Der Vorsitzende wird überdies mit aller Sorgfalt zu verhüten haben, daß Vorkommnisse des Privat- und Familienlebens, sei es eines Zeugen, sei es des Angeklagten, die in keiner Beziehung zur Sache stehen, unnütz zur Erörterung gelangen und der Öffentlichkeit preisgegeben werden. Unser Strafgesetz hat die nicht durch besondere Umstände gerechtfertigte Veröffentlichung ehrenrühriger Tatsachen des Privat- und Familienlebens unter Strafsanktion gestellt. Der Gerichtssaal darf nicht als eine Stätte gelten, an der diese Vorschrift ungescheut übertreten werden kann. Daß der Richter sich von derlei Mitteilungen fernhalten müsse, ist selbstverständlich. Er wird aber auch bei der Leitung der Verhandlung darauf Bedacht zu hungen zu dem Mädchen zu, er habe dessen Alter gekannt und sei auch der strafbaren Folgen seines Tuns sich bewußt gewesen. Auf die Frage des Präsidenten, warum er dann so gehandelt habe, antwortete er einfach: ›Ich hab' sie lieb gehabt.‹ Später fügt er dann noch hinzu: ›Seit Jahren hab' ich sie gern gehabt und dann hab' ich mir gedacht, wenn die Zeit kommt, wirst du sie heiraten.‹ – Verteidiger: ›Haben Sie auch jetzt noch diese Absicht?‹ – Angeklagter: ›Ja, wenn sie vierzehn Jahre alt ist, werden wir heiraten.‹ Die 13jährige Maria H., ein kräftig entwickeltes, hübsches Mädchen, bestätigt die Verantwortung des Angeklagten. Sie gibt an, daß sie am 6. März d. J. eines Mädchens genas, das sich in Pflege befindet. Die Zeugin sagt verschüchtert aus, worauf der Präsident bemerkt: ›Genieren Sie sich nicht, Sie haben sich früher auch nicht geniert. Wenn Sie schon die sonstigen Begriffe von Anständigkeit und Moral nicht gehabt haben, mußten Sie doch wissen, daß das eine unerlaubte Handlung ist.‹ – Zeugin (leise): ›Ich habe es nicht gewußt.‹ – Präsident: ›Daß es eine Sünde ist, haben Sie wissen müssen.‹ – Zeugin: ›Ich habe es nicht gewußt.‹ – Präsident: ›Warum haben Sie Ihre Schamhaftigkeit nicht gewahrt?‹ – Zeugin schweigt. – Präsident: ›Sind Sie nicht während der Zeit in der Beichte gewesen? Sie mußten doch vom Priester hören, daß das nicht gestattet ist.‹ – Zeugin schweigt. – Verteidiger: ›Wären Sie bereit, den Sch. zu heiraten, wenn Sie vierzehn Jahre alt sind?‹ –

nehmen haben, daß Fragen unterbleiben oder zurückgewiesen werden, die darauf abzielen, Privat- oder Familienangelegenheiten ohne zwingende Ursache in die Verhandlung einzubeziehen. Ebensowenig wäre es zu billigen, wenn ein Vorsitzender an der Handlungsweise der Zeugen und an ihrem Verhalten in bestimmten Lebenslagen Kritik üben oder von der Aufgabe und dem Zwecke der gerichtlichen Verhandlung abschweifend, über allgemein gesellschaftliche sittliche, religiöse und ähnliche Fragen individuelle Urteile und Auffassungen oder sonst persönliche Ansichten in einer Art äußern würde, die den Zeugen bloßstellen oder das Gericht in ein schiefes Licht setzen könnte. Der Vorsitzende als Leiter der Verhandlung wird zu solcher Kritik am allerwenigsten berufen und berechtigt sein.«

Zeugin: ›Ja. Ich hab' ihn gern.‹ – Staatsanwalt: ›Wissen Sie denn überhaupt, was das heißt, einen Mann gern haben, mit Ihren dreizehn Jahren? Ich glaube, das sind Begriffe, die bei Ihnen nicht vorhanden sein können.‹ – Zeugin: ›Ich hab' ihn sehr gern.‹ – Der Staatsanwalt plädiert für die Schuldigsprechung des Angeklagten und hebt hervor, daß das Gesetz sich eine zu große Selbstbeschränkung auferlegt habe, indem es die Grenze mit vierzehn Jahren setzte. Der Verteidiger bittet um Freispruch seines Klienten, die Geschwornen mögen Gnade üben und drei Existenzen retten. – Die Geschwornen verneinten die Schuldfragen mit sieben gegen fünf Stimmen, worauf der Präsident den Freispruch des Angeklagten verkündete.«

Aber wenn Erlässe nicht helfen, wird man mit einer Justiz, die sich's nicht versagen kann, an einen Angeklagten die Gretchenfrage nach der Religion zu stellen oder ein Gretchen als böser Geist in der Domszene zu quälen, in einer anderen Sprache sprechen müssen. Es ist in Österreich möglich, daß eine Sühne, wie sie die Kundgebung des Justizministers nach den schmachvollen Offenbarungen des Rutthofer-Prozesses bedeutet, auf der Stelle durch eine Tat wettgemacht wird, die alles hinter sich läßt, was bis dahin in Österreich möglich war. Nie hat kriminalistischer Wahn blinder am Leben vorbeigetappt als in diesem Zeitalter einer barbarischen Humanität, aber nie war das Ärgernis der Sehenden größer als in diesem letzten Gerichtsfalle. Wenn ein Meßner den Staatsanwalt machte und ein Kerzlweib präsidierte, könnte das Liebesleben einer Zeugin nicht fühlloser mißhandelt werden. Wieder einmal ist in einer österreichischen Gerichtsverhandlung die Natur mit ihren Ansprüchen auf den Kirchenrechtsweg verwiesen worden. Aber daß darüber gleich auch judiziert worden ist und der Gerichtshof sich für kompetent erklärt hat, einer Zeugin das Beichtgeheimnis abzunehmen, ist das Besondere des Falles Engelbrecht-Wiesner. Diese Kompagnie erdreistet sich, eine Gerichtsbarkeit der »Sünden« auszuüben, hält das Kruzifix, das auf dem Gerichtstisch steht, dem Zeugen nicht zum Schwur, sondern zum Gebet vors Antlitz. So mag dem Priester künftig nichts mehr übrig bleiben als die erstaunte Frage an sein Beichtkind, ob es denn nicht in der Gerichtsverhandlung gewesen sei und ob ihm der Landesgerichtsrat nicht gesagt habe, daß der außereheliche Geschlechtsverkehr verboten ist. Aber ein Hirn, in dem eine Altarkerze brennt, ist immer noch heller als eines, an dessen Paragraphenwindungen sich die Strahlen des Lebens brechen. Man sehe nur, wie sich in den Köpfen des Wiener Landesgerichts die Sexualentwicklung eines jungen Mädchens malt. Zuerst bekommt es die »sonstigen Begriffe von Anständigkeit und Moral«. Dann erfährt es, daß der Geschlechtsverkehr eine unerlaubte Handlung sei. Dann kommt die Schwurgerichtsperiode. Ein unbezähmbarer Naturtrieb zwingt das Mädchen, »seine Schamhaftigkeit zu wahren«. Hat es sich gegen diesen Naturtrieb ausnahmsweise vergangen, so hat es auch schon das Recht verwirkt, nachträglich vor einer Schar unbeteiligter Landesgerichtsräte seine Schamhaftigkeit zu wahren. Es gibt junge Mädchen, die sich kein Gewissen daraus machen, mit ihrem Geliebten Dinge zu tun, über die sie später vor Herrn Engelbrecht am liebsten schweigen möchten. Das täte ihnen so passen. In einem Kabinett sündigen und nachher im Gerichtssaal rot werden! Das Schamgefühl eines Landesgerichtsrates gröblich verletzen und sich gegen eine Verletzung des Schamgefühls durch einen Landesgerichtsrat sträuben! Herr Engelbrecht duldet keine Heimlichkeiten. Aber während er bei einem dreizehnjährigen Mädchen die Begriffe von Anständigkeit und Moral wenigstens bis zu ihrem Eintritt in den Gerichtssaal voraussetzt, glaubt der Staatsanwalt, daß die »Begriffe des Gernhabens« bei ihr überhaupt nicht vorhanden sein können.

Eine dreizehnjährige Mutter! Das bringt eine Kriminalistik, die der Entwicklung des Menschen von rückwärts Rechnung trägt und aus dem idealen Zustand jenseits von Potenz und Klimakterium zur »Altersgrenze« hinablangt, außer Fassung. Aber ein Mädchen, das noch die Fibel liest, kann lebensreifer sein als ein Landesgerichtsrat, der das Leben nach Fibelbegriffen wertet und vom Geschlechtsgenuß nichts weiter weiß, als daß er unmoralisch ist. Und ein Mädchen, welches das Schamgefühl verletzt, handelt gottgefälliger als ein Richter, der die Verletzungen des Schamgefühls demonstriert. Daß sich die Geschlechtstriebe der Judikatur so schwer anpassen, ist die rätselvolle Tatsache, vor der jeder Kriminalist, von der Pubertät bis zum Ablauf des Staatsdienstes, staunend steht, die er an seinem eigenen Leib erleidet und darum an fremden Leibern ahndet. Die Göttin der Gerechtigkeit ist blind, verstopft sich die Ohren und legt einen Keuschheitsgürtel an. So gerüstet, hat sie von den neuen Erkenntnissen nichts zu fürchten. Und wenn Herr Engelbrecht von einem Forscher erführe, daß der Mensch eigentlich sein ganzes Leben hindurch, von der Geburt bis zur Hinrichtung, daß der Säugling beim Stuhlgang und der Delinquent, dem die Schlinge um den Hals gezogen wird, Sexualempfindungen haben, er glaubte es nicht. Sonst würde er den Todeskandidaten und den Säugling mit dem Vorwurf einschüchtern: »Wenn Sie schon die sonstigen Begriffe von Anständigkeit und Moral nicht gehabt haben, mußten Sie doch wissen, daß das eine unerlaubte Handlung ist!«

[F 225, 1–10; 1907]

Fahrende Sänger

Am Geburtstag des neuen Österreich

Der Fußschweiß des Fortschritts, der jetzt die soziale Atmosphäre dieser Stadt erfüllt hat, wirkt nicht weniger drückend, weil der Wiener Männergesangverein das Stimmrecht in Amerika ausübt. Anschauliche Reiseberichte machen die Entwicklung der Unkultur vom Männergesang zum Männergebrüll fühlbar. Je lauter der Lärm und je schlechter die Luft, desto klarer die Erkenntnis, daß in dem Kampf um das Freiheitsrecht, der Zeit ihre Phrase zu prägen, Bier fließt.

Es ist gleichgültig, ob die Morgenröte besungen oder begröhlt wird. Die Phantasie braucht den Siegeszug des demokratischen Gedankens nicht mitzumachen; sie begnügt sich mit dem Sturm auf das Büfett, den der Wiener Männergesangverein in allen Stationen bis Genua unternommen hat, und mit der Kapitulation konservativer Schiffsköche. Wir müssen uns nicht erst die ästhetischen Möglichkeiten der Wahlreform vorstellen: seit Wochen ist unser Horizont mit Schmerbäuchen verhängt. Seit Wochen erleben wir etwas, was bis jetzt noch nicht erlebt ward: den Triumph der Unappetitlichkeit. Denn als der Wiener Männergesangverein Ausflüge in die Wachau unternahm, hatte die Presse des Landes noch Raum für die Betrachtung anderer Ereignisse. Jetzt aber steht man wie betäubt und ahnt den gemeinsamen Zweck der beiden Taten, die die Welt neugestaltet haben: der Entdeckung Amerikas und der Erfindung der Buchdruckerkunst. Was die Wiener Presse jetzt begeht, ist nichts anderes als eine spontane Übertragung der so lange zurückgehaltenen Anerkennung für Kolumbus auf Herrn Schneiderhan, und die Wiener Bevölkerung, die über die Wirkungen einer Schiffs-Table d'hôte sozusagen auf dem Laufenden gehalten wird, freut sich der Gelegenheit, eine alte Dankesschuld für Johann Gutenberg an den Korrespondenten der Neuen Freien Presse abzustatten.

Aber müssen nicht auch die Bewohner des Festlandes vomieren, wenn die Wogen der journalistischen Begeisterung häuserhoch gehen? Soweit ich alte Teerjacke zurückdenke, kann ich mich eines ähnlichen Sturmes nicht entsinnen. Vielleicht bin ich voreingenommen, weil mir, wie ich offen gestehe, schon übel wird, wenn der Wiener Männergesangverein, statt auf einer Seereise durch vierundzwanzig Stunden im Tag zu »lunchen«, im Lande bleibt und sich redlich von Rindfleisch nährt, oder wenn er etwa nach Potsdam geht und den deutschen Kaiser dazu hinreißt, sich auf den Schenkel zu schlagen. Ist mir doch nichts in der Welt zuwiderer als ein Aufgebot von singenden Männern mit Bärten, Brillen und Bäuchen, als eine Schar von Rechnungsräten und Fabrikanten, die sich plötzlich zusammenfinden, um den Abendstern zu begrüßen, den Schöpfer zu loben oder zu beteuern, daß nur wer die Sehnsucht kennt, wissen könne, was jeder einzelne der Herren leidet, dem das Eingeweide vor Verlangen nach einem Gulasch brennt. Vielleicht bin ich voreingenommen. Aber wer bei der Schilderung der animalischen Vorgänge zwischen Genua und New-York, wer vor einer Berichterstattung standhaft bleibt, die keinen Rülps dieser Wiener Unkulturträger totschweigt, der muß Magennerven haben, die so stark sind wie die Schiffstaue der »Oceana«! Die Wiener Presse gebärdet sich, als ob es die Entdeckung Amerikas durch ein paar kühne Tarockspieler gälte. Mehr als das, es scheint auch die erste Gelegenheit gekommen, den Lesern zu zeigen, wie man auf einem Schiff Hunger und Notdurft befriedigt, und wie man sich in einer Kajüte auszieht. Daß sich die Pariserin manchmal zu Bett begibt, wußten wir schon aus kinematographischen Vorführungen. Aber wie das ist, wenn ein Mitglied des Wiener Männergesangvereins seine Hosenträger nicht finden kann: das uns anschaulich darzustellen, blieb der Neuen Freien Presse vorbehalten. Man traut seinen sämtlichen Sinnen nicht. Auch die durch alle Scheußlichkeiten einer detailgierigen Journalistik abgehärtete Wiener Phantasie kann es nicht glauben, daß in einem Blatt, das seit der ersten Entdeckung Amerikas als Weltblatt gilt, folgende Schilderung Platz haben soll: »Nur mit den Getränken, da hat es seine Not. ›Dreher Lager vom Faß‹ steht auf der Karte, und die Kehlen der braven Sänger sind trocken... ›Hieher, Hieher!‹ schallt es von allen Tischgenossen. ›Ich bediene nur auf dieser Seite‹, wehrt der gegnerische Steward ab. ›Also dann mir! Ich habe zwei Glas bestellt.‹ – ›Haben Sie schon ein Ticket ausgestellt?‹ – ›Freilich, ich war der erste.‹... ›Wir möchten gern rascher bedienen,‹ entschuldigt ein Steward, ›aber beim Faß stehen fünfunddreißig Stewards und keiner bekommt etwas.‹ – ›Ja, warum denn nicht?‹ – ›Das Rohr von der Kohlensäurepression ist gebrochen, deshalb müssen wir warten.‹ – ›So, das auch noch! Pression bei dem Absatz‹, ereifert sich ein Sachverständiger, ›unser Schwechater verderben? Da könnt's es selber trinken – ich gewöhn' mirs Bier ab! Und deswegen fahr'n wir nach Amerika?...« Nun, eine Table d'hôte-Unterhaltung, wie sie eben Wiener führen; mögen sich die Stewards, die sonst nicht gewohnt sind, unter ihrem gesellschaftlichen Niveau zu servieren, darüber ihre Meinung bilden. Aber man höre einmal die Kajütengespräche, die der Vertreter der Neuen Freien Presse erlauscht hat. Zuerst die Beratung zweier Sänger, »wer das obere Bett benützen soll«. Dann heißt es wörtlich: »›Da braucht man ja einen Aufzug, um hinauf zu kommen.‹ – ›Bitt' Sie, trinken S' und essen S' nicht zu viel während der Seereise‹, mahnt der untere, ›es ist wegen der Seekrankheit.‹ – ›Ich kann wenigstens auf die Uhr schau'n‹, konstatiert der obere mit Befriedigung, ›hab' das Licht vor der Nase.‹« Das müssen hunderttausend Leser auf dem Festland mitanhören. Man legt sich mit der Banalität zu Bett. Und, o Grauen, man steht mit der Gemeinheit auf. Denn: »die Nachbarn verlangen vom Badesteward ein Bad. ›Jetzt ist es besetzt.‹ – ›Wie lange wird es dauern?‹ ›Eine halbe Stunde.‹... ›Ja, wann kommen denn wir dran?‹ – ›Wahrscheinlich um zwei Uhr nachmittags‹, eröffnet der Badedirektor, ›es sind noch siebzehn vorgemerkt.‹ – ›Warum haben Sie denn das nicht gleich gesagt?‹ fragen gleichzeitig beide Tenoristen. ›Weil Sie sich erst abends vormerken lassen können.‹... ›Ich hab' mich ja eh' vorige Woche dreimal gebadet, es ist nur, daß der Schwitz 'runterkommt, und so‹, erklärt der untere und geht ans Waschen. ›Wo ist denn mei' Reibsackl?‹ – ›Verbrauchen S' nicht 's ganze Wasser!‹ warnt der obere. – ›Es bleibt Ihnen eh' noch ein halber Liter; wo haben S' denn wieder mein' Hosenträger hinmanipuliert?‹«... Welch homerische Gegenständlichkeit! Und wie werden Individualitäten, die sonst im Wirbel der Weltgeschichte untergetaucht wären, mit ein paar markanten Strichen hingestellt! Die Stimmung der Reisegesellschaft ist deprimiert. Das Wetter! »Sie regnet«, sagt der launige Wiener in solchem Falle, wenn er daheim ist. Aber auf einer Seefahrt! »Man ist zu nichts aufgelegt. Viele machen es wie Herr Ackerl, legen sich nach dem Frühstück in die Bordstühle und schlafen weiter.« Man wird sich den Namen Ackerl merken müssen. Oder wie anschaulich wirkt es, wenn wir lesen: »Da schlängelt sich Herr Dworaczek von einer Gruppe zur anderen, die Verlegung der nachmittägigen Probe auf elf Uhr vormittags ankündigend, weil abends das Kapitänsdiner stattfindet«. Und nun das Entsetzen, das sich mit dem Gerücht verbreitet, man werde zum Essen den Frack anziehen müssen. Da sich dieses Entsetzen aller Betroffenen bemächtigt, unterbleibt die Aufzählung von Namen. »Was, den Frack soll ich auspacken? – da geh' ich gar nicht 'nunter, hab' keinen Platz zum Einpacken.« – »Dieser Gedanke«, sagt der Vertreter der Neuen Freien Presse, »ist in allen Variationen zu hören, und mancher fährt aus seinem Schlummer mit dem Schreckenswort: ›Was? Frack?‹« Die Gedankentätigkeit der Wiener Sänger läßt sich indes durch solche Zumutungen von der Hauptsache, dem Essen, nicht ablenken. Und einem Schiff, das elftausend Kilo Rindfleisch mitführt, können sie sich beruhigt anvertrauen... Damit man aber nicht glaube, daß die Mitglieder eines Männergesangvereins sich außer der Verdauung nur noch mit Tarockspiel und die gebildeteren etwa mit dem Schreiben von Ansichtskarten beschäftigen, versichert der Korrespondent, daß sie sich auch für Delphine interessieren, die sich aber ihrerseits für den Chorgesang durchaus nicht zu begeistern scheinen. Ungemein plastisch ist die folgende Schilderung: »Der Ruf: ›Delphine!‹ wirkt wie ein Alarmsignal. – ›Wo? Wo?‹ – ›Hier, dort, aha, hier auch einer, o, viele!‹ – ›Singen wir etwas, vielleicht kommen sie näher!‹« Aber sie denken nicht daran, sie sind weit entfernt näherzukommen, sie suchen nicht mehr Anschluß in Zeiten, da Gesangsvereine die Meere bevölkern und statt der picksüßen Weisen eines Arion die Schrammeln und das Hallodriquartett locken...

Doch wo Männer und Frauen auf einem Deck versammelt sind, darf ein intelligenter Berichterstatter nie versäumen, neben dem Appetit auch der zarteren Triebe zu gedenken, galante Spiele zu beobachten und aufzupassen, wann der Schneiderhahn balzt. Im Nu entwickelt sich jene erotische Stimmung, die der Dichter so unvergleichlich in dem Liede festgehalten hat: »Weibi, Weibi, sei doch nicht so hart! – Bist so spröde, wart' nur, Schlimme, wart'! – Denk', mein süßes Zuckerkanderl – Jedes Weiberl braucht ein Manderl!« »Geh'n S' weg, Sie Schlimmer!« antwortet ein Chor von Frauenstimmen. Und nachdem wir erfahren haben, daß in Genua außer den selbstverständlichen elftausend Kilo Rindfleisch auch ein ebenso großer Proviant an Schöpsernem, Kälbernem, Lämmernem, Schweinernem usw., usw. aufgeladen wurde, wirkt es erst sinnig, wenn der Vertreter der Neuen Freien Presse zur nachfolgenden Schilderung ausholt: »Schwerer ist es, die Zerstreuungen der Damen zu schematisieren. Nur in einem Pläsierchen sind fast alle ausnahmslos zu beobachten. Hingegossen auf die Deckchaiselongues, kokettieren sie mit ihren eigenen Füßchen, deren Zierlichkeit selbst von den verschämtesten Bässen nicht übersehen wird. Dabei wird übrigens das Schöne mit dem Nützlichen verbunden. Ein Buch, eine Handarbeit vervollständigen – allerdings sehr selten – den Reiz der Attitude. Zumeist frönen die Äuglein in Bewunderung der Natur. Die Damen – (acht Namen) und andere fehlen bei keinem Sonnenuntergang, dessen Stadien Frau F. (Name) skizziert, während Fräulein H. (Name) ihre Empfindungen dem Tagebuch anvertraut. Bei diesem unvergleichlichen Schauspiele unterbricht auch Frau Schneck die Stickerei der Autogramme hervorragender Mitglieder der Reisegesellschaft, und selbst die Häklerei der nie untätigen Frau S. (Name) sinkt in den Schoß.« Von diesem Anblick gebannt, taucht die Sonne nur langsam ins Meer. Und wenn dann der Korrespondent der ›Zeit‹, der sich darüber beklagt, daß er auf dem Schiffe so oft baden muß und sobald er nur vom Steward geweckt wird, schon die Vorempfindungen »peinlicher Sauberkeit« hat; wenn Herr Bendiener den verfluchten Kerl spielt, von heimlicher Augensprache und stummen Händedrücken diskret berichtet und zugleich die »Hüterin seines eigenen Hauses« aus der Ferne neckisch beruhigt, so sind wir allmählich in die Stimmung eines Sommernachtstraums gerückt, die bloß durch die Nennung der Firma Jensen & Schwidernoch, welche das Reisetagebuch geliefert hat, ein wenig beeinträchtigt wird. Das macht aber nichts: wir nähern uns ja schon der so anzüglichen Küste von Tarifa ... Und der eintönige Ruf der in ihrer Art auch beziehungsvollen »Mastwache« klingt durch die Stille, »unten aber schlafen Hunderte in Sicherheit und träumen von Liebem, Süßem«, von der Heimat und deren Zeitungen, in denen sie alle ihre Namen gedruckt finden werden.

Daß auf solch einer Fahrt »der Humor nicht zu kurz kommt«, versteht sich von selbst. Der Vertreter des Neuen Wiener Tagblatts hatte Gelegenheit, Zeuge einer originellen Szene zu sein. Ein erwachsener Oberrechnungsrat »nimmt eine Prüfung aus den Reisemitteilungen vor. Mit großer Strenge fragt er den Kandidaten: ›Wie ist das Klima der Vereinigten Staaten?‹ Jede Antwort ist natürlich ungenügend. Sie lautet richtig: ›Das Klima ist keineswegs.‹ Der betreffende Satz in den Reisemitteilungen lautet nämlich in Wirklichkeit: ›Das Klima an der Ostküste der Vereinigten Staaten ist keineswegs, wie vermutet werden könnte, ein ozeanisches ...‹ Zweite Frage: ›Was ist der Amerikaner?‹ Antwort: ›Er ist stolz‹ ... ›auf sein Land und seine kulturelle Entwicklung‹ heißt es natürlich in den Mitteilungen weiter. Diese und ähnliche Fragen erwecken stürmische Heiterkeit.« Wie denn auch nicht? Aber was ist das alles gegen die gute Laune der Frau des Vereinskassiers, die »ein über das andere Mal ausruft: ›Das heutige Tagblatt möcht i haben!‹ oder: ›Bitt schön, wie komm i denn auf den Franziskanerplatz?‹« Natürlich bleibt die Seekrankheit, mit ihren Indizien, mit ihrem Ausbruch, mit ihrem Verlauf, das weitaus beliebteste humoristische Motiv, wird aber von den mitreisenden Ästhetikern in die Kategorie des »Tragikomischen« eingereiht. »Wohl dem«, sagt der Ironiker der Neuen Freien Presse in kaustischer Umschreibung, »der ein verläßliches Vis-à-vis mit gutem Magen und festen Nerven hat, sonst ist es um den Frack geschehen, eine Gefahr, die durch Languste mit Remoulade, F r e i b i e r und Sekt nicht gemildert wird«. Aber leider muß er melden, daß sich einige Reisegefährten »bereits in unauffälliger Weise mit dem bekannten Seeheiligen ins Einvernehmen gesetzt haben«. Der resolute Vertreter des demokratischen Organs hingegen spricht geradezu von der »Anrufung des heiligen Ulrich«. Die Neue Freie Presse ist dafür wieder das besser informierte Blatt. Wo die anderen bloß ein Stimmungsbild entwerfen, gibt sie eine Statistik. Und es dürfte wohl zum erstenmal der Fall sein, daß jene Herren und Damen, die auf einer Seefahrt ihren Mageninhalt entleeren mußten, in einer Zeitung genannt, wie in einer Liste repräsentativer Persönlichkeiten »u. a.« angeführt werden. »u. a.« war zwar immer ein Brechlaut; aber es scheint vielleicht doch des Guten zu viel getan, wenn auch solche Leistungen der Nachwelt übergeben werden. Denn so stark hier der produktive Anteil der Persönlichkeit im Vergleich zu der bloßen Anwesenheit bei einem Sonnenuntergang sein mag, so ist es doch eine trostlose Vorstellung, daß noch Kinder und Kindeskinder von solchen Verdiensten unserer Zeitgenossen erzählen werden. Darüber macht sich aber die Neue Freie Presse keine Gedanken; ihr ist das Leben ein ununterbrochener Concordiaball, und schon notiert der Toiletteberichterstatter: »Das natürliche Weiß kleidet manche Dame umso besser, als es verläßlich unverfälscht ist«. Wörtlich wird dann, im Tone der Verherrlichung eines Bahnbrechers, gemeldet: »Der erste Seekranke war Herr Sild schon in den ersten Tagen der Reise und laboriert seither noch immer daran«. Folgt wirklich und wahrhaftig die Aufzählung der »Leidensgenossen leichteren Genres«, eine Serie speiender Notabilitäten, kotzender Kommerzialräte, vomierender Hoflieferanten. »Man wird vornehmer, feiner auf hoher See«, meint ein anderer Berichterstatter, »darüber ist kein Zweifel. Man sieht tiefer in die Geheimnisse des Lebens«. Ach ja, Männer und Frauen werden bis in jene Winkel ihres Privatlebens verfolgt, in die sie streng separiert flüchten mußten. Hätte einer die rechte Tür verfehlt, der Vertreter der Neuen Freien Presse hätte gewiß nicht verfehlt, in besonderer Kabeldepesche von einem »lustigen Quiproquo« zu sprechen... Der Ekel beginnt selbst den Leser eines Weltblattes zu würgen, und auch er muß dorthin, wo der Journalist sein Interview verrichtet. Wenn sich aber das Meer über so schamlosen Mißbrauch von Druckerschwärze endlich beruhigt hat, wenden sich Sänger und Schmöcke wieder heiteren Spielen zu, und die Gefälligkeit der Berichterstattung fließt mit dem Humor dieses Künstlertums zu einer Symphonie der Gehirnerweichung zusammen, in der Anklänge an die »Lustige Witwe« – man nennt launig eine »vielumworbene« Mitreisende nach ihr – natürlich nicht fehlen dürfen. Kein Mißton aus jenen Gegenden, in die der Vertreter der Neuen Freien Presse soeben gekrochen war, stört mehr die Lebensfreude dieser Schlaraffen, zwischen Wimpeln und Wampeln geht froh die Fahrt, die Magenwinde sind günstig, und ungetrübte Heiterkeit weckt ein Advokat, der mit offenem Munde schläft und in dieser »überwältigenden« Situation selbstverständlich photographiert wird. Überhaupt ist das Vergnügen an den »Tücken« des photographischen Apparates unbändig. »Man fordert sich auf Apparate, trägt Händel mit Apparaten aus, aber auch die Damen«, versichert der galante Vertreter der Neuen Freien Presse, »gewähren die höchste Gunst nur mit ihren Apparaten«. Und wehe dem Herrn, setzt er schalkhaft hinzu, »der sich, endlich einmal unbemerkt wähnend, dort kratzt, wo es ihn ausnahmsweise einmal beißt!« Mitglieder des Männergesangvereins kratzen sich nämlich immer, wenn es keiner sieht, und diejenigen unter ihnen, die es dann doch sehen, finden es humoristisch. Es ist also ganz harmlos aufzufassen, wenn der Korrespondent sagt, daß es in der Reisegesellschaft Damen gebe, »die nur auf Spezialmomente männlicher Natürlichkeit lauern«, um dann eben mit ihren Apparaten die höchste Gunst zu gewähren ... Aber der Humor des Kratzens, die Komik verschwitzter Socken und verlegter Reibsackeln, ja selbst der Spott, den eine zerstörte Damenfrisur oder die Unbequemlichkeit des Frackanziehens in der Kajüte hervorruft, kann mit jener tief satirischen Erfassung menschlicher Schwächen, die sich in dem befreienden Lachen über die Seekrankheit ausdrückt, nicht wetteifern! Der Abdominalwitz ist und bleibt die eigentliche Domäne singender Vereinsbrüder.

Doch neben dem Vergnügen an der Aufnahme und Wiedergabe des täglichen Brotes soll auf einem Dampfer die Andacht, die dafür dankt, nicht fehlen, und eine Sonntagspredigt, der die Reisegesellschaft »ohne Rücksicht der Konfession« beiwohnen darf, versetzt die anwesenden Schmöcke in gerührte Stimmung. Aber wenn »Friede« durch solche Seelen zieht, wird die Luft nicht besser. Ja man sehnt sich nach den verschlagenen Winden des Humors zurück, wenn einmal die Vertreter der Wiener Presse den Zusammenhang mit dem Weltganzen zu ahnen beginnen, wenn Rezensenten, die nicht wissen, wo Gott wohnt, ihn loben, als ob er der Chormeister selber wäre. »Eine Probe Kremsers hat den Wert einer akademischen Demonstration, sie ist nicht einpaukend für ein Lied, sondern bildend für die Kunst des Vortrages.« So wie etwa eine Probe des journalistischen Deutsch nicht beibringend für eine Reklame ist, sondern bildend für die Kunst des Ausdrucks. Und Gott? Und was ist mit dem Weltganzen? Gott über die Welt, beinah hätten wir vergessen: »In dem weiten Kreise, den das Auge aus dem Mittelpunkte überblickt, ein einziges Gebilde von Menschenhand, ein auf dem wogenden tückischen Elemente schwankendes Schiff, das winzige Stück festen Bodens zwischen dem Leben von Hunderten und den unerforschten Tiefen des Ozeans!« Ein wahres Glück, daß wenigstens die Menukarte erforscht ist und man mit einiger Sicherheit nach Wien berichten kann, daß es heut Rebhendeln gibt ... Das Tafelleben entschädigt die journalistischen Mitesser für manche Enttäuschung. Sie durften auf Madeira nicht landen, weil dort die Pocken herrschen. Journalistische Tantalusqualen: »Wir sahen das Ganze zum Greifen nahe, aber die Barkasse durfte nicht in unsere unmittelbare Nähe kommen« ...

Da ich diese pietätvolle Reiseschilderung vom Standpunkt des in Wien zurückgebliebenen Lesers entwerfe, sind die Berichte über die Landung und über das Benehmen der Wiener in Amerika noch nicht eingetroffen. Gigantisches steht uns bevor. Die furchtbare Plastik, mit der das begleitende Schmocktum jeden Rülps auf dieser Banausenfahrt verewigt hat, wird amerikanische Dimensionen annehmen. Die Sentimentalität des Bauches wird in die Höhen der Wolkenkratzer emporfahren und das Motiv der Heimatssehnsucht, das schon in St. Pölten losgelassen wurde, bis in die Zelte der Indianer dringen. Aber diese Rindfleischbewußten, denen eine Schiffahrt eine Mastkur bedeutet, sie werden sich schließlich auf die Eindrücke einer fremden Kultur ausreden, wenn ihnen der sogenannte Gesichtskreis erweitert wurde, und behaupten, daß ihnen das deutsche Wams zu enge sei. Gemütliche Wiener, lebend und leben lassend, fröhliche Sänger, fahrend und fahren lassend!

... Diese triumphalen Ausschreitungen eines öden Genießertums, die einem die Freude an der Lebensfreude benehmen könnten, geschehen in den Tagen, in denen ein ebenso stimmkräftiger Männerchor die Geburt eines neuen Österreich verkündet. Ich bekenne aus tiefstem Unglauben die Überzeugung, daß keine Wahlreform der Welt jenen Geschmack verändern wird, der einen Transport von Spießbürgern zum Ereignis macht! Unsere Zukunft liegt auf dem Wasser; Österreich ist ein Männergesangverein. Hier, in der stimmberechtigten Gemeinheit, sind die starken Wurzeln seiner Kraft. Österreichs politische Repräsentanz wird auf sein

Schicksal weniger Einfluß haben, als ein Leichenkutscher auf die Unsterblichkeit der Seele.

[F 226, 1–11; 1907]

Kehraus

Der Witz der Tagesschriftsteller ist in der Regel das Wetterleuchten einer Gesinnung, die irgendwo niedergegangen ist. Nur der Gedankenblitz schlägt ein, dem der Donner eines Pathos auf dem Fuße folgt.

*

Die Ideensumme eines literarischen Aufsatzes sei das Ergebnis einer Multiplikation, nicht einer Addition.

*

In einer Druckseite soll man nicht mehr sagen wollen, als mittelmäßige Schreiber in acht auszudrücken suchen.

*

Jedes Weib sieht aus der Entfernung größer aus, als in der Nähe. Daraus folgt, daß bei den Weibern nicht nur die Logik und die Ethik, sondern auch die Optik auf den Kopf gestellt ist.

*

Persönlichkeit des Weibes ist die durch Unbewußtheit geadelte Wesenlosigkeit.

*

Wie hinter dem Don Quixote sein Sancho Pansa, so schreitet hinter dem Christentum die Syphilis einher.

*

Der Mann hat fünf Sinne, die Frau bloß einen.

*

Enthaltsamkeit rächt sich immer. Bei dem einen erzeugt sie Wimmerln, beim andern Sexualgesetze.

*

Man unterscheide Menschen, die im Frühling den Winterrock ablegen, und Menschen, die die Ablegung des Winterrocks als unfehlbares Mittel zur Herbeiführung des Frühlings ansehen. Die ersten werden eher den Schnupfen kriegen.

*

Die Menschheit ist im Mittelalter hysterisch geworden, weil sie die bestimmenden sexuellen Eindrücke ihrer griechischen Jugendzeit schlecht verdrängt hat.

*

Die Irrsinnigen werden in Österreich allemal daran erkannt, daß sie nach der Internierung ein »aufgeregtes Benehmen zur Schau tragen«.

*

Schönheit vergeht, weil Tugend besteht.

*

Die geniale Fähigkeit des Weibes, sich nicht erinnern zu können, darf mit dem Talent der Frau, zu leugnen, nicht verwechselt werden.

*

Es gibt Frauen, die nicht schön sind, sondern nur so aussehen.

*

Wie schön, wenn ein Mädchen seine gute Erziehung vergißt!

*

Nicht die Geliebte, die entfernt ist, sondern Entfernung ist die Geliebte.

*

Es ist nicht Sitte, eine Frau zu heiraten, die vorher ein Verhältnis gehabt hat. Aber es ist Sitte, mit einer Frau ein Verhältnis zu haben, die vorher geheiratet hat.

*

»Frauenrechte« sind Männerpflichten.

*

Die Frauen verlangen das aktive und das passive Wahlrecht. Daß sie das Recht haben sollen, jeden Mann zu wählen, und daß man ihnen keinen Vorwurf mehr daraus mache, wenn sie sich von wem immer wählen lassen? Behüte der Himmel! Sie meinen es politisch! Aber auf so verzweifelte Ideen sind sie von den Männern gebracht worden. Jetzt wird diesen nichts anderes übrig bleiben, als von der Regierung zu verlangen, daß auch ihnen endlich die Menstruation gestattet werde.

*

Das durchschnittliche Weib ist für den Kampf ums Dasein hinlänglich ausgerüstet. Mit der Fähigkeit, nicht empfinden zu müssen, hat es die Natur für die Unfähigkeit, zu denken, reich entschädigt.

*

Die Stiere aller Parteien haben sich darüber geeinigt, daß die ›Fackel‹ ein Blatt ist, das die Unzucht propagiert. Es ist freilich wahr, daß ich als das einzige Mittel zur Beseitigung der männlichen Dummheit die Anerkennung der weiblichen Schönheit empfehle und daß ich auf die durch Jahrhunderte geübte grausame Verschüttung und boshafte Verunreinigung der Quelle alles Lebens alle Übel dieser Welt zurückführe. Aber für die Sexualität der Stiere habe ich mich nie begeistert!

*

Ich war selten verliebt, immer verhaßt.

[F 229, 1ff.; 1907]

Gerichtspsychiatrie

Sie ist von allen Gesellschaftsspielen doch das unterhaltendste. Die ältesten Tarockspieler der Justiz versichern, daß es wie kein anderes der Kurzweil diene. Die Schriftsachverständigen – je nun, die sind wie alle Vertreter einer ernsten Wissenschaft nüchterne Gesellen. Charakter-Erraten ist längst kein Spaß mehr und Stunden ungetrübten Frohsinns verbringt man heute nur noch im Kreise der Psychiater. Die Justiz spielte früher Blindekuh, aber das Spiel der blinden Esel ist aparter. Sie werden hereingeführt, sollen den Angeklagten durchschauen und sagen j-a, wie der Ankläger es will. Da sie aber die Aufgabe, die sie in fröhlicher Runde zu leisten haben, das »Wegputzen« schwieriger Fälle nennen, so scheinen sie sich nicht für Esel zu halten, sondern den Vergleich mit einer intelligenteren Haustiergattung zu arrogieren. Es gibt nun in der Tat treue Psychiater, die mitunter sogar einen Hof beschützt und dem »Herrl« die schwierigsten Knochen »weg'putzt« haben. Geht einer schnellen Schrittes, so meinen sie, er sei ein Dieb. Die Verläßlichkeit des Hundes besteht nicht darin, daß sein Gutachten verläßlich ist, sondern daß er es abgibt. Der Autorität frommt es auf alle Fälle, wenn gebellt wird...

*

»Er hatte Zittern, heftige Krämpfe beim Einschlafen, morgens Üblichkeiten. Er ist auch innerlich haltlos geworden, seine ursprünglich feinere Empfindung in poetischer und literarischer Beziehung wurde durch den Alkohol immer mehr in den Hintergrund gedrängt. Er hatte keinen Geschmack mehr an feineren Darbietungen des Burgtheaters und der Oper, und ethisch immer tiefer sinkend, trieb er sich mit weiblichen Bekannten im Tingeltangel herum.« Ja, dann freilich ist alles begreiflich. Die Gerichtspsychiater haben hier nicht nur, wie es ihre Pflicht ist, wichtige Symptome festgestellt, sondern auch, was sie für ihre Pflicht halten, wichtige Indizien geliefert. Für die Frage, ob der Angeklagte Z. Betrug und Veruntreuung begangen hat, ist es einfach ausschlaggebend, daß er keinen Geschmack mehr an feineren Darbietungen des Burgtheaters und der Oper hatte. Jedenfalls ist es ein Beweis moralischer Minderwertigkeit... Man könnte einwenden, es handle sich vielleicht bloß um ein ästhetisches Problem und ein Defraudant habe nicht den übelsten Geschmack bewiesen, wenn er dem Genuß mancher Burgtheaternovitäten die Gesellschaft »weiblicher Bekannten« im Tinteltangel vorgezogen hat. Vielleicht ist es auch ein Irrtum, zu glauben, daß man durch den Verkehr mit weiblichen Bekannten oder durch den Aufenthalt in einem Variété ethisch immer tiefer sinkt. Es gibt Menschen, die beides schon erprobt haben und trotzdem sich um keinen Schritt der Möglichkeit, Depots zu veruntreuen, näher gerückt fühlen.

Am Ende könnte einer sogar ein Don Juan sein, und doch vom Scheitel bis zur Sohle ein Ehrenmann in wirtschaftlichen Dingen. Einen Defraudanten hinwiederum brauchte das Gelübde der Keuschheit nicht zur Enthaltung von fremdem Eigentum zu zwingen. Aber eines steht fest: das schwindende Interesse eines Angeklagten an den Darbietungen des Burgtheaters könnte – und wenn er Millionen veruntreut hätte – noch immer eher für den künstlerischen Verfall des Burgtheaters als für den sittlichen des Angeklagten zeugen. Und nicht zu beklagen ist, wer durch seine Verhaftung an dem Besuch der letzten Novitäten gehindert wurde.

*

In dem Gutachten, das Wiener Gerichtspsychiater behufs Internierung eines Fabrikantensohnes abgegeben hatten und das anläßlich eines von ihm angestrengten handelsgerichtlichen Prozesses – zwischen Irrenrecht und Handelsrecht besteht eine offenbare Beziehung – zur Sprache kam, sind nach Zeitungsberichten die folgenden Symptome angeführt: »Er war schon als Kind aufgeregt und unfolgsam. In den Schulen habe er immer schlechte Sittennoten gehabt. Schon während der Hochzeitsreise sei er ganz ohne Grund eifersüchtig und aufgeregt gewesen ... In der letzten Zeit machte er wiederholt Äußerungen über Selbstmordabsichten, so sagte er einmal: Erst wird genossen, dann geschossen ... Auf der Klinik erklärte der Patient die Selbstmordabsicht für lächerlich, er habe nur den Text aus einer Operette gesungen ... Er erklärt, er habe sich jung gefühlt und wolle noch leben ... Daß er sich, um mehrere Leute zu ärgern, bei Ronacher mit der Berta Rother in einer Loge gezeigt habe, findet er nachträglich etwas unvorsichtig.«

*

Ein Dienstmädchen war von einem Wachmann wegen Vagabondage arretiert worden. Vagabondage nennt das Gesetz jenen nachweisbaren Erwerb, den eine Frau ergreift, wenn sie über ihren Körper ohne polizeiliche Bewilligung verfügen will. Unser Dienstmädchen wurde verhaftet, weil es die polizeiliche Bewilligung nicht nachweisen konnte. Sie behauptete, statt deren die polizeiliche Unterstützung nachweisen zu können. Der Wachmann habe sie ihr während der Eskortierung angedeihen lassen. Der Wachmann wurde beauftragt, wegen dieser Beschuldigung die Ehrenbeleidigungsklage zu überreichen oder, da ihre Durchführung nicht allzu leicht schien, »anzustrengen«. Das Mädchen bleibt bei seiner Behauptung. Aber die Angeklagte hat das Recht zu lügen und der Wachmann darf sich als Zeuge sogar auf den Amtseid berufen; wie soll man da der Wahrheit auf den Grund kommen? Vieles schien gegen die Wahrheitsliebe des Mädchens zu sprechen, und es fiel gewiß ins Gewicht, daß mehrere Dienstgeberinnen die Angeklagte als eine »naschhafte Person« bezeichneten. Solche Zeugenaussagen legten dem Richter den Gedanken nahe, den Geisteszustand der Angeklagten durch Gerichtsärzte untersuchen zu lassen. Und siehe da, diese gaben ein Gutachten ab, das die Ehre des Wachmannes gründlicher herstellte, als eine Verurteilung der Angeklagten auf Grund des Amtseides es vermocht hätte. Sie mußte freigesprochen werden, weil ihre Unzurechnungsfähigkeit klar zutage lag. Die Psychiater hatten nach längerer Beobachtung festgestellt, daß »die Inkulpatin einfache Rechenaufgaben nicht lösen konnte, daß sie unter anderm nicht wußte, wie der deutsche Kaiser heißt, was ein Schaltjahr ist, und daß sie behauptete, die Erde stehe still«. Die Gerichtsärzte kamen zu dem Schlusse, daß sie zwar nicht als ein der Vernunft völlig beraubtes Individuum zu bezeichnen, aber »geistig überaus minderwertig und verstandesschwach« sei. Freilich sollte diese Untersuchung nur mehr eine Überzeugung bestätigen. Das Mädchen hatte behauptet, daß ein Wachmann ihr einen unsittlichen Antrag gemacht habe, war also offenbar geisteskrank. Hätte sie dem Wachmann einen unsittlichen Antrag gemacht, so wäre sie ohne Zuziehung eines Gerichtspsychiaters verurteilt worden. Sie war jedenfalls zurechnungsfähig genug, das Delikt der Vagabondage zu verantworten. Aber wäre sie gar wegen Fruchtabtreibung oder Kindesmords angeklagt, mit der umfassendsten Unbildung könnte sie den Psychiatern nicht imponieren. Und wenn sie selbst auf die Frage, wer Kaiser von Österreich sei, verlegen schwiege! Die Gerichtsärzte würden sagen, daß sie die Unwissenheit in diesen Dingen nur simuliere. Diesmal fragten sie, wer der deutsche Kaiser sei, und als das Mädchen sagte, sie wisse es nicht, zweifelten sie keinen Augenblick an der Wahrheitsliebe der Angeklagten, deren Verlogenheit es zu beweisen galt. Die Behauptung aber, daß die Erde still stehe, konnte auch dem mißtrauischesten Psychiater zu der Überzeugung von der geistigen Minderwertigkeit der Angeklagten verhelfen. Es ist tief bedauerlich, daß Galilei vor der Inquisition und nicht vor einem Wiener Bezirksgericht über diese Dinge Rede stehen mußte.

Die Erde steht nicht still. Die Gerichtspsychiatrie selbst, deren Erkenntnisse immer fortschreiten, beweist es, indem sie es behauptet. Und nur die Dienstmädchen verharren auf einem ablehnenden Standpunkt gegenüber dem kopernikanischen System, wodurch sie aber höchstens beweisen, daß ihnen kein Wachmann unter die Röcke gegriffen hat.

*

Ein Irrsinniger wunderte sich neulich, daß er noch immer nicht Psychiater geworden sei. Das wahre Verdienst kommt heute stets zu kurz. Aber es käme auch zu spät. Man sagt nämlich, daß sich die maßgebenden Kreise entschlossen haben, die Psychiatrie als Wissenschaft aufzulassen und sie nur mehr eine bescheidene Existenz als Glaube fristen zu lassen. Die letzten Spielzeiten haben schlecht abgeschlossen. Die Herrschaften, die auf diesem morschen Wissenszweig saßen, sind heruntergepurzelt. Im Fall Liebel hat sich die Wissenschaft zum letzten Mal aufgerafft: Ein reeller Brachialkampf mit einem Irrsinnigen, um ihn zur Bestätigung des Gutachtens der Gerichtsärzte zu bewegen. Und Prinzessin Louise, der man immer wieder zugeredet hatte: Schön vernünftig sein und im Irrenhaus bleiben!, ist normal, wiewohl sie nach wie vor für Toiletten schwärmt. Wir sehen endlich, daß wir nichts wissen können. Schluß mit dem Humbug, der die Menschheit so lange genarrt hat!

[F 155, 7; 1904 und F 236, 15–18; 1907]

Menschenwürde

Die Stellung des Künstlers zur Menschheit ist noch immer nicht geklärt. Entweder ist ihre Würde in seine Hand gegeben oder es faßt ihn ihr ganzer Jammer an. Fühlt er aber die Identität dieser beiden Möglichkeiten, so macht er sich unmöglich. Ich habe mich viel und eingehend mit der Menschenwürde beschaftigt, habe in meinem Laboratorium die verschiedensten Untersuchungen darüber angestellt und muß bekennen, daß die Versuche in den meisten Fällen schon wegen der Schwierigkeit der Beschaffung des Materials kläglich verlaufen sind. Die Menschenwürde hat die Eigentümlichkeit, immer dort zu fehlen, wo man sie vermutet, und immer dort zu scheinen, wo sie nicht ist. Die Fähigkeit gewisser Tiere, die Gestalt lebloser Körper oder Pflanzen anzunehmen, jene Vorkehrung, die man Mimikry nennt und durch die die Natur sie in den Stand gesetzt hat, ihre Verfolger zum Narren zu halten, sie tritt beim Menschen als die sogenannte Würde in Erscheinung. Der Mensch zieht ein Kleid an und stellt sich in Positur. Der Hauptmann von Köpenick aber war es, der dieser unterhaltlichen Schutzvorrichtung selbst wieder einen Possen gespielt und die menschliche Mimikry entlarvt hat. Als er mit der Würde daherkam, ergab sich die Würde, als er mit Trommeln und Pfeifen einzog, ging die Autorität flöten, und darum ist es begreiflich, daß er ins Zuchthaus mußte. Man sagt, er habe sich bloß den Scherz einer Verkleidung erlaubt; aber in Wahrheit hat er mehr getan, er hat die Verkleidung eines Ernstes enthüllt. Wenn ein Shakespearischer König wahnsinnig wird, so benützt er die Gelegenheit, um Weisheiten auszusprechen, die man ihm sonst übelnähme: man würde ihn für verrückt halten. Auch der Narr ihm zur Seite genießt die Vorteile seiner Stellung: nähme man ihn ernst, man ließe sich von ihm auch nicht die kleinste Wahrheit gefallen. Er darf seinen König einen Narren nennen, der König darf die Behauptung wagen, daß man »dem Hund im Amt gehorcht«, und der Schuster in der Uniform kann beweisen, daß der Hund im Amt dem Schuster in der Uniform gehorcht. Einem Mann, der lange Zeit im Kostüm eines persischen Generals die höchsten Kreise einer Residenzstadt zu seinem eigenen Besten gehalten hatte, kam man endlich dahinter, daß er eigentlich gar kein persischer General oder, wenn er einer sei, daß er noch avancieren müßte, um den Rang eines österreichischen Korporals zu erreichen. Jener wahnsinnige König hat sofort die Wahrheit erkannt; denn er sagte: »Euch, Herr, halte ich als einen meiner Hundert; nur gefällt mir der Schnitt Eures Habits nicht. Ihr werdet sagen, es sei persische Tracht; aber laßt ihn ändern.« Wenn er ihn nun ändern läßt und sich etwa zur Uniform des Schweizer Admirals aus »Pariser Leben« entschließen sollte, wird er darum nicht weniger beliebt sein. Die Würde, mag sie selbst als Takowa-Orden verliehen oder als päpstliche Jubiläumsmedaille um den Hals gehängt werden, sie gewährt in allen Formen Schutz vor Verfolgung und trägt den Respekt aller jener ein, die noch nicht auf die Idee verfallen sind, sie sich zu verschaffen. Die Würde, die das Verdienst einst um den Vermittlungspreis bekam, ist jetzt unter dem Herstellungspreis zu haben. Vorbei die Zeiten, da irgendein Gregers Werle mit der idealen Forderung umherging, die Medaillen, welche die Bahnhofportiers auf der Brust tragen, müßten revidiert werden. Heute schafft der Besitz die Berechtigung. Früher hatten die Hochstapler von der Dummheit gelebt; jetzt bereichert sich die Dummheit auf Kosten der Hochstapler und beutet sie in der rücksichtslosesten Weise aus. Denn die Würde verleitet zur Erzeugung falscher Ehrenzeichen und wenn der Schwindler eine Zumutung zurückweist, dem Dummen gelingt es stets noch, ihn zu überlisten. Vor allem aber wollen die Leute einen Titel hören, unter dem sie sich nichts vorstellen können. Man kann dem übermütigsten Beamten den Fuß auf den Nacken setzen, wenn man ihm zuruft: »Ich bitte mir diesen Ton aus, Sie scheinen nicht zu wissen, wer ich bin. Ich bin Exhibitionist!« Die Menschenwürde hat die Eigenschaft, sich selbst so zu imponieren, daß sie sofort nachgibt, wenn sie aufbegehrt. Ich kenne eine Stadt, in der sie an jeder Straßenecke solche Siege feiert. Auch dort hat jetzt endlich ein Kutscher die gleichen politischen Rechte wie ein Baron, aber wenn er ihn zum Wahllokal befördert hat, so sagt er zu ihm: »Küß die Hand, Euer Gnaden!« Als der Staatswagen dahintorkelte, riß das Volk die Tür auf. Doch es stellte sich heraus, daß es nur Wagentürl-Aufmacher waren. Man fragte sie, was sie wollten, und sie sagten: »Euer Gnaden wissen eh!« Sie wollten ein Trinkgeld, man gab ihnen die Menschenwürde, und sie brummten: »So a notiger Beutel!...« Ich habe eine wahre Hochachtung vor dem Menschenrechte der Freiheit, so sehr, daß ich der Freiheit das volle Recht auf die Menschen zuerkenne, die sie verdient. Ich habe eine unbegrenzte Ehrfurcht vor den politischen Rechten. Solange aber der Absolutismus des Trinkgelds nicht abgeschafft ist, glaubt das Volk, ein Achtundvierziger sei die Rufnummer eines Fiakers, und ein Unnumerierter sei nobler. Ich kenne einen Hoflieferanten, der sich ins Privatleben zurückgezogen hat, nicht ohne daß ihm der Verkehr mit den hohen Herrschaften, die er bedient hatte, zu Kopf gestiegen war. Er benimmt sich noch heute in jeder Lebenslage so, als ob er eine Lieferung für die Königin von Hannover zu effektuieren hätte. Die geheimsten Wünsche und Beschwerden des Bürgerherzens kommen so ans Tageslicht, und als er einmal in einem öffentlichen Lokal eines leibhaftigen Aristokraten ansichtig wurde, verbeugte er sich und rief: »Zu Füßen des Herrn Grafen, zu Füßen!« Es war mir wie die Vision eines unblutig niedergeworfenen Aufstands. Ein radikales Gemüt aber kann wieder auf Lebenszeit von einer Leitartikelphrase verwirrt werden. Ich glaube, daß die Politik entweder daran krankt, daß die Ideen aus kleinen Köpfen in kleinere Herzen, oder daß sie aus kleinen Herzen in kleinere Köpfe übergehen. Der Mensch ist frei geschaffen, ist frei, dann bekommt er die Masern, dann die Würde, und mit der weiß er schon gar nichts anzufangen. Ausgenommen, wenn er Sekundant wird. Das ist nämlich die einzige Situation, in der der Philister herumgeht, als ob er Kartellträger der Vorsehung wäre. Weh dem, der ihn in dieser Würde nicht ernst nimmt, er erhebt sich mit einem »Pardon, dann habe ich hier nichts mehr zu suchen!«, und das Protokoll, diese Reinschrift der Würde, ist fertig. Wenn nicht hin und wieder ein Kommis »fixiert« würde, wir wüßten nichts von den ehernen Gesetzen, die uns an das Schicksal binden. Würde ist die konditionale Form von dem, was einer ist. Wenn aber Würde nicht wäre, gäbs keine Würdelosigkeit. Sie provoziert die Gaffer, und wo Gaffer sind, stockt der Verkehr. Die Überwindung der Menschenwürde ist die Voraussetzung des Fortschritts. Sie taugt nichts. Ich habe sie in allen Situationen gesehen. Sie glaubte sich unbeobachtet: da sah ich, wie ein Kellner vor einem Trinkgeld, das ein Gast auf dem Tisch zurückgelassen hatte, sich verbeugte und »Ich danke vielmals« sagte. Ein anderes Mal bemerkte ich, wie er sich bückte, um eines Kreuzers, der in einen Spucknapf gefallen war, habhaft zu werden. In einem doppelten Symbol faßte mich der Menschheit ganzer Jammer an. Wo ist die Würde? fragte ich. Jener verstand schlecht, glaubte, ich wolle eine abgegriffene Zeitung, und sagte: Bedaure, sie ist in der Hand!

[F 251–52, 30–33; 1908]

Das Erdbeben

Und doch war es nur das dumpfe Rollen einer Ahnung von dem, was kommen wird. In diesem Jahr wird sich die Erde auftun und gegen die vermessene Behauptung, daß der Wiener nicht untergeht, demonstrieren. Könnte es denn anders sein? Die Dummheit ist ein Elementarereignis, mit dem es kein Erdbeben aufnimmt. Ihre inneren Gewalten müssen sich einmal in einer Katastrophe entladen, die das Antlitz dieses Weltkörpers entstellen wird. Denn nie zuvor kann es eine Kulturperiode gegeben haben, in der die Menschen, durch Rasse und Religion getrennt, sich mit solch einiger Begeisterung zur Dummheit bekannt hätten! Vielleicht ist ihnen noch bis zur Betriebseröffnung des Luftschiffs eine Frist gegeben und erst die geistige Verkehrsstörung, die sich dann rapid fühlbar machen wird, als Anfang vom Ende vorgesehen. Ich aber hänge dem Gedanken nach, daß sich noch in diesem Jubeljahr, wenn etwa der Festzug über die Ringstraße geht, große Dinge begeben werden.

Schon vom Faschingsabend des Männergesangvereins hatte ich mir alles Mögliche versprochen, und ich finde einigen Trost bei der Vorstellung, daß wenigstens ein leises Zittern des Bodens die Antwort auf die Enthüllungen war, die dieses Fest den entsetzten Blicken geboten hat. Denn die Saaldekoration zeigte die New-Yorker Freiheitsstatue, wie sie »die ankommenden Wiener mit dem Ausruf: ›O du mein Österreich!‹ begrüßt«, und daneben den Chormeister Kremser, wie er sich »der Zudringlichkeiten eines Indianermädchens mit den Worten erwehrt: ›Da bleib i nöt, da geh i ham‹«. Nicht genug. Einer trug, so meldet der Bericht, »eine geschmackvolle Standarte, darstellend ein gelungenes Geldstück mit der Inschrift: ›Der Krach, der is zwida, Stiribus, Omnibus, Krida‹«. Und: »Unter den ohrenbetäubenden Klängen des Sternenbannermarsches zog die fidele Gruppe der ›Stieren Sternenbanerstierer‹ vorüber«. Es waren, so sagt man, »amerikanische Lächerlichkeiten im Lichte des Wiener Humors«. Ich las es und dachte: Schreckliches wird geschehen. Wir liegen an den letzten Ausläufern der Alpen, und diese werden sich einer alten vulkanischen Verpflichtung erinnern, genau so wie die Polizei, wenn sie sich nicht anders helfen kann, ihr altes Prügelpatent hervorholt. Schon war ein Knistern hörbar ... Man hatte beobachtet, wie auf einem Eislauffest ein Ehepaar »als Gemüse verkleidet« erschien, und zwar die Frau »als gelbe Ruab'n« und der Gatte »als schwarzer Radi«. Bald darauf wurde wieder gemeldet: »Eine recht heitere kleine Gruppe bildete die Familie eines Industriellen« – der Vater »als Blinddarmschneider«, die Mutter »als Modebazillus« und die Tochter »als noch wachsende Kohlennot«. Es war ein Bild rührenden Familienlebens, doppelt ergreifend angesichts der nahen Katastrophe. Und über solche und ähnliche Vorboten äußerten sich liberale und antisemitische Blätter mit der gleichen ahnungslosen Ruhe, die Ausdehnung der Berichte schwankte an jedem Tag zwischen zehn und fünfzehn Spalten, und es war volle Einigkeit darüber, daß Wien Wien bleibt, nur daß nach der Darstellung der einen die Faschingsfröhlichkeit unter der Führung des Herrn Dr. Koritschoner ihren Einzug nahm und der Altwiener Humor mit G'spiel und Musi von den Familien Merores, Verständig und Kulka besorgt ward, während die andern beharrlich daran festhielten, daß dem Magistratsbeamten Bösbauer und dem Ehepaar Hadrawa das Verdienst zukomme. Da, auf einmal, fand irgendwo »eine das Wiener Leben so schön charakterisierende Strophe begeisterten Widerhall in den Herzen der vielen Tausende von Zuhörern«. Sie begann:

Wiener Mode, Wiener Schick,
Wiener Pülcher, Burgmusik,
Wiener Würsteln, Wiener Madeln,
G'stellt vom Kopf bis zu die Wadeln – –

»Ist dies das verheißne Ende? Sind's Bilder jenes Grauens?« Bezeichnet dies Durcheinander von Pülchern, Würsteln und Madeln, wie Wiens beste Schätze zu liegen kommen werden, wenn das Unabwendbare eintreten sollte? ... Ich sah nach der Magnetnadel. Und richtig, sie zeigte eine merkliche Abweichung der Gehirne. Und kaum war der Bericht im Deutschen Volksblatt erschienen, gab's ein Erdbeben ... Nun, dachte ich, aber jetzt wird für ein Weilchen Ruhe sein. Wir sind gewarnt. Der Wiener wird sehn, daß doch kein Verlaß auf die Geduld des Erdbodens ist, er wird Bescheidenheit lernen und sich darauf einrichten, erforderlichenfalls so unterzugehn, daß kein Aufsehen entsteht ... Gar keine Spur! Jetzt gehts erst los. Die Dummheit stürzt auf die Gasse, rafft an »Beobachtungen« zusammen, wessen sie habhaft werden kann, und läuft in die Redaktionen, um zu melden, daß sie erschrocken ist. Daß sie auch dabei war! Pfosten stürzen, Fenster klirren, Kinder jammern, Mütter irren, und die Väter schreiben Briefe an die Neue Freie Presse. Daß ein Erdbeben stattgefunden hat, geht für die Intelligenz aus dem Gutachten des »Seismologen« beinahe ebenso klar hervor wie aus der Versicherung eines Pikkolo, er habe »nicht g'stößen«, welche ein Kaffeehausgast, dessen Tisch schwankte, eiligst rapportiert. Ein Herr aus der Porzellangasse – die in solchen Fällen für besonders gefährdet gilt –, behauptet in allen Blättern täglich zweimal die ganze Woche hindurch, er wohne in einem Hause, das »auch in normalen Zeiten nicht zu den solidest gebauten gehört«. Ein alter Abonnent gibt zu, er sei sogleich ans Telephon geeilt und habe die Nummer der geschätzten Redaktion verlangt, worauf das Telephonfräulein nur die Antwort gehabt hätte: »Sie wünschen die ›Presse‹ zu sprechen? Es sind leider wegen des Erdbebens alle Nummern besetzt«. »Ich wußte genug«, schließt der Einsender die höchst charakteristische Zuschrift. Alle Nummern besetzt, alle Spalten gefüllt. Tagaus, tagein, heute, morgen, ewig. Bis das Weltgebäude zusammenkracht und auch eine schriftliche Verständigung mit der Redaktion der Neuen Freien Presse nicht mehr möglich ist. Wessen Brief infolge redaktionellen Weltenraummangels nicht untergebracht werden konnte, der muß sich damit begnügen, seinen schlichten Namen in einer täglichen Liste der Erdbebenbeobachter gedruckt zu sehen. Immerhin, man war bisher bloß auf dem Concordiaball bemerkt worden; man hatte höchstens für die Abschaffung des Sperrsechserls seine Stimme erhoben; man war ein schlichter Vertreter des »Rechts auf Stille« gewesen, oder gar nur ein Nichtraucher. Und der Meldezettel ist schon abgeschafft, die Telephongebühren sind ermäßigt und die Blattern erloschen. Ein Herausgeber der Neuen Freien Presse stirbt auch nicht alle Tage. Man braucht gewiß keinen Grund, um seinen Namen auf eine Abortwand zu schreiben, aber es muß schließlich eine Gelegenheit da sein, um ihn in die Neue Freie Presse zu bringen. Und sie sorgt für Gelegenheiten. Gäb's keine Ereignisse, sie würde sie erfinden, damit ihren Abonnenten die Freude werde, dabei gewesen zu sein. Gäb's keine Feuersbrunst, sie zählte dennoch die Häupter ihrer Lieben. Und es ist wieder ganz so wie immer: als ob es sich um nichts geringeres als um die Elegie auf den Tod eines Redakteurs handelte, wird jeder Karfunkelstein, der uns seine Teilnahme am Erdbeben tief erschüttert bekundet, im nächsten Morgenblatt genannt. Ja, hätte der Schwachsinn nie daran gedacht, aus seinem Privatleben hervorzutreten, jetzt ist ihm eine Gelegenheit geboten, die Banalität wird aus ihrem Versteck gelockt, das Durchschnittsmenschentum im Triumph eingeholt. Eine verzehrende Gier hat sich des Herrn Niemand bemächtigt, genannt zu werden. Tausende umlagern die Redaktion, heben die Hände empor zum Mirakel des lokalen Teils und rufen: Ich auch! Ich auch!

Und es ist reinster Idealismus, der diesem Streben entgegenkommt. Man könnte ja argwöhnen, die Geologen der Neuen Freien Presse seien Inseratenagenten und jede Null habe sich erst einen Fünfer zulegen müssen, um verewigt zu werden. Ist doch nachträglich eine solche Deutung der Kondolenzen zum Tode des Mitherausgebers in Umlauf gekommen. Nicht daß es wahr ist, aber daß man es den Überlebenden der Neuen Freien Presse zutraut, macht die Version bemerkenswert. Diesmal glaube ich, daß bloß die Firmentafeln, die durch das Erdbeben ins Schwanken kamen, inseriert werden mußten, daß aber reinstes Verständnis für die Bedürfnisse der Zeit die Nennung der Privatpersonen bewirkt hat, auf die das Erdbeben einen gewissen Eindruck machte. Und daß man in den Varietés und Kabaretts vor aller Gefahr geschützt war, während in der Privatwohnung der Toilettefrau der »Fledermaus« die Uhr stehen blieb, ist gewiß interessant. Doch auch sonst wurde in durchaus selbstloser Absicht jedes Nachtkastel, das gewackelt hat, registriert. Ob es von der Wiener Werkstätte erzeugt, also ohnedies schon etwas unsicher war, oder nicht – der Einsender legt Wert darauf, daß man in der Öffentlichkeit wisse, er habe ein Nachtkastel. Es kann auch ein Automobil sein. Denn fürwahr, warum wäre uns sonst gemeldet worden, daß der Chauffeur des Herrn Viktor Leon – der allerdings der Verfasser der »Lustigen Witwe« ist – etwas gespürt hat?

Wie soll das werden! Was wird geschehen, wenn eines Tages die Stöße so rasch aufeinanderfolgen, daß die Presse nicht mehr nachkommen kann? Die Journalisten lassen sich in ihrer irdischen Sicherheit nicht bange machen. Sie werden ein bißchen von den Sesseln gehoben, aber sonst fürchten sie nicht den Tod, hoffen auf Kondolenzen und denken nicht an Prügel, zu denen sich doch einmal ein paar handfeste Kulturfreunde aufraffen könnten. Ich habe eine andere Methode versucht. Eine, deren Möglichkeit ich schon einmal angedeutet hatte. Ich gab ja der Neuen Freien Presse zu bedenken, daß die Zuschriften, die sie nach irgendeinem Elementarereignis aus der Leopoldstadt empfängt, von mir verfaßt sein könnten. Ich habe sie gewarnt. Aber der liebe Leichtsinn will nicht hören, sitzt gemütlich beim Erdbeben, verzeichnet einlaufende Meldungen und glaubt, daß das so schön weitergehen wird. Da nahm auch ich Papier und Tinte und schrieb den folgenden Brief an die Neue Freie Presse:

Ich las gerade Ihr hochgeschätztes Blatt, als ich ein Zittern in der Hand verspürte. Da mir diese Erscheinung von meinem langjährigen Aufenthalt in Bolivia, dem bekannten Erdbebenherd, nur zu vertraut war, eilte ich sogleich zu der Bussole, die ich seit jenen Tagen in meinem Hause habe. Meine Ahnung bestätigte sich, aber in einer Weise, die von meinen Beobachtungen seismischer Tatsachen in Bolivia durchaus abwich. Während ich nämlich sonst ein Abschwenken der Nadel nach Westsüdwest wahrnehmen konnte, war diesmal in unzweideutiger Weise eine Tendenz nach Südsüdost feststellbar. Allem Anscheine nach handelt es sich hier um ein sogenanntes tellurisches Erdbeben (im engeren Sinne), das von den kosmischen Erdbeben (im weiteren Sinne) wesentlich verschieden ist. Die Verschiedenheit äußert sich schon in der Variabilität der Eindrucksdichtigkeit. Bei dieser Art von Erdbeben kommt es vor, daß jemand, der im Nebenzimmer sich aufhält, nichts von all dem merkt, was sich uns unverkennbar offenbart. Meine Kinder, die um jene Zeit noch nicht eingeschlafen waren, hatten nicht das geringste gemerkt, während wieder meine Frau behauptet, drei Stöße gespürt zu haben. Hochachtungsvoll Zivilingenieur J. Berdach, Wien II., Glockengasse 17.

Ein Freund, der dabei war, als ich es schrieb, und dem ich die Mitteilung verdanke, daß in Bolivia bestimmt nie ein Erdbeben stattgefunden hat, meinte: Das wird nicht erscheinen. Ich sagte: Das wird erscheinen! Die Neue Freie Presse wird darüber erfreut sein, daß sie unter so vielen Laien endlich einen Fachmann zu Wort kommen lassen kann, der die Bussole bei der Hand hat, von einer Variabilität der Eindrucksdichtigkeit spricht und vor allem über eine Einteilung in tellurische und kosmische Erdbeben Bescheid weiß. Mein Freund sagte: Aber das »Zittern der Hand« wird den Einsender verraten! Nein, sagte ich, wenn selbst das Zittern der Hand als Begleiterscheinung eines Erdbebens der Redaktion verdächtig vorkommen könnte, so wird es ihr doch wieder den Respekt des Lesers, der die Neue Freie Presse in die Hand nimmt, bedeuten. Nämlich des Respektes, nicht etwa des Ekels oder der Wut. Mein Freund sagte: Sie überschätzen die Dummheit der Leute. Ich sagte: Nein. Aber selbst wenn ich sie überschätze, die Zuschrift ist aus der Glockengasse – und darüber kommt kein Redakteur der Neuen Freien Presse hinweg!... Und die Zuschrift erschien. »Herr Zivilingenieur J. Berdach schreibt uns aus der Glockengasse.« Am 22. Februar 1908... Ich hatte die Neue Freie Presse gewarnt. Meine Schuld ist es nicht, daß sie jetzt eine Zuschrift von mir abgedruckt hat. Aber wenn dieses Erdbebenunglück auch geschehen ist, so kann man ihr doch nicht vorwerfen, daß sie den Brief gedankenlos zum Druck befördert habe. Sie hat ihn redigiert. Sie hat aus den Stößen, die meine Frau gespürt hat,

»Erschütterungen« gemacht, weil man eben in so ernster Sache jede Zweideutigkeit vermeiden muß. Sie hat die »kosmischen Erdbeben«, die ihr als eine widerspruchsvolle Bezeichnung erschienen, in »kosmische Beben« verändert; und hat peinlich darauf geachtet, daß in dem Wort »kosmisch« kein Buchstabe verloren gehe. Sie schweigt mich seit zehn Jahren tot; sie ignoriert mich als Satiriker – und läßt mich als Geologen gelten ... Aber die Freude an einem fachmännischen Gutachten sollte nicht ungetrübt bleiben. Ich selbst gedachte, sie ihr zu trüben. Früher schon hatte einer ihrer Beobachter die Oberleitungsdrähte der Straßenbahn beim Erdbeben schwingen gesehen, und sogleich meldete sich ein ernsthafter Namensvetter, der entrüstet erklärte, die Beobachtung stamme nicht von ihm. So, gerade so wollte ichs auch machen. Ich gedachte einen andern Berdach erklären zu lassen, er danke seinem Schöpfer, daß er nicht sei wie dieser. Es war nicht nötig: wer beschreibt meine Überraschung, als ich zwei Tage später die Verwahrung eines Berdach las? Auch den gibts natürlich nicht. Wohl aber scheint es außer mir schon Leser zu geben, die allmählich darauf kommen, was man alles mit einem Intelligenzblatt machen kann. Noch sind freilich der Gläubigen mehr, deren Hand respektvoll zittert, wenn sie bei einem Erdbeben die Neue Freie Presse lesen.

Und es wird weiter beobachtet. Man muß nachtragen, daß ein Herr versichert, die Scherben einer zerbrochenen Vase seien »gegen Süden geflogen« und das verschüttete Wasser habe »eine Strichspur Nordsüd gezeigt«. Daß bei einer Pokerpartie die Karten nach allen Richtungen geflogen seien. Und daß ein Papagei unruhig wurde. Und daß in einer Kegelbahn ein Rollen vernehmbar war. Ich auch! Ich auch! Wer in diesem Sommer nicht geimpft wurde, darf jetzt einen Stoß verspüren. Und wenn die Redaktionstelephone besetzt sind, teilen sie sichs untereinander mit. Die Wiener begrüßen den Weltuntergang mit einem Halloh, Halloh! »Durch das Erdbeben entstand ein Ansturm der Telephonabonnenten, die Verbindungen haben wollten, um das Elementarereignis anderen mitzuteilen.« Als der erste Ruck kam, trübte kein metaphysischer Gedanke die Reinheit ihres Vorstellungslebens. Ein Volk von Tarockspielern blickte nicht auf, als das Schicksal Ultimo ansagte. Bloß das Mitteilungsbedürfnis, das schon in erdbebenfreien Tagen häuserhoch aufklatscht, wuchs ins Gigantische. Nur nicht hinwerden, ohne daß es der andere erfährt! Da habts mein letztes Kranl – aber in die Zeitung muß es kommen. Nein, das war doch kein tellurisches, das war ein kosmisches Erdbeben. Das war die Dummheit! Und es war eine Probe, wie sich der Wiener beim Weltuntergang, der in diesem Jahre bestimmt stattfindet, aufführen wird. Es kann schön werden. Wir werden uns wieder einmal so benehmen, daß wir uns vor dem Ausland schämen müssen. Eine Schlamperei wird herrschen, die ohne Beispiel sein dürfte. Die Flüsse werden zu spät stehen bleiben und die Erde wird sich unpünktlich öffnen. Und alle werden dabei sein wollen. Wenn die Redaktionen nicht jetzt schon die Präsenzlisten setzen lassen, werden sie den Einlauf nicht bewältigen können. Dazu werden Ausrufe hörbar werden, die einem die Freude am Untergehn verderben könnten. Der Krach, der is zwida!, wird es heißen. Und einer ruft: Da bleib i nöt, da geh i ham – – Kein Entrinnen! Ein Komet taucht auf, zieht vor der Neuen Freien Presse den Schweif ein, verrichtet aber dann sein Werk. Der Himmel fällt auf die Erde, Berge fallen in Meere, und der Reinertrag fällt der Concordia zu. Die Sternenbanerstierer gehen um. Wiener Pülcher, Wiener Würsteln, Wiener Madeln, alles liegt durcheinander. Die wachsende Kohlennot erscheint. Noch einmal zieht der Dr. Koritschoner mit G'spiel und Musi vorüber. Und das Verhängnis kommt mit dem großen Reibsackl... Alles ist hin. Nur der letzte Mensch, ein Lokalredakteur, ruft mit gellender Stimme in das Chaos: Man bemerkte u. a. Angelo Ei – – Weiter kam er nicht.

[F 245, 16–24; 1908]

Politik

Mein Verhältnis zur Politik drückt sich etwa in dem Dialog aus, den ich neulich führte: »Wer wird Handelsminister?« »Der jetzige bleibt.« »Ah«, rief ich überrascht und setzte nach einer Pause hinzu: »Wer ist denn der jetzige?«... Ebenso angelegentlich bin ich für die auswärtige Politik besorgt. Wenn ich für die Spannungen eines Kriminalromanes zu haben wäre, dann übten die Gestionen der Diplomatie einen noch größeren Reiz auf mich, als sie ohnedies tun: ich könnte mich nicht satt sehen an dem Schauspiel, wie die Staaten von einer internationalen Verbrecherbande steckbrieflich verfolgt werden. Wenn ich sage, daß mich Politik nicht interessiert, so mögen es mir die glauben, die durch die Politik um ihren Verstand gekommen sind. In Wahrheit ist mir die Politik zwar nicht Beruf, aber gerade deshalb Problem. Was mich in der Politik immer wieder anzieht und beschäftigt, ist die Tatsache, daß es Politik gibt. Ich halte sie für eine mindestens ebenso vortreffliche Manier, mit dem Ernst des Lebens fertig zu werden, wie das Tarockspiel, und da es Menschen gibt, die vom Tarockspiel leben, so ist der Berufspolitiker eine durchaus plausible Erscheinung. Um so mehr, als er immer nur auf Kosten jener gewinnt, die nicht mitspielen. Aber ist es nicht in Ordnung, daß der Kiebitz zahlen muß, wenn das geduldige Zuschauen seinen Daseinsinhalt bildet? Gäbe es keine Politik, so hätte der Bürger bloß sein Innenleben, also nichts, was ihn ausfüllen könnte. Spannungen kann ihm nur der Rohstoff des Lebens bieten. Die Kunst läßt ihn darin im Stich, aber Politik und Verbrechen sind Rohstoff. Je größer die Handlung, desto geringer die geistige Anstrengung, die Handlung zu erfassen. Und je größer das politische Ereignis, umso sichtbarer die geistige Armut, die sich damit beschäftigt. Politik ist Bühnenwirkung. Wenn Shakespeare über die Szene ging, hat noch jedem Publikum der Waffenlärm die Gedanken übertönt. Die Größe Bismarcks, der den politischen Stoff schöpferisch gestaltet – und warum sollte einem Künstler nicht ein Abenteuer im Kehricht zur Schöpfung erwachsen? –, wird mit dem Maß der theatralischen Handlung, des Effekts der Auftritte und Abgänge gemessen. Und wenn wir Deutschen Gott und sonst nichts in der Welt fürchten, so respektieren wir selbst ihn nicht um seiner Persönlichkeit willen, sondern wegen des Geräusches seiner Donner. Rhythmus ist alles, nichts die Bedeutung. Als die Hinterbliebenen in Friedrichsruh einem ungebetenen Gast den Sargdeckel vor der Nase zuschlugen, war Größe in dem Vorgang; aber das zuschauende Volk spürte sie nicht, denn es hatte nur mehr Aug' und Ohr für Gebärde und Tonfall des Mannes, der im Rohstoff der Politik rumort wie keiner vor ihm. Gibt er nicht restlos alles dem Volke? Hand aufs Herz, was ist dem Volke lieber: »Der Müller und sein Kind« oder »Wenn wir Toten erwachen«? Wer außer den Politikern, die sie begehen, beklagt denn die Dummheiten in der Politik? Sind die Gescheitheiten in der Politik gescheiter? Bietet das Schweigen mehr Spannung als das Reden? Ein Gespräch – und sechs Millionen hätten beinahe in den Krieg ziehen müssen, heißt es. Aber das ist nicht schlechte Politik, sondern gute Politik. Die erwachsene Menschheit weiß sich keinen besseren Zeitvertreib, als auf der Lauer ihrer Spannungen zu liegen, und das Mißverhältnis zwischen Ursache und Wirkung ist der ganze Inhalt des politischen Sports. Darum ist es töricht, vom politischen Standpunkt aus die Ursache anzuklagen. Je größer die Gefahr, desto reicher die Befriedigung des politischen Interesses, und je größer das Ereignis ist, desto greller erhellt es die geistige Leere, aus der es geboren wurde. Wieviel ein Kaiser spricht, das ist das Um und Auf unserer Lebenssorgen. Dieser Nexus ist mein politisches Thema. Denn wenn wir einen Monat lang von nichts anderem sprechen, so verfehlen wir mehr die Kultur, als ein Gespräch die Politik verfehlt hat. Wohl sehe ich ein, daß es keine Privatsache ist, sondern politische Folgen hat; doch eben daran ist die Politik schuld, die man zum Schweigen bringen müßte, um die Gespräche eines Kaisers ungefährlich zu machen. Politik zu treiben, wenn ein Erlebensdrang ihren Stoff nicht zum Kunstwerk formt, ist das traurigste Geschäft dieser Welt. Aber eher noch könnte ein Kaiser eine persönliche Beziehung zu seinen Irrtümern haben, als ein Journalist zu seinen Wahrheiten. Es ist die schlimmste Möglichkeit der Politik, daß ein politischer Fehler einem geschlissenen publizistischen Ansehen hilft, und die größte Gefahr der Reden Wilhelms II. sind die Antworten des Herrn Harden. Das Interview des Kaisers war von Übel; aber ist es nicht weit bedenklicher, daß die deutsche Nation plötzlich erfährt, es handle sich gar nicht um das Interview, sondern um »die Interview«? Wenn England, Frankreich, Rußland, Italien und Österreich sich zum Krieg gegen Deutschland verbündeten, es wäre gewiß eine bedauerliche Folge des politischen Unfugs. Aber wenn wir dann auch lesen müßten, daß der King, Mariannens Vormund, der Reußenherrscher, Umbertos Sproß und austrische Greis sich zur Fehde gegen den das deutsche Reichsgeschäft Führenden gebündet haben? Nicht auszudenken!... Wie man sieht, ist der Standpunkt, von dem ich die politischen Dinge beurteile, ein ziemlich niedriger. Mein Horizont ist so klein, daß Kulissen darin keinen Platz haben. Ich beurteile den geistigen Inhalt eines politischen Ereignisses nach der Beschaffenheit der Menschen, die es beschäftigt, den Wert des Samens nach der Qualität des Weizens, den er blühen macht. Und ich sehe, was Deutschlands Bierbänke und Zeitungsspalten okkupiert, und daß deutsche Herzen des voll sind, wes ein Mund übergeht. Inzwischen aber starb ein großer deutscher Humorist, einer der größten, die je zu deutschen Herzen vergebens gesprochen haben: Rudolf Wilke, der sich vom Tod nicht um die beste Schaffensfülle betrügen ließ und als Sterbender hereinbrachte, was sonst nicht oft einem lachenden Leben beschieden ist. Der im Krankenbett Zeichnungen schuf, die in der leisesten Linie ihres Hintergrunds mehr Beziehung zur Welt haben als alle Handlung, die auf der politischen Szene spielt, und einen zeitlosen Hohn, der alle Narreteien des Tages in die Tasche steckt. Das Leben dieses Rudolf Wilke ist den meisten Deutschen entgangen, weil die Stoffe, in denen es lebte, ihnen zu unscheinbar waren und weil ihre Gestaltung des sichtbaren Anlasses entbehrte. So ist ihnen auch sein Sterben entgangen, und ihre Zeitungen haben für den Tod eines Künstlers nicht dreißig Zeilen Raum, und wenn das politische Leben seine Rechte fordert, nicht drei. Markerschütternd dringt dies Schweigen durch den Lärm des Tages. Es ist das Stigma der journalisierten Zeit: Weil das Leben eines Kaisers so aktuell ist, muß der Tod eines Künstlers im Übersatz bleiben.

[F 264–65, 1–4; 1908]

Tagebuch

Ich und meine Öffentlichkeit verstehen uns sehr gut: sie hört nicht, was ich sage, und ich sage nicht, was sie hören möchte.

*

Wenn ich sicher wüßte, daß ich mit gewissen Leuten die Unsterblichkeit zu teilen haben werde, so möchte ich doch eine separierte Vergessenheit vorziehen.

*

Ich sehe durch ein Fenster und der Horizont ist mir durch ein Laffengesicht verlegt. Das ist tragisch. Ich habe nichts dagegen, daß es abscheuliche Gesichter gibt. Aber warum hat es die Natur mit den Gesetzen der Optik so eingerichtet, daß ein vorgehaltener Spazierstock einen Menschen und – was schlimmer ist – ein Mensch einen Hintergrund verdecken kann? Wenn der optische Effekt eines Scheusals nur den Raum einnähme, den das Scheusal einnimmt, man könnte zufrieden sein. Aber er nimmt einen breiteren Raum ein. Das hat die Optik schlecht gemacht. Die Lichtstrahlen dienen nur der Vermehrung des Menschenhasses.

*

Preußen: Freizügigkeit mit Maulkorb. Österreich: Isolierzelle, in der man schreien darf.

*

»Daß wir die Übel, die wir haben, lieber ertragen als zu unbekannten fliehn«. Ich verstehe aber nicht, wie die Rechtfertigung der monarchischen Staatsform bis zur Begeisterung gehen kann.

*

Ein Gast des Bey von Tunis wollte eine Bastonnade sehen. Sogleich wurde ein Kerl von der Straße herbeigeschleppt und geprügelt. Den Gast überkam die Humanität, denn er hatte geglaubt, die grausame Strafe werde einen Schuldigen treffen. Der Bey von Tunis meinte: »Er wird schon was angestellt haben!« ... Es stünde auch der zivilisierten Justiz wahrlich besser an, wenn sie nicht dort bastonnierte, wo einer etwas angestellt hat, sondern dort, wo einer schon etwas angestellt haben wird. Die Justizmorde wären seltener.

*

Wenn ein Fürst besonders geehrt werden soll, werden die Schulen geschlossen, die Arbeit eingestellt und der Verkehr unterbunden.

*

Am Chauvinismus ist nicht so sehr der Haß gegen die fremden Nationen als die Liebe zur eigenen unsympathisch.

*

Die Ehre ist der Wurmfortsatz im seelischen Organismus. Ihre Funktion ist unbekannt, aber sie kann Entzündungen bewirken. Man soll sie getrost den Leuten abschneiden, die dazu inklinieren, sich beleidigt zu fühlen.

*

Unter Dankbarkeit versteht man gemeinhin die Bereitwilligkeit, lebenslänglich Salbe aufzuschmieren, weil man einmal einen Ausschlag gehabt hat.

*

Jede Erkenntnis sollte so erschütternd sein, wie die eines Bauern, der eines Tages erfährt, daß ein kaiserlicher Rat und ein Hoflieferant dem Kaiser nichts zu raten und dem Hof nichts zu liefern haben. Er wird mißtrauisch.

*

Nur ein Mann sollte sich unglückliche Liebe zu Herzen nehmen. Eine Frau sieht dabei so schlecht aus, daß ihr Unglück in der Liebe begreiflich wird.

*

Es gibt kein unglücklicheres Wesen unter der Sonne, als einen Fetischisten, der sich nach einem Frauenschuh sehnt und mit einem ganzen Weib vorlieb nehmen muß.

*

Kosmetik ist die Lehre vom Kosmos des Weibes.

*

Nur der liebt eine Frau wahrhaft, der auch eine Beziehung zu ihren Liebhabern gewinnt. Im Anfang bildet das immer die größte Sorge. Aber man gewöhnt sich an alles, und es kommt die Zeit, wo man eifersüchtig wird und es nicht verträgt, wenn ein Liebhaber untreu wird.

*

Ich stehe immer unter dem starken Eindruck dessen, was ich von einer Frau denke.

*

Kompilatoren sind Wissenschaftlhuber.

*

Endlich sollte einmal zu lesen sein: Die Ausstattung des neuen Stückes hat alles bisher Übertroffene geboten.

*

Ein Dichter, der liest. Ein Anblick, wie ein Kellner, der speist.

*

Seitdem faule Äpfel einmal in der deutschen Dramatik zur Anregung gedient haben, fürchtet das Publikum, sie zum Gegenteil zu verwenden.

*

Das Merkmal eines schlechten Zeichners ist die Aussichtslosigkeit, daß eine Figur, die er in einem bestimmten Moment mit offenem Munde darstellt, diesen je wieder zumachen wird.

*

Kein Zweifel, der Hund ist treu. Aber sollen wir uns deshalb ein Beispiel an ihm nehmen? Er ist doch dem Menschen treu und nicht dem Hund.

*

Nervenärzten, die uns das Genie verpathologisieren, soll man mit dessen gesammelten Werken die Schädeldecke einschlagen. Nicht anders soll man mit den Vertretern der Humanität verfahren, die die Vivisektion der Meerschweinchen beklagen und die Benützung der Künstler zu Versuchszwecken geschehen lassen. Wer immer sich zum Nachweis erbötig macht, daß die Unsterblichkeit auf Paronoia zurückzuführen sei, allen rationellen Tröstern des Normalmenschentums, die es darüber beruhigen, daß es zu Werken des Witzes und der Phantasie nicht inkliniere, trete man mit dem Schuhabsatz ins Gesicht, wo man ihrer habhaft wird! Aber die anderen, die modernen Psychiatraliker, die uns die Werke der Großen bloß auf die Sexualität hin prüfen, lache man bloß aus. Mir hat einmal einer den »Zauberlehrling« als einen handgreiflichen Beweis für die masturbatorischen Neigungen seines Schöpfers gedeutet. Ich war sittlich entrüstet, nicht wegen des Inhalts, aber wegen der unsäglichen Ärmlichkeit der Zumutung. Ich fühlte, wie sich zum legitimen Schwachsinn der literarhistorischen Kommentatoren allmählich ein neuer Wahnsinn geselle. Die wissenschaftlich fundierte Stimmung eines Herrenabends reklamiert den Besen des Zauberlehrlings – »oben sei ein Kopf« – für ihre besonderen Zwecke, aber sie würde gegebenenfalls auch nicht davor zurückschrecken, uns den »Mond« ebenso zu deuten, von dem es in dem wundervollen Gedicht doch heißt, daß er »wieder

Busch und Tal füllt«. »Was fällt Ihnen dazu ein?« lautet die Frage des psychischen Analytikers. Aber wir haben ein Recht, sie in empörtem Ton zurückzugeben: Was Ihnen nicht einfällt! ... Man beruhigte mich mit der Versicherung, daß hier bloß eine Mitwirkung des »Unbewußten« bei Goethe angenommen werde. Dieses Unbewußte eines Dichters ist nun freilich ein Gebiet, in dem das Bewußtsein eines Mediziners volle Bewegungsfreiheit hat. Das ist tief bedauerlich. Denn die psychischen Analysen, die an einem Privatpatienten vorgenommen werden, sind eine Privatsache zwischen den beiden vertragschließenden Teilen, aber Kunstwerke sollten dem Untersucher schon wegen ihrer Wehrlosigkeit Respekt einflößen. Goethe – irrsinnig? In Gottes Namen, daraus können wir uns noch etwas herausfetzen! Vielleicht sinkt die Menschheit auf die Knie und fleht, vor ihrer Gesundheit bang, den Schöpfer um mehr Irrsinn! Aber die Verurteilung zur Masturbation läßt ein Gefühl der Leere zurück; verzweifelnd empfängt man die Erkenntnis, daß selbst wenn alle Welt masturbierte, dennoch kein »Zauberlehrling« entstehen müßte. Und trostlos ist auch der Gedanke, daß er, Goethe, es nicht gewußt, nicht einmal nachträglich bemerkt hat. Er schrieb den Zauberlehrling und wußte nicht, was er bedeute. Und man hatte doch geglaubt, daß das Unbewußte eines Goethe noch immer bewußter sei als das Bewußteste eines Sexualpsychologen!

*

Eine kunstlose Wahrheit über ein Übel, über eine Gemeinheit, ist ein Übel, eine Gemeinheit. Sie muß durch sich selbst wertvoll sein: dann gleicht sie das Übel aus, versöhnt mit der Kränkung, die der Angegriffene erleidet, und mit dem Schmerz darüber, daß es Übel gibt.

*

Ein guter Stilist muß bei der Arbeit die Lust eines Narzissus empfinden. Er muß sein Werk so objektivieren können, daß er sich bei einem Neidgefühl ertappt und erst durch Erinnerung daraufkommt, daß er selbst der Schöpfer sei. Kurzum, er muß jene höchste Objektivität bewähren, die die Welt Eitelkeit nennt.

*

Was einen foltert, sind verlorene Möglichkeiten. Einer Unmöglichkeit sicher zu sein, ist eine wahre Wohltat.

*

Zu allem lasse man sich Zeit; nur nicht zu den ewigen Dingen.

*

Meine Leser glauben, daß ich für den Tag schreibe, weil ich aus dem Tag schreibe. So muß ich warten, bis meine Sachen veraltet sind. Dann werden sie möglicherweise Aktualität erlangen.

*

[F 251–54, 34 ff. und 256, 15 ff.; 1908. F 270–71, 31 ff.; 1909]

Das Ehrenkreuz

In Österreich gibt es für junge Mädchen, die sich dem Laster in die Arme werfen, eine Klimax der Strafbarkeit. Man unterscheidet Mädchen, die sich der unbefugten Ausübung der Prostitution schuldig machen, Mädchen, die fälschlich angeben, daß sie unter sittenpolizeilicher Kontrolle stehen, und schließlich Mädchen, die zwar zur Ausübung der Prostitution, jedoch nicht zur Tragung eines Ehrenkreuzes befugt sind. Diese Einteilung wirkt auf den ersten Blick verwirrend, entspricht aber durchaus den tatsächlichen Verhältnissen. Ein Mädchen, das einem Detektiv bedenklich schien – nichts scheint einem Detektiv bedenklicher als ein Mädchen –, gab an, sie stehe unter sittenpolizeilicher Kontrolle. Sie hatte sich nur einen Scherz erlaubt; aber man ging der Sache nach. Da sich ihre Angabe als unrichtig herausstellte, wurde sie wegen unbefugter Ausübung der Prostitution in polizeiliche Untersuchung gezogen. Da sich aber auch dieser Verdacht als ungerechtfertigt erwies und sich demnach herausstellte, daß sie überhaupt keine Prostitution ausübe, so erhob die Staatsanwaltschaft die Anklage wegen Falschmeldung. Das Mädchen hatte sich, wie es in der Anklage hieß, »gegenüber dem Detektiv eine soziale Stellung angemaßt, die ihr nicht zukam«. Sie trieb weder erlaubte noch unerlaubte Prostitution, sie war also eine Schwindlerin, und nur weil sie bei der Verhandlung auf die Frage des Richters, was sie sich dabei gedacht habe, die Antwort gab: »Nichts«, entging sie der Verurteilung. Um also zu rekapitulieren: Sie hatte behauptet, sie stehe unter sittenpolizeilicher Kontrolle. Weil dies eine Unwahrheit war, wurde sie unter dem Verdachte des unsittlichen Lebenswandels in Untersuchung gezogen. Sie konnte nun zwar beweisen, daß sie nicht unsittlich genug sei, um einen unsittlichen Lebenswandel zu führen, aber sie konnte doch wieder nicht beweisen, daß sie sittlich genug sei, um unter sittenpolizeilicher Kontrolle zu stehen. So blieb nichts übrig, als sie wegen Falschmeldung anzuklagen, wegen deren ja schließlich auch die Mörder in Österreich verurteilt werden, wenn man ihnen den Mord nicht beweisen kann. Jetzt gehen wir einen Schritt weiter. Wenn ein Mädchen zur Ausübung der Prostitution befugt ist, so könnte es vorkommen, daß sie es verschweigt und schwindelhafterweise angibt, sie sei zur Ausübung der Prostitution nicht befugt. Sie würde sich also einen unsittlichen Lebenswandel anmaßen, den sie nicht deshalb führt, weil sie dazu befugt ist, sondern den sie führt, wiewohl sie dazu nicht befugt ist, während sie in Wahrheit bloß befugt ist, einen unsittlichen Lebenswandel zu führen, den zu führen sie befugt ist. Solche Fälle kommen in der Praxis selten vor, und die Judikatur des Obersten Gerichtshofes ist schwankend. Am schwierigsten war aber der Fall, der sich kürzlich in Wiener-Neustadt zugetragen hat. In einem dortigen Freudenhause lebte ein Mädchen, das zur Ausübung der Prostitution befugt ist und bisher noch keinen Anstand gehabt hat. Sie hat sich nie einen unsittlichen Lebenswandel angemaßt, den sie nicht führt, und es ist ihr noch nicht einmal nachgewiesen worden, daß sie fälschlich angegeben hat, eine Prostitution nicht auszuüben, zu der sie befugt ist. Aber der Teufel reitet das bisher unbescholtene Mädchen, und sie geht eines Abends im Salon des Hauses mit einem Militärjubiläumsehrenkreuz an der Brust herum. »Dadurch erregte sie bei den Gästen – –«, ja was glaubt man, hat sie dadurch bei den Gästen erregt? Nicht das, was man glaubt, sondern im Gegenteil: Ärgernis. Und wenn ein Freudenmädchen bei den Gästen eines Freudenhauses Ärgernis erregt, dann ist es wohl höchste Zeit, daß die Staatsanwaltschaft einschreitet. Tatsächlich wurde das Mädchen wegen einer Erregung, zu der sie nicht befugt war, angeklagt. Der erste Richter sprach sie frei. Er sagte, das Militärjubiläumsehrenkreuz sei kein Orden und das Ärgernis sei bloß ein solches Ärgernis, das von der Polizei zu ahnden sei. Damit gab er freilich zu, daß das Mädchen schuldig gewesen wäre, wenn sie etwa den

Takowaorden getragen hätte. Es liegt nun zwar auf der Hand, daß das unbefugte Tragen eines Ordens vielleicht einen Journalisten, nie aber eine Prostituierte strafbar machen kann. In Wiener-Neustadt jedoch scheint die Frauenbewegung bereits derartige Fortschritte gemacht zu haben, daß man dort beide Geschlechter in gleichem Maße der Ordensstreberei für fähig hält. Immerhin sagte der erste Richter, ein Militärjubiläumskreuz sei kein Orden. Aber der Staatsanwalt war anderer Ansicht, er berief, und das Landesgericht verurteilte die Angeklagte zu zwanzig Kronen Geldstrafe. Ein Militärjubiläumsehrenkreuz, sagte das Landesgericht, sei als Ehrenzeichen jedem Orden gleichzustellen. Und als besonders erschwerend nahm der Gerichtshof »das Tragen des Kreuzes im Freudenhause« an. Als die Angeklagte gefragt wurde, was sie sich dabei gedacht habe, gab sie zur Antwort: »Nichts«. Aber diesmal nützte die Antwort nichts. Denn eher noch dürfte sich ein anständiges Mädchen die Prostitution anmaßen als eine Prostituierte das Ehrenkreuz. Welche Entschuldigung hatte sie? Ein Zivilist, sagte sie, habe es ihr geschenkt. Er war nobel und gab ihr das Ehrenkreuz als Schandlohn. Aber dann hätte sie es eben in den Strumpf stecken sollen. Das Tragen eines Ehrenzeichens im Freudenhause steht nur dessen Gästen zu, und wenn sie dadurch das Ärgernis der Mädchen erregen sollten, so würden sich die Mädchen einer strafbaren Handlung schuldig machen. Gibt aber ein Gast einem Mädchen statt zwanzig Kronen ein Ehrenkreuz, so darf sie das Ehrenkreuz nicht tragen, oder muß die zwanzig Kronen dem Gericht geben. Denn die Justiz ist eine Hure, die sich nicht blitzen läßt und selbst von der Armut den Schandlohn einhebt!

[F 272–73, 2–5; 1909]

Die chinesische Mauer

Ein Mord ist geschehen und die Menschheit möchte um Hilfe rufen. Sie kann es nicht. Sie, die Lärmvolle, immer bereit, mit dem stärksten Schrei den kleinsten Stoß zu rächen, sie, die sich das Maß der Schöpfung dünkt und nur der Mißton ist in der Musik der Sphären, schweigt. Aber wir hören dieses Schweigen, es gellt über Länder und Meere, und wo immer es losbrach, antwortet ihm ein

Echo, so stumm wie der Ruf, der einen Mord verkündet. Der Mund der Welt steht offen und aus den Augen starrt die Ahnung, daß sich das Größte begeben hat. Ringsum ist alles gelb. Wie der Tag, an dem der alte Gott sein Gericht hält. Gelb wie eine Chinesenhand und rot wie das Blut einer Christin. Die Hand hat sie gewürgt, daß sie nicht schreien konnte. Die Hand hält uns alle am Hals und läßt uns nicht mehr los. Ist es das Ende einer Moral, die die Fessel als Schmuck trug? Nun hat sie ein gelbes Halsband, das ihr den Atem nimmt. Sie, die nicht beten konnte, ohne zu huren. Sie, die nicht huren konnte, ohne zu beten! Die die Sünde profaniert hat durch die Reue, die Lust versüßt hat durch die Qual. Sie, die in jenem unerforschlichen Trugschluß, der 500 nach Confucius in die Welt gesetzt wurde, ein ewiges Sterben ertrug und um hellerer Hoffnung willen die dunkle Erfüllung in Kauf nahm. Sie, deren Leben Todesangst war und Furcht vor dem Leben. Da geschah es ihr, daß sie, nicht wissend, wo ihre Pflicht und wo ihre Lust sei, gewarnt und verführt, auf dem Wege, wo Herzklopfen die Tür der Freude öffnet, in den Opiumnebel geriet, der lichtere Seligkeit als selbst der Weihrauch ihr verhieß. Da geschah es ihr, daß sie an die gelbe Hand stieß, die sie karessierte, würgte und in den Koffer packte. Die Knie durch Stricke unter das Kinn gezogen, das Gesicht mit ungelöschtem Kalk beworfen – so kam sie aus dem blauen Himmelbett in den Koffer... Und nun riecht es in der Welt nach Verwesung.

Es ist das größte Ereignis, das die moralische Menschheit erlebt hat, seitdem ihr das Ereignis der Moral widerfuhr. Dazwischen lagen Taten oder Zufälle, Entschlüsse des Geistes und Widerrufe der Natur. Siege und Verluste einer erdenstolzen Technik, die durch ein Achselzucken der Erde erst zum Problem erhoben wird. Hier aber hat die himmelsichere Ethik ihr Messina erlebt. Hier ist alles problematisch geworden, was sich seit zwei Jahrtausenden von selbst versteht. Auf einem Krater, den wir erloschen wähnten, haben wir unsere Hütten gebaut, mit der Natur in einer menschlichen Sprache geredet, und weil wir die ihre nicht verstanden, geglaubt, sie rühre sich nicht mehr. Sie aber hat durch all die Zeit ihre heißen Feste gefeiert und an unserer gottseligen Sicherheit ihren Erdenbrand genährt. Wir haben das Geschlecht für verjährt gehalten; wir haben die Konvention getroffen, von ihm nicht mehr zu sprechen. Die angetraute Metze Natur, in sozialer Bindung gezähmt, schien nur so viel Wärme zu spenden, als unserm

Behagen unentbehrlich war, und was sie sonst an Feuer hatte, reichte hin, unsere Suppe zu kochen. Da kommen wir ihr darauf, daß sie all die Zeit ihre Wonne nicht unserm Wahn geopfert, nein, unsern Wahn ihrer Wonne dienstbar gemacht hat. Da entdecken wir, daß unser Verbot ihr Vorschub, unser Geheimnis ihre Gelegenheit, unsere Scham ihr Sporn, unsere Gefahr ihr Genuß, unsere Hut ihre Hülle, unser Gebet ihre Brunst war. Was es an Hemmungen der Lust in der Welt gibt, wurde zur Hilfe, und die gefesselte Liebe liebte die Fessel, die geschlagene den Schmerz, die beschmutzte den Schmutz. Die Rache des verbannten Eros war der Zauber, allen Verlust in Gewinn zu wandeln. Schön ist häßlich, häßlich schön, und was den wachen Sinnen ein Abscheu ist, lockt sie in die Betäubung der Wollust. Die Prinzen des Lebens konnten es nicht fassen. Aber die Prinzessinnen lagen bei den Kutschern, weil es Kutscher waren, und weil es die Prinzen nicht fassen konnten. Was immer der Liebe an Greueln widerstrebt, besiegte sie und suchte es auf, um es zu besiegen. Zucht ist ein Pfand der Unzucht, Hoheit die Bürgschaft des Falls. Warnung weckt Wunsch; Entfernung nähert. Der ausgehungerte Eros, dessen Geschmack sublimiert werden sollte, ist nicht wählerischer geworden, aber kriegerischer. Er wählt, was man ihm vorenthält. »Laßt uns ein Lied der Liebe singen! Die Liebe wird uns noch alle zugrunde richten. O Kupido, Kupido, Kupido!« So ging eine Griechenwelt unter. Die christliche ließ kein Lied der Liebe singen, erkannte deren antisozialen Charakter und machte aus ihm ein Genußmittel. Die christliche Liebe konvertiert alles, selbst den Glauben. Der getaufte Eros liebt nicht alles, aber er nimmt mit allem vorlieb. Nichts ist ihm unerreichbar. Er sagt, daß er die Nächstenliebe sei, und weidet sich an verwundeten Kriegern. Er rettet gefallene Mädchen und bekehrt ungläubige Männer. Er ist neugierig und klettert über die chinesische Mauer. Er besucht Opiumhöhlen, um dort zu sagen, wie schön es in den Kirchen sei. Er frißt alles und läßt sich sogar die Kultur des Weibes schmecken, die täuschende Zubereitung verdorbener Weibnatur. Denn Bildung, sozialer Stolz und Frauenrechte finden im Bett so gut ihren Anwert wie ein gepflegter Körper, und Seele ist erst unter den Fäusten des Kuli ein Hochgenuß... Wir haben uns vermessen, an dem heiligen Feuer, das einst den männlichen Geist zu Taten erhitzte, unsere Füße zu wärmen. Nun zündet es uns das Haus an. Das soziale Gebälk, zu seiner Hut uns unserm Schutz errichtet, ist willkommener Brennstoff. Wir haben einen Ofen um eine Flamme gebaut. Nun verbrennt sie den Ofen.

»Hast du denn kein Urteil? Hast du denn keine Augen? Verstehst du, was ein Mann ist? Sind denn nicht Geburt, Schönheit, gute Bildung, Redekunst, Mannhaftigkeit, Verstand, Menschenfreundlichkeit, Tapferkeit, Jugend, Freigebigkeit und dergleichen die Spezerei und das Salz, um einen Mann zu würzen?« So fragt ein Shakespearischer Kuppler. Und die Schöne antwortet: »O ja, ein Mengelmuß von einem Mann; und so in der Pastete gehackt und gebacken, gibts ein Muß von lauter Mängeln«. Es geht um Troilus, dem sie den Achilles vorzuziehen scheint. Aber sie könnte ihm auch den Thersites vorziehen. Sie braucht nur vor ihm gewarnt zu sein. »Habt ihr Augen?« fragt Hamlet, »die Weide dieses schönen Bergs verlaßt ihr, und mästet euch im Sumpf? ... Sehn ohne Fühlen, Fühlen ohne Sehn, Ohr ohne Hand und Aug', Geruch ohn' alles, ja nur ein Teilchen eines echten Sinns tappt nimmermehr so zu!« Der Mann vermißt sich, sein Maß unterscheidender Empfindlichkeit an die unteilbare Gewalt der Weibersinne zu legen. Aber das Weib trägt die moralischen und ästhetischen Begriffe, die der Mann ihr spendet, wie jeden andern Schmuck, durch den sie sich begehrlich macht. Der Tragiker, der irren Königen und Narren die Erkenntnisse zuschieben muß, die eine Lügenwelt sprengen könnten, läßt die Tugend als Köder der Lust entlarven:

Sieh dort die ziere Dame,
Ihr Antlitz weissagt Schnee in ihrem Schoß;
Sie spreizt sich tugendlich und dreht sich weg,
Hört sie die Lust nur nennen:
Und doch sind Iltis nicht und hitz'ge Stute
So geil in ihrer wilden Brunst.
Vom Gürtel nieder sinds Centauren,
Obschon darüber Weib.
Nur bis zum Gürtel eignen sie den Göttern,
Alles darunter ist des Teufels Reich,
Dort ist die Hölle, dort die Finsternis,
Dort ist der Schwefelpfuhl, Gestank, Verwesung ...
Gib mir 'ne Unze Bisam, Apotheker,
Meine Phantasie zu versüßen!

Aber die Phantasie selbst ist Bisam, der den männlichen Verstand versüßt und ohne den er es nicht zu Ende denken könnte, daß das Weib aus dem Schwefelpfuhl sich die göttergleiche Schönheit holt.

Wer solche Vorstellung nicht dem eigenen Fühlen einzugliedern vermag, zerschellt den Kopf an diesem Rätsel einer englisch-teuflischen Verbindung, und dem nüchternen Untersucher zerfällt sie in ihre Teile. Die christliche Ethik ringt verzweifelt die Hände, daß es ihr nicht gelingt, die Schönheit, soweit sie dem Leben unentbehrlich ist, durch seelischen Zuspruch zu erhalten. Die große Frage, die offen blieb seit dem Tage, da man der Entsagung auf den Geschmack gekommen ist, mahnt uns, wie uns die Erde mahnt, wenn wir sie durch technische Spiele beruhigt glauben: Wie wird die Welt mit den Weibern fertig? Sie sieht, daß jedes seelische Bemühen flugs das Gegenteil bewirkt, einen seelischen Widerstand, der ein Kuppler der Lust ist. Sie sieht, wie nicht Erziehung die Fehler des Weibes wettmacht, deren rechte Gruppierung doch die Anmut schafft, sondern wie die Fehler des Weibes in jedem Ensemble die Erziehung aufheben. Sie sieht, wie Neugierde allein imstande ist, die ganze Arbeit der christlichen Kultur am Weibe rückgängig zu machen. Sie siehts und kanns nicht glauben. Immer wieder dies Staunen über eine Natur, die zwei Geschlechtern nicht mit demselben Maß von Dürftigkeit zugemessen hat; die das Weib geschaffen hat, dem die Lust nur ein Vorgeschmack ist der Lust, und den Mann, den sie ermattet. Er fühlts und wills nicht wissen. Er hat tausendmal mit dem Anderen gerungen, der vielleicht nicht lebt, aber dessen Sieg über ihn sicher ist. Nicht weil er bessere Eigenschaften hat, aber weil er der Andere ist, der Spätere, der dem Weib die Lust der Reihe bringt und der als Letzter triumphieren wird. Aber sie wischen es von ihrer Stirn wie einen bösen Traum; und wollen die Ersten sein.

Sie können es nicht glauben. Bis sie die ziere Dame, jene, die mit dem Ruf »shocking« auf die Welt kam, in den Laden des chinesischen Wäschers schleichen sehen. Von keiner Garde als von der Moral und etwa dem Vertrauen des liebenden Gatten begleitet. Er ist der Besitzer; er hat ein Recht, nicht zu wissen, was den weiblichen Sinnen, die er reich versorgt hat, der andere Mann bedeutet. Aber wenn er vollends ahnte, wie sie der andere Mann der anderen Rasse beherrscht! Eine Vorstellung, die wie ein Wurm am Gehirn fräße, wenn sie je über die Schwelle dieses Selbstbewußtseins kriechen könnte, wird in dem Wäscherladen von Chinatown täglich hundertmal zur Wirklichkeit. Der Stinkteufel, an dem die weiße Seele erst ihrer Gottähnlichkeit inne wird, hat sich mühelos mit der Frau vergnügt, um die die weiße Seele so oft verschmachtet. Die Schwierigkeit der Verständigung erleichtert den Verkehr zwischen Krämer und Kundin; der Chinese ist ein Muster der Pflichterfüllung. Auch als Kellner stellt er seinen Mann. Seine Teufelsküche hält alle Leckerbissen feil, ja taktvoll geht er selbst auf den Wunsch ein, sich zum Christentum bekehren zu lassen, wenn eine Feinschmeckerin auf das Hors d'œuvre der ethischen Absicht schon nicht verzichten will. Und aus dem großen Lustbad, das der schmutzigste Winkel der Weltstadt bedeutet, steigen täglich treue Gattinnen und unschuldige Töchter in erneuter Schönheit zum Standard ihrer sozialen Ehre empor. Manchmal bleibt eine und verträumt ihr Leben im Opium, die andere wird einen europäischen Grafen heiraten – den meisten färbt das Glück die Wangen rot, die honeste Langweile ihres Tags um eine Stunde zu betrügen. Was wissen Gatten und Väter davon! Eine starb. Vielleicht, daß ein Prostituierter sein Herz an sie verlor und eifersüchtig wurde; vielleicht hat er sie nicht aus Leid, sondern zur Lust gemordet; vielleicht hat ihre Weigerung, sich prostituieren zu lassen, ihrem Leben den kürzeren Prozeß gemacht. Der Mordfall ist eine Unregelmäßigkeit; er zeigte uns die Einrichtung und beweist nichts gegen sie. Elsie Siegls Tod ruft die moralische Welt in Waffen, aber was er enthüllt, zwingt sie, die Waffen zu strecken. Sie müßte sie gegen ihre Weiber wenden, um aller Enttäuschung für allemal Herr zu sein. Wie anders sollte sie dieser fürchterlichen Bundesgenossenschaft der weißen Frau und der anderen Rasse, dem Einverständnis verstoßener Naturmächte, ein Ende setzen? Sie könnens nicht fassen und ziehen zur Erklärung vielleicht Magie und Zauberei heran. Wenn sie das Nest leer finden, mag ihre Verzweiflung mit den Worten von Desdemonas Vater rufen:

O Gott! Wie kam sie fort? O Blutsverrat! –
Väter, hinfort traut euern Töchtern nie
Nach äußerlichem Tun! – – – –
O schnöder Dieb! Was ward aus meiner Tochter?
Du hast, verdammter Frevler, sie bezaubert;
Denn alles, was Vernunft hat, will ich fragen,
Wenn nicht ein magisch Band sie hält gefangen,
Ob eine Jungfrau, zart und schön und glücklich,
So abhold der Vermählung, daß sie floh
Den reichen Jünglings-Adel unsrer Stadt –
Ob sie, ein allgemein Gespött zu werden,

Häuslichem Glück entfloh an solches Unholds
Pechschwarze Brust, die Grau'n, nicht Lust erregt!
– – – – Ein Mädchen, schüchtern,
Von Geist so still und sanft, daß jede Regung
Errötend schwieg – die sollte, trotz Natur
Und Jugend, Vaterland und Stand, und Allem,
Das lieben, was ihr Grauen schuf zu sehn?

Weil sie den Zaubertrank, den die Sinne selbst bereiten, nicht in ihrer Hausapotheke führen, ist Vätern und Gatten die Erscheinung fremd. Man lügt ihnen die weiße Haut voll, und wenn nicht der Zufall einen Mord ausriefe, würden sie nie erfahren, welches Kolorit der Geschmack ihrer Liebsten war. Der Ernst des Lebens, dieser lächerliche Verwalter ihres geistigen Inventars, hat ihnen das eheliche Vergnügen nur dort gestattet, wo sie als eheliche »Pflicht« fatieren können. So bedarf es schon starker Reizungen, um ihr Interesse auf ein Lebensgebiet zu lenken, wo der Wechsel der Ereignisse sich nur stiller, nicht spärlicher vollzieht als im Kommerz. Die Leiche im Koffer ist die notwendige Sensation, ohne deren Vermittlung für eine geräuschvolle Zeit Erkenntnisse nicht zu haben sind.

Daß Elsie Siegl starb, ist ein Lokalfall, zu dem die Reporter noch Worte finden mögen. Aber daß bei dem Kellner Leon Ling zweitausend Liebesbriefe von Frauen exquisiter Lebenshaltung gefunden wurden, das macht die Klatschmäuler verstummen und gibt dem Ereignis seine kulturbange Größe. Die Presse, die sich den Kopf der Welt dünkt und nur ihr Schreihals ist, kann uns nicht einmal mit Entrüstung dienen. Kein »Sumpf der Großstadt« ist entdeckt worden; nicht die Fäulnis jener, die die Moral verletzen, ist aufgebrochen, sondern die Fäulnis der Moral. Hier hat Naturnotwendigkeit des Geschehens über die Lüge der Anschauung das Urteil gesprochen. Amerika machte es nur deutlich; es gibt Entwicklungen und Katastrophen das Maß. John ist unbedenklicher als Hans und hat größere Achtung vor der Genußfähigkeit seiner Frau als der gefühlvolle Vetter, der ihr eine Seele gönnt und sie »mit dem Weltganzen verknüpfen« möchte, wenn ihre Sinne hungrig sind. Blaustrümpfe mögen sich der Überzeugung freuen, daß die freiere Fasson der amerikanischen Frau der Grund ihrer Zügellosigkeit sei, und daß der deutsche Mann davor sicherer wäre, vom Chinesen betrogen zu werden. Aber in allen Städten, in denen dunkle Truppen ihre Zelte aufschlugen, haben sich brave

Bürger eines Familienzuwachses erfreut, den sie ihr Leben lang mit mischfarbigen Gefühlen besahen. Der Eindruck, den die andere Rasse im plastischen Ton des andern Geschlechts, in der immer formwilligen Sexualität des Weibes erzeugt, ist so mächtig, daß es leiblicher Vermischung nicht bedarf, um auf einen lichten Stamm ein dunkles Reis zu pfropfen. Die rohe Riesenstatue eines Chinesen, um die sich ein Ringelspiel dreht, könnte zu der Erklärung ausreichen, warum mancher Wiener Schusterbub mit Schlitzaugen auf die Welt kam. Und wenn es nur ein Symbol ist, daß sich die Lust um den Chinesen dreht, so schreckt es am heiligen Sonntag die weißen Männer aus dem Weltprater. Der gigantische Hohn, dessen nur die rachsüchtige Natur fähig ist, hat diesen Anschluß des Weibes an das verachtete Blut befehligt. In dem Wäscherladen von Chinatown werden in einer stummen Stunde alle Menschheitsfragen laut: Geschlecht und Rasse paaren sich zu weltproblematischem Grauen.

Aber der weiße Mann, der seine Frau sucht, entdeckt noch, daß sie ihm die Religion mitgenommen hat, als sie zum Chinesen ging. Die Findigkeit des Eros, mit den gegebenen Mitteln auszukommen, ist unerschöpflich. Wenn die Natur ihr Mütchen an der sozialen Welt kühlt, schont sie keines der im Staate anerkannten Vorurteile, ihr Witz macht fromme Mädchen zu Bettschwestern, und die Mission endet im Bordell. Die Autorität des Gottes Buddha hat nie als Vorwand solcher Spiele gedient. Der Chinese begeht keine Sünde, wenn er sie begeht. Er bedarf der Gewissensskrupel nicht, um in der Lust die Lust zu finden. Er ist rückständig, weil er mit den gedanklichen Schätzen, die ihm Jahrtausende gehäuft haben, noch nicht fertig wurde. Er ist zukunftsfähig und überdauert die Schäden, die in anderen Welten Medizin und Technik zusammenflicken. Er hat keine Nerven, er hat keine Furcht vor Bazillen, und ihm kann auch nichts geschehen, wenn er tot ist. Er ist ein Jongleur, der Leben und Liebe spielend mit dem Finger bewältigt, wo der Athlet keuchend seine ganze Person einsetzen muß. Er arbeitet für ein Dutzend Weiße und genießt für hundert. Er hält Genuß und Moral auseinander und bewahrt dadurch beide vor der Krätze. Von dem, was wir Ausschweifung nennen, kehrt er an Leib und Seele unverändert zu den Normen des Tagwerks zurück, worin er sich höchstens unterbricht, um eine weiße Lady zu bedienen. Er ist unsentimental und hat nicht jenen Mangel an seelischer Ökonomie, den wir Moral nennen. Er kennt die Pflicht der Nächstenliebe nicht, die da verlangt, daß an einem Strick zwei sich aufhängen. Er lebt fern einer bresthaften Ethik, die den Starken schwächt, indem sie ihm den Schutz des Schwachen vorschreibt. Er ist grausam; er begeht Fruchtabtreibung wiewohl er sicher ist, daß auch der unerwünschte Sohn des Himmels dem Gotte ähnlicher würde als jener Bankert aus Hysterie und Journalismus, der sich im Okzident unter der Protektion des Gesetzes auswächst. Aber er lebt in der Fülle und hat die Humanität nicht notwendig. Sein Reich umfaßt mehr als ein Viertel der Gesamtbevölkerung der Erde, seitdem es im letzten Jahrhundert allein einen Zuwachs von neunundneunzig Millionen bekommen hat. Und sie alle haben bloß den Ehrgeiz, Chinesen zu sein und nicht die Affen fremder Eigenart. Während die Japaner an deutschen Universitäten Strafgesetze studieren, sind die Chinesen vollauf damit beschäftigt, sie zu übertreten. Und dieses Volk wahrt und mehrt seine dämonische Lebenskraft durch Verschwendung. Es kennt den Raubbau der Askese nicht, und seine Männer haben Lust am Manne wie am Weibe. Den Chinesen, sagt ein Forscher, habe ihre Päderastie so wenig Abbruch getan, daß die Holländer, als sie zum erstenmal nach China kamen, vor Staunen über die Volksmengen, die sie überall antrafen, immer nur die Frage laut werden ließen, ob denn die chinesische Mutter zwanzig Kinder auf einmal zur Welt bringe. Die Sündenmoral dezimiert ein Volk mehr als das Zweikindersystem. Sie bringt die Pathologie zur Welt und mit ihr jene geborene Homosexualität, die das erbärmliche Widerspiel der erotischen Vielgestalt bedeutet. Der Chinese liebt das Weib, er liebt es im Knaben, und er würde sich nicht das Recht nehmen lassen, die Züge des gesuchten Frauentypus in einem Katzenkopf zu lieben. Aber er sucht nicht den Mann, zu dem die abendländische Perversität tendiert, die keine erotische Bereicherung ist, sondern eine pathologische Folge der Verkrüppelung des Geschlechtslebens durch die Moral. Die Erforscher des männlichen Buhlwesens in China führen die Tatsache an, daß ein junger Schauspieler, der eine anmutige Mandarinin darzustellen hat, »der zierlichste Frauenkopf« genannt wird, »den man in China überhaupt zu Gesicht bekommen könne«. Die chinesische Päderastie sei der öffentlichen Meinung »eine Sache, die durchaus nichts Absonderliches vorstellt und der sich jeder unbedenklich hingibt. Man verhält sich zu dieser Art Wollust völlig indifferent und die öffentliche Moral regt sich über sie nicht im geringsten auf. Weil die Handlung dem, der sie treibt, gefällt und weil der, mit dem sie getrieben wird, damit zufrieden ist, so findet die chinesische Moral hier alles in Ordnung. Das chinesische Gesetz liebt es nicht sehr, sich mit allzu intimen Angelegenheiten zu befassen. Die Päderastie wird sogar als eine Sache des guten Tons, als ein kostspieliger Luxus und ein vornehmer Sport angesehen«. Die Frau ist in China als Ehefrau wie als Hure so unwissend und ungebildet, wie es der wissende und gebildete Mann braucht, der nicht in dem Wahn lebt, das Weib zur ebenbürtigen Partnerin seiner ureigenen Domäne machen zu können, und nicht ihre Notwendigkeiten schmälert, indem er ihr Rechte verleiht. »Da er Verse, Musik und Aussprüche der Philosophen liebt, so verkehrt er, wenn seine Mittel es ihm irgend erlauben, gern in gebildeter männlicher Gesellschaft, wo er gewiß ist, mit literarischen Kenntnissen ausgerüstete und auch zum Beischlaf erbötige junge Männer anzutreffen.« »Priester, Militärpersonen, die Sittenpolizei, Mandarinen, einige Dichter und etliche Kaiser« werden in den wissenschaftlichen Untersuchungen ausdrücklich unter den Praktikern der gleichgeschlechtlichen Liebe angeführt. Die Residenzstadt Peking weise eine Sondereinrichtung: »eine Truppe von Buhljungen für die möglichen Bedürfnisse des Herrschers« auf; »diese Einrichtung amtlicher Beischläfer des Kaisers soll seit langer Zeit als möglichenfalls erforderlich durch den Minister der Kirchengebräuche getroffen worden sein und demnach eine staatliche Anerkennung und Sanktionierung der Päderastie in sich schließen«. Ganz besonders ausgebreitet sei sie unter den Beamten der chinesischen Sittenpolizei, und bei der Militärbehörde erfreue sie sich direkten Schutzes – weil sich noch kein Vaterlandsretter gefunden hat, der das »erweislich Wahre« in diesen Verhältnissen ausspionierte. Auch würden sie ihre Folter nie dazu mißbrauchen, einem herzkranken Greis die Beichte seiner Jugendsünden zu erpressen. Dem Chinesen geht eben in jedem Belang Lebensweisheit über Kenntnisse. Er ist ein Raumkünstler in der Nußschale des Daseins; er nützt es aus und verstellt sich den Weg nicht durch Überflüssiges. Und stellt sich selbst nicht in den Weg. Von seiner Ersetzlichkeit überzeugt, bewährt er im Transzendenten einen sozialen Sinn, der in der abendländischen Ethik verkleideter Egoismus ist. Er weiß Platz zu machen; seine Nächstenliebe wirkt nicht in räumlicher, sondern in zeitlicher Dimension. Er lebt nicht im Wahn der Individualität, die sich an der Tatsachenwelt beweist.

Er taucht unter im Gewimmel und ist sich selbst so wenig unterscheidbar wie dem fremden Auge. Weil alle gleich sind, können sie der demokratischen Wohltat entbehren. Ihr Gesetz hat schwerere Strafen, weil der Täter schwerer zu finden ist. Ein Zopf entkam: eine Ratte... Das »Verhör des dritten Grades«, das die New-Yorker Polizei anwendet, lockt keinem Volksgenossen ein Geständnis heraus. Die Untersuchung, wer ein Christenmädchen ermordet hat, kann nur das Ergebnis haben: Niemand. Aber die Untersuchung, wer ein Christenmädchen verführt hat, das Ergebnis: Alle!

Und allen wird es ferner gelingen. Die amerikanische Behörde wird in den gelben Bezirken Ordnung machen, und vermehrter Wunsch wird die vermehrte Wachsamkeit überwinden. Das Geheimnis wird den Reizverlust, den es durch die Publizität erlitten haben könnte, durch den Gewinn an Gefahr reichlich hereinbringen. Und der Schrecken selbst – unseliges Erbe der konvertierten Lust! – zieht an, der blutige Schein verführt, und auf die ferne Welt hat die Entdeckung gewirkt, als ob der Taifun über den Ozean eine erotische Glutwelle geworfen hätte. Und bei dem Gedanken an China, vor dieser zauberhaften Individualität der mongolischen Masse, wird jeder weiße Mann zum Hahnrei. Die gelbe Gefahr ist dem Lebensnerv der christlichen Kultur von einer Richtung nahegekommen, in die die Völker Europas nicht gelugt haben. Wenn sie ihre heiligsten Güter, die Reinheit der Gattin und die Virginität der Tochter, wahren wollen, mögen sie dazu schauen! Der Chinese legt auf beide nicht den geringsten Wert, aber er wird sie ohne Schwertstreich erobern. Gegen eine Rasse, die ihre Naturnotwendigkeiten nicht mit der Bagage des Gewissens bepackt hat, ist aller Widerstand hoffnungslos. Ein Volk, das sich daheim nicht in dem Bürgerkrieg der Sitte gegen die Natur zerreiben muß, zieht ungeschwächt ins Feld. Wenn sie kommen, die Weiber werden sich ergeben; und die Männer, die längst Weiber sind, werden sich auch nicht lange sträuben. Eine Nation, die die Virginität verabscheut und ihre neugebornen Töchter durch eine Operation dem künftigen Berufe weiht, ist die legitime Anwärterin des Bereichs einer erledigten Zivilisation. Einer, die beim Fortschritt sich selbst auf die Füße trat, weil sie ohne Moral nicht ausgehen konnte; welche Panzerschiffe gebaut, aber den Tanz um den Fetisch einer Jungfernhaut aufgeführt hat. Wilde Völkerschaften, elektrisch beleuchtete Barbaren wird Asien entdecken. Aber es wird großmütig auf jeden Bekehrungsversuch verzichten. Sie, die dem Weib die einzige Mission zuerkennen, vorwandlos der Freude zu dienen, werden den Ungläubigen keine Missionärinnen ins Bett schicken.

Sie werden auf eine Rasse stoßen, deren Völker einander mit Krieg und Nächstenliebe überziehen und nur einig sind in der Verachtung aller, die nicht ihre Gesichtsfarbe haben und eine andere Ausdünstung. Osten und Westen stellen einander den Teufel vor und halten sich die Nase zu. Aber die Chinesen vertragen mehr. Sie finden, daß die andern – die andern Männer – »einen faden Leichengeruch« ausströmen; und solche Wahrnehmung könnte mehr bedeuten als eine Empfindung der Unlust. Hier lebt etwas in Verwesung, des Erlösers gewärtig, der es vom Leben errettet. Hier siecht eine Lust, deren Arzt die Furcht war und das Leiden. Hier ist etwas bei lebendigem Leib begraben und etwas Totes hält die Grabwacht. Sie werden durch unsere Finsternisse schreiten und den Weg zum Leben nicht verfehlen. Ihre unterirdischen Gänge sind ein Paradies neben den Katakomben, die unsere Liebe sich gemauert hat, seitdem man ihr das Licht nahm. Als die christliche Nacht hereinbrach und die Menschheit auf Zehen zu der Liebe schleichen mußte, da begann sie sich dessen zu schämen, was sie tat. So trat man ihr die Augen aus. Da lernte sie die erotische Blindenschrift. So legte man sie in Ketten. Da liebte sie die Musik der klirrenden Ketten, also die Perversität. Aber sie schämte sich der Gefangenschaft nicht, sondern der Gedanken, auf die sie darin verfiel; nicht der Ketten, aber des Geräusches. Sie hatte sich der Freiheit ihrer geschlechtlichen Natur geschämt, und sie schämte sich der Perversion, welche die Kultur der sexuellen Unfreiheit ist. Sie brannte und verstellte sich den Notausgang. Und trug Stein um Stein herbei, bis eine Mauer ihr Reich der Mitte umgab, ihr himmlisches Reich. Dieses geschah um 500 nach Confucius. Die große chinesische Mauer der abendländischen Moral schützte das Geschlecht vor jenen, die eindringen wollen, und jene, die eindringen wollen, vor dem Geschlecht. So war der Verkehr zwischen Unschuld und Gier eröffnet, und je mehr Pforten der Lust verschlossen wurden, um so ereignisvoller wurde die Erwartung. Da schlägt die Menschheit an das große Tor, und ein Weltgehämmer hebt an, daß die chinesische Mauer ins Wanken gerät. Und das Chaos sei willkommen – denn die Ordnung hat versagt! Eine gelbe Hoffnung färbt den Horizont im Osten, und alle Glocken läuten Sturm. Und überall ein Gewimmel. »Aus dem Rauche des Schlundes kamen Heuschrecken über die Erde und ihnen ward Macht gegeben, wie die Skorpionen auf Erden Macht haben... Und hatten Haare wie Weiberhaare, und ihre Zähne waren wie die der Löwen... Und ihre Schwänze waren den Schlangen gleich und hatten Häupter und mit diesen schadeten sie... Und die Zahl des Heerzuges der Reiterei war zweihundert Millionen. Ich hörte ihre Zahl...« Ein Fortinbras naht, auf dem Trümmerfeld der Sünde die Herrschaft anzutreten. »Wo ist dies Schauspiel?« Aber damit lebe, was begraben ist, muß er dem Toten erst den Todesstoß geben. Seine Hand greift nach der Kultur, die ihn durch ihr letztes Augendrehn versöhnen möchte, und würgt sie mit Lust. Kein Entrinnen, die Arbeit geht im Hui – die Knie durch Stricke unter das Kinn gezogen, das Gesicht mit ungelöschtem Kalk beworfen, so verschwand eine Leiche im großen Koffer des Chinesen.

[F 285–86, 1–16; 1909]

Schrecken der Unsterblichkeit

Denn er war unser. Nämlich der Minor, Kalbeck, Blumenthal, Holzbock, Lothar usw. Sie werden hervorkriechen, ich ahnte es, sie werden hervorkriechen. Wenn ein Denkmal renoviert wird, kommen unfehlbar die Mauerasseln und die Tausendfüßer ans Licht und sagen: Denn er war unser! Das sind die Leichenwürmer der Unsterblichkeit. Was aber Schillers Andenken zu Recht verkleinert, ist die Möglichkeit solcher Patronanz. Sein Stoffliches war so sehr das Stoffliche aller Welt, daß sich die schwärmerische Impotenz ihm blutsverwandt glaubt, daß sich die Lebensblindheit, die den Blick »gen Himmel« richtet, die Taubheit, die auf Sphärenmusik eingestellt ist, und alles Nichts, das sich durch ein ideales Streben präsentabel macht, an seinem Ehrentag geschmeichelt fühlt. Was immer in Deutschland in seines Nichts durchbohrendem Gefühle vergehen müßte, wenn ein Dichter gefeiert wird, lebt auf, wenn dieser Dichter gefeiert wird. So daß es ungeheuer schwer hält, durch die Schatzkammern der Banalität, die diesem Dichter vor allen andern den Zuspruch der Nachwelt verschafft haben, zu seinem wahren Lebensgehalt vorzudringen. Denn hinter ihm, vor ihm, neben ihm liegt, was uns alle bändigt, das Gemeine. Ja, einen Aufwand übermenschlicher Gerechtigkeit verlangt die Pflicht, dahinter zu kommen, daß Schiller besser war als sein Ruf. Wo sind die Nerven, die, stündlich von den Schmarotzern des Wahren, Guten und Schönen beleidigt, sich zur Ruhe solcher Untersuchung bequemten? Im Kampf gegen sein Gefolge, und möge dabei auch Schiller selbst verletzt werden, wirkt man für sein Andenken am besten. Sein Unsterbliches wird erst erstehen, wenn jene fatale Unsterblichkeit dahin ist, die ihm eine glückliche Mischung von Minderwertigkeiten erringen half. Ehe wir von dem Künstler reden wollen, muß unbedingt auch nur die entfernteste Möglichkeit beseitigt sein, daß um eine Schillerbüste ein Männergesangverein Aufstellung nimmt. Bliebe doch sein zweihundertster Geburtstag vor solchen Zwischenfällen bewahrt! Daß bis dahin alle kompromittierenden Beziehungen zwischen einem Genius und den gestärkten Vorhemden aufgehört haben – das walte Gott!

Bis zu diesem Termin werden die Leute, die sich heute noch als Kostgänger des Schillerschen Ruhmes lästig machen, reichlich Gelegenheit haben, selber die Unsterblichkeit zu erwerben. Besser, es gelingt ihnen durch die Kraft ihrer Reklame und durch die Ausdauer, mit der sie hinter Särgen gelaufen sind, als daß der Typus noch weiter das Gesichtsfeld der Mitlebenden verunziere oder gar bei späteren Dichterehrungen anwesend sei. Denn es ist dringend zu wünschen, daß die Leute, die, sobald von Kunst die Rede ist, die Schönheit zu reklamieren beginnen, die mit den Idealen auf dem besten Fuß stehen und bei der Anrufung Schillers uns das Himmelsgewölbe eindrücken, endlich zur Ruhe kommen. Was will das Pack? Wenn Schiller bloß die Verse gedichtet hätte: »Und wirft ihn unter den Hufschlag seiner Pferde – Das ist das Los des Schönen auf der Erde!«, so wäre ja die Aufregung noch begreiflich. Aber so? Warum rückt denn diese ganze freiwillige Feuerwehr aus, wenn Schiller Geburtstag hat? Warum begeht man dieses schreiende Unrecht an Wildenbruch, der doch all das in noch viel handlicherer Form bietet, was ein deutsches Herz zu Schiller zieht, und der doch auch in der Fürstengruft begraben liegt? Muß denn ein Dichter erst hundertfünfzig Jahre alt werden, um der allgemeinen Anerkennung solcher teilhaftig zu werden, die bloß der Gedanke berauscht, daß es so etwas gibt, wie das Teilhaftigwerden der allgemeinen Anerkennung? Lebt nicht ein Lauff? Steht er nicht auch schon mit einem Fuß in der Fürstengruft? Und wäre dieser armselige Reichtum an Idealen nicht schließlich sogar durch unsern Paul Wilhelm der Jugend zu bieten, wenn sich ein Kultusministerium entschlösse, einen neuen Gymnasialklassiker zu kreieren? Diese Jugend, die mit ein bißchen Schall fürs Leben versorgt ist, wird ja erst bei einer Revision ihrer Begeisterungen lebensüberdrüssig.

Da muß man aber doch sagen, daß der einzige ehrliche Kulturfaktor im deutschen Sprachbereich der Burgtheaterdirektor Hofrat Schlenther ist. In stürmischer Zeit, da ihn die Demissionsgerüchte nur so umschwirren, wohnt er am Schillertag, unter der Devise: Die Lebenden fordern ihre Rechte, der Berliner Premiere eines Werkes von Kadelburg bei. Für die Wochentage muß auch gesorgt sein. Dagegen wohnten der Schillerfeier im Königlichen Schauspielhause, wie der Beiwohner Holzbock meldet, einige »Kollegen des großen Dramatikers Schiller« bei, nämlich die Herren Lindau, Blumenthal, Philippi, Lubliner, Zobeltitz, Bernstein usw. Nichts stelle ich mir aufreibender vor als die Repräsentationspflichten, die so eine Berliner Saison an die deutschen Dichter stellt. Eine Zeitungsnotiz vom selben Tage und im Stil der Berichte über die Schillerfeier spricht von dem »Ereignis im Berliner Gesellschaftsleben«, welches das Diner bedeutet habe, »mit dem der Kommerzienrat Jacob seine Wiedergenesung von schwerer Krankheit feierte. Die Literatur war vertreten durch Lindau, Blumenthal, Fulda, Zobeltitz«. Eine einfache Verhebung wohl, wie sie im Zeitungsbetrieb so häufig vorkommt, hat die Verwechslung verschuldet. Natürlich sollten die Herren Lindau, Blumenthal, Fulda, Zobeltitz bei der Schillerfeier als schlichte Vertreter der Literatur erscheinen und bei der Jacobfeier als die Kollegen des großen Kommerzienrats. So weit sind eben die Welten, in denen unsere Zeitgenossen leben, ihr Schiller und der Kommerz, nicht voneinander entfernt, daß der Irrtum nicht begreiflich wäre. Finden wir sie doch geradezu vereint in der Tätigkeit des Herrn Holländer, der als Dramaturg des Herrn Reinhardt nicht nur mit den großen Dramatikern, sondern auch mit den großen Kommerzienräten Fühlung hat und schon deshalb berufen war, den Kunden des Passage-Kaufhauses mit einem Vortrag über Schiller aufzuwarten. Die entscheidende Anregung zu diesem Entschlusse mag freilich das Gerücht gegeben haben, daß Schiller sich irgendwo selbst als Kollegen des großen Kommerzienrats bekannt habe, nämlich in dem Ausspruch: Euch, ihr Götter, gehört der Koofmich.

»Wie sagt doch Schiller ...« Alle jene, die so anfangen, wenn sie zur Quelle ihre Banalität führen wollen, müssen erst vom Schauplatz des deutschen Geisteslebens entschwinden, ehe wir uns überhaupt wieder in ein Verhältnis zu Schiller setzen lassen. Was sie an ihm anbetungswürdig finden, sind Ideen, die als Phrasen gestorben sind, wenn sie nicht als Phrasen geboren wurden. Wenn seines Geistes Blut in ihnen lebte, so gerann es und taugte nicht zum Lebenssaft nachkommender Geister. Von einer Gebärde der Verzückung, die wir als Erbe bewahren, würde unsere Kultur auf die Dauer nicht leben können. Was die Schillerfeierer der Jugend einimpfen wollen, kann in Wahrheit nicht das sein, was wir ihm zu danken haben. Schlimm stünde es um Deutschland, wenn wir mit diesem Schutt einer zu den Sternen emporgereckten Voraussetzungslosigkeit, wenn wir in den baufälligen Wolkenkratzern des Pathos durch die Jahrhunderte wirtschaften sollten. Ist Schiller nur erst als Ofenschmuck des deutschen Heims entfernt, so kann er noch als Revolutionär in dieses zurückkehren und die züchtige Hausfrau, die drinnen waltet, zum Erröten bringen, ja selbst Laura am Klavier an die Tage erinnern, da er die Brüste des Weibes »Halbkugeln einer bessern Welt« genannt hat. Damals nämlich, als noch in keinem Haushalt der Zitrone saftiger Kern zu populärphilosophischen Vergleichen gepreßt wurde, da noch nicht des Zuckers lindernder Saft die herbe Kraft des Dichters zähmte, noch nicht des Wassers sprudelnder Schwall seinem Temperament sich vermischt hatte, und überhaupt der Punsch des Lebens ganz anders zubereitet wurde. O, damals lohte noch ein Moralhohn und tobte so laut, daß er heute selbst die Feiertagsglocke übertönen möchte, daß er die ministeriellen Redner verstummen, die Säkularfresser sich erbrechen ließe und alle jene sich bekreuzigen, die im überkommenen Glauben ihr »Denn er war unser« beten. Was heute in Deutschland an Schiller glaubt, an ihn »voll und ganz« glaubt, sind die Leeren und Halben. Die den Gipfel der Poesie darin erblicken, daß sich alles reimt, und vor allem Leben auf Streben. Denen der Fortschritt eine Wandeldekoration ist, vor der sie staunend stehen bleiben. Alle Maulaffen der Zivilisation und alle Dunkelmänner der Freiheit. Alles Ungeziefer des Ruhms: Germanist, Schöngeist und Reporter; Totengräber, Tausendfüßer und Holzbock. Alle, die sich ihrer Persönlichkeit erst bewußt werden, wenn sie die Menschheit ans Herz drücken, und die vor dem Sturz ins Chaos sich bewahren, indem sie einen Verein gründen. Pastoren, Demokraten, Schlaraffen, Mitglieder des Vereins »Flamme«, Mitglieder des Vereins »Glocke«, überhaupt Mitglieder. Obmänner, nicht Männer. Alle, die da sagen, daß für das Volk das Beste gerade gut genug sei, und alle, die da sagen, daß uns die Kunst erheben soll, und überhaupt alle, die da sagen, was alle sagen. Sie sind es, die nur eine Frage frei haben an das Schicksal: Wie sagt doch Schiller? Hätte er sie geahnt, hätte er sie heraufkommen sehen, wie sie die Kultur umwimmeln, wie sie mit ihren Plattköpfen an seinen Himmel stoßen und mit ihren Plattfüßen seine Erde zerstampfen, so daß kein Entrinnen ist vor der Allgewalt ihrer Liebe – er hätte sich die Unsterblichkeit genommen!

[F 291, 23–28; 1909]

Die Mütter

»Als Angeklagte erschien vor dem Schwurgericht in Glatz die 27jährige Dienstmagd Anna Werner aus Steinwitz. Sie ist beschuldigt, ihr elf Monate altes uneheliches Kind Hedwig am 5. April 1908 ermordet zu haben. Die angeklagte Mutter ist selbst unehelicher Geburt und mußte bereits als Schulkind in Dienst treten. Sie hatte schon vor der Geburt der Hedwig zwei Kinder. Für diese hat sie liebevoll gesorgt; beide Kinder sind aber eines natürlichen Todes gestorben. Das kleine Mädchen wurde von der Mutter zunächst bei einer Frau in Glatz untergebracht. Diese behielt es aber nicht. Die Angeklagte brachte es zur Großmutter. Auch da blieb es nur einige

»Um das Kind im Mutterleibe zu taufen, hatte man früher zwei Methoden. Es wurde per vias naturales das Taufwasser entweder mit dem Finger oder mit einer Spritze auf den Fötus übertragen. Bei der ersten Methode wird das Waser, ehe es den Kindsteil erreicht, abgestreift. Bei der zweiten Methode müßten die Eihäute erst perforiert werden, was unter Umständen für die Geburt schädlich wäre. Dann müßte durch Fingerkontrolle die Uterinspritze auf den Kindsteil dirigiert werden. Dies wäre bei engem Muttermund unmöglich, namentlich zu schwierig für eine ungeschickte Hebamme. In früheren Monaten der Schwangerschaft ist selbstver-

Wochen und wurde ihr dann auf dem Felde wieder überbracht. Die Mutter fuhr dann überall herum, um eine Unterkunft für das Kind zu finden, wurde aber überall abgewiesen. Insbesondere wurde sie auch von den Gemeinden abgewiesen. Ja, die Gemeinden wehrten sich auch dann, als eine Pflegestelle sich fand, dagegen, daß das Kind dort bleibe, damit nicht etwa für das Kind die Gemeinde vorläufig sorgen müsse. Die Mutter suchte den Vater des Kindes und die Mutter des Vaters in Ullersdorf auf, aber diese nahm es auch nicht. Um das Kind selbst pflegen zu können, ging die Mutter einige Wochen hindurch jeden Abend von Oberhansdorf nach Niederhansdorf und übernachtete da und kehrte nach Oberhansdorf am andern Morgen zurück. Der Vorsteher in Oberhansdorf gab es nicht zu, daß das Kind dort untergebracht werde. Auch aus Niederhansdorf, wohin es in Pflege getan war, mußte es fortgenommen werden, weil der Gemeindevorsteher widersprach. Schließlich brachte die Mutter das Kind bei einer Frau in Glatz unter. Sie zahlte zehn Mark monatliches Pflegegeld, während ihr Lohn nur elf Mark fünfzig Pfennig betrug. Von dem Vater des Kindes, der we-

ständlich diese Methode der Taufe unmöglich. Deshalb schlägt A. Treitner, Arzt in Innsbruck, eine neue Methode vor. Es wird eine Heilserumspritze mit 10 g Taufwasser gefüllt. Alle antiseptischen Kautelen, Desinfektion der Haut usw. werden gewahrt. Nur darf die Spritze nicht mit Desinfizientien desinfiziert werden, denn es könnte ein Rest der Desinfizientien in der Hohlnadel bleiben und in das Taufwasser gelangen, wodurch, namentlich wenn das Desinfiziens riecht, die Gültigkeit der Taufe in Frage gestellt würde. Das Taufwasser muß reines Wasser sein. Die Hohlnadel hat eine Länge von 10 cm. Bei Kopflage, also in 96% aller Fälle, wird die Nadel zwei Querfinger oberhalb der Symphyse senkrecht eingestochen. Vorher soll die Mutter urinieren. Die Hohlnadel wird eingestochen, bis man ›auf eine resistente Stelle gelangt, welche auch durch mäßiges Andrücken der Nadel nicht überwunden werden kann‹. Diese Resistenz bieten die Kopfknochen dar. Findet man diese Resistenz nicht, so wird die Spritze bis an die Bauchhaut zurückgezogen, sie wird in anderer Richtung nach rechts, nach links, nach oben und unten eingestochen, bis man den Kopf findet. Gelingt

gen Körperverletzung ins Gefängnis gekommen war, erhielt sie keine Unterstützung. Der Angeklagten wurde dann mitgeteilt, das Kind könne auch nicht in Glatz bleiben, die Polizei fordere die Fortschaffung des Kindes binnen vierundzwanzig Stunden. Die Mutter bat den Vormund, mit ihr den Bürgermeister zu ersuchen, das Kind in Glatz zu lassen. Der Vormund lehnte das ab. Er meinte, der Bürgermeister würde sie beide doch nur rausschmeißen. Sie ging dann selbst zum Bürgermeister und bat ihn flehentlich, das Kind in Glatz in der Pflege zu belassen. Der Bürgermeister wies aber die Bitte der Mutter ab. Nun wußte die Mutter nicht, wo sie das aus Oberhansdorf, Niederhansdorf, Ullersdorf, Glatz hinausgejagte Kind unterbringen könne. In ihrer Verzweiflung beschloß sie, das Kind zu töten. Sie legte es in eine Lehmgrube und bedeckte die Leiche mit Lehm und Erde. Erst ein Jahr später wurde durch Zufall die Leiche des Kindes aufgefunden und durch die Kleider die Herkunft des Kindes ermittelt. Der Waisenrat, an den sich der Vormund Rat suchend gewendet hatte, hatte diesem erklärt: ›Man muß es den ledigen Personen nicht so leicht machen, sonst kommen sie fortwährend

es auch dann nicht, den Kopf zu finden, so zieht man die Hohlnadel völlig heraus, sticht sie 1–2 cm von der ersten Einstichöffnung ein, ›um sämtliche Kombinationen zu wiederholen‹. ‹Mehr als drei bis vier erneute Einstiche brauchen kaum gemacht zu werden.‹ ›Falls etwa einer sterbenden Mutter eine Entkleidung zu beschwerlich fallen würde, so kann auch der Einstich der Nadel ganz leicht über dem Hemde vorgenommen werden.‹ Ja selbst aufs Geratewohl kann man an einer beliebigen Stelle des vorgewölbten Bauches durch die Kleidungsstücke hindurch den Einstich machen. Dann besitzt allerdings die Taufe nur wahrscheinliche Gültigkeit. Hat man den Knochen mit der Nadelspitze gefunden, ›so wird die Nadelspitze mit ziemlicher Kraftanwendung so weit als möglich in den Knochen eingespießt‹. Es soll nämlich das Taufwasser auch das Unterhautzellgewebe des Kindskopfes bespülen, weil ja der Kopf mit Vernix caseosa bedeckt sein kann, dann flösse das Wasser von dem Fette ›wirkungslos‹ ab, was die ›Gültigkeit der Taufe in Frage stellen würde‹. ›Die Anwendung eines hohen Druckes ist ein notwendiges Erfordernis‹, damit durch den gewaltsam eingepreßten

mit Kindern.‹ Nach dieser Antwort glaubte der Vormund der Pflicht enthoben zu sein, dem Vormundschaftsgericht selbst mitzuteilen, daß für das Kind keine Pflegestelle aufzutreiben war. Ein Gemeindevorsteher wurde als Zeuge befragt, warum denn das Kind fortgeschoben sei, zumal doch keinerlei Kosten der Gemeinde erwachsen, da die Gemeinde ein Recht auf Wiedererstattung seitens der Unterstützungsgemeinde habe. Er erklärte, das verursache viel Scherereien; um den Scherereien aus dem Wege zu gehen, schiebe man Personen, von denen man befürchtet, sie könnten unterstützungsbedürftig werden, dem Gesetz entsprechend ab. – Die Geschwornen bejahten die Frage, ob vorsätzliche und mit Überlegung ausgeführte Tötung vorliege. Das Urteil erging dahin, daß die Angeklagte zum Tode und zum Verluste der bürgerlichen Ehrenrechte verurteilt wurde. Der Vorsitzende leitete die Verkündung des Urteils mit den Worten ein: ›Wer Blut vergießt, dessen Blut soll wieder vergossen werden‹.«

Wasserstrahl das die Taufstelle umgebende Fruchtwasser möglichst weit beiseite gedrückt werde. Beim Ausspritzen des Wassers werden dann die Taufworte gesprochen. Diese Art der Taufe soll nicht vor Mitte der Schwangerschaft angewendet werden, da die Schwangerschaft vorher von Nichtärzten nicht mit Sicherheit zu diagnostizieren ist. Es könnte ja ein Tumor vorliegen. Bei plötzlichen Todesfällen der Mutter soll man die bedingungsweise Taufe noch fünf bis sechs Stunden nach dem Tode, ja man kann sie noch zehn bis zwölf Stunden nach dem Tode spenden. Der Verfasser hält seine Methode für den Fötus nicht für schmerzhaft, ›weil die Gehirnsubstanz empfindungslos ist‹, auch nicht für gefährlich, denn ›die Erfahrungen der Gehirnchirurgie haben ergeben, daß ein Stich in die Gehirnhemisphäre, selbst mit einem Messer, nicht nur nicht tödlich, sondern nicht einmal gesundheitsschädlich ist‹. Die Pfarrämter sollen ihre Taufutensilien mit dieser Taufspritze komplettieren, ›um diese dann im Bedarfsfalle der Hebamme des Ortes zu überlassen‹.«

[F 294–95, 1–5; 1910]

Zwei Läufer

Zwei Läufer laufen zeitentlang,
der eine dreist, der andre bang:
Der von Nirgendher sein Ziel erwirbt;
der vom Ursprung kommt und am Wege stirbt.
Der von Nirgendher das Ziel erwarb,
macht Platz dem, der am Wege starb.
Und dieser, den es ewig bangt,
ist stets am Ursprung angelangt.

[F 300,32; 1910]

Der Maikorso

Zu den spärlichen Unterhaltungen, die unsereins noch mitmacht, gehört die Verregnung eines Maikorsos. »Es gab streckenweise weite Lücken, so daß man eigentlich nur durch das Aufgebot an Wache zu beiden Seiten der Fahrbahn daran erinnert wurde, daß heute Maikorso ist«. Warum man sich über so etwas freut, weiß man im Augenblick nicht; aber man freut sich. Auch kommt man erst später darauf, daß man just zu der Stunde ein Wohlbehagen hatte, als ein paar Wucherer naß wurden. Die Schadenfreude funktioniert bei mir als Reflexbewegung. Ich bin plötzlich gut aufgelegt, mein Gesicht erhellt sich, man fragt mich warum, und nachdem ich mich eine Weile besonnen habe, sage ich: Ja, wissen Sie denn nicht, daß heute der Maikorso verregnet ist?

[F 303–04, 14; 1910]

Der Biberpelz

Mein Wiener Dasein ist jetzt wieder reicher geworden, das ewige Sichdiewanddeslebensentlangdrücken, damit man auf dem Trottoir von keinem Trottel angesprochen wird, hat ein Ende, und jeder Tag bringt neue Abenteuer. Durch all die Jahre keine Gesellschaft, kein Theater, kein Blumenkorso – wie hält man das nur aus? Die Zufuhr der wertvollsten Eindrücke abgeschnitten; und wer weiß, wie lange der innere Proviant gereicht hätte. Selbst die Katastrophen der Saison, Komet und Jagdausstellung, schienen an diesem Zustand nichts ändern zu können. Gewiß, ich wills nicht verhehlen, ich erwartete mir einige Anregung vom Weltuntergang. Wenns aber wieder eine Niete wäre? So lebt man dahin auf dem schmalen Pfad, der von immer demselben Schreibtisch in immer dasselbe Lokal führt, wo man immer dieselben Speisen ißt und immer dieselben Menschen meidet. Froher wird man nicht dabei. Die Welt rings ist bunt, und man möchte sich doch an ihr reiben, um zu sehen, ob die Farbe heruntergeht. Man will nicht auf so viel verzichten, ohne zu erfahren, wie wenig man verliert. Nur einmal noch an der vollbesetzten Tafel sitzen, alle Rülpse der Lebensfreude wieder hören, die Schweißhand der Nächstenliebe drücken – ich träumte davon, und eine gütige Fee, wahrscheinlich jene, die den Operettenkomponisten die Lieder an der Wiege singt, hat mich erhört. Ich bin mitten drin, die Erde hat mich wieder – mein Pelz ist mir gestohlen worden!

Nichts hätte mich den Menschen näher bringen können als der Diebstahl meines Pelzes. Ich müßte jetzt schon mit den Mitteln eines Caracalla arbeiten, wenn ich mich ihres Umgangs erwehren wollte. Jetzt gibts kein Zurück mehr in die Lebensflucht, jetzt heißt es in den sauern Apfel beißen und ein Menschenfreund sein! Ich habe mich lange genug verhaßt gemacht; aber nun vergeben sie mir, was sie an mir gesündigt haben. Sie vergeben mir, sie lieben mich, sie bedauern mich, sie bewundern mich, denn es läßt sich nicht mehr verbergen, alles Leugnen hilft nichts – mein Pelz ist mir gestohlen worden! Und in einem unbewachten Augenblick hatte mich da die Geselligkeit beim Wickel. Ich lebte still und harmlos, ich war ein Privatmann, denn ich übte seit vielen Jahren eine literarische Tätigkeit aus. Ich hatte nicht gewußt, daß ich vor allem einen Pelz besaß. Ich schrieb Bücher, aber die Leute verstanden nur den Pelz. Ich brachte mich selbst zum Opfer, und die Leute meinten den Pelz. Als ich ihn nicht mehr hatte, kam die allgemeine Anerkennung. Ich habe durch den Verlust des Pelzes die Aufmerksamkeit des Publikums gerechtfertigt, die ich durch den Besitz des Pelzes erregt hatte. Im Kaffeehaus – wo es geschah – war die erste Wirkung des entdeckten Diebstahls ein chaotisches Durcheinander, worin einige bestürzte Kaffeehausgäste zu zahlen vergaßen, und in dessen Mittelpunkt ich so plötzlich geraten war, daß ich mir erst auf dem Umweg der Überlegung darüber klar werden konnte, daß ich den Pelz bestimmt nicht gestohlen hatte. Man nahm eine Haltung an, als wollte man mir die Kleider, die ich noch hatte, vom

Leibe reißen, und von allen Seiten brachen Vorwürfe wegen meiner Sorglosigkeit über mich herein. Auf diese Art schien sich die Empörung über den Dieb, der sich den Folgen seiner Handlungsweise entzogen hatte, Luft zu machen, denn mich hatte man, an mich konnte man sich halten, und wenn ich mich, erschöpft von der Untersuchung des Falles, zurücklehnte, in der rechten geistigen Verfassung, um endlich eine Zeitung zu lesen – dann ging der Chor der Nebenmenschen an mir vorüber und rief: »Nein, so was!« Ich spürte den Stachel des Vorwurfs. Zu spät sah ich ein, daß man, wenn man einen Pelz hat, auch gewisse Pflichten gegen die Welt hat, und es blieb mir nichts übrig, als jetzt jene letzte Pflicht gegen die Welt zu erfüllen, die man noch hat, wenn man keinen Pelz mehr hat: die Pflicht, Rede und Antwort zu stehen. Denn wenn es in solchen Fällen schon nicht mehr möglich ist, zu erfahren, wo der Pelz hingekommen ist, so muß man dem Publikum und der Polizei wenigstens darüber Auskunft geben, wo er hergekommen ist, wieviel er gekostet hat, wieviel er heute wert ist, ob der Kragen lange oder kurze Haare hatte, und ob die Schlinge aus Tuch oder aus Leder war. Die Polizei fragt außerdem noch, ob man einen Verdacht hat. Ein Verdacht wärmt, wenn man keinen Pelz hat, und ein Verdacht, den man hat, ist nach der Ansicht der Polizei immer eine hinreichende Entschädigung für die Gewißheit, die einem abhanden gekommen ist und die sie einem nie wieder verschaffen wird. Wozu diese Einmischung durch eine Amtshandlung? Ich hatte immer geglaubt, daß sich die Polizei um die öffentliche Sittlichkeit kümmere und nicht um Angelegenheiten des Privatlebens, wie einen gestohlenen Pelz. Aber diese Neugierde! Kaum war mir der Pelz gestohlen worden, waren auch schon drei Vertreter der Polizei im Lokal, drängten sich durch die Wucherer, die meinen Tisch umstanden und ihrer Entrüstung über den Diebstahl Ausdruck gaben, und fragten mich, ob ich einen Verdacht habe. Nun war auch die Nachbarschaft auf den Beinen, denn wie ein Lauffeuer hatte sich in der Großstadt das Gerücht verbreitet, und zahlreiche Passanten, unter denen man u. a. Persönlichkeiten bemerkte, die schon von ihrer Anwesenheit bei Premieren und Erdbeben bekannt sind, wohnten der Amtshandlung bei. So taktvoll und würdig nun sich der Pelzdiebstahl vollzogen hatte, in so marktschreierischer Weise äußerte sich das Mitgefühl des Publikums. Denn während die Pelzdiebe kein Aufsehen lieben, legen die Bankdiebe den größten Wert darauf, überall bemerkt und in den Zeitungen genannt zu werden. Hier freilich hatten sie sich einmal verrechnet. Denn die Zeitungen würden auch von einem Kometen keine Notiz nehmen, wenn sein Schweif meinen Kopf berührt hätte. Aus demselben Grunde mußte ich befürchten, daß sich der Chef des Sicherheitsbureaus dieser Sache nicht so energisch annehmen werde, wie er es in Fällen gewohnt ist, wo die Aussicht auf publizistische Unterstützung ihn zu einer fieberhaften Tätigkeit spornt. Natürlich läßt sich das echte fachmännische Interesse durch solche Bedenken nicht abweisen. Während mich nun die Vertreter der Behörde um Alter, Beschäftigung und Vorstrafen befragten, sprachen einige Gäste immer wieder ihr Bedauern aus, daß sie gerade nicht hingesehen hätten, als der Pelz gestohlen wurde, und vertraten die Ansicht, daß der Dieb sich einen Augenblick gewählt haben müsse, wo er sich nicht beobachtet fühlte. Das Personal wurde mit Fragen bestürmt, aber der Zahlmarkör, der Zuträger, der Pikkolo und der Feuerbursch – sie alle hatten bloß den einen Wunsch: »Wann i nur amal so einen derwischen könnt, den derschlaget i!« Ich bat, sich in Gegenwart von Kriminalbeamten nicht zu gefährlichen Drohungen hinreißen zu lassen, richtete noch an diese das Ersuchen, dafür zu sorgen, daß ich nicht vorgeladen würde, weil ich ja doch nichts anderes aussagen könnte, als daß ich keinen Pelz und keinen Verdacht habe, und entzog mich den Ovationen der Menge, indem ich meinen Hut nahm, der noch da war, und mich zum Ausgang wandte, an der Kassierin vorbei, welche die Hände rang. Draußen grüßten mich die Fiaker, die sich von dem Ereignis des Tages irgendwie einen besonderen Vorteil erhofften. Einer der Polizisten aber holte mich ein und machte mir den Vorschlag, mit ihm zu gehen und das Verbrecheralbum durchzusehen. Ich lehnte diesen Vorschlag ab, weil mir jede Vergleichsmöglichkeit fehle, solange ich den Dieb meines Pelzes nicht gesehen hätte. Die Polizei solle ihn erst zur Stelle schaffen, dann wäre ich gern bereit, ihn nach der Photographie zu agnoszieren. Einer der Kellner aber behauptete plötzlich, einen Verdacht zu haben, und schien entschlossen, mitzugehen. Diese Recherche hat, wie ich später erfuhr, meiner Sache nicht wesentlich genützt, dafür aber anderweitige erfreuliche Resultate ergeben. Der Kellner soll nämlich einige frühere Stammgäste des Kaffeehauses erkannt haben, und noch nie zuvor, heißt es, sei in einer Polizeistube eine so freudige Stimmung des Wiedersehens laut geworden. Schließlich mußte man, da diese

Rufe »Jessas, der Herr von Kohn!« und »Nein, der Herr von Meier!« nicht aufhören wollten, dem braven Burschen das Bilderbuch aus der Hand reißen. Am nächsten Tag erhielt ich eine Vorladung, der ich aber nicht Folge leistete. Immer hatte ich es bisher streng zu vermeiden gewußt, daß mir etwas gestohlen würde; denn nichts fürchte ich mehr als Unannehmlichkeiten mit der Polizei. Man hat mir auch tatsächlich nie das Geringste nachweisen können. Sollte ich jetzt wegen des einen Fehltrittes mir eine so peinliche Untersuchung auf den Hals laden? Nimmermehr! Ich stellte mich der Polizei nicht! Wenigstens war ich entschlossen, es nicht eher zu tun, als bis sie den Pelz hätte. Ich hoffte übrigens, daß sie den Fall vertuschen und mich ruhig meiner gewohnten Beschäftigung nachgehen lassen werde.

Als ich somit wieder ins Kaffeehaus kam und meine Leseecke aufsuchen wollte, standen einige Herren davor, die sich sonst nur für Trabrennen interessierten, aber diesmal eine Wette abgeschlossen hatten, ob ich den Pelz bekommen würde oder nicht. Die der Meinung waren, daß ich ihn bekommen werde, sagten: »Nicht wird er ihn bekommen!«; während die andern, die der Meinung waren, daß ich ihn nicht bekommen werde, ein über das andere Mal riefen: »Ja wird er ihn bekommen!« So vermochte ich die beiden Gruppen zu unterscheiden, ohne doch im Meritorischen eine Entscheidung treffen zu können. Ich setzte mich nieder und hörte aus dem Billardzimmer Rufe wie: »Echter Biber, sag ich Ihnen!« »Und ich sag Ihnen, Nerz«, worauf ein dritter mit einem derben »Astrachan, Ihnen gesagt!« in die Debatte fuhr. Ich ließ fragen, ob es die Herren störe, wenn ich Zeitungen lese. Sie verneinten und gingen auf ein anderes Thema über, indem nämlich einer behauptete, sich noch an den Fall zu erinnern, wie dem alten Löw ein Pelz um tausend, sage tausend Gulden gestohlen wurde; und da ein anderer die Frage einwarf: »Welchem Löw?« und die zurechtweisende Antwort bekam: »No, der später in Konkurs gegangen ist!«, fühlte ich, daß die Aufmerksamkeit von mir abgelenkt sei, und war dessen froh. Ich nahm jene Zeitung zur Hand, die seit Jahren das Publikum dadurch zu interessieren weiß, daß sie meinen Namen nicht nennt, und suchte nach einer Notiz, in der davon die Rede wäre, daß einem Privaten ein Pelz gestohlen wurde und daß einer unserer Mitarbeiter Gelegenheit hatte, mit dem in den weitesten Kreisen bekannten Dieb zu sprechen. Da trat eine fremde Dame auf mich zu, tadelte mich wegen meiner

Unachtsamkeit und fragte mich, ob ich noch mit der Familie T. verkehre. Ich antwortete, daß ich mit gar niemand verkehre, und bezahlte meine Zeche. Draußen grüßten mich die Fiaker, wiesen verheißend auf ihre Wagen, und riefen etwas wie »Verkühlns Ihna nur net« hinter mir.

Noch habe ich aber nicht erzählt, wie sich am Tage nach der Tat das Wiedersehen mit meiner Bedienerin gestaltet hat. Sie war eigentlich schuld, denn sie hatte mir, weil wir gerade im strengsten Mai einen Schneefall gehabt hatten, zugeredet, den Pelz anzuziehen, der Winters über beim Kürschner in Aufbewahrung gelegen war. Ich hatte mich gesträubt, denn ein unbestimmtes Gefühl sagte mir, daß bei Neuschnee die Pelzdiebe aus der Erde schießen, während die Schneeschaufler nichts zu tun bekommen, weil die Kommune die Konkurrenz des Tauwetters begünstigt. Aber wiewohl dieses schon eingetreten war, setzte die Frau ihren Willen durch, und richtig, eine halbe Stunde später war der Pelz gestohlen. Nun ist mir nichts peinlicher als Auseinandersetzungen über Dinge, die mit der Wirtschaft zusammenhängen, und so hatte ich, nachdem das Unglück geschehn war, nur die eine Sorge: Wie sage ich's meiner Bedienerin? Es gab eine lebhafte Szene, und ich bekam allerlei zu hören. Denn das Herz der Frauen hängt an irdischem Tand, und sie können sich auch von fremdem Besitz nur schwer trennen, während ich mich erleichtert fühlte, als ich bei Tauwetter ohne Pelz das Kaffeehaus verlassen konnte. Überhaupt hatte mich der Verlust des Pelzes kalt gelassen, und was mir naheging, war nur der Verlust meiner Ruhe. Daß ich im Mittelpunkt der Aufmerksamkeit stand, daß ich in Wien über Nacht berühmt war, und daß die Leute mit Fingern auf mich zeigten: »Dort geht er«, »Kennst' ihn?« »Aber ja, Biber«, »Er hat ihn effektiv nicht gekriegt« – das härmte mich, das fraß an mir wie Motten an einem Pelz, der einem nicht gestohlen wurde. Ich beschloß, die Straße zu meiden, bis ich das Gras über die Sache wachsen hörte. Aber als ich nach einer Woche mich behutsam in das Stammlokal wagte und den Weg von hinten nahm, da trat mir die Toilettefrau entgegen und sagte: »Mir hat's furchtbar leid getan!« Da ich hineinkam, waren aller Augen auf mich und meinen Überrock gerichtet, und da ich ihn an den Kleiderstock hängte, rief's aus einem Winkel: »Aber jetzt heißt's doppelt vorsichtig sein!« und aus dem andern Winkel: »Ja, durch Schaden wird man klug.« Als ein Kellner dazwischentrat und sagte: »Aber der Herr gibt ja so wie so acht«, rief eine Stimme aus dem Spielzimmer: »A gebrenntes Kind fürchtet das Feuer!« Der Kellner sagte: »Wann i nur amal so einen derwischen könnt, den –« Ich zahlte sofort und nahm mir vor, das Lokal nur des Nachts zu besuchen, wenn ein anderes Publikum da wäre. Kaum hatte ich unter veränderten Umständen Platz genommen, drehte sich ein englischer Trainer zu mir herum, schob seinen Sessel vor und begann, die Arme auf die Lehne gestützt: »Einmal mir ist gestohlen ein Pferdedecke ...« Ich sah, daß mein Erlebnis über das Mitteilungsbedürfnis der Wiener Bevölkerung hinaus dem internationalen Interesse entgegenkam. Ich fürchtete, daß hier die Hebung des Fremdenverkehrs ansetzen könnte. Ich schloß mich ein, und ich zeigte mich nicht eher, als bis mir die heiße Jahreszeit jede Gedankenverbindung mit einem Pelz auszubrennen schien. Da aber mußte ich es erleben, daß ein Mohr auf mich zutrat, der so perfekt Deutsch sprach, daß er mich fragen konnte, ob ich damals meinen Pelz wiederbekommen hätte. Ich suchte ein anderes Lokal auf – dessen Besitzer mich aber nicht nur durch seinen Gruß belästigte, sondern auch mit den Worten ansprach: »Bei uns wird Ihnen das nicht passieren!«

Ich erkannte, daß es kein Zurück mehr gab. Denn hier war ein Wiener Problem geboren. Hier war einmal die Tatsache, die einen so plausiblen Reiz, eine so unmittelbare Popularität hatte, daß keine Rücksicht auf den Menschen, der von ihr betroffen wurde, die Leute fernhalten konnte. Hier war eine Solidarität hergestellt durch die in ihrer Einfachheit verblüffende Erkenntnis: daß das jedem von uns passieren kann! Ich war in den Ring einer Gemeinsamkeit einbezogen, die mir den Pelz bewachte, der mir gestohlen war, und die mir mit ihren Blicken das Maß für einen neuen zu nehmen schien, ohne mir ihn zu spenden. Jetzt mußte sich nur noch die Steuerbehörde für den Fall interessieren, die ja bald erhoben haben könnte, daß ich in den Verhältnissen bin, einen Pelz besessen zu haben. Ich begann den Dieb zu beneiden. Nicht weil er den Pelz hatte, sondern weil man ihm nicht draufgekommen war. Weil er auf freiem Fuße leben konnte, während es hinter mir »Aufhalten!« schrie und ich wie ein erwischter Bestohlener von der Dummheit eskortiert wurde ... Ich beschloß, mich aus dem Privatleben zurückzuziehen. Mir war eine Hoffnung geblieben. Daß es mir durch die Herausgabe eines neuen Buches gelingen werde, mich den Wienern in Vergessenheit zu bringen.

[F 305–06, 57–63; 1910]

Ein Abend beim bulgarischen Königspaare

Die Neue Freie Presse, die heute noch der Meinung ist, daß sie mit einer Zudringlichkeit, Einbildung und Blödheit aus den Achtziger Jahren in der Welt Aufhebens machen kann, füllte kürzlich vier Seiten ihres Sonntagsblattes mit der Schilderung, wie der König von Bulgarien den Siegmund Münz interviewt hat. Dieses Gespräch zwischen S. M. und S. Mz., in welchem nichts anderes enthalten war, als daß Herrn Münz Sophia moderner, aber Konstantinopel dafür altertümlicher vorkommt, erinnert dennoch vielfach an das bekannte Interview, das der Marquis Posa mit dem König Philipp hatte, nur mit dem Unterschied, daß Münz die liberalen Hoffnungen, die Posa an die Unterredung knüpft, um dann leider enttäuscht zu werden, im König Ferdinand schon erfüllt vorfindet, ohne daß er ihn erst zu den Idealen der bürgerlichen Weltordnung bekehren müßte. Im Gegenteil sagte der König sofort: »Ich habe den Tod Ihres Kollegen Schütz sehr bedauert.« Sonst aber hätte sich das Gespräch ganz so abgespielt, wie seinerzeit, und wie es zwischen einem Weltbürger und einem Potentaten seit jeher üblich ist, wenn nicht der König von Spanien sich damals hauptsächlich über die wichtige Frage der Gedankenfreiheit hätte ausholen lassen und die Aufforderung: »Drängt euch zu meinem Sohn, erforscht das Herz der Königin«, erst ganz zum Schluß an den Besucher gerichtet hätte, während Herr Münz sofort dem Familiendiner zugezogen wurde und kaum in Sophia angekommen, auch schon hinter der Königin und dem Kronprinzen Boris her war. Eine gewisse Parallele ergibt sich nun wieder insofern, als der Marquis Posa erklärte, er sei soeben aus Flandern und Brabant angekommen und auf verbrannte menschliche Gebeine gestoßen, während der Münz aus Leipnik kommt, aber immer wieder versichert, er komme aus Konstantinopel, und er vermisse in Sophia die pittoresken Spuren der Vergangenheit, überhaupt sei hier alles so kultiviert, daß er den Eindruck habe, »in einer neuungarischen Provinzstadt zu sein, so wenig orientalisch finde er die Stadt«. Ein kräftiges, ein großes Volk, meint Herr Münz, und auch ein gutes Volk, alles was man will, und so viele reiche, blühende Provinzen, aber – »ich habe, Majestät, auf dem Wege hieher nach Sophia sehr wenige Schlote gesehen. Die Industrie scheint in Bulgarien noch nicht viel entwickelter zu sein als in der Türkei«. Fürwahr, eine freie Sprache. Münz kann nicht

Fürstendiener sein. Der König »fixiert sein Gegenüber«; ganz wie jener andere, der den Marquis bald mit einem Blick der Verwunderung, bald mit Erstaunen, mit Erwartung, mit Überraschung betrachtet. Aber Münz braucht seinen König nicht mehr zu erziehen. »Ich hatte«, bekennt er, »in dem König einen Mann von Temperament und Selbstbewußtsein vor mir, und ich müßte ihn so einschätzen, auch wenn er nicht König wäre. Es ist doch selbstverständlich, daß es einem Publizisten, der auf seine Reputation hält und dem jede höfische Gesinnung fern ist, schlecht anstünde, sich unter dem Eindrucke einer freundlichen Aufnahme von dem Glanz einer Krone dermaßen blenden zu lassen, daß er ihren Träger in einer die Öffentlichkeit irreführenden Weise überschätzen wollte. Hie die Majestät des Königs – hie die vollste Unabhängigkeit des Publizisten!« Hi hi! Der Münz kann also nicht Fürstendiener sein! Da kann man eben nichts machen. (Der König ist bewegt.) Nach aufgehobener Tafel möchte Münz am liebsten sagen: »Mein Herz ist voll – der Reiz zu mächtig, vor dem Einzigen zu stehen, dem ich es öffnen möchte.« Da wird er aber vom König ins Gespräch gezogen. Und hier erst zeigt sich der ganze Unterschied zwischen Posa und Münz, zwischen der Enttäuschung, die jener, und der Befriedigung, die dieser empfinden mußte. Denn während Posa den König Philipp erst allmählich dahinbringen will, Bürgerglück versöhnt mit Fürstengröße wandeln zu lassen, bemerkt Münz zu seiner angenehmen Überraschung, daß der König von Bulgarien – was Bürgerkönig! – Bauernkönig ist, daß er »den gesunden Kern mit der harten Schale vom ersten Tage an erfaßt« hat, sich politisch ganz demokratisiert und dieser rauhen bulgarischen Volksseele sich hingegeben hat. Den Stock braucht er nur, weil er sich in diesem Klima auch die Gicht geholt hat, höchstens noch, um etwa ein Ende zu machen, wenn ein Interview zu lange dauern sollte, aber ganz gewiß nicht zu absolutistischen Zwecken. Übrigens scheint er den größten Wert auf die Anwesenheit des Münz zu legen, und dieser ist gar nicht imstande, alle Fragen, die von der Königsfamilie auf ihn einstürmen, zu beantworten. Wie ein wiedergefundener Sohn wird Münz umringt, denn wenn er auch bei allen anderen Potentaten Europas wie's Kind im Herrscherhaus ist, so scheint sich hier eine ganz besondere Teilnahme seinen Bestrebungen zuzuwenden. »Wie hat es Ihnen in Konstantinopel gefallen?« beginnt der König, »Was waren Ihre Eindrücke?.. Es gefällt

Ihnen nicht alles in Konstantinopel?« .. »Und welchen Eindruck machten Ihnen die Truppen?« (Auf diese Frage versichert Münz, er sei kein Soldat, aber die Truppen hätten sein ästhetisches Wohlgefallen hervorgerufen.) Da will wieder die Königin wissen: »Und welchen Eindruck macht Ihnen Konstantinopel?« (Auch ihre Frage beantwortet Münz sehr entgegenkommend und ausführlich, wobei er versichert, daß er ein moderner Kulturmensch sei.) Da aber fragt der König: »Haben Sie den Sultan gesehen?« .. »Und welchen Eindruck machte Ihnen der Sultan?« (»Ich habe«, antwortet Münz, »von seinen müden Gesichtszügen eine lange Leidensgeschichte abgelesen«) .. »Und welche Eindrücke hatten Sie sonst in Konstantinopel? Haben Sie viele Menschen gesehen, die Minister, die Deputierten?« (»Ich habe«, antwortet Münz, der schon ein wenig ungeduldig wird, sichtlich knapp, aber taktvoll, »so viele Menschen sehen müssen, daß mir leider wenig Zeit für die Dinge blieb«). Die unausgesprochene Frage des Kronprinzen Boris: Und haben Sie nicht den kleinen Kohn gesehn? – offenbar meinte der Kronprinz den Konstantinopler Korrespondenten der Neuen Freien Presse – diese Frage beantwortet Münz wieder mit einer Frage, mit der er sichtlich von der Politik abschweifen will. Nämlich ob der Kronprinz, als er in Bayreuth war, nicht durch die überlange Dauer der Vorstellungen ermüdet worden sei. »Durchaus nicht«, sagte der Kronprinz, der sich im Gegenteil durch seinen Besuch in Bayreuth für den Besuch des Münz in Sophia trainiert hat. Und die Königin will das Gespräch beenden, indem sie, offenbar ganz unter dem Eindruck der Persönlichkeit, nachdenklich vor sich hin die Erkenntnis murmelt: »Ja, der Orient hat seinen Zauber«. Herr Münz wehrt bescheiden ab und sagt: »Majestät haben den Orient auch in seinen rauhesten Schrecken kennen gelernt«, führt aber, da die Königin eben höflich oh oh! sagen will, seine Meinung aus: »Majestät sind als Samariterin durch die Mandschurei gezogen«. Worauf wieder die Königin bescheiden abwehrt und das Wahrwort findet: »Der Mensch hat Pflichten, an welcher Stelle immer er steht.« Das Mißverständnis war also aufgeklärt, Herr Münz hatte die Mandschurei und die Königin hatte die Neue Freie Presse gemeint, und die Unterhaltung spann sich gemütlich weiter. Wie nahe Münz der bulgarischen Königsfamilie steht, geht daraus hervor, daß er »in der Lage war, dem König zu sagen«, er habe vor Jahren »eine angenehme Woche bei Freunden in Schloß Ketschendorf bei Koburg zugebracht und kenne auch die Gruft, in der des Königs Eltern ruhen«. Worauf der Kronprinz ihm beim Dessert »ein Bonbon mit dem Bilde seiner beiden Schwestern zuschob« und ihn »bat, es zur Erinnerung mitzunehmen«. Die Schilderung, die Herr Münz von der Hoftafel entwirft, stimmt durchaus zu dem Typus eines Königs, der sich schon ganz demokratisiert hat. »Die Tafel ist reich mit Blumen bedeckt. Manches alte Sévres fällt uns auf.. Der König, der in alles eingreift...« Kein Wunder, daß er auch den gesunden Kern mit der harten Schale erfaßt. Die Speisesitten des Herrn Münz werden in dieser Schilderung als bekannt vorausgesetzt, denn sonst wäre es unbegreiflich, daß der König, dem die Neue Freie Presse den ausführlichen Bericht doch jedenfalls verdankt, diesen Punkt nicht berührt hat. Freilich fiele es aus dem Stil einer solchen Begegnung, die sich durchaus in den feinsten welthistorischen Formen abspielt. Schon beim Eintritt des Münz war es dem König klar: Anders als sonst in Menschenköpfen malt sich in diesem Kopf die Welt. Münz bewundert die Porträts von des Königs Eltern, die Herr v. Angeli gemalt hat: da hört man deutlich, wie der König die Worte »Sonderbarer Schwärmer!« unterdrückt. Münz beteuert, er habe »in ganz Konstantinopel kein Pflaster gesehen wie in Sophia«. Der König (beiseite): Bei Gott, er greift in meine Seele! Die Bulgaren »müssen mit der Natur ringen«, sagt Herr Posa; und »man sieht überall eine Bauwut«. »Dem Undank haben sie gebaut«, meint Marquis Münz, »umsonst den harten Kampf mit der Natur gerungen.« Da aber jener nicht aufhört, den König über den Unterschied von Sophia und Konstantinopel aufzuklären, möchte man den König bitten, jetzt doch endlich auch das Zitat zu bringen: »Nichts mehr von diesem Inhalt, junger Mann!« Nur eine Äußerung hat der König bestimmt nicht getan: als nämlich Herr Münz beherzt sagte, er vermisse die Industrie in Sophia, und tollkühn das Offert einer österreichischen Anleihe machte, da hat der König sicher nicht mit den Worten abgeschnitten: Ihr seid ein Protestant! Denn sonst hätte Herr Münz wahrscheinlich antworten müssen: Ihr Glaube, Sire, ist nicht der meinige! Dagegen sprach der König davon, daß es »ihm, dem Fremden« in Bulgarien nicht leicht geworden sei, während wieder bei Schiller die Anspielung auf den »gekrönten Fremdling« in der späteren Ausgabe gestrichen ist. Abweichungen da und dort. Unausgesprochen blieb auf Seite des Herrn Münz der Gedanke: Lassen Sie mich, wie ich bin. Was wär' ich Ihnen, Sire, wenn Sie auch mich bestächen?

Dagegen liegt einem Spezialtelegramm aus Sophia zufolge eine Äußerung vor, mit der der König diese denkwürdige Unterredung abgeschlossen hat. Der Hofmarschall Draganow trat herein und der König rief: »Der Schmock wird künftig unter keinen Umständen, hören Sie Draganow, weder gemeldet noch ungemeldet vorgelassen!«

[F 301–02, 47–51; 1910]

S. M.

Der journalistische Erfolg, den sich der König von Bulgarien durch sein Interview mit dem Siegmund Münz geholt hat, ließ den König von Rumänien nicht schlafen, er bewarb sich um eine Zusammenkunft und bald hatte er Gelegenheit, den S. Mz., der sich jetzt gradezu S. M. nennt, in Bukarest zu begrüßen. Zunächst hören wir: »Unsere Yacht ist dicht am Kai verankert«. Aber es ist nur eine Täuschung, wir sind nicht in der Oberen Donaustraße, sondern wirklich in der Gegend des Schwarzen Meeres. Am Strand taucht bereits eine rumänische Prinzessin auf, und S. M. erinnert sich an Ovid: »Auch die römische Kaisertochter Julia, in welcher der alternde Poet in Liebe entbrannt war, kann nicht viel schöner gewesen sein als diese Prinzessin Bibesco, die hier einsam spaziert und sich in Zwiegesprächen mit den heute sanft rauschenden, aber nicht selten zornig stürmenden Wogen – –« Genug! Der König wartet. Münz gibt Empfehlungen ab. Wozu? Man weiß, wer er ist. Aber »die Spitzen der Bukarester Gesellschaft drängten sich heran«. Es ist nämlich der Geburtstag des Königs und er hat sich den Münz gewünscht. »Wir besorgten, in dem Meer von Namen unbeachtet zu bleiben«. Das ist nicht zu befürchten; der König wartet und weiß, was ihm bevorsteht. Münz lernt vorher Herrn Jonescu kennen, »einen berühmten Operateur, der ein Mittel gefunden hat, um durch Injektion in der Wirbelsäule die schwersten Operationen bei völligem Bewußtsein der Patienten schmerzlos vorzunehmen«. Der König kann also beruhigt den Münz empfangen. Aber dieser zaudert noch. Er geht in die Oper und sieht dort in einer Loge »eine orientalische Schönheit auftauchen – eine von magischem Zauber umflossene, blasse Salambô-Gestalt, und als Heldin des Goncourtschen Romans ist sie auch bei einem

Maskenball aufgetreten«. Salambô ist zwar von Flaubert, aber das macht nichts, »von dieser in die Farben des Orients getauchten südlichen Glut hebt sich die reinere, gleichmäßigere germanische Schönheit der Kronprinzessin ab. Dort sitzt in einer Loge die blonde, rotwangige und blauäugige Kronprinzessin im hellen Zauber ihrer noch frischen – –«. Genug! Der König wartet. Aber der Münz tut sich noch bißchen in Bukarest um. Wieder, wie in Sophia, vergleicht er das Stadtbild mit dem Konstantinopels, und nicht mit dem Leipniks. »Da wir von Konstantinopel kommen, so bleiben unsere Ansprüche an morgenländischen Zauber, an die Romantik des Verfalls, an das Reizvolle des Beschaulichen unbefriedigt.« Der Münz ist anpsruchsvoll. Er gibt zu: »Hier ist ein starkes Aufstreben ohne Märchenduft wahrnehmbar«. Immerhin also. Hierauf werden sie vom Minister des Äußern empfangen. Münz begleitet auf der ganzen Reise einen Sir Max Wächter, der sehr viel unnützes Gepäck mit sich führt, nämlich einen Plan einer europäischen Föderation auf wirtschaftlicher Grundlage. Diesen Plan trägt Herr Wächter sämtlichen Regenten und Ministern sämtlicher Balkanstaaten vor und alle sagen nur das eine: »Wir können für diese Sache nur die größten Sympathien hegen, aber wir sind ein kleiner Staat«, und immer wieder meldet es uns Herr Münz. Der Balkan schickt Spielereihausierer nach Europa und Europa revanchiert sich mit dem Sir Max Wächter, der immer wieder eine Föderation auf wirtschaftlicher Grundlage anbietet. Und der König wartet. Endlich! »Er zog mich schnell in ein freundliches Gespräch.« Das tun diese Könige immer, um den ersten unangenehmen Eindruck rasch zu überwinden. »Nur im Anfang unseres Gespräches hatte ich Gelegenheit, den König ein wenig ins Auge zu fassen.« Aber ein wenig wollte der König Herrn Münz im Dunkeln sehen, »und erst im Augenblick, als er sich zum Abschied erhob, flammten die elektrischen Lichter auf«. Da machte Münz eine merkwürdige Beobachtung. »Ich hatte den König seit Jahren nicht mehr gesehen. Er ist seither älter geworden ...« Das Interview selbst verlief anregend. Der König wollte alles Mögliche wissen; ja, er war vielleicht noch neugieriger als der bulgarische. »Der König erkundigte sich mit großer Liebenswürdigkeit nach den Orten, die ich auf meiner bisherigen mehrwöchentlichen Orientreise besucht hatte, fragte mich, ob ich zum erstenmal in Rumänien sei, und wie es mir hier gefalle. Ich antwortete dem König, daß ich zum erstenmal hier sei und daß ich mich angeheimelt fühle durch die lateinischen Anklänge der Sprache.« Das ist interessant, daß er diese Anklänge »lateinisch« nannte. Aber gleich darauf bekannte er Farbe: »Ich muß Majestät gestehen, daß ich hier die Empfindung habe, unvergleichlich näher an Wien zu sein, als an Konstantinopel.« Seine Erinnerung ist also dicht am Kai verankert. Nun aber wurde es diplomatisch. »Eure Majestät stehen in dem unzweifelhaften Ruf, ein fester Hort des Friedens im südöstlichen Europa zu sein«, und: »Eure Majestät gelten als ein Bürge des Statusquo auf dem Balkan.« Dann sprach auch der König wieder. Er meinte, daß in der Öffentlichkeit Zusammenkünfte zwischen Monarchen überschätzt werden. »Der König trug dies schlicht ausführend und keineswegs etwa belehrend vor.« Wie würde er! Aber die Entrevue zwischen S. M. von Rumänien und S. M. von der Neuen Freien wird gewiß auch überschätzt werden. Sie trug rein privaten Charakter, der König wollte bloß dies und das wissen. Der Bulgare hatte nach Konstantinopel gefragt. Der König von Rumänien »erkundigte sich nach meinen in Sophia gewonnenen Eindrücken«. Man kann begierig sein, wie sich das die Balkanfürsten weiter einteilen werden. Der Rumäne aber verglich selbst Bukarest mit Sophia. »Es tut mir leid, sagen zu müssen, daß die Zahl der Analphabeten in Rumänien größer ist als im Königreich Bulgarien.« Das war aber keine Beleidigung, wiewohl der Münz jetzt in Rumänien und nicht mehr in Bulgarien ist. Er war so taktvoll, auf die Judenhetzen abzulenken, denen er die Schuld an der Rückständigkeit gab. »Die Judenfrage war eine der schwersten Sorgen meiner Regierungszeit«, sagt der König, wobei er offenbar auf die Uhr sieht, »und sie fährt fort, mir Sorge zu machen«. Der Münz aber versteht nicht und appelliert an die Humanität: »Von Eurer Majestät abgeklärtem Sinn darf man wohl... gleiches Recht... Untertanen«. Der König empfindet, daß sich hier ein Leitartikel auswächst, und schneidet schroff ab: »Die Judenfrage ist uns keine Frage der Religion – es ist eine wirtschaftliche Frage. Der Rumäne ist von Natur tolerant. Aber es ist die wirtschaftliche Überlegenheit der Juden, gegenüber welcher sich die nationale Strömung zur Wehr setzt. Es sind Agrarbanken errichtet worden. Sie können beitragen, das rumänische Element vor verderblicher Ausbeutung zu schützen«. Sie, nämlich die Agrarbanken, nicht die Neue Freie Presse, die diese Bemerkung des Königs offenbar nicht bemerkt hat und die den Münz anweisen wird, künftig sofort den Audienzsaal zu verlassen, wenn der König von Rumänien wieder derartige Ansichten äußern sollte, welche dann bei der Drucklegung durchrutschen können. Der Münz suchte aber schon diesmal auf den König einzuwirken: »Eure Majestät, die objektivere Erkenntnis der Monarchen, die auf der Menschheit Höhen wandeln, mildert oft die Volksleidenschaften«. Bravo!

Der König lenkt ein. »Und wie oft obliegt uns tatsächlich diese Aufgabe!« bekennt er. Überhaupt weiß ihn der Münz mit originellen Wendungen zu fesseln. Wie steht's denn mit den Erinnerungen, die der König schreibt? »Es wäre wünschenswert, daß Eure Majestät den abgebrochenen Faden der Erzählung wieder aufnehmen«. Oder: »›Wir erkennen‹, meinte ich, ›in der auswärtigen Politik Rumäniens die weise lenkende Hand des erfahrenen Steuermanns, der seit mehr als vier Jahrzehnten das Land beherrscht‹«. »Haben Sie sich Bukarest angesehen?« antwortet darauf der König. Und dann: »Gehen Sie nach Sinaia?« Und endlich: »Ich weiß, daß auch die Königin Sie jetzt sehen will«. Die Audienz hatte eineinviertel Stunden gedauert. »Die Königin empfing mich nach wenigen Augenblicken und behielt mich bis nach halb 9 Uhr bei sich.« Also eine volle Stunde. »Aber das Gespräch war zu inhaltsreich und zu bedeutend, als daß ich es im Rahmen dieser Mitteilungen wiedergeben könnte« ... 5. Mai 1910. Bis heute, 27. Mai, ist nichts erschienen. Die Neue Freie Presse ist imstande und bringt auch das noch!.. Münz-Empfänge und kein Ende. Auch der türkische Thronfolger Jussuf Izzedin Efendi muß dran glauben. Wir begegnen Münz wieder in Konstantinopel, seine Ansprüche an morgenländischen Zauber werden vollauf befriedigt. Im Wartezimmer sieht er »einen alten und einen jungen Orientalen«. (Münz ist ein Mann gut in den Vierzigern.) »Der Alte ist grellstes Morgenland... Er ringt die Hände, schließt die Augen, seine Lippen bewegen sich«. Münz hält das für ein Gebet. Aber es ist ein Fluch. Das Morgenland wehrt sich. Der Alte hofft, Münz werde weggehen. »Er neigt sich vor, richtet sich wieder auf und wirft sich wieder zu Boden, und so geht es fort wohl mehr als ein dutzendmal, ein nicht endenwollender Wechsel von Zerknirschung und Erlösung...« Endlich wird Münz abgeführt. Denn der Thronfolger wartet. Dieser spricht zunächst mit dem Sir Max Wächter. Europäische Föderation auf wirtschaftlicher Grundlage gefällig? Danke nein. Dann spricht der Thronfolger den Münz mit dem folgenden Satz an: »Ich schätze den großen Wert der Presse, denn sie ist eines der wirksamsten Mittel, um dem Fortschritt der Menschen zu dienen, und ihr wachsames Auge ist oft mit Erfolg darauf gerichtet, daß die für den Fortschritt unumgänglich notwendigen freiheitlichen Einrichtungen gewahrt bleiben«. Münz »gibt der Genugtuung über diese Äußerung Ausdruck«. Der Thronfolger fährt fort: »Unsere Verfassung ist das Panier unseres Fortschrittes«. Er spricht wie ein Fezfabrikant, der in der Neuen Freien Presse einen Aufruf als Gemeinderatskandidat für den ersten Wahlkörper des ersten Bezirkes erläßt. Dann geht das eigentliche Interview los: »Sind Sie zum erstenmal in Konstantinopel? Und wie gefällt es Ihnen hier?« »Zum erstenmal, kaiserliche Hoheit«, antwortet Münz, »und ich bin berauscht von der Schönheit dieser Stadt, die so einzig in der Welt dasteht. Aber darf ich mir ein offenes Wort erlauben? Es wäre wünschenswert, daß sich diese herrliche Stadt in moderner Richtung entwickle...« Unter den Einrichtungen, die ihm in Konstantinopel entschieden fehlen, nennt Münz das Telephon. Der Thronfolger sagt: »*Seien Sie geduldig mit uns.* Ich hoffe, daß Sie, wenn Sie in zehn Jahren wiederkehren, in der Lage sein werden...« Früher hofft der Thronfolger den Münz in Konstantinopel nicht zu sehen. Der Thronfolger stellt Fortschritte in Aussicht, Münz spricht sofort von Beteiligung. »Darf man, kaiserliche Hoheit, erwarten, daß es auch den Ausländern gegönnt sein wird, sich an der wirtschaftlichen Entwicklung der Türkei zu beteiligen?« Der Thronfolger lenkt ab und sagt, daß »die Konstitution die Gewähr der Gleichheit aller Nationen und Religionen« ist. Münz leuchtet. »Also werden, kaiserliche Hoheit, auch die Nichttürken und Nichtmoslims unter den Hut der Verfassung....« Er sagt Hut, jener sagt Hort. Er sagt: gleiche Pflichten und gleiche Rechte aller Untertanen; jener sagt: berechtigte Wahrung der nationalen und religiösen Unterschiede. Münz sagt, der General von der Goltz Pascha schreibe für die Neue Freie Presse. Der Thronfolger fragt: »Haben Sie während Ihres Aufenthaltes in Konstantinopel eine Truppenrevue gesehen?« Münz lobt die Truppen. Der Thronfolger freut sich, daß er nicht wie Sir Max Wächter »für die Abschaffung der Armeen sei«. »Und der Prinz lächelte und *rieb sich die Hände.*« Münz erläutert das Programm des Herrn Wächter und spricht vom Statusquo. Darauf spricht auch der Thronfolger vom Statusquo und setzt hinzu: »Es ist nichts so wichtig, als in den Zeiten des Friedens dem Fortschritt durch die Befestigung der

Konstitution zu dienen.« »Das Wort ›Konstitution‹ sprach der Thronfolger wiederholt aus, und zwar in dieser europäischen Form, nicht in der türkischen Übersetzung«. Nun wird aber der Sir Max Wächter noch vom Sultan empfangen werden und wird dem Münz und dieser uns alles erzählen. Münz begleitet ihn nur. Er beobachtet ein neues Schauspiel: Drei Knaben treten auf und tragen irgendetwas. »Unerfahren in den Bräuchen des kaiserlichen Palastes, glaube ich, es handle sich um die Einleitung zu irgend einer religiösen Funktion.« Aber es wird bloß schwarzer Kaffee serviert. »Und als ich die Schale in Händen hielt, nahm ich staunend wahr, daß die goldene Untertasse ganz mit Brillanten besetzt war.« Noch mehr aber staunte Münz, als er später von einem Eingeweihten erfuhr, »daß bis auf den heutigen Tage keine der goldenen diamantenbesetzten Schalen aus dem kaiserlichen Service fehle«. Es waren eben bisher nur Leitartikler und keine Volkswirte im Serail. Die Audienz wegen der Föderation auf wirtschaftlicher Grundlage ist zu Ende. Sie fahren an dem Parlament vorüber und Münz zitiert: »Leergebrannt ist die Stätte!« Noch lange aber begleitet ihn die Erinnerung an das Gespräch mit dem Thronfolger, »die Erinnerung zumal daran, wie er immer und immer wieder das fremde Wort ›Konstitution‹ sprach«... Dem Bosporus wird übel, der Balkan kracht, und die Fürsten beschließen endlich eine Föderation auf wirtschaftlicher Grundlage, weil sie auf anderem Wege die Neue Freie Presse nicht dazu bringen können, ihnen den Münz nicht mehr ins Haus zu schicken.

[F 303–04, 6–12; 1910]

Die kretensische Frage

Münz, dem noch die griechische Königsfamilie entgangen war, hörte, daß sie in Korfu sei, und beschloß das Versäumte nachzuholen. Er fuhr nach Korfu, zog den König sofort ins Gespräch, und die Folge war, daß es beinahe zum Krieg zwischen Griechenland und der Türkei gekommen wäre. Das ist kein Witz. Die Untertanen der Könige, die sich mit Herrn Münz einlassen, müssen auf alle Eventualitäten gefaßt sein. Im Vordergrund gibt ein Schmock seine Visitkarte ab, und hinten sprechen schon die Kanonen. Sie sprechen nicht mit Herrn Münz, er wird nicht hören, was sie sprechen, er schreibt schon seinen Leitartikel, und denkt höchstens an die bekannten Kugeln der rituellen Küche, die noch keinem Leipniker ein Loch in den Bauch gerissen haben, wenn hinten, weit, in der Türkei, die Völker aufeinander schlagen. Denn das ist die Folge, wenn einer unserer Mitarbeiter Gelegenheit hatte. S. Mz. war also in Korfu. Der Generaladjutant konnte ihn »sich nicht einmal setzen heißen«. Es ist Namenstag des Königs. Der Generaladjutant hat die Wahl zwischen dem Tedeum und dem Münz. Er wählt das Tedeum. Münz hat eine Empfehlung an Herrn Theotokis, um dessen Brust »sich das breite blaue Ordensband des griechischen Erlösers schlang«. Diesem Herrn konnte also nichts passieren. In der Tat, die Konversation hatte kaum begonnen, »als plötzlich Mr. Mac Kinnan, der erste Offizier der Yacht ›Rovenska‹, die uns hieher nach den jonischen Gewässern getragen hatte, hereinstürmte und uns fast atemlos zurief: ›A royal message!‹ (Eine königliche Botschaft)«. »Was war es, das unseren sonst so gleichmütigen schottischen Freund ein so hastiges Tempo einschlagen ließ?« Nun, was wird es gewesen sein? Eine Einladung von S. M. an S. Mz. Der König sprach's, der Page lief, und Herr Theotokis war erlöst. Der Münz vertröstet ihn auf Nachmittag und geht zum König. Der König sagt ihm alles, was er auf dem Herzen hat. Zunächst eine Frage im Vertrauen: »Haben Sie gehört, daß man an die Berufung einer anderen Dynastie auch nur einen Augenblick gedacht hat?« Münz schüttelt den Kopf, er müßte es doch wissen. Der König: »Können Sie es allen Leuten recht machen? Und Sie stehen doch einem kleineren Pflichtkreise vor und brauchen darum einen kleineren Kreis von Menschen zu befriedigen.« Wer sagt das! Vielleicht, ja, gibts mehr Griechen als Abonnenten der Neuen Freien Presse; die sind aber dafür über die ganze Welt zerstreut! Der König fragte nun den Münz – also was – raten wir! Nun, wir haben's erraten: »Der König fragte mich, ob ich zum erstenmal in Griechenland wäre, und wie es mir in Athen gefallen hätte.« Es scheint sich um eine Verabredung der Balkanfürsten zu handeln, hauptsächlich diese eine Frage – ob er und wie es ihm – an den Münz zu stellen. Er merkt aber nicht, daß er gefrozzelt wird, und beteuert, wie in Konstantinopel, in Sophia, in Bukarest: »Zum erstenmal im Leben, Majestät.« Und fährt fort, wie der gebildete Mann in den »Lokalzugstudien«, der immer von Wien nach Baden fortfährt: »Daß ich glücklich war, mit den zaubervollen Stätten, auf denen die Glorie der Antike liegt, sozusagen ein Wiedersehen zu feiern – ein Wiedersehen insofern, als wir im Geiste ja all das von früher Jugend an schon geschaut hatten – brauche ich kaum hervorzuheben. Aber auch das Moderne in Athen hat mir vielfach gefallen – die herrlichen, von griechischen Patrioten zu Gemeinzwecken gestifteten Paläste – die sauberen schönen Straßen – ein Hotel allerersten Ranges. In Athen allerwärts Komfort.« Und nun nimmt der König die Gelegenheit wahr, weil der Münz schon einmal da ist, von ihm die kretensische Frage lösen zu lassen. »Seit dem Jahre 1863 sitze ich auf dem Thron, und von der ersten Stunde an hatte ich die kretensische Frage auf dem Buckel«, sagt der König wörtlich und denkt, der Münz könne, da er sich gerade in dieser Gegend aufhält, die Sache prima vista erledigen. Der Münz macht auch sofort eine hochpolitische Bemerkung, worauf der König sagt: »Also auch Sie werfen uns vor... Darauf antworte ich Ihnen...« Und es fällt richtig das Wort Statusquo. »Sie waren, wie ich höre, in Kreta? Was hat man dort bis zur Ankunft des griechischen Oberkommissärs geleistet? Nichts, gar nichts.« »Ich kann Eurer Majestät nur recht geben. Dort ist ja noch das reinste Mittelalter in Hinsicht auf alle Verkehrsverhältnisse.« (Wir haben später erfahren, daß man dem Münz in Kreta gesagt hat: »Wir können nicht einmal untereinander normal verkehren.) Der Münz fragt den König, ob es auch andere Inseln gibt, die griechisch sind und gleichwohl zur Türkei gehören. Der König zuckt die Achseln und sagt, daß er nur Kreta will. Münz: »Eurer Majestät, wie mir scheint, durchaus gerechtes Verlangen, entspricht meinen Gesinnungen«. Der König empfindet lebhafte Genugtuung. »Nach einer etwa halbstündigen Unterredung entließ mich der König, begleitete mich noch durch das nebenstehende Gemach und machte eine Anspielung, daß er mich wohl noch in Korfu wiedersehen würde.« »Für alle Fälle aber gab er mir Grüße für eine besonders charmante und schöne Dame der Wiener Gesellschaft mit.« (Münz ist diskret und nennt keinen Namen.) Inzwischen ist der König von England gestorben. »Ich war nun der sicheren Annahme«, sagt Münz, »daß unsere Einladung zu Hofe, die wir den Tag zuvor bekommen hatten, noch im letzten Augenblick widerrufen werden würde.« Da hat er aber nicht mit seiner Beliebtheit gerechnet. Die kann es mit jeder Hoftrauer aufnehmen. Bald hörte er denn auch, »daß es bei der Einladung bliebe; es wäre ja, meinte der Generaladjutant, nur ein Mahl im engsten Kreise...« Da darf der Münz nicht fehlen. Der

Münz in Korfu – das läßt sich der König nicht zweimal sagen. Die Stimmung bei Tisch war zwar »etwas gedrückt«, aber sie war da. Was König von England! Wenn der Münz von der Presse zum erstenmal im Leben in Griechenland ist, so wäre eine Nichtzuziehung zum Familiendiner eine so eklatante Verletzung der internationalen Höflichkeit, daß man gar nicht einmal daran denkt, so etwas zu riskieren. Wegen des Münz einen Krieg mit der Türkei – ja; aber doch nicht einen mit der Neuen Freien Presse! Der König, »im ganzen schweigsam, richtet doch zeitweise das Wort an mich«. »Einmal sagt er: ›Mit Bedauern habe ich Sie gestern in einer Loge im Theater gesehen.‹ ›Warum, Majestät mit Bedauern?‹« Und der König antwortet nicht, wie man erwartet hat: Weil ich Sie im Theater gesehen habe, sondern: Weil die Vorstellung viel zu wünschen übrig ließ. Und nun macht der Münz eine sehr feinsinnige Bemerkung: »Aber es hat mir doch Genugtuung bereitet, zum erstenmal im Leben von der Bühne herab griechische Laute zu hören, und war es auch nur die Übersetzung des ›Walzertraum‹. Alle Achtung, Majestät, vor der Begabung des Komponisten, meines österreichischen Landsmannes. Aber wir haben das bessere Geschäft gemacht, wenn die Griechen uns ihre Tragödien gaben und dafür unsere Operetten eintauschen.‹« Bravo! Dafür wird ihm der Kronprinz vorgestellt. »Der Kronprinz ist eine kräftige Gestalt, dem man kaum ansieht... Er spricht gut deutsch.« Der Münz nicht. Der Kronprinz gibt dem König an Offenherzigkeit nichts nach und beklagt sich beim Münz über seine Ausschließung aus dem Generalkommando. Münz tröstet: »Der zukünftige König der Hellenen mag doch, auch wenn er jetzt nicht mehr das Armeekommando innehat, noch immer eine große Mission haben.« »Der Kronprinz rühmte die Vorzüge der Griechen, beklagte es aber, daß bei ihnen eine geringere Neigung, Disziplin zu halten, vorhanden sei, als etwa bei den Deutschen, dem Volke der eisernen Disziplin.« Er bemerkte: »Die Griechen sind eigentümlich.« Sie verübeln nämlich dem Kronprinzen das Radfahren, das Schlittschuhlaufen und das Tennisspielen. Der Münz sagt: »Das befremdet mich, königliche Hoheit. Der Sport ist ja eigentlich ein Vermächtnis des auf die höchste körperliche Ausbildung bedachten Griechentums an die Menschheit.« Man sieht, es war höchste Zeit, daß das Gespräch durch das Erscheinen der Königin unterbrochen wurde. Nun war die offenherzige Familie schon fast vollzählig um den Münz versammelt. Die

Königin »legte« ihm auch sogleich etwas »ans Herz«. Nämlich, »Korfu nicht zu verlassen, ohne einige Ausflüge in die Umgebung gemacht zu haben«. Vielleicht meinte sie aber: einige Ausflüge in die Umgebung zu machen und dann Korfu zu verlassen. Dieses sei »ein wahres Paradies«, sagte sie und begann den Baedeker zu zitieren: »Weithin ziehen sich wundervolle Straßen, die man nicht nur bequem mit Wagen, sondern auch mit Automobilen befahren kann.«

Jetzt kam aber ein heikles Thema. »Die Königin meinte, sie vermißte in meiner Aussprache des Deutschen die wienerischen Anklänge.« Das hatte sie gut heraus. »Ich erwiderte ihr, daß meine Heimat in Mähren wäre, in einer Gegend, in der sich das slavische und das deutsche Element berührten«. »Es sind wohl Czechen«, versetzte die Königin boshaft, »die dort neben den Deutschen wohnen«... Die Königin kam dann noch »auf die Kraft der Sonne, die, in der Form von Sonnenbädern angewendet, gewisse Krankheiten heile«. Die Königin ist nämlich Samaritanerin von Beruf. »Sie denkt sehr menschlich«. »Die Schrecken des Krieges kennt sie aus eigener Anschauung. Sie hat die Folgen des griechisch-türkischen Feldzuges aus der Nähe gesehen...« Des vergangenen. Nun sieht sie aber auch die Ursache des künftigen aus der Nähe, nämlich den Herrn Münz. Sir Wächter mischte sich jetzt ins Gespräch, jener Herr, der bekanntlich eine Föderation auf wirtschaftlicher Grundlage will. Endlich hat aber auch der Prinz Georg Appetit auf den Münz bekommen, tritt herzu und stellt einige Fragen an ihn, wie: »Haben die Türken auch nur das geringste Anrecht auf Kreta? Haben sie dort etwas geleistet? Und sind denn nicht auch die Mohammedaner auf Kreta Griechen?« Anstatt nun schlicht zu sagen: »Was wollen Sie von mir haben?« oder »Weiß ich?« oder »Ihre Sorgen möcht ich haben!« oder was man sonst eben in solchen Situationen zu sagen pflegt, läßt sich der Münz in Debatten ein. Erst nachdem er die fortwährenden Anspielungen sämtlicher königlichen Familienmitglieder auf Kreta und die Kretenser und das Kichern des Prinzen, dem die Königin einen Rippenstoß gab, endlich kapiert hatte, zog er es vor, sich zu entfernen. Der König rief ihm nach: »Und bitte nochmals, vergessen Sie nicht, die reizende Frau... in Wien von mir herzlichst zu grüßen.« (Münz ist diskret und nennt keinen Namen.) Der König wollte ihm einen Gegenbesuch auf der Yacht machen, »der Tod des Königs Eduard jedoch veranlaßte ihn, diesen Besuch zu unterlassen«. Das ging also doch nicht. Aber der Kronprinz ließ es sich nicht nehmen. »Schlag 5 Uhr« kam er zum Tee (weil es doch sonst kein five o clock-Tee gewesen wäre). Einige Barken schwammen heran, die dem Münz »ein veritables neapolitanisches Ständchen darbrachten«. Es war sehr schön. »Der Kronprinz brach nach zweiundeinhalbstündigem Aufenthalt«, und zwar auf, zum Schlosse, wohin ihn aber der Münz noch begleitete... »Als wir den Tag darauf erwachten, sahen wir den Vater Ätna, wie er sein Morgenpfeifchen rauchte.« Das ist eine sehr euphemistische Bezeichnung für das, was der Vater Ätna tat, als er den Münz sah. Am Abend – das heißt, »als er Tag zur Rüste ging« – wandelte der Münz bereits »bewegten Herzens unter den Trümmern von Messina einher«, nicht ohne dem Gedanken Ausdruck geben zu können, »wie nahe im Leben Zauber und Tod, Herrlichkeit und Untergang aneinander gerückt sind«. Gewiß, es ist im Leben häßlich eingerichtet. Aber der furchtbarste Kontrast ist doch zwischen einem Interview und einem Krieg. Ein König wird beim Anblick eines Reiseschmocks redselig, und Europa steht in Flammen. »Konstantinopel, 8. Juni: Die Mitteilungen der Neuen Freien Presse über die Äußerungen, welche König Georg von Griechenland zu einem Mitarbeiter dieses Blattes gemacht hat, sind gestern im Ministerrat besprochen worden.« Man verlangt ein Dementi, man droht mit dem Boykott gegen Griechenland. Der König schwankt. Die Neue Freie Presse bleibt aufrecht. Die Rubrik »Die Äußerungen König Georgs zu einem Mitarbeiter der Neuen Freien Presse« wird fortgeführt. Der Großvezier fordert den griechischen Gesandten auf, die Äußerungen des Königs über die Annexion Kretas zu widerrufen. Der ›Tanin‹ verlangt »ein amtliches Dementi oder Krieg«. Die griechischen Untertanen, die in der Türkei leben, sollen ausgewiesen werden. Auch in Salonichi hat sich ein Boykottkomitee konstituiert und die Sperre über die griechischen Schiffe verhängt. Die Erregung ist im Zunehmen. Man fordert die Einberufung eines Kongresses aller Berliner Vertragsmächte. Man nennt die Äußerungen des Königs einen »schrecklichen Selbstmord«. Es geht das Gerücht, daß Griechenmassakres geplant sind. Der Münz befindet sich auf der Rückreise in die Redaktion. Der König schwankt. Die Neue Freie Presse bleibt aufrecht. Wird sich der König für den Krieg oder gegen die Neue Freie Presse entscheiden?... Er läßt dementieren. Die Retorsionsmaßregeln werden zurückgezogen. Es tritt Beruhigung ein. ›Tanin‹ erklärt, nunmehr werde kein verantwortlicher Leiter in Griechenland mehr die Türkei verletzende Erklärungen geben. Pfui, ruft die Neue Freie Presse: »Die merkwürdige Geschichte, wie König Georg unter dem Hochdruck einer internationalen Verwicklung zu dem Dementi der gegenüber unserem Mitarbeiter gemachten Äußerungen gezwungen werden soll, ist von uns wiederholt mitgeteilt worden. ›Tanin‹ spricht jedoch von einem bereits veröffentlichten Dementi, das wir nicht kennen. Bisher ist uns dieses Dementi nicht zugekommen. Unser Mitarbeiter hat gewissenhaft über das berichtet, was ihm der König gesagt hat, und seine Mitteilungen bleiben aufrecht, mag nun das Dementi erscheinen oder nicht. Anm. d. Red.« Sie besteht auf dem Krieg. Ihre welthistorische Frechheit wird auch aus diesem Feldzug siegreich hervorgehen. Sie läßt den Münz nicht im Stich. Er verläßt den Balkan im Bewußtsein treuer Pflichterfüllung. Er hat schon mit vielen Königen gesprochen, aber keiner hätte es gewagt, nachträglich etwas, was er nicht gesagt hat, in Abrede zu stellen! . . . Man kann wirklich begierig sein, wie sich der König da herausgewunden hat. Ein Gerücht besagt, er habe ein diplomatisches Meisterstück vollbracht. Das ganze war ein Mißverständnis. Alles bleibt aufrecht, nur habe es sich nicht um die kretensische Frage gehandelt, sondern um die Frage, ob der Kretinismus heilbar ist.

[F 305–06, 11–16; 1910]

Don Münz

Was hat uns ein Jahr lang gefehlt? Münz, am 22. April 1910 um ¼ 8 Uhr abends vom König von Rumänien entlassen, hatte infolge eines Ränkespiels der Palastdame Eboli, dargestellt von der Barsescu, den Schlüssel erhalten und war in den Gemächern der Königin verschwunden. Er behielt sich vor, in einem besonderen Artikel darauf zurückzukommen, das war am 5. Mai, und ich schrieb: Die Neue Freie Presse ist imstande und bringt auch das noch. Nun haben wir ein Jahr lang gewartet, es muß zu tumultuösen Auftritten gekommen sein, aber am 9. April 1911 ließ er sich nicht länger zurückhalten, und erzählte. Die Königin also lag ganz in Weiß gekleidet auf einer Chaiselongue, als Münz eintrat. »Ihre

Augen leuchteten mit hellem Glanze ... Sie war würdevoll genug, um nicht die Königin vergessen zu machen, aber so menschlich, so natürlich, so feurig im Ausdrucke, daß man sich weit weg vom Hofe glauben konnte.« Nun aber spielt in die von den Beteiligten wie vom Publikum längst ersehnte Szene zwischen Elisabeth und Don Münz plötzlich ein Wallenstein-Motiv hinein. Er findet nämlich den Sir Max Wächter bei ihr; der hatte ihr den schon in weiteren Kreisen bekannten Plan einer europäischen Föderation auf wirtschaftlicher Grundlage vorgetragen, und »bei keinem der vielen Souveräne, denen er seinen Plan einer europäischen Föderation auf wirtschaftlicher Grundlage vorgetragen hatte, fand der englische Gentleman so begeisterten Zuspruch wie bei der Königin von Rumänien«. Sie war »sofort Feuer und Flamme für die Sache«, und ihr Idealismus habe sie vergessen lassen, »wie unendlich schwer durchführbar ideale Pläne sind und wie sich hart im Raume die Dinge stoßen.« Und da im Gegensatz dazu leicht beieinander die Gedanken wohnen, so sind wir mitten im Wallenstein und tatsächlich sagt auch die Königin beim Eintritt des S. M.: »Es liegt kein Grund vor, warum Sir Max uns schon verlassen soll.« Es kann nicht sein, sie mag's und will's nicht glauben, daß sie der Max verlassen kann, wenn der Münz kommt. Denn aus Gemeinem ist der Mensch gemacht. Sie lag da, keines Überfalls gewärtig, aber das ist eben das Los des Schönen auf der Erde. Ernst ist der Anblick der Notwendigkeit. Es gibt im Menschenleben Augenblicke. Eng ist die Welt und das Gehirn ist weich. Was soll man machen? Tee trinken. »Sie schlürfte ihn liegend; von Zeit zu Zeit hatte ich, während sie plauderte, ihr ein Sandwich zu reichen.« Außerdem aber reicht er ihr auch zwei Bücher, worauf sie sagt: »Das werde ich verschlingen«, eine Bemerkung, die der Münz auf die Bücher bezieht. Indem aber die Königin so den Münz vor sich sieht, beginnt sie von den Blinden zu sprechen und ihr Los zu preisen. Denn das Geschick hat sie nicht nur reich entschädigt, sondern ihnen auch vieles versagt. Die Königin schlägt vor, daß der Staat seine sämtlichen Blinden in einer Stadt vereinige: »es sollte dort auch einige sehende Handelsleute geben, die den Verkauf der Arbeiten der Blinden besorgen würden, damit diese von dem Ertrage leben können, heiraten und ihre Kinder erhalten können«. Die Königin spricht wie ein Buch und wie eines von der Carmen Sylva. (Die Humanität ist blind wie die Gerechtigkeit: sie stellt die blinden Erzeuger immer unter den Schutz der sehenden

Händler. Die Blindenstadt wäre gut aufgehoben, wenn ein paar weitsichtige Handelsleute den Betrieb in die Hand nähmen!) Aber der Münz ist berauscht von diesen Ideen. Und ganz hingerissen, da sie »auf das Verhältnis zu den Monarchen und den Höfen zu sprechen kam«. (»Er und die Königin sind Eins. Schon schleicht, verborgen zwar, in beider Brust das Gift der Neuerer.«) Freilich meint sie es anders, als er. »Oft frage ich mich, was denn die Leute davon haben, wenn sie sich in jämmerlichen Umständlichkeiten gegenüber königlichen Personen ergehen, was ihnen das feige Kriechen frommen soll, und es gibt nur eine Erklärung dafür, und das ist die, daß sie sich offenbar durch solch ein Tun gehoben fühlen. Solche Leute glauben wohl, daß ein Schimmer von dem angeblichen Glanz der Majestäten auf sie selber falle...« Sagt die Königin. Der Münz aber, der ihr wieder ein Sandwich reichen darf, nennt es Freimut und Vorurteilslosigkeit. Sie spricht vom König und klagt, »wie wenig sie den König genieße, der vom Morgen bis zum Abend den Staatsgeschäften obliege«. Erst während seiner Krankheit habe er ihr ganz gehört: da habe sie ihn massiert. »Die Königin sprach in den wärmsten Ausdrücken vom König und rühmte seine über jeden Zweifel erhabene Zuverlässigkeit.« Da rief Münz: »Wir wäre es, Majestät, wenn Sie Ihre Erinnerungen niederschreiben wollten?« Diese Anregung genügte, die Königin klingelte, und es wurde ein Buch hereingebracht, das sich »Mein Penatenwinkel« betitelt. Diese Memoiren aber seien nicht höherer Klatsch, sondern es seien »Memoiren sozusagen der Seele«. »Als die Königin die Kapitelüberschrift ›Bernays‹ vorlas, bemerkte ich: ›Majestät meinen wohl Michael Bernays?‹ Die Königin machte darauf eine Handbewegung, die unwillig zu sagen schien: Mit Leuten dieser Gattung befasse ich mich nicht.« Dabei rief sie: »Was? – Michael? Um Gotteswillen! Nein! Jakob Bernays!« Münz bekam ein Exemplar, in diesem war ein Exlibris, »das die Königin darstellt, wie sie unter den Baumstämmen des Waldes sinnend dahinschreitet«. Darunter schrieb sie die Widmung: »Wir wandern durch die Welt und begegnen außer Bäumen auch manchmal – Seelen! Carmen Sylva«. Münz muß sich beherrschen. (»Bin ich nicht stark, Elisabeth?«) Aber was hat sie gegen Michael Bernays? Jakob war der bessere Aristoteles-Kenner. »Aber gegessen hat er nie bei uns.« Und warum nicht? Weil er auch der bessere Jude war. Die Königin gibt ihm ganz recht. (Münz ist aufgeklärt und wird sich wirklich nicht abhalten lassen, bei der

Königin von Rumänien zu nachtmahlen.) Sie spricht sich abfällig über Leute aus, die sich taufen lassen. »Die Königin sprach mit einer Stimme, die so recht in die Seele drang.« Mit zwei Gedichten, die sie dann vorlas, »griff sie ans Herz«. Aber direkt aufgelöst war der Münz, als die Königin wieder von der Religion sprach und rühmend hervorhob, daß sich geistig hochstehende Menschen ganz von ihr abwenden. (Er wird also ruhig zum Essen bleiben können.) Höchstens die jüdische will sie gelten lassen. (Er wird doch nicht zum Essen bleiben können!) Da sich aber die Königin bisher nur im Feuilleton versucht hat, sucht S. M. sie für den Leitartikel heranzuziehen. Ihren Gatten nennt er unausgesetzt »den Hohenzollern« oder gar »den Hohenzollern auf dem rumänischen Königsthron« und spricht vor ihr den folgenden Satz aus: »Als ich nun die beiden spanischen Diplomaten in ihrer goldstrotzenden Uniform sah, die sich zum Palais begaben, um dem Hohenzollern auf dem rumänischen Königsthron ihre Akkreditive zu überreichen, stand vor mir deutlich die Episode aus dem Jahre 1870, die den Krieg zwischen Frankreich und Deutschland einleitete. Die Kandidatur des Hohenzollern, des Bruders des Königs Carol, für den spanischen Königsthron wurde vor mir lebendig – die kleine Ursache der großen Wirkung. All das lebte vor mir auf, als ich jene Herren in spanischer Hoftracht gegen das Palais des Hohenzollern in der Calle Victorei sich bewegen sah.« Die Königin aber will nicht recht, sie scheint zu zweifeln, ob Münz sich der Bedeutung des Wortes Calle, das nämlich auch Gasse heißt, bewußt sei. Auch ist sie gegen Formalitäten und spricht lieber von einem andern spanischen Gesandten. »Er ergriff meine Hand, küßte sie mit Ekstase und sagte mir heißen Dank für all die Anregung, die seine verstorbene Gattin, eine Kubanerin, die eine der meinen gleichgestimmte Seele gewesen sei, aus meinen Schriften geschöpft hätte.« ... »Es war spät geworden.« (Still! Hörten sie nicht etwas? Königin: Nichts hör' ich, als die fürchterliche Glocke, die uns zur Trennung läutet.) »Man meldete der Königin, daß das Souper bereit wäre.« (Bin ich nicht stark, Elisabeth?) »Die Königin sprach die Absicht aus, uns am nächsten Tag wieder zu sehen. Zu unserem Bedauern aber hatten wir bereits alle Vorbereitungen getroffen, um noch in der Nacht mit dem Orientexpreßzug abzureisen.« Ob es die Königin geahnt hat? »Ich schied von ihr mit dem Eindruck, auf einem nach dem Osten vorgeschobenen Posten der Zivilisation einer Frau von höchstem Sehnen nach

Erkenntnis und von humanen Idealen begegnet zu sein, die auch noch im fernsten Westen nach Erfüllung ringen.« Und die leider mit dem Orientexpreßzug glatt zu erreichen sind. »Gute Nacht denn«, ruft der Infant, »aus Wien empfangen Sie den Leitartikel von mir, der das Geheimnis unsers Umgangs laut machen soll ... Von nun an, will ich, sei nichts Heimliches mehr unter uns. Sie brauchen nicht das Auge der Welt zu scheuen – Dies hier sei meine letzte Schmockerei.« (Der König, begleitet vom Herausgeber der Fackel und seinen Granden, erscheint im Hintergrunde, ohne bemerkt zu werden.) »Es ist deine letzte!« ... (Kalt und still zum Herausgeber:) »... Tun Sie das Ihre!«

[F 321–22, 1–4; 1911]

Tolstoi, wenn er das noch erlebt hätt

wie schön Blumenthal von ihm spricht, es wäre manches anders gekommen. Der Besuch war ja nicht angenehm – die Erinnerungen Tolstois an Blumenthal reichen weit zurück, in die Zeit, da Feuilletonisten noch ungehindert nach Rußland durften –, aber um so schöner ist die Beschreibung.

»Meine rasche briefliche Anfrage beim Grafen Tolstoi, wann ich ihn aufsuchen dürfe, wurde durch die Einladung beantwortet, am Tage vor meiner Abreise in der Dämmerstunde vorzusprechen....

Das Gespräch wurde bald durch den jüngsten Sprößling des Dichters unterbrochen, der lachend und lebensfroh in dieses stille Denkerasyl hineintollte und mir in seinem russischen Geplauder das Herannahen der Dinerstunde zu verkünden schien.«

In der Dämmerstunde empfangen und vor der Dinerstunde entlassen zu werden und das nicht nur zu wissen, sondern auch noch zu erzählen, setzt eine Bescheidenheit voraus, die mit manchem seither in Westeuropa verübten Unfug versöhnt. Der lebensfrohe Sprößling, der damals lachend einen Blumenthalschen Schwank abgekürzt hat, ist inzwischen zum Mann gereift. Der Vater ist tot. Aber der gewisse Konversationston lebt, der, fern allen Quellen der Sprache, die ausgespucktesten Phrasen zu sich nimmt, vom Morgenblatt bis zur Dämmerstunde, der Ton, in dem einem Schmock »das Herannahen der Dinerstunde verkündet« werden muß, um ihn nicht einzuladen und weil er einen schlichteren

Ausdruck für die Gefühle des Hausherrn nicht verstünde. Es ist der Ton, der uns krank macht. Im Vorjahr hat sich die Geschichtswissenschaft mit dem Satz erledigt: »Als unser erhabener Monarch tausende und abertausende unserer Söhne und Brüder zu den Waffen rief...« Es war sofort klar, daß ein Mann, der imstande ist, so einen Satz aufzusagen, das Opfer eines Dokumentenfälschers werden mußte. Und es ist klar, daß der Blumenthal etwas zu sagen gehabt hätte und nicht vom lebensfroh in das stille Denkerasyl hineintollenden Sprößling unterbrochen worden wäre, wenn er es in einer anderen Sprache gesagt hätte. Die Menschen glauben noch immer, daß der menschliche Inhalt bei schlechtem Stil ein vorzüglicher sein könne und daß sich die Gesinnung ganz separat etabliere. Aber ich behaupte, daß ein Kerl, der »Nun, immer wohlauf?« sagt, nicht in gute Gesellschaft gehört und daß nichts notwendiger ist, als solche Leute als Makulatur einzustampfen. Oder es müßte ein Landtag über die Sprache konstituiert werden, der, wie für jede Kreuzotter, für jede erlegte Phrase eine Belohnung aussetzt.

[F 319–20, 18f.; 1911]

Der Nachruf

muß – das Handwerk bringt es mit sich – lange vor dem Tod geschrieben sein, damit er unmittelbar nach dem Tod erscheinen kann, und eine Zeitung, die ihn irrtümlich vor dem Tod erscheinen läßt, steht immer noch höher im Ansehen, als eine, die ihn nach dem Tod erst schreibt. Das Odium des Handwerks nehmen jene auf sich, die sich ihm ergeben. Die journalistischen Särge müssen vorher bestellt werden, und der Leser wartet nicht so lange wie der Totengräber. Wer jener Concordia angehören will, die die Leichen schneller bestattet, darf nicht vor der Vorstellung zurückbeben, daß er eines Tages genötigt sein könnte, sich hinzusetzen und, in der einen Hand die Telephonmuschel, dem Abonnenten zu antworten: Mahler geht's besser, und mit der andern zu schreiben: Mahler ist nicht mehr! Wer's nicht nötig hat, wird diesen Beruf nicht ergreifen. Verächtlich ist er in einer aufgeklärten Zeit so wenig wie der des Henkers. Soziale Notwendigkeiten sind eben notwendig. Verächtlich sind bloß jene, die sich freiwillig in den

Dienst solcher stellen, die dafür bezahlt werden. Verächtlich sind Zuschauer einer Hinrichtung, die dem Henker bei seiner schweren und verantwortungsvollen Aufgabe beispringen. Verächtlich sind Hoftheaterdirektoren, die über Gustav Mahler, der am Donnerstag 11 Uhr 5 Minuten nachts gestorben ist, im Freitag-Morgenblatt der Neuen Freien Presse Nachrufe veröffentlichen. Die Hoftheaterbehörde frage unverzüglich die Herren Gregor und Berger, wie der Hergang war. Sie frage den Herrn Gregor, der die Disziplin der Theaterfremdheit hält und hier in Wien im Verkehr mit Schauspielernerven just die Ordnung herstellen will, die der Schutzmann vor der Oper nicht erzielen kann: wann er zwischen 11 Uhr 5 Minuten – vorausgesetzt, daß er den Tod Mahlers in derselben Minute erfuhr – und der Drucklegung des Morgenblatts den Satz niedergeschrieben hat: »Nun hat ihn ein unerbittliches Geschick hingestreckt!« Um wie viel Uhr er Betrachtungen über das Universum, über die Bezirke, wo unser Kausalitätsgesetz endet (ich glaube, es sind sämtliche Bezirke Groß-Wiens), angestellt hat. Wann er die von tiefer Bescheidenheit zeugende Erkenntnis ausgesprochen hat, daß wir da, wo Mahler war, jetzt eine Leere empfinden. Die Hoftheaterbehörde frage den Herrn von Berger, der ja mit dem Betrieb der Neuen Freien Presse schon mehr vertraut ist, wie lange er in der Nacht, da Mahler starb, Zeit hatte, um den Metteur nicht aufsitzen zu lassen. Und wie sich das überhaupt abgespielt hat, als der Bote der Neuen Freien Presse nach Hietzing kam, den Burgtheaterdirektor weckte und dieser eine Erinnerung an Mahler niederschrieb, der einmal in Hamburg einer Aufführung des »Doppelselbstmord« beigewohnt hat. Man frage den Herrn von Berger, um wie viel Uhr er das aus dieser Erinnerung entsprungene Wort niedergeschrieben hat: »Und jetzt hat dieser Feuergeist in der heimatlichen Erde dauernd Ruhe gefunden«. In der Nacht seines Todes war Mahler noch nicht begraben. Aber vielleicht war, als Herr v. Berger aus Entgegenkommen für die Neue Freie Presse das Begräbnis veranstaltete, Mahler auch gar nicht gestorben. Wenn die beiden Hoftheaterdirektoren sich wecken ließen, um der Zeitung zu Willen zu sein, so ist das ein schöner Eifer, für den sie die vorgesetzte Behörde loben darf. Aber es besteht der dringende Verdacht, daß die beiden Herren den Tod Mahlers verschlafen haben und dafür schon früher ihre Pflicht erfüllt hatten. Das ist nun ein Punkt, über den selbst die Preßfreundlichkeit einer vorgesetzten Behörde nicht hinüberkönnen sollte. Es mag der Zeiten Schande sein und nicht individuelle Schuld, daß Hoftheaterdirektoren sich um Mitternacht wecken lassen, um für die Zeitung zu schreiben, anstatt sich nicht wecken zu lassen oder wenn es schon geschehen ist, den Ruhestörer hinauszuwerfen und die Kondolenz auf den nächsten Tag zu verschieben. Aber es ist eine für das gröbste und dem Zeitungsgeist dienstbarste Gefühl unerträgliche, schändliche und entehrende Vorstellung, daß Hoftheaterdirektoren beim Tode Gustav Mahlers geschlafen und am Morgen aus ihren Nachrufen erfahren haben, daß er gestorben sei.

[F 324–25, 8–9; 1911]

Pro domo et mundo

Die Zeiten starben am Fett oder an der Auszehrung. Die hier will den Tod durch eine überernährte Armut foppen.

*

Vorschläge, um mich dieser Stadt wieder zu gewinnen: Änderung des Dialekts und Verbot der Fortpflanzung.

*

Menschen, Menschen san mer alle – ist keine Entschuldigung, sondern eine Anmaßung.

*

Ein Volk, welches das Lied: »Schackerl, Schackerl, trau di nöt« singt, hat recht. Das ist in der Tat unheimlich.

*

Das österreichische Leben hat eine Entschädigung: Die schöne Leich.

*

Ich muß den Ästheten eine niederschmetternde Mitteilung machen: Alt-Wien war einmal neu.

*

Dem Bedürfnis nach Einsamkeit genügt es nicht, daß man an einem Tisch allein sitzt. Es müssen auch leere Sessel herumstehen. Wenn mir der Kellner so einen Sessel wegzieht, auf dem kein

Mensch sitzt, verspüre ich eine Leere und es erwacht meine gesellige Natur. Ich kann ohne freie Sessel nicht leben.

*

Eher gewöhnt sich ein Landpferd an ein Automobil, als ein Passant der Ringstraße an mich. Es sind schon viele Unglücksfälle durch Scheuwerden vorgekommen.

*

Eher verzeiht dir einer die Gemeinheit, die er an dir begangen, als die Wohltat, die er von dir empfangen hat.

*

Ich lasse mich nicht hindern zu gestalten, was mich hindert zu gestalten.

*

In Österreich lebt sichs wie in der Verwandtschaft. Sie glauben nicht an das Talent, mit dem sie aufgewachsen sind. Im Österreicher ist ein unzerstörbarer Hang, den für klein zu halten, den man noch gekannt hat, wie er so klein war. Was kann an einem dran sein, den ich persönlich kenne? denkt der Österreicher. Er hätte recht, wenn er nicht eins übersähe, das freilich so gering ist, daß es sich leicht übersehen läßt: den geringen Gebrauch, den der Andere von der Bekanntschaft macht.

*

Blind durch den Kosmos verschlagen, wüßte ich doch sogleich, wo ich stehe, wenn man mir die Aufschrift entgegenhielte: Dreißigjähriges Jubiläum des Hühneraugenoperateurs im Dianabad.

*

Bei einem Ohr herein, beim andern hinaus: da wäre der Kopf noch immer eine Durchgangsstation. Was ich höre, hat bei demselben Ohr hinauszugehen.

*

Nichts da, ich bin kein Raunzer; mein Haß gegen diese Stadt ist nicht verirrte Liebe, sondern ich habe eine völlig neue Art gefunden, sie unerträglich zu finden.

*

Die Nächstenliebe ist nicht die beste, aber immerhin die bequemste.

*

Vom Reformkleid ist nur ein Schritt zu der Neuerung, daß die Frauen durch Kiemen atmen.

*

Wenn ein Gedanke in zwei Formen leben kann, so hat er es nicht so gut wie zwei Gedanken, die in einer Form leben.

*

Der Bürger duldet nichts Unverständliches im Haus.

*

Man staunt nicht mehr über das Wunder der Schöpfung. Aber noch hat man nicht den Mut es zu erklären, und Gott selbst vermöchte das nicht. Wie Kunst entsteht, wird die Wissenschaft bald heraus haben. Daß die Gedanken aus der Sprache kommen, leugnen vorweg die, welche sprechen können. Denn sie haben an sich ähnliches noch nie beobachtet. Das Kunstwerk entsteht nach ihrer Meinung als Homunculus. Man nimmt einen Stoff und tut ihm die Form um. Aber wie kommt es, daß sich die Seele Haut und Knochen schafft? Sie, die irgendwo auch ohne Haut und Knochen lebt, während diese nirgend ohne Seele leben können und nicht imstande sind, sie sich zu verschaffen, wenn sie wollen?

*

Ein Satz kann nie zur Ruhe kommen. Nun sitzt dies Wort, denke ich, und wird sich nicht mehr rühren. Da hebt das nächste seinen Kopf und lacht mich an. Ein drittes stößt ein viertes. Die ganze Bank schabt mir Rübchen. Ich laufe hinaus; wenn ich wiederkomme, ist alles wieder ruhig; und wenn ich unter sie trete, geht der Lärm los.

*

Je näher man ein Wort ansieht, desto ferner sieht es zurück.

*

Der Leser glaubt, daß ich mich über ihn lustig machen wolle, wenn ich ihm das Gedicht vom Tibetteppich empfehle. Als ob ich ihm nicht, wenn ich mich schon über ihn lustig machen wollte, lieber das Gedicht vom Fichtenbaum empfohlen hätte. Warum aber sollte ich mich denn über den Leser lustig machen? Ich nehme ihn viel ernster, als er mich. Ich habe nie dem Leben vorzuwerfen gewagt, daß es sich mit der deutsch-freisinnigen Politik oder der doppelten Buchhaltung über mich lustig machen wolle. Wenn der Ernst des Lebens wüßte, wie ernst das Leben ist, er würde sich nicht erfrechen, die Kunst heiter zu finden.

*

Spiritismus ist der Versuch, die Fenster von der Gasse zu öffnen. Es ist umso unmöglicher, als sie ohnedies offen stehen und wir so oft vor dem Anblick erschrecken können, wie die im Hause uns anblicken. Damit hat man genug zu tun; und zerbreche sich nicht den Kopf an den Mauern. Es gibt ein Jenseits, das mit dem Tode endet.

*

Die wahre Metaphysik beruht in dem Glauben, daß einmal Ruhe wird. Der Gedanke an eine Auferstehung der Fleischer widersteht ihr.

*

Es wäre mehr Unschuld in der Welt, wenn die Menschen für all das verantwortlich wären, wofür sie nicht können.

*

Ich arbeite Tage und Nächte. So bleibt mir viel freie Zeit. Um ein Bild im Zimmer zu fragen, wie ihm die Arbeit gefällt, um die Uhr zu fragen, ob sie müde ist, und die Nacht, wie sie geschlafen hat.

*

Menschsein ist irrig.

[F 323, 12ff. und 326–28, 38ff.; 1911]

Die neue Art des Schimpfens

In einem Aufsatz »Über eine neue Art des Schimpfens« sagt der Professor der Literaturgeschichte Dr. Richard M. Meyer in Berlin, der die Literatur in Dekaden eingeteilt hat:

.... Maximilian Harden, wenn ich nicht irre, hat auch hier bahnbrechend gewirkt... Bei einem Konflikt mit einer Zeitung, die ihn unzweifelhaft verleumdet hatte, genügte es ihm nicht, sie »Dirne« zu nennen – er mußte diese Bezeichnung noch durch die ekelhaftesten Einzelheiten verdeutlichen. Das hat nicht nur bei seinem in aller erbittertsten Feindschaft treuesten Schüler Karl Kraus in Wien Schule gemacht. Die beliebtesten Scheltwörter ›Eunuch‹ und ›Metze‹ werden stimmungsvoll ausgemalt und so zwei Götzen unserer Zeit zugleich gedient – jenen beiden, die Götzen sowohl primitiver als raffinierter Roheit sind: dem Sinnenkitzel und dem Zerstörungsdrang. Ich muß mich in diesem Punkt als durchaus altmodisch bekennen. Ich glaube durchs Leben zu kommen, ohne gewisse Worte auszusprechen oder auszuschreiben; und ich halte es für das berechtigte Privileg des gebildeten, ja des anständigen Menschen, auf schmutzige Ausdrücke ebenso zu verzichten wie auf schmutzige Handlungen – soweit wenigstens, wie ihnen eine freie Wahl bleibt; der Prüderie in wissenschaftlichen Fragen soll damit selbstverständlich nicht das Wort geredet werden....

Gewiß nicht. Was aber die neue Art des Schimpfens anlangt, so glaube ich nicht, daß man mir in den dreizehn Jahrgängen der Fackel einen Fall wird nachweisen können, wo ich das Wort »Dirne« als Schimpfwort gebraucht hätte und nicht als die Bezeichnung eines erstrebenswerten Zustandes. Wo ich das Wort selbst gebraucht hätte und nicht vielmehr zitiert, um die engstirnige Terminologie einer Gesellschaft zu brandmarken, die zu mesquin ist, um den mesquinen Ton eines Wortes zu fühlen, weil sie zu feig ist, um dafür das Wort Hure zu setzen. Was die neue Art des Schimpfens anlangt, so glaube ich nicht, daß man mir in den dreizehn Jahrgängen der Fackel einen Fall nachweisen wird, wo ich die Dirne nicht der Verachtung entrissen und nicht sofort dem Haß als Hure präsentiert habe. Wo ich je anders als mit Wucherzinsen der Verachtung dem Gesellen heimgezahlt habe, der das Wort als einen schmutzigen Ausdruck nicht deshalb auffaßte, weil es den Schmutz seiner Gesinnung trug, sondern weil er das davon bezeichnete Leben für ein schmutziges hielt, für eines, an dem er sich seine Finger, seine Notdurft, seine ganze ekelhafte Leiblichkeit und Moralität abwischen durfte, um als Bürger oder Professor der Literaturgeschichte rein dazustehen. Was die neue Art des Schimpfens anlangt, so glaube ich nicht, daß man mir in den dreizehn Jahrgängen der Fackel einen Fall nachweisen wird, wo ich einer Zeitung die Ehre erwiesen hätte, sie eine Dirne zu nennen, es sei denn, daß ich an meine Geringschätzung einer Zeitung absichtlich und ausdrücklich das Maß der Geringschätzung angelegt habe, das ein Literaturprofessor für eine Dirne hat und nicht für eine Zeitung. Denn da ein solcher nichts so sehr verachtet wie eine Dirne und vor nichts so viel Respekt hat wie vor einer Zeitung, so konnte ich, um mich ihm verständlich zu machen, keinen anderen Vergleich wählen und ich hätte weiß Gott wie viel darum gegeben, daß es auch mir gegönnt gewesen wäre, eine Dirne zu verachten, um sie einmal aus tiefstem Herzen eine Zeitung nennen zu können! Was aber die neue Art des Schimpfens anlangt, so möchte ich mich fast zu der Behauptung versteigen, daß man mir in den dreizehn Jahrgängen der Fackel auch keinen Fall nachweisen wird, wo ich den Herren der Gesellschaft im Verhältnis zu den Dirnen einen andern Schwächezustand als den geistigen und moralischen zum Vorwurf gemacht, kurzum wo ich das Wort »Eunuch« als Schimpfwort gebraucht hätte und nicht als die Bezeichnung eines erstrebenswerten Zustandes. Eines erstrebenswerten Zustandes für Männer, welche die Dirnen nur deshalb verachten, weil sie im Gegensatz zu den Dirnen, welche wenigstens Weiber sind, alles Mögliche sind, nur keine Männer. Für Kerle, die zu Unrecht einen Bart tragen und mit den Attrappen der Männlichkeit über ihre wahre Beschaffenheit den Betrachter zu täuschen wissen. Mit diesen Verkehrshindernissen sich dem Geist in den Weg stellen und durch solchen Schabernack einer mehr ornamentalen oder koloristischen als in den Vorzügen des Kerls begründeten Wirkung die wahre Männlichkeit um den Kredit betrügen. Auch wird man mich in dreizehn Jahrgängen nicht dabei betreten haben, daß ich einen Götzen unserer Zeit anders bediente als dadurch, daß ich eine primitive oder raffinierte Roheit gegen ihn selbst betätigt habe. Den Sinnenkitzel der Literaturprofessoren zu erregen, darauf hatte ich's nie abgesehen. Aber dem Zerstörungsdrang habe ich nicht gedient, sondern ihn aus eigener Machtvollkommenheit gegen jene Individuen, Typen, Berufe, Klassen kommandiert, die mich ein Grund dafür dünkten, daß sich die Sonne manchmal schwerer entschließt zu erscheinen als ein Tagblatt! Ich leugne nicht, daß ich, um die kosmischen Dinge wieder flott zu machen, namentlich in der letzten Zeit der Kastrierung gewisser Erwerbskreise das Wort gesprochen habe. Die ewigen Gewalten, die ich mir vollständig erhalten will, verstehen mich. Es mag ein sonderbarer Zusammenhang sein, daß von mir, der nie das Wort Eunuch als Tadel über die Lippen gebracht hat, gerade jetzt es behauptet wird, wo ich der Sache erst Geschmack abgewinne und einen Zustand, der mir als das ehrlichste Eingeständnis eines unnützen Lebens Respekt einflößt, auf den Hochschulen als obligat einführen möchte. Wäre mein Vorschlag durchgeführt und ich verhöhnte hinterdrein den Eunuchen, ich wäre kein Mann, und nichts würde ich für ignobler halten, als die Verspottung des Opfers einer Prozedur, zu der ich selbst zugeredet habe. Ich schimpfe nicht, ich verstümmle! Nicht um ein Schimpfwort kann es sich handeln, wo eine ernste Sache auf dem Spiele steht. Ein Literaturprofessor kommt zweifelsohne ganz gut durchs Leben, ohne gewisse Worte auszusprechen oder auszuschreiben. Aber er würde gewiß noch besser durchs Leben kommen, wenn er auch von andern Verpflichtungen befreit wäre, deren Ausübung andere Leute in seinen Augen ehrlos macht. Lassen wir doch den Streit um Worte. Worte sind oft wichtiger als Dinge, und was weiß ein Mann, den schon die Lebensfremdheit von den Dingen trennt und der sich berufsmäßig mit Literatur zu befassen hat, von der Bedeutung der Worte! Gewisse Worte auszusprechen oder auszuschreiben, hat mich noch keine irdische Rücksicht verhindern können, denn gewisse Worte sind mir immer sogar wichtiger gewesen als gewisse Leute; und wären sie so banal wie diese, so abgegriffen wie sie, die sie nur abgreifen können: der Künstler belebt sie und er vermag darin mehr als der Schöpfer, der ja einen Professor der Literaturgeschichte ein für allemal erschaffen hat und beim besten Willen nicht imstande wäre, ihn so anzublasen, daß er neues Leben gewänne, was doch mir an den hoffnungslosesten Fällen noch immer gelungen ist. Glaubt einer wirklich, daß ich dies mit Schimpfwörtern zuwegebrächte? Könnte ich einen Professor der Literaturgeschichte dadurch in die Literaturgeschichte bringen, daß ich ihn kurzweg einen Eunuchen nenne? Freilich wäre ich selbst dazu fähig, indem ich das Wort so belebe, daß auch der Betroffene seine Freude dran hat. Denn das kann ich. Ich mache aus Schimpfwörtern Schimpfworte. Was aber die neue Art des Schimpfens anlangt, so wäre sie die älteste, wenn sie sich ohne Atem einfach der Wörter bediente, die ihr jener zum Vorwurf macht, und wenn der Angriff auf dem Niveau erfolgte, auf dem der Beleidigte lebt oder der mittelmäßige Zeuge der Beleidigung. Sie ist aber so durchaus original, daß sie sogar darauf verzichtet, ihn Richard Moses Meyer zu nennen, weil diese Lesart schon zu Pharaos Zeiten in Berlin beliebt war und weil es wirklich nichts gegen Moses beweist, daß ein Berliner Literaturprofessor nicht so heißen will und deshalb die Kastrierung seines Vornamens befürwortet, während er für die Erhaltung seines Zunamens in dessen vollständiger Banalität mit Recht besorgt ist. Aber der Verfolgungswahn, der einen guten Vornamen preisgibt, um angesichts seines Zunamens vor den Abkürzern zu zittern, könnte mich wohl verleiten, mit dem Richard Moses M. nach Gebühr zu verfahren, mit ihm, der selbst kein Mitleid gehabt hat, als ihn die Literaturgeschichte anflehte, sie lieber ganz als in Dekaden verschnitten zu mißbrauchen. Wir sind seit damals bedenklich im Rückstand. Dieser R. Moses M. hat, da dreizehn Jahrgänge mehr als eine Dekade sind, die Fackel gänzlich ignoriert, und weiß von ihr nicht mehr, als was ihm einige beleidigte Schmierer zugetragen haben, oder was von einer dunklen Feindesmacht übrig bleibt, wenn ein Gerücht von ihr zu der aller Potenz instinktiv ausweichenden Professur dringt.

Dieser R. M. M. weiß, daß dort »geschimpft« wird, und denkt sich, es werde wohl auch das Schimpfwort »Eunuch« gebraucht werden. Dieser M. M. weiß, daß es bei Herrn Harden, dem selbst er in zwanzig Jahrgängen der ›Zukunft‹ keinen neuen Gedanken, kein geborenes Wort nachweisen wird, vorgekommen ist, und er hat wohl gehört, daß in Wien »so ein ähnliches Blatt« wie die ›Zukunft‹ erscheine. Denn von dieser vergleichenden Wissenschaft, die ohne Vergleich urteilt, wird mich nichts mehr befreien. Ich kann in jedem Monat dreitausend Sätze schreiben, deren letzter das Lebenswerk eines Leitartiklers sprengt und verschwinden macht – zur Berliner Universität dringe ich nicht vor. Ich kann im Urteil derer, die Literatur lesen können, über die Höhe emporwachsen, auf der ein Toter dissertationsreif ist: ich werde es doch immer wieder erleben, daß ein Mensch, der für die Ignorierung lebender Literaturwerte vom Staat bezahlt wird, und noch lange ehe ich ihn dafür beschimpfe, behaupten wird, ich sei ein Schimpfer und ein Wasserfall sei der treueste Schüler eines Water-Closets. In der Literatur ist es dem Fach nicht gegeben, die

Fachleute zu interessieren; aber wenn es schon darauf verzichten muß, ihnen bessere Ansichten beizubringen, so sieht es sich auch vor der Aufgabe unvermögend, ihnen zu besseren Manieren zuzureden. Es möchte ignoriert werden; das leiden sie nicht. Sie müssen, unverantwortlicher als die Reporter, berichten, was sie mit halbem Ohr aufgeschnappt haben. Ich werde ihm noch die Hälfte nehmen, diesem M.! In ihren Literaturgeschichten haben solche Individuen, die sogar den Beruf des Journalisten verfehlt haben, den Drang der Informiertheit und nennen mich unter den Wiener »Kritikern«, in der Reihe der lächerlichsten Beispiele. Ein gewisser Eduard Engel, der im Jahr einen ungebührlichen Papierverbrauch für literarhistorische Zwecke hat, erdreistet sich der Gnade, eine Korrespondenzkarte, ursprünglich an Herrn Friedrich S. Krauß adressiert, mit darübergeschriebenem »Carl«, an mich zu richten, er habe »gehört«, daß ich einmal Herrn Hardens Stil »besprochen« habe, er arbeite gerade über Harden, ich möge ihm leihweise »den Artikel« überlassen. Ein sogenannter Arnold in Wien, unbekannten Aufenthalts als Levysohn, ersucht mich, ich möge ihm irgendeinen Behelf für eine Arbeit über Herrn Hofmannsthal liefern. Ich frage mich, ob ich darum Nächte durchwacht, Felsen hinweggeräumt habe, darum gegen alle Instinkte der Menschheit rebellisch geworden bin, daß ich zuletzt der Dienstmann sei für das niedrige Bedürfnis der Literarhistoriker. Diese Spediteure der Unsterblichkeit werden sich verflucht wundern, wenn der, den sie nicht aufladen wollten, sie auf seinem Rücken hinübernimmt, um sie zum unbeschreiblichen Gaudium der herumstehenden Generationen hinplumpsen zu lassen! Denn ich teile die Literatur nicht nach Dekaden, sondern nach Dummköpfen ein, und ich lasse keinen entwischen, dem es gepaßt hätte, hienieden ein auskömmliches Leben zu führen, um dann vergessen zu werden. Ich lese, was einer, der beim Schwätzen so besonnen ist, daß er »gewisse Worte nicht ausspricht«, in den deutschen Revuen ablagert, um dann daraus Geschichte zu machen. Ich lasse mir die ekelhaftesten Einzelheiten einer salonfähigen Sprache nicht entgehen. Ich bin nicht um den Genuß der Definitionen gekommen, die einer vom Witz gab, der weniger Witz hat, als alle, die keinen haben, zusammen. Nicht um den Genuß des Nachweises, daß Speidel ein geringerer Schriftsteller war als Kürnberger, weil dieser leicht produziert und jener um jedes Satzes willen gelitten habe. Und jetzt habe ich es mich nicht verdrießen lassen, zu lesen, wie einer, der mich lesend nie begriffen hätte, sich registrierend an mir vergreift und mich in eine falsche Dekade schiebt, wo er unter den »Erscheinungsformen der literarischen Pathologia sexualis« den Trieb feststellt, sexuelle Bezeichnungen als Schimpfwörter zu verwenden. Was soll man da machen? Eine neue Art des Schimpfens wäre es zwar nicht. Aber es gibt noch ältere und bessere Arten. Und wenn sich das Gerücht, welches an der Berliner Universität Vorlesungen hält, bewahrheiten sollte und wenn ich wirklich ein Schimpfer bin, so bin ich einer, der das Geschlecht als eine so wenig schimpfliche Einrichtung der Natur erkannt hat, daß er seinen Bedarf an Schimpfwörtern geflissentlich außerhalb dieses Gebietes deckt, dagegen – an dreizehn Jahrgängen wird man es nachweisen können – nie gezögert hat, sich aus dem unermeßlichen Vorrat, den die Sprache bietet, zu bedienen, und einen Trottel so laut und überzeugend einen Trottel zu nennen, daß das Echo ihn weitergibt, das Gerücht ihn vergrößert, sämtliche Trottel, die in einer Dekade Platz haben, sich in ihm getroffen fühlen, so daß alle für einen und einer für alle steht und die Literaturgeschichte sich schließlich genötigt sieht, der gigantischen Erscheinung eines Riesentrottels ein besonderes Säkulum einzuräumen!

[F 339–40, 51–56; 1911]

Zum Gesamtbild der Kulturentwicklung

Der von mir kastrierte Richard Moses Meyer, der aber auch bis dahin nicht sehr kräftig war, behandelt das Kapitel »Literarische Kunst« in dem Werke »Das Jahr 1913, ein Gesamtbild der Kulturentwicklung«, welches von führenden Geistern der Zeit geschrieben, jedem Gebildeten ein unentbehrlicher Führer in der verwirrenden Mannigfaltigkeit unserer Kultur – kusch. Unter den führenden Geistern also, die sich da zusammenfinden, um Marksteine zu beriechen, fällt außer den Herren Goldscheid (Soziologie), Ewald (Philosphie), Strzygowski (Kunstforschung) und Gregori (Theaterwesen) auch der Richard Moses M. auf. Er schreibt:

Im übrigen muß ich gerade für die Überproduktion an Essays und Aphorismenbüchern auf meine regelmäßigen Berichte im ›Literarischen Echo‹ verweisen, in denen ich neben der Besprechung des Inhalts, die natürlich den Hauptgesichtspunkt bilden mußte, *doch immer auch* auf die Entwicklung der *Form* eingegangen bin. Sie setzt ja glücklicherweise immer noch einige persönliche Geistesbetätigung voraus, während der Aphorismus bei Grossisten wie Karl Kraus rein manuelle Kurbelbewegung geworden ist: man nimmt einen vorhandenen Spruch und dreht ihn um, bis etwas herausfällt, was wie eine Paradoxie aussieht. So entsteht ein Buch, das nach der kritischen Einsicht eines Herrn Ehrenstein schlechtweg vollkommen ist. (Über K. Kraus: »Pro domo et mundo«: Alb. Ehrenstein, Zeitgeist. 18. Jan. 1912 »Dies Buch ist für mich die Vollkommenheit.«)

Ich weiß nicht, ob der R. Moses M. in seinen regelmäßigen Berichten im ›Literarischen Echo‹ neben der Besprechung des Inhalts, die natürlich den Hauptgesichtspunkt bilden mußte, doch immer auch auf die Entwicklung der Form eingegangen ist. Bei meiner unregelmäßigen Lebensweise beobachte ich einzig die Einteilung, daß ich die regelmäßigen Berichte des R. M. M. im ›Literarischen Echo‹ und dieses als ganzes nicht lese. Wenn er auf den Inhalt von Aphorismen eingegangen ist und sich dabei auch die Form nicht entgehen ließ, so ist das sehr schön von ihm. Anstatt Gott auf den Knien zu danken, daß er ihn in einer Zeit leben läßt, die schamlose Klugschwätzer in Salon und Seminar duldet und nicht in den Abort verweist, wird er noch keck und verlangt Beachtung für seine früheren Besprechungen. Dieser M. M. wagt viel. Er scheint zu wissen, daß ich imstande bin, ihn durch Vorlesung meines Essays über ihn dem Gelächter von hundert deutschen Vortragssälen preiszugeben, und spielt ein Prävenire, von dem er sich ausrechnen kann, daß ich es einholen werde. Ich gebe dem M. einen Vorsprung der Intelligenz, indem ich ihm erlaube, sie in zwanzig Besprechungen an »Pro domo et mundo« auszulassen: ich wette, daß ich ihn fange. Aber dann will ich ihn ergänzen, damit er's mit mir aufnehmen könne. Es ist nicht zu überbieten. Man möchte glauben, daß selbst ein Unikum an Schalheit wie dieser Meyer, wenn er von mir spricht und von der Form des Aphorismus sagt: »Sie setzt ja glücklicherweise immer noch einige persönliche Geistesbetätigung voraus«, es zu meinen Gunsten wenden müsse. Denn so schamlos kann man sich heute doch nur noch die von mir verwirrte Hysterie, die zwischen Schwärmerei und hinfallender Krankheit torkelt, vorstellen, daß sie meine Arbeiten in Gegensatz zu »persönlicher Geistesbetätigung« bringen könnte. Man weiß ja, sie meint's nicht so und wird mich morgen wieder als einen Genius ansprechen. Aber daß ein

Literaturprofessor, der in seinem Vollbart schon graue Fäden hat, so unter dem Druck seiner Rankünе handeln kann, daß er nicht totschweigt, sondern den Mund aufmacht, um meine Leistung als mechanischen Schwindel und mich als »Grossisten« zu entlarven, ist selbst mir zu bunt, an dessen Nerven sich doch die ganze Welt vergreift, aus Ohnmacht, sich an meinem Werk zu rächen. So desorientiert kann doch selbst dieser M. Meyer nicht sein, daß er unbeschadet des Wunsches, mich als Grossisten zu sehen, nicht längst vom Hörensagen wissen sollte, daß mein geringstes Detail seine ganze Manneskraft, ja die Lebensarbeit sämtlicher führenden Geister aufwiegt, die zum »Gesamtbild der Kulturentwicklung« schon durch ihr Dasein beitragen. Der R. M. Meyer soll doch nicht so tun, als ob nur eine vereinzelte Kritik meinen Aphorismen einen so hohen Rang zugewiesen hätte. Er weiß ganz genau, daß es die Ansicht sämtlicher Leute ist, die heute auch nur mit einem Schimmer von Urteil in literarischen Revuen auftauchen, und, was viel mehr ist, die Ansicht derjenigen, die sie nicht aussprechen dürfen. Die Kritik über »Pro domo et mundo« ist nicht das Beste, nicht das mir Angenehmste, was »ein Herr Ehrenstein« geschrieben hat. Aber dieser hat auch Gedichte geschrieben und der von einer kleinen Rache zermarterte Berliner Seminarkopf, sonst von nichts als vom Gefühl seines Nichts ausgefüllt, kann nichts als in einer äußerlich auf Fortdauer angelegten Drucksorte Autoren, die er für langlebiger hält als sich, beschmieren. Das wollen sie alle, die Journalisten, denen durch eine lächerliche Verteilung der kritischen Gewalt es ermöglicht ist, in Literaturgeschichten, Jahrbüchern und Lexicis den Dreck abzulagern, der den Zeitungen zuviel wird. Sie haben aber ihre Rechnung ohne mich gemacht, der jede dieser Unflätigkeiten gut aufhebt und die Razzia auf Literarhistoriker mit umso größerem Schwung fortsetzen wird, je länger die durch die Reizungen des Tages verschuldete Pause dauert. Ich will ihnen schon einen Geschmack für persönliche Geistesbetätigung beibringen, damit sie sie künftig doch lieber mir als dem Aphoristiker Blumenthal zusprechen! Ich möchte, um mir Arbeit zu ersparen – man glaube es endlich, daß ich glücklich wäre, wenn mir die Welt ein Jahr Schonzeit für sie gönnte –, ich möchte diesen Zeitgenossen den Rat geben, sich freiwillig aus dem Seminar in den Abort zurückzuziehen, wo sie unkontrolliert machen können, was sie wollen. Denn sie sollen sich nur ja nicht damit belügen, daß die Blamierungen ihres Treibens auf 1913 und auf Wien beschränkt bleiben. Ich kann die Verbreitung der Fackel in Deutschland und dort, wo Deutsche wohnen, nicht hindern. Was ich tue, muß ein Richard M. Meyer auf Schritt und Tritt spüren, während ich von seinem Benehmen nichts erführe, wenn nicht Briefe von deutschen Lesern mich über die Kulturentwicklung auf dem Laufenden hielten. Der Meyer – der ganz kleine, im Gegensatz zum großen Meyer, der aber auch nicht besser beraten ist – hält mich für einen Gauner. Ich erfuhr es erst aus der folgenden Anzeige, die aus »Oetzsch bei Leipzig, 6. November 1913«, an mich ergangen ist:

.... Sie haben sich zwar Zuschriften in der Fackel verbeten, ich glaube es aber auch vor Ihnen verantworten zu können, daß ich Sie von der Be- bzw. Mißhandlung Ihres Künstlertums durch Richard M. Meyer in einem soeben erschienenen Werke, »Das Jahr 1913, ein Gesamtbild der Kulturentwicklung« betitelt, in Kenntnis setze. Zu diesem Sammelwerk hat R. M. Meyer das Kapitel »Literarische Kunst« geliefert, das ich um der darin enthaltenen »Beurteilung« Ihres Aphorismenbandes »Pro domo et mundo« willen Ihnen zuschicke. Ich sehe den Zerfallsprozeß noch nicht so weit vorgeschritten, daß man den Kampf gegen die Fäulnisbrut aufgeben müßte.

Gestatten Sie mir nur noch, Ihnen herzlichst zu danken für Ihre Hilfe im Kampfe um die geistige Selbstbehauptung. Kierkegaard, der letzte große religiöse Genius, und Sie halten mich wach in einer dumpfen Welt. In einer Stadt von über ½ Million Menschen sind nicht so viel Stimmen, laut genug, Sie hierher zu rufen. Leider bin ich zu arm, um nach Dresden zu Ihrer Vorlesung zu kommen. Doch bin ich voll Dankes, daß mir die ›Fackel‹ zugänglich ist. In Ehrerbietung....

Ich habe mir Zuschriften verbeten, weil auf tausend Zumutungen des Irrsinns nur eine kommt, die beweist, daß Zeitgenossen auch Menschen sein können. Dieser da mag unbesorgt sein. Ich werde auch in Leipzig die Kastrierung des Richard Moses Meyer vornehmen.

[F 387–88, 14–17; 1913]

Ein Klagelied

Der von mir, ich kann und will es nicht leugnen, gewiß persönlich und an der empfindlichsten Stelle angegriffene und schwer verletzte Richard Moses Meyer hat – freilich ehe er das letzte Heft der Fackel zu Gesicht bekommen hatte, wo ich ihm also neuerlich an den Leib rückte – im ›Kunstwart‹ den folgenden Klagelaut ausgestoßen:

.... Gewiß, – wie jede redliche Arbeit von denen, die ihren Sinn nicht verstehn, immer verachtet worden ist, so hat auf uns der große Karl Kraus in Wien – ich habe es seit heute morgen schriftlich, daß das nächste Jahrhundert nach ihm heißen wird – das Wort gemünzt, Literaturgeschichtschreibung sei Unfähigkeit zum Journalismus; ein Wort so originell wie es seine Aussprüche fast alle sind, denn es ist ja nur eine Variation der Wendung von den Journalisten als Leuten, die ihren Beruf verfehlt haben....

M. scheint also einen Brief gekriegt zu haben. Natürlich hat er vollkommen recht mit der Behauptung, daß ich nur bereits vorhandene Aussprüche variiere. Nie war dies mehr der Fall als in dem Wort über die Literarhistoriker. Diese haben – ich wollte wirklich nur variieren – sogar den Beruf zum Journalisten verfehlt, und indem ich es sagte, wiewohl es auch ohne das Bismarckwort bestehen kann, profitierte der Witz von dem Wissen um dieses Wort. Die Assoziation, die sich bei der Wendung »Unfähigkeit zum Journalismus« einstellt, lautet, um es dem M. ganz begreiflich zu machen: »Journalismus = Unfähigkeit zu«. Als ich den gekränkten Tadel des M. las, freute ich mich, wie richtig er den Zusammenhang erfaßt hatte. Aber ich wußte noch nicht, woher er's wußte. Erst als ich jüngst in Berlin, eben dort, wo der Richard Moses Meyer seine Professur betreibt, mit seiner Kastrierung einen starken Achtungserfolg erzielte – die Leute wollten noch mehr haben und es dürfte selten noch vorgekommen sein, daß man nach einer Kastrierung viermal gerufen wird –, erst im Vorlesen also entdeckte ich hocherfreut eine Stelle, in der ich den vom M. zitierten Aphorismus gleichsam kommentiert hatte. Daß Literaturgeschichte die Unfähigkeit zum Journalismus sei, hätte ihn so im allgemeinen vielleicht gar nicht alteriert. Aber eben im Zusammenhang mit ihm selbst hatte ich geschrieben:

.... was sie mit halbem Ohr aufgeschnappt haben. Ich werde ihm noch die

Hälfte nehmen, diesem M.! In ihren Literaturgeschichten haben solche Individuen, die sogar den Beruf des Journalisten verfehlt haben, den Drang....

Hier stehts also ganz ausdrücklich, und man sieht, daß ich wirklich bei der Betrachtung der Literarhistoriker vom Bismarckwort gar nicht loskomme, wiewohl doch dieses auf die Journalisten und nicht auf die Literarhistoriker geht. Der Meyer hat recht. Aber er reize mich nicht, im Büchmann nachzusehen. Er kann nicht wissen, wieviel Zitate es gibt, die ich noch für ihn herrichten kann. Er selbst, der Meyer, ist ja auch schon vorhanden, in hunderttausend Exemplaren; was wäre er, wenn ich ihn mir nicht schmackhaft machte? Seitdem es ihn gibt, ist das Leben furchtbar monoton geworden. Es wäre rein nicht auszuhalten, wenn ich nicht auch auf der Welt wäre und mir nicht zum Leibspruch das bereits vorhandene Wort: Variatio delectat gewählt hätte. Aber – bitte – diesmal nicht weiter sagen! Ich bin ganz unselbständig. Alles, was einem andern einfällt, ist imstande, mir wieder einzufallen. Und es ist kein Ende. Am besten, man fängt sich mit mir nichts an – wie die Leute sagen, die den Beruf haben, den die Journalisten verfehlt haben, deren Beruf die Literarhistoriker verfehlt haben.

[F 389–90, 13–14; 1913]

Ein weitverbreitetes Mißverständnis

ist der Glaube an meine Feindseligkeit. »Sie zu überzeugen, versuche ich nicht. Aber ich darf trotzdem sagen, daß Sie mir in meinen Motiven und Absichten Unrecht tun.« Oder: »Ich gestehe, daß es mich kränkt, daß Sie mir mit solchem Übelwollen, ja mit solcher Feindseligkeit gegenüberstehen.« Welches Vorurteil! Ich stehe niemand in der Welt gegenüber und bin das Wohlwollen selbst. Ohne Ansehen der Person reagiere ich auf Geräusche, und interessiere mich nicht für die Richtung, aus der sie kommen. Wäre der Inhalt meiner Glossen Polemik, so müßte mich der Glaube, die Menge der Kleinen dezimieren zu können, ins Irrenhaus bringen. »Sie haben mich kürzlich zum Objekt Ihrer Satire genommen«, schreibt einer, streicht »genommen« und setzt dafür »gewählt«. Ich aber kann mit ruhigem Gewissen sagen, daß ich mir noch nie einen zum Objekt meiner Satire genommen oder gar gewählt habe. Hätte ich da etwas dreinzureden, so wäre ich nicht Satiriker und würde eine bessere Wahl treffen. Denn die Satire wählt, nimmt und kennt keine Objekte. Sie entsteht so, daß sie vor ihnen flieht und sie sich ihr aufdrängen. Die Würdigkeit der Objekte mag den Wert der Polemik bestimmen; aber Name oder Andeutung eines Kleinen, oder was irgend von ihm in einer Satire steht, ist Kunstelement. Wie ein Schneuzen, wie die Trompete eines Beiwagenkondukteurs oder wie sonst etwas, das ich mir nicht wähle; wie sonst ein Stoffliches, von dem ich den Stoff nicht wähle, sondern abziehe. Kann ich dafür, daß die Halluzinationen und Visionen leben und Namen haben und zuständig sind? Kann ich dafür, daß es den Münz wirklich gibt? Habe ich ihn nicht trotzdem erfunden? Wäre er Objekt, ich wählte anders. Erhebt er Anspruch, von der Satire beleidigt zu sein, beleidigt er die Satire. Außerhalb dieser mag er ein Dasein haben, aber keine Berechtigung. Der Leumund mag in Ordnung sein, kommt aber für die Satire nicht in Betracht. Motive und Absichten prüfe ich nicht. Die sind unbesehen gut oder schlecht. Nichts ist der Satire egaler. Die Polemik kann es als Einmischung in ihr Amt empfinden, wenn das Objekt sie zu überzeugen versucht, oder sie mag mit sich reden lassen wie ein Amt. Der Satire Vorstellungen machen, heißt die Verdienste des Holzes gegen die Rücksichtslosigkeit des Feuers ins Treffen führen. Nun muß ja freilich der Brennstoff kein Verständnis für die Wärme haben und der Anlaß mag sich so weit überschätzen, daß er sich durch die Kunst beleidigt fühle. Aber das Verhältnis der Satire zur Gerechtigkeit ist so: Von wem man sagen kann, daß er einem Einfall eine Einsicht geopfert habe, dessen Gesinnung war so schlecht wie der Witz. Der Publizist ist ein Lump, wenn er über den Sachverhalt hinaus witzig ist. Er steht einem Objekt gegenüber, und wenn dieses der polemischen Behandlung noch so unwürdig war, er ist des Objektes unwürdiger. Der Satiriker kann nie etwas Höheres einem Witz opfern; denn sein Witz ist immer höher als das was er opfert. Auf die Meinung reduziert, kann sein Witz Unrecht tun; der Gedanke hat immer Recht. Er stellt schon die Dinge und Menschen so ein, daß keinem ein Unrecht geschieht. Er richtet die Welt ein, wie der Bittere den verdorbenen Magen: er hat nichts gegen das Organ. So ist die Satire fern aller Feindseligkeit und bedeutet ein Wohlwollen für eine ideale Gesamtheit, zu der sie nicht gegen, aber durch die realen Einzelnen durchdringt. Das Lamentieren ist unnütz und ungerecht. Die sich beleidigt fühlen, unterschätzen mich; sie halten sich für meine Objekte, und da fühle ich mich beleidigt.

[F 338, 1–2; 1911]

Ritter Sonett und Ritter Tonreich

Ich stelle weit voneinander lebende Menschen oder Zeitungsausschnitte – was auf dasselbe hinausläuft – so zusammen, als ob sie für einander geboren wären. Der Bartsch mag in Valparaiso dichten und der Lehar in Nagy-Kikinda eine Militärkapelle dirigieren, ich erkenne die beiden Hälften, die, durch die böse Welt getrennt, ohne einander doch nicht gedeihen können, sich suchen, sich näher kommen, wieder getrennt werden, bis ich endlich beide mit einem beherzten Griff so zu fassen kriege, daß sie für alle Zeiten beieinander bleiben. So hat es mich gar nicht gewundert und war mir wie ein längst Bekanntes, als ich irgendwo eine Komposition des Lehar fand über die Worte Bartschens:

Mähä – hähähä, Mähä – hä – hä – hähä.

So etwas lese ich immer, als ob's von mir wäre. Es ist ja tatsächlich von mir. Es geschieht fortan nur mehr, was von mir beschlosssen ist. Jede Zeile, die irgendwo steht, ist von mir schon geformt, und die Leute, die sie lesen, haben auch schon vielfach die richtigen Augen, mich gleich mit zu lesen. Dieses gegenschöpferische »Und sahe, daß es nicht gut war« – einmal werden auch jene dahinter kommen, die inbegriffen sind! Ich erfinde, was es gibt. Darüber mögen die Namen Bartsch und Lehar stehen: die Einheit, die Gestalt ist von mir. (Gelegentlich mehr über die unerträgliche Qual, Leute bei lebendigem Leib herumlaufen zu sehen, die von rechtswegen in mein Manuskript gehören und deren Dasein ich mit der eifersüchtigen Furcht verfolge, daß sie öffentlich Worte vorwegsprechen, Gebärden verraten könnten, die schon von mir sind. Sie könnten zwar meiner Gestalt nichts hinzufügen, aber sie tragen mein literarisches Geheimnis herum. Das ist ein Problem des Grauens. Gelegentlich mehr davon.) Also der Bartsch und der Lehar, jeder für sich mag seine notdürftige Sonderberechtigung haben, beide zusammen sind von mir, wenn sie gleich behaupten:

»Zusamm' hat der Wind uns geweht!«, und ich sagte damals, daß der eine, »den ich immer für den geborenen Textdichter« des andern gehalten habe, »diesem endlich die Gelegenheit zu einem Lied geboten« habe. Dieses »endlich« zeigt, wie meine Uninformiertheit in allem Tatsächlichen aus dem Divinatorischen kommt. Er hatte ihm nämlich die Gelegenheit längst geboten, ich wußte es nicht, aber mein Gefühl davon war so stark, daß das, was jetzt erst an den Tag kam, mir wie die Erfüllung meines Lieblingswunsches vorkommen mußte. Das ist nur scheinbare Uninformiertheit; in Wahrheit hatten sie früher getan, was ich später wollte. Die Realität macht mir allerlei vor; sie täuscht mich nicht, ich mach's ihr nur nach. Aber hören wir Leharn selbst:

In diese Zeit fällt auch eine hübsche Episode. Ich war der Wiener »Schlaraffia« beigetreten und hatte mich dort mit einem jungen Offizier sehr befreundet. Wir waren schon vor Jahren in Triest bekannt geworden, hatten aber unsere Namen vergessen. Und da man in der »Schlaraffia« die profanen Namen der Mitglieder nicht nennt, sondern nur die beigelegten »ritterlichen«, so lernten wir uns unter den Namen »Ritter Sonett« und »Ritter Tonreich« (das war ich) kennen. Der junge Offizier war sehr ideal veranlagt und die Freundschaft zwischen uns wurde eine überaus innige. Damals gründete der Wiener Schriftsteller Felix Salten ein Kabarett »Zum lieben Augustin« und für dieses wollten wir zusammen zwei Lieder schreiben. So entstanden eine groteske Ballade »Der windige Schneider« und ein lyrisches Lied. Die Ballade wurde im Kabarett aufgeführt. Eines Tages sagte mir nun der junge Offizier: »Lieber Lehar, wir werden uns in diesem Leben kaum mehr wiedersehen. Ich bin schwer lungenleidend und muß nach Kairo gehen, und auch wenn ich gesund werden sollte, zurückkommen werde ich nicht mehr dürfen. Wir nahmen voneinander Abschied, tauschten die herzlichsten Wünsche aus, und ich hatte wirklich das Gefühl, daß es ein Abschied fürs Leben sei. Ich verlor ihn gänzlich aus den Augen und hörte nichts mehr von ihm. Vor etwa einem Jahre, als ich in einem Wiener Restaurant saß, trat ein Hauptmann auf mich zu und begrüßte mich herzlich. Es war der junge unheilbare Offizier. Aber er sah jetzt blühend und von Gesundheit strotzend aus, erzählte mir, er sei glücklich verheiratet, und habe große Erfolge gehabt, wenn sie auch mit meinen nicht zu vergleichen seien. Ich hatte keine Ahnung, wer er eigentlich sei, denn seinen richtigen Namen hatte ich ja nie gekannt. Bis ich endlich erfuhr, daß der »Ritter Sonett« kein anderer sei als Rudolf Hans Bartsch, der berühmte Romanschriftsteller, der also auch einer meiner Librettisten gewesen ist.

Mähä, natürlich ist die Schlaraffia ein Bindeglied aller Banalitäten der Erde. Aber auch die Schlaraffia ist von mir und tut immer nur, was ich ihr später nachempfinden werde. Aber auch, daß zwischen dem Ritter Sonett und dem Ritter Tonreich der Salten stand – und dieser selbst ist: von mir. Und überhaupt alles. Wenn ich das sage, bilde ich mir bei Gott nicht ein, Gott zu sein, sondern kenne meine miserable Rolle, die stürzende Welt von unten aufzufangen. Es klappt nicht mehr; es donnert nur in der Welt und ich muß den Blitz nachholen. Der »windige Schneider«, ei siehe da, ist kein anderer als jener, der da singt:

Mähä – hähähä, Mähä – hä – hä – hähä.

Wer beschreibt mein Erstaunen? Ich hatte keine Ahnung. Möglich, daß ich's damals gehört hatte. Aber nicht zu wissen, sondern zu vergessen, ist mein Beruf, und aus der Erinnerung an das Vergessene zu schaffen. Da wir nun aber schon mit der Entwicklung des Mannes, der ausging, Symphonien zu suchen und den Nechledil-Marsch fand, befaßt sind, so hören wir, was weiter geschah:

Zu dem Buch der »Lustigen Witwe« bin ich eigentlich durch Zufall gekommen. Es war ursprünglich für einen anderen Wiener Komponisten bestimmt gewesen, dem es aber der Librettist Viktor Leon weggenommen hatte.

Das ist interessant. Aber es soll wohl heißen: »Für einen anderen Wiener Librettisten«? Immerhin, Leon war zuerst gegen Lehar. Er schrieb ihm:

Mir fehlt die starke und eigenartige Musik, das absolut Zwingende... Deine Walzer zum Beispiel gehen die allerbreiteste Heerstraße...

Später hat man gesehn. »In Indien, in Südafrika, in China und Japan wurde sie in englischer Sprache gegeben.« Theateragenten sind stolz, denn sie managen den Weltuntergang.

»Mein Ziel ist es, die Operette zu veredeln. Der Besucher soll ein Erlebnis haben, und nicht bloß Unsinn sehen und hören.«

Mähä – hähähä, Mähä – hä – hä – hähä.

[F 343–44, 5–8; 1912]

Interview mit einem sterbenden Kind

Ich habe dieses hier zu Gesicht bekommen:

Die Tragödie einer kranken Mutter

Springt mit zwei Kindern aus dem vierten Stock. – Mutter und Kinder tot.

Das furchtbare Familiendrama, das sich gestern morgens im Hause Stefaniestraße 2 im II. Bezirk abgespielt hat, erregte allgemein die größte Teilnahme. Die 30jährige Reisendensgattin Paula Deixner ist in Abwesenheit ihres Gatten, der sich auf Reisen befindet, mit ihrem dreijährigen Sohne Egon aus einem Fenster ihrer im vierten Stock gelegenen Wohnung auf die Straße gesprungen und ihr älterer Sohn, der neunjährige Paul, ist der Mutter unmittelbar darauf gefolgt, Mutter und Kinder haben den Tod gefunden.

Was sich in der Wohnung der Familie abgespielt hat, weiß man nur aus einer Darstellung des armen Paul, der seine Mutter und seinen Bruder nur um wenige Stunden überlebt hat. Es war einige Minuten nach ½ 7 Uhr morgens, als der Sicherheitswachmann Karl Aiginger.... fand Frau Deixner mit ihren Kindern im Blute liegend.... Während Frau Deixner und der kleine Egon bewußtlos waren, befand sich Paul, der ältere der Knaben, trotz mehrfacher schwerer Verletzungen bei vollem Bewußtsein und gab die folgende Darstellung der Schreckenstat.

Was der kleine Paul erzählte
Die Mutter, die seit einiger Zeit krank war und seit gestern abends eine Pflegerin hatte, erwachte heute früher als sonst. Sie klagte über Schmerzen und bat die Pflegerin, ihr einen Tee zu kochen. Während die Krankenpflegerin in der Küche den Tee bereitete, sagte die Mutter:

»Paulchen, ich werde mit Egon aus dem Fenster springen. Spring' Du mit!«

Ich fragte: »Warum denn, Mutter?«

Darauf sagte sie: »Wir wollen nicht länger leben!«

Der Knabe erzählte dann, von fortwährendem Schluchzen unterbrochen, daß er um Hilfe rufen wollte. Da habe die Mutter ihm gedroht, sofort mit Egon aus dem Fenster zu springen. Dann habe sie ihm wieder zugeredet und habe unter anderem gesagt:

»Paulchen, was wirst Du mit Papa allein machen, wenn Egon und ich nicht mehr da sind?«

Bevor der Knabe noch eine Antwort gab, riß die Mutter das Fenster auf, stieß den kleinen Egon vom Fensterbrett und stürzte sich gleichzeitig selbst in die Tiefe. Ohne zu wissen, was er tat, schwang sich nun auch Paul auf das Fensterbrett und stürzte sich mit dem Rufe: »Mutter!« ebenfalls aus dem Fenster.

Fast gleichzeitig sausten Mutter und Kinder zur Erde nieder und als im nächsten Augenblicke Passanten und Nachbarn sich um sie bemühten, gaben Frau Deixner und das jüngere der Kinder keine Lebenszeichen mehr von sich.

In der Wohnung hatte man nichts gemerkt

Als eine Minute später der Wachmann Aiginger in der Wohnung der Familie Deixner anläutete und das Dienstmädchen öffnete, hatte weder dieses, noch die Krankenschwester eine Ahnung davon, was sich soeben abgespielt hatte.... Bald darauf erschien die Freiwillige Rettungsgesellschaft mit Inspektionsarzt Dr. Silber und die Verletzten wurden auf die zweite Unfallstation überführt. Kurze Zeit nach der Aufnahme starb Frau Deixner, eine halbe Stunde später der kleine Egon und um 12 Uhr mittags folgte ihnen Paul in den Tod...

Er hatte, wie der Telegraphist der Titanic bis zum letzten Augenblick seinen Dienst versehen. Aber sein Fall ist grauenhafter. Er war schon im Ertrinken und mußte noch die Fragen der Menschenhaie beantworten, die Gelegenheit hatten. Er lag im Blute und mußte den Polizeireportern und dem Vertreter des Illustrierten Wiener Extrablatts Auskunft geben, über den Hergang der Tat, über seine Eindrücke. Der Bericht ist authentisch, sie haben ihn aus erster Hand, sie rühmen sich dessen. Es geht über die Fassungskraft. Ein Kind erzählt dem Interviewer, wie es aus dem Fenster sprang. Hanneles Fiebervisionen mitstenographiert. »Sie sagte: Spring' Du mit!« »Ich fragte: Warum denn, Mutter?« »Ich stürzte mich mit dem Rufe: Mutter! ebenfalls aus dem Fenster.« Die Presse ringt mit dem Tode, um früher als er am Sterbebett eines blutenden Kindes zur Information zu kommen. Vor diesem Schauspiel verstummt aller Haß und alle Verachtung der Presse. Nichts läßt es übrig als Trauer: ich vermisse diese Menschen in der Totenliste der Titanic.

[F 347–48, 55–56; 1912]

Harakiri und Feuilleton

Gespräch der Kulis

Vorwort

Die handelnden und leidenden Personen sprechen in einem Dialekt. Aber die Darstellung bezweckt nicht den Eindruck, als ob die realen Personen, die in dem dargestellten Milieu leben, denselben Dialekt oder ihn mit derselben Deutlichkeit sprächen. Es mußte dem Darsteller dieses engeren Milieus, da es zugleich das weiteste Milieu der modernen Welt ist, darum zu tun sein, die Personen den Dialekt sprechen zu lassen, den ihre Seele spricht. Ich gestehe, daß ich andere, deren Rasse oder Erziehung weit von der Möglichkeit eines solchen Dialektes liegt, auch nicht anders hätte sprechen lassen mögen. Denn auch ihre Seele spricht diesen Dialekt. Es ist der Weltdialekt. Er ist unübersetzbar und doch das einzige Verständigungsmittel zwischen den Sprachen, das wahre Volapük aller, die in der Zeit leben und in der Welt fortkommen wollen. Alle honetten Leute, die sich nach der Decke strecken, sprechen diesen Dialekt. Denn auf seinen Lockruf kommt das Geld herbei. Und so ist er auch die Wünschelrute in der Hand des satirischen Suchers, die ihm alle verborgenen Schlechtigkeiten der irdischen Seele auffinden hilft. Nun hat leider gerade dieser Dialekt, von seinen leisesten Anklängen bis in seine letzten Besonderheiten, die Gefahr, eine komische Wirkung sich selbst zu verdanken. Die Satire erstrebt diese Wirkung nicht, und sie wird durch sie am meisten gerade in den Augen jener herabgesetzt, die sich der Wirkung freuen. Es ist nicht schwer, durch den Ausruf: »Las'r verdienen« Heiterkeit zu erregen. Aber diese Heiterkeit darf nicht tröstend von dem furchtbaren Gesichtsausdruck ablenken, den die ganze Welt annehmen kann, wenn ich einen gleichgiltigen Einzelnen »Las'r verdienen« sagen lasse. Während ich hier ein nachgemachtes schlechtes Geräusch dem Gelächter preisgebe, vergesse das Gelächter nie, daß nicht weit die Tragödie der Ideale ist, die hinter dem Geräusch verstummen müssen, weil sie des Dialekts entbehren, der allein das Losungswort hat. Aber das Geräusch selbst mache auch seine Sprecher mitleidwürdig. Denn es sind Existenzen, die nur noch im Gehäuse des Ideals leben, welches die Phrase ist und worin ihnen nichts übrig bleibt, als sich satt zu essen, um dann einander aufzufressen. Zwei Generationen von Journalismus stelle ich einander gegenüber, die sich zueinander verhalten, wie der Leitartikel zum Feuilleton. Sie sind einig in der Verachtung dessen, was über das Notwendige und über das Faßbare hinausgeht. Nichts Menschliches ist ihnen fremd, doch alles Göttliche. Mit Helden und Heiligen haben sie keine Verbindung: sprachlos vor dem Geist, ratlos vor der Tat, wissen sie dennoch Bescheid. Die jüngere Generation versucht Rettung und Halt, indem sie Gott, Kunst, Natur und den Menschen erklärend betastet. Die ältere lebt ohne Probleme; nichts sei hier zu erklären, denn: »Alles ist bewußt«. Sie täuscht sich durch Sicherheit, jene sich durch Frechheit über die geistige Not der Zeit hinweg. Beide leben gottlos: jene braucht ihn nicht; diese mag ihn nicht. Und leben dennoch in ewiger Furcht. In einer andern Furcht vor einem anderen Herrn, der als der Träger der ausbeutenden Gewalt ihnen den Fuß auf den Nacken setzt und dessen Stimme schon ein so leibhaftiger Akteur ist wie sie selbst. Und in der Furcht vor der Satire, dem einzig Unbegreiflichen, das sie empfinden und zugeben, vor einer Macht, welche sie wie jene hassen, der sie dienen; einer, deren Stimme ihnen noch unhörbar in die Handlung hineinzusprechen scheint. Diese aber krümmt sich zwischen den Stichworten unsichtbarer Gewalten, von den trostlosen Assoziationen einer engen Welt getrieben, vorwärts bis zur Verzweiflung. Ist es ein Drama? Es ist – wie jenes Gespräch in der Nacht vor dem Wahlsieg – eine Sammlung von Phrasen, denen das Gesicht ihrer Sprecher zugewachsen ist und die dialektisch verbogene Beine bekommen haben. Es sind Zitate, die, durch eine freiwillige Wendung in den Jargon entlarvt, in Bewegung geraten und ein dramatisches Leben herstellen. Schon die äußere Anordnung einer fortlaufenden Kette des Dialogs zeigt, daß diese Gestalten den Ursprung aus ihrer Sprache nicht verleugnen wollen. Das scheinbar realistische und von lokalen Anlässen bezogene Detail ist nur um jener Naturwahrheit willen verwendet, die ein Symbol ist, und wird darum besser gewertet werden, wo Ort und Zeit die Anlässe entrückt haben. Den Anteil, den die Initimität des Dialekts wie der Stofflichkeit an der komischen Wirkung hat, verschmäht die Satire. Und das tut sie selbst in der Verwendung von Namen. Sie stützen keine polemische Absicht und sind nur dort den namenlosen Gestalten zugefügt, wo sie ein satirisches Element sind, so von Natur angewachsen, als ob die lebendigen sie als die Erfindung des

Satirikers trügen. Hier waltet kein Zufall, sondern ein Schicksal. Alles fügt sich jener nachschöpferischen Ordnung, welche das Individuelle als typisch und das Vorhandene als Notwendigkeit begreifen läßt.

*

Die Stimme des Herrn. Ein älterer Redakteur. Zifferer.

Beim Aufgehen des Vorhangs hört man die Stimme des Herrn aus dem Nebenzimmer: »Noch ein solcher Hereinfall und ich werf alle heraus!« Der Redakteur zuckt zusammen. Zifferer tritt auf. Er ist à quatre épingles gekleidet.

»Hören Sie Zifferer, Nogi hat Harakiri gemacht.« »Wieso?« »Nachdem der Mikado gestorben ist, das interessiert Sonntag, können Sie schreiben?« »Was heißt ob ich schreiben kann? Das geben Sie gut. Wenn Nogi in dem Augenblick, da der Geschützdonner den toten Mikado auf seiner letzten Fahrt grüßte, Harakiri gemacht hat, so wird in dem Augenblick, da Nogi Harakiri gemacht hat, Zifferer noch das Feuilleton machen können!« »Sie, das mit dem Geschützdonner ist ein Anfang.« »Was heißt Anfang? Ich hab doch sogar schon das Ende!« »?« »Ich wer' schreiben, vielleicht war's ein anderer.« »Sehr intressant, aber wozu?« »Für alle Fälle, vielleicht is es ein Aufsitzer vom Fackelkraus.« »Was fällt Ihnen ein, der traut sich doch nicht mehr wegen Stukart. Und außerdem haben wir doch schon die Details!« »Sie, die Details haben wir auch über den Grubenhund gehabt. Lassen Sie's gut sein, es kann nichts schaden, ich schreib, vielleicht war's ein anderer.« »Sie sind etwas ein Hypochonder. Aber sagen Sie – der Titel? Was für einen Titel geben Sie?« »Die Tat des Feldmarschalls Nogi.« »Intressant, und der Grundgedanke? Was wird der Grundgedanke sein?« »Der Grubenhund wird sein – was red ich, der Grundgedanke wird sein: ›hier gibt es keine Gewißheit, vielleicht war's ein anderer, in undurchdringliches Dunkel bleibt die Tat gehüllt, abweisend, fremd, geheimnisvoll‹.« »Sie haben faktisch recht. Man sollt's nicht für möglich halten. Haben Sie schon so etwas erlebt? Weil der Mikado stirbt, muß er auch sterben, geht sich hin und bringt sich um mit der Frau – überspannte Sachen! Schon einmal soll er die Idee gehabt haben, sich aufopfern um jeden Preis, wegen Port Arthur! Das hat mir schon nicht gefallen. Der Mikado hat es auch tatsächlich strikte abgelehnt. Man kann Patriot sein, warum nicht, aber so übertrieben is wieder nicht nötig. Zum Glück ein vereinzelter Fall.« »Ich werde mich auf das Soziale nicht einlassen und mehr das Menschliche betonen.« »Und dabei is es noch Pflanz!« »Wieso?« »Eigentlich war es nicht einmal ein orntliches Harakiri. Er hat sichs leicht gemacht, der Herr General!« »Wie soll ich das verstehn?« »Ein orntliches Harakiri gehört mit dem Bauch. Zwei Ritzer hat er sich beigebracht, nicht der Rede wert!« »Wieso is er dann tot?« »Wieso er dann tot is? Den Hals hat er sich abgeschnitten! Bequem. Treff ich auch.« »So generalisieren kann man schließlich doch nicht.« »So, also Sie glauben, daß das in Japan, wo sie heute schon Elektrizität haben, imponieren kann? Da irren Sie gewaltig! Bei der Botschaft ist man übrigens auch der Ansicht. Münz war dort und Akidzuki hat ihm gesagt, daß man in Japan das Beispiel des Generals Nogi keineswegs für nachahmenswert halte und eher der Überzeugung Ausdruck geben werde, daß eine solche Auffassung eines einzelnen im modernen Japan als überwundener Standpunkt einer vergangenen Epoche anzusehen sei.« »Goldene Worte.« »Aus purem Patriotismus! Das hat die Welt nicht gesehn! Das is rein, als ob man immer mehr hereinkommen möcht in das finsterste Mittelalter! Daran glaub ich natürlich nicht, und glauben Sie nicht, daß sie in Japan, heißt es, noch gelost haben, wer sterben soll nach dem Mikado, und daß ein Geriß war. Skandal genug, daß so etwas heutzutag überhaupt noch vorkommen kann, bei einem aufgeklärten Volk mit Telephon! Dieser Brauch ist uns fremd.« »Sie sprechen vom Telephon?« »Ich sprech vom Harakiri. Apropos, was sagen Sie, daß Mendl Singer geadelt is?« »Is er getauft?« »Ich glaub nein.« »Jedenfalls auch eine Ehre, die dem Stande widerfährt. Ausgerechnet zum Eucharistischen Kongreß, Kleinigkeit.« »Wilhelm Singer soll es ihm nicht gönnen.« »Ich war direkt paff. Is Siegfried Löwy schon getauft?« »Ich glaub ja.« »Sie, ob es nicht vielleicht ein Aufsitzer is vom Fackelkraus?« (Man hört die Stimme des Herrn aus dem Nebenzimmer: »Alle werf ich heraus!« Der Redakteur zuckt zusammen.) »Großer Gott, hören Sie nur wie er schreit! Was, meinen Sie, daß ein Aufsitzer is? Das mit Nogi?« »Nein, mit Mendl Singer!« »Was fällt Ihnen ein, eine seriöse Nachricht, wer denn soll geadelt werden wenn nicht er?« »Ich sag auch, aber –« »Solche Vorurteile existieren nicht mehr.

Was wollen Sie haben, ein gefälliger Mensch, ein tüchtiger Mensch, und vor allem auch ein betamter Mensch. Noch einer von der alten Garde, aus den großen Tagen des Liberalismus. Ein Aufrechter, der noch Schmeykal gekannt hat! Die Zeiten haben Sie nicht gekannt, wo wir noch gerungen haben, aufgewachsen in den Ideen des Deutschtums. Er is auch nicht mehr der Heißsporn, der er früher war. Hat auch schon Wasser in die Schläuche gegossen. Aber dazumal? Was weiß man heute, was es geheißen hat – dazumal das Banner hochhalten! Und schließlich hat er seine Verdienste. Er is intim bei Fürstenberg. Man wird nicht Von ohne gar nix. Er hat seinem Kaiser gedient –« »Bei Port Arthur, das weiß man ja –« »Wieso? bei der Wehrvorlage!« »Ich denk, Sie meinen Nogi?« »Wer redt von Nogi? Ich red von Mendl Singer! Stoff für ein Feuilleton is er freilich nicht. Man gibt eine Notiz. Fertig. Von uns machen wir nicht viel Aufhebens. Unsereins rackert sich ab, und mit dem Tag is es vergessen. Ruhmlose Helden, die stumm bis in die sinkende Nacht hinein bei der Fahne bleiben. Wir, die wir für die andern arbeiten, was haben wir schließlich? Einen Tineff, die Unsterblichkeit eines Tages, wie Speidel so treffend gesagt hat. Nehmen Sie sich ein Beispiel an ihm. Neugierig bin ich wirklich, ob Sie sechs Spalten Nogi geben wern.« »Sie können sich verlassen.« »Damals hat noch jeder Mann auf seinem Posten stehen müssen, bei Nacht, gegen den Moloch, wenn es geheißen hat, das Kulturerbe zu wahren und zu mehren. Heute? Alles niederreißen, das verstehn sie. A la Fackel! Waserdavon hat, fortwährend mit den Angriffen auf die Presse, möcht ich wissen. Schad, so ein talentierter Mensch – muß er sich grad auf das Gebiet verlegen! Was hätte aus dem werden können, wenn er sich nicht selbständig gemacht hätt! Chef könnt er heut sein! Wenn er mit sich hätte reden lassen! Ein gemachter Mann! Mit der Feder, intelligent und ein Jud!« »Sie überschätzen ihn sehr. Was kauf ich mir für die Feder, wenn die Gesinnung nichts wert is? Was rechnen Sie ihn überhaupt noch zum Stand? Er sagt doch selbst, daß er nur mehr ein Künstler is!« »Künstler! Weit gebracht! Das kommt von diesem Hang zur Eigenbredelei! Alle Welt is für Heine – er muß gegen Heine sein. Buch der Lieder, ihm gesagt! Der größte Antisemit! Blast von sich, als hätt er geschrieben: ich weiß nicht, was soll es bedeuten. Für den Moloch is er scheint es auch. Wenns nach ihm ging', brenneten Scheiterhaufen am Ring! Ein aufgeklärter Mensch soll reaktionär sein! Verachte nur Vernunft und

Wissenschaft, hat der Weimaraner gesagt –« »Wer?« »Der Weimaraner, wissen Sie nicht, wer der Weimaraner is? Der hat es ihnen gegeben, den Dunkelmännern! Skandal, ein Komödiant soll einen Pfarrer lehren!« »Ja, wenn der Pfarrer ein Komödiant is!« »Natürlich nur in dem Fall; aber er hat es doch scharf gehabt auf sie. Verachte nur Vernunft und Wissenschaft! Ja, das können sie. Mein Sohn macht heut Rigorosum.« »Ihr Sohn macht heut Rigorosum?« »Es ist das erste.« »Es ist das erste?« »Und wenn er durchfallt, mach ich mir auch nix draus.« »Er wird aber nicht durchfallen. Sagen Sie, Sie sagen, daß man bei der japanischen Botschaft der Ansicht is, daß man in Japan die Tat des Generals Nogi nicht teilt. Wie wird man aber in Japan der Überzeugung Ausdruck geben, daß man mit der Auffassung des Generals Nogi nicht einverstanden is?« »Weiß ich? indem die andern Japaner am Leben bleiben schätz ich oder so ähnlich. Liegt mir stark auf. Ernster is jetzt, Sie machen das Feuilleton.« »Wenn ich Ihnen sag, daß ich schreib? Ich versicher Sie, Sie können darauf rechnen. So eine Pikanterie wer' ich mir entgehn lassen! Aber wissen Sie was – selbstredend möcht ich Nogi nicht angreifen, insofern es, sagen Sie was Sie wollen, effektiv heroisch ist. Bitte, das müssen sogar Sie zugeben. Unnatürlich, können Sie sagen, das sag ich auch, aber intressant!« »Intressant – leugne ich nicht.« »Die Tat ist abweisend und geheimnisvoll. Er hat sich geopfert.« »Auf was die Leut für Ideen kommen, wenn sie nix zu tun haben!« »Glauben Sie, daß bei uns so etwas möglich wäre? Wenn zum Beispiel der dort (auf die Tür des Nebenzimmers weisend), wenn ihm in der Aufregung einmal Gottbehüte und es passieret ihm etwas – würden Sie –« »Ich ginge zum Tagblatt! Und Sie?« »Ich möcht mir auch den Hals nicht abschneiden.« »Dieser Brauch ist uns fremd. Sie müssen Mendl Singer gratulieren. Ich wer' ihm auch gratulieren. (Man hört die Stimme des Herrn aus dem Nebenzimmer: »Alle werf ich heraus!« Der Redakteur zuckt zusammen.) Dieser Brauch ist uns.. fremd... Neugierig bin ich auf Ihr Feuilleton. Sie haben gewiß schon alles im Kopf.«

»Nein, aber ich kann Ihnen alles sagen. Zuerst beschreib ich, wie die Japaner aussehn. Das japanische Lächeln, das Höflichkeit ist und Stolz zugleich, Schmerz und Freude, Lust und Qual, dieses Lächeln –« »Woher haben Sie die Information?« »Aus Taifun im Volkstheater.« »Aber wieso Lust und Qual? Lust versteh ich, aber wieso Qual –?« »Das is von Freud. Bißl Qual is immer dabei, wenn auch verdrängt.« »Also Freud und Qual? Wie kommt das zu dem?« »Also es handelt sich nämlich um den Lustgewinn, der je nachdem ein Komplex vorhanden ist, zu Gunsten oder zu Lasten – Sie müssen nämlich wissen, das Unbewußte –« »Ich versteh.« »Das glauben Sie, daß Sie verstehn, aber ich sag Ihnen, Sie verstehn nicht!« »Ich versteh nicht? Wieso versteh ich nicht?« »Aha, haben Sie Hemmungen?« »Nein!« »Sehn Sie, Sie haben Hemmungen, jetzt kommts heraus, lassen wir das. Ich wer' Ihnen erklären. Wenn Nogi Harakiri gemacht hat, dürften Sie ja nicht glauben, daß er nicht eigentlich etwas anderes hat machen wollen. Glauben Sie, wir wissen nicht, was der Dolch bedeutet?« »Sie schweifen vom Thema ab.« »Was fällt Ihnen dazu ein?« »Lassen Sie mich aus mit die Narrischkat –, ich versteh schon – mein Jung is auch schon verrückt damit. Sitzt sich den ganzen Tag im Kaffeehaus und deutet. Was ihr wollts, weiß ich! Ihr seids Idealisten! Nix weiter! Ihr wollts das Unbewußte bewußt machen, besonders, was das Bewußte betrifft – ich weiß schon. Das wär ja an und für sich sehr verdienstvoll. Aber es geht nicht. Aus einem einfachen Grund. Merken Sie sich: es gibt nichts Unbewußtes! Es is nämlich schon bewußt. Alles is bewußt. Und außerdem, der Chef wills nicht haben! Er will nicht, daß gedeutet wird, er will nicht, daß geklärt wird, er will nur, daß geplodert wird. Die Theorie paßt nicht für das Blatt – was is mit dem Lächeln der Japaner?« »Paßt nicht für das Blatt und fürs Tagblatt ja? Warum, was Stekel trefft, treff ich auch!« »Von mir aus – aber was is mit dem Lächeln der Japaner?« »Dieses Lächeln also – Moment! – ich weiß schon – dieses Lächeln, das eine sanfte und doch festgezogene Schranke bedeutet, eine vornehme Abweisung – Hören Sie mir auf, die Tat is abweisend, das Lächeln is abweisend, hat Nogi Sie abgewiesen, wie er in Wien war?« »Wieso, ich hab gar nicht gewußt, daß er in Wien war! Sehn Sie, unbewußt is er da gewesen!« »Sie haben gar nicht gewußt, daß er in Wien war?« »Nein, aber auf eine gute Idee haben Sie mich gebracht. Ich wer' also jetzt beschreiben, wie Nogi in Wien war! Viele mögen ihm in den Straßen Wiens begegnet sein, als er, von den Londoner Krönungsfeierlichkeiten heimkehrend, der Kaiserstadt seinen Besuch schenkte –« »Haben Sie ihn begegnet?« »Ich nicht, aber viele mögen.« »Was hat er angehabt?« »Die Uniform.« »Wie hat er ausgesehn?« »Klein sehr klein. Unscheinbar. Er unterschied sich kaum von seinen Begleitern, aber die Hoheit zeichnete ihn aus.«

»Welche Hoheit? Was hat er gekriegt?« »Aber ich mein' doch nur die Hoheit, die irgendwie trotz seiner Bescheidenheit um den kleinen freundlichen Mann war.« »Intressant. Ich muß mir notieren, daß ich Emanuel von Singer –« »Richtig, Manuel von Portugal ist doch angekommen?« »Vielleicht war's ein anderer! Sie sagen doch selbst von Nogi, hier gibt es keine Gewißheit?« »Aber Sie sagen doch, daß alles bewußt is?« »Selbstredend, aber kommt man hin ins Hotel, is es ein anderer! Hat einmal einer unserer Mitarbeiter Gelegenheit, mit einem zu sprechen, sagt er, er is es nicht! Man kann rein nicht mehr interviewen schicken! Neugierig bin ich, wie Sie Nogis Physiognomie erfaßt haben.« »Ein krauser, vom Alter gebleichter Bart umrahmte Kinn und Wange.« »Zum Sprechen. Was is mit dem Schnurrbart?« »Nach abwärts gebürstet, aber das brauch ich für Pavlik, wenn er nach Wien kommt.« »Pavlik kommt nicht, hör ich.« »Kommt er nicht, kommt ein anderer. Einer kommt.« »Gut, wenn Sie die Nuance aufheben für die ungarische Polizei, was sagen Sie statt dem für Nogi?« »Was soll ich sagen? Trotzig schob sich die Unterlippe vor!« »Das is echt japanisch. Aber wie ich Sie kenn, originell wie Sie sind à tout prix, sind Sie imstand und vergessen an die Schlitzaugen.« »Das glauben Sie. Aber ich sag Ihnen, wunderbar klug und lebendig blickten die kleinen schwarzen Augen hinter dem schmalen schiefen Spalt hervor.« »Sie, das is sympathisch, das müssen Sie genau so schreiben!« »Unterbrechen Sie mich nicht, das ganze Antlitz, die ganze Gestalt, das ganze Wesen des Generals schien aus diesen Augen zu leuchten, was sagen Sie dazu?« »Sie Zifferer, wenn Ihnen Salten das nachmacht, will ich Münz heißen! Seine Plastik und Ihre Plastik, den Unterschied möcht ich Klavier spielen können.« »Hören Sie zu, wir sahen den Feldmarschall Nogi beim Sturm auf den berühmten 203-Meter-Hügel, wie ihm der Tod des jüngeren Sohnes gemeldet wird, nachdem kurz zuvor der ältere Sohn gefallen ist –« »Schad, daß er eigentlich nie geheiratet hat!« »Wer, Nogi?« »Nein, Mendl Singer!« »Warum?« (Sinnend:) »So geht der Adel wieder verloren... schad!« »Kein Muskel des Antlitzes verrät die innere Bewegung, kühl und besonnen leuchten noch immer die kleinen Augen –« »Ss..!« »Unterbrechen Sie mich nicht, starr und geisterhaft sitzt das höfliche Lächeln auf der trotzig vorgeschobenen Lippe.« »Glänzend!« »Wir sahen die kleinen mutigen japanischen Soldaten zu Tausenden –« »Das is der Moloch..!« »– zu Tausenden, sag ich, Gräben und Wälle füllen, mit ihren Leibern eine unaufhaltsam wachsende Mau –« »Er hat für die Vermehrung des Rekrutenkontingents gewirkt..!« »Nogi?« »Konträr, Singer!« »Hören Sie zu, aus nächster Nähe pfeifen, prasseln, krachen die Geschosse –« »So wahr ich da leb, ich bin sprachlos – Sie, Zifferer, ich glaub Sie müssen rein dabei gewesen sein, woher haben Sie das?« »Sie glauben, das is Information? Ich sag Ihnen, das is visionär! Direkt visionär, sag ich Ihnen! Warten Sie, wie ich noch Stössel beschreib –« »Der wird doch nicht genannt bei uns?« »Warum wird er nicht genannt bei uns?« »Der hat doch für die Fackel –« »Nicht so laut – aber ich red doch vom russischen General!« »Vielleicht ein Verwandter! Kann man wissen?« »Sie, das riskier ich vor Ihm! Um ihn her –« (Man hört die Stimme des Herrn aus dem Nebenzimmer: »Alle werf ich heraus! Klinenberger soll hereinkommen!« Der Redakteur zuckt zusammen.) »Großer Gott er schreit nach Klinenberger – er will ihm diktieren –!« »Um ihn her ist ein Flimmern und Leuchten und Glitzern –« »Um Ihn? ich hab auch den Eindruck. Hören sie nur wie er schreit!« »Aber ich red doch von Stössel!« »Woher wissen Sie?« »Ich sag ausdrücklich, wir kennen ein Bild –« »Haben Sie das Bild gesehn?« »Nein, ich hab gehört.« »Also gibt es so ein Bild?« »Ich hab gehört.« »Zifferer, Sie sind eine Akquisition für das Blatt! Wie Sie Port Arthur mitgemacht haben, das macht Ihnen niemand nach!« »Bitte, Schiller war auch nicht in der Schweiz, aber der Tellschuß is Bagatell neben meinem Kugelregen von Port Arthur, ich seh förmlich, wie sie die Fahne hochhalten und wie Nogi dasteht, neben dem zerschossenen Bollwerk, das höfliche Lächeln auf seinen Lippen.« »Sie sind mehr wie Auernheimer! Auernheimer würde sagen, daß Port Arthur wie eine Frau dalag und er hat sie erobert. Auernheimer is mehr amourös, bei Ihnen steht man mitten drin im Pulverdampf auf den Boulevards, ein Genuß, das mitzumachen, ein förmliches Stahlbad, wie da alles braust, man spürt den Pulsschlag! Auernheimer hat die weichere Linie –« »Warum hat Wertheimer schon so lang nichts gehabt bei uns?« »Wertheimer is versonnen. Wertheimer liebt seltene Dinge, Sphinxe aus Alabaster, wie sie Canaletto gemalt hat. Und außerdem hat er doch die Kanzlei. Trebitsch –« »Lassen Sie mich aus mit Trebitsch. Vieu jeu!« »Nein, ich wer' Ihnen sagen, verwendbar is jeder in seiner Art. Wertheimer fängt Stimmungen ein, wenn er Zeit hat, Wertheimer is mehr für die stillen Gassen der Vorstadt,

Trebitsch is gut für die großen Hotels. Für Psychologie sind wir wieder froh, daß wir Sie haben. Neugierig bin ich wirklich, wie Sie Stellung nehmen wern zur Tat des Nogi?!« »Zur Tat des Nogi sag ich, daß dieser moderne Stratege soll einem uralten japanischen Brauche gefolgt sein, der uns fremd ist –« »Gottlob!« »–und den wir nicht mit dem Verstande, kaum mit dem Herzen zu fassen vermögen. Es ist einfach ein Vorurteil.« »Sie haben das Blattgefühl, Sie sind eine Perle für das Blatt. Verhalten Sie sich aber mit Wilhelm Singer und gratulieren Sie Mendl!« »Ich werde an Taifun erinnern und sagen, daß es an die Sada Yakko gemahnt!« »Haben Sie die Sada Yakko gesehn?« »Bitte, die hab ich selbst gesehn mit eigenen Augen auf der Weltausstellung von Paris mit Staunen und Verwunderung. Sie stirbt genial! Sie hätten sehn solln, wie sie stirbt wie er stirbt, Kawakami, wie er sein Gesicht verzerrt. Man wird nachdenklich.« »Wieso?« »Über das Leben.« »Sie wollen sagen, das Leben geht weiter, Zifferer?« »Wenn auch nicht mit den Worten, aber ich will jedenfalls sagen, die Menschen wandeln auf so tausendfältigen Wegen durchs Leben, hier aber sahen wir einen Tod, der uns fremd blieb, den man nicht begriff!« »Schad, daß er nicht geheiratet hat!« »Kawakami?« »Nein, Mendl Singer. (Sinnend:) So geht der Adel wieder verloren!.. Was für einen Schluß machen Sie?« »Wie die Sada Yakko stirbt, laß ich die Stimmung ausklingen, indem ich alles zusammenfass! Sie sterben mit einem höflichen, aber abweisenden Lächeln, die Japaner. Die Sada Yakko nämlich hab ich effektiv gesehn, wie sie hinsinkt wie eine geknickte Blume mit dem Geishalächeln auf den Lippen.« »Nebbich. Aber das mit dem Lächeln – was is das alles – ich hab noch die Mona Lisa gesehn, da hätten Sie gesehn, was ein Lächeln is!« »Kenn ich!« »Aber warum erinnern Sie nicht auch an den Mikado, von Sullivan?« »Kenn ich nicht.« »Ist das ein Grund?« »Das nicht, aber es is zu bekannt.« »Was sagen Sie, Birinski is in Tokio angenommen! Der muß auch schon hübsch verdienen. Wann kommt von Ihnen etwas? Hören Sie, ein Talent wie Sie, mit Ihrem Elaan, ich würde mir das gar nicht überlegen. (Nachdenklich:) Warten Sie – da fällt mir ein – ob nicht doch am Ende – der Fall is so unwahrscheinlich – einer soll sich aufopfern, für nix und wieder nix, fürs Vaterland – jetzt fürcht ich selbst – was glauben Sie – ob es nicht doch ein Aufsitzer is vom Fackelkraus?« »Das mit Mendl Singer meinen Sie?« »Aber nein, mit Nogi!« »Jetzt, wo ich schon das ganze Feuilleton hab, kommen Sie mit solchen Bedenken?

Ich bin der Ansicht, da könnt man überhaupt nichts mehr bringen!« »Natürlich, recht haben Sie, man soll sich nicht einschüchtern lassen! Wenn wir schon hereinfallen – soll er sich ärgern, wenn er sieht, daß wir uns nicht haben abhalten lassen! Wo käme man hin bei so übertriebenem Mißtrauen? Keine Nommer könnt man herausbringen! Auf die besten Zuschriften müßt man rein verzichten! Soll er aufpassen!.. Gut is nur, daß er wenigstens nicht hören kann, was man in der Redaktion redt.« »Wer? Benedikt?« »Nein, Kraus, nicht genannt soll er wern!« »Er wird ja nicht genannt!« »Ich mein' überhaupt. Aber ein wahres Glück, sag ich, daß er zum Beispiel nicht hören kann, wie wir zwei zusammen sprechen.« »Warum?« »Er möcht es sicher wörtlich karikiert wiedergeben!« »Malheur, fürcht ich mich schon? Ärger is, er wär imstand und liest es vor!« »Vor wem? Vor e leeren Saal?« »Es soll doch aber gesteckt voll sein?« »Sagt er! Eines lassen Sie sich gesagt sein, junger Freund, und das merken Sie sich: Eine Veranstaltung über die nix gebracht wird, exestiert nicht! Und ein Mensch, was nicht genannt wird, is so gut wie nicht geboren oder is besser, man hackt ihm gleich den Kopf ab. Besser arm und krank, als dieses Schicksal! Sag ich Ihnen!« »Eigentlich is er zu bedauern.« »Hat er sich selbst eingebrockt. Warum? Weiß er sich keine bessere Themen wie uns? Sind wir auch schon wer? Grad auf das Gebiet muß er sich werfen? Der hat sich gründlich verrechnet! Da nützt kein Zurück mehr, man sieht ja, wie er jetzt schon einlenken möcht. Is auch schon zahm geworden. Gibts auch schon billiger. Ja, das hat er heute davon. Eine Großmacht läßt nicht mit sich spaßen. Nicht einmal ein Inserat wird gebracht! Der Hund bellt auf den Mond, die Karawane zieht weiter!« »Der Hund – ich bitt Sie, berühren Sie das nicht! Ich riskier das Feuilleton in Gottes Namen, aber erinnern Sie mich jetzt nicht an die Katastrophe von Mährisch-Ostrau!« »Gott Sie haben ja so recht! Aber man kennt sich schon nicht mehr aus. Man weiß schon nicht mehr, wo einem der Kopf steht und auf wem man geben soll. Jenner macht sich lustig und der da schreit! Ich wünsch keinem Böses, aber von zwei Menschen wenn ich hören wer' – (Halb zu sich: Ausstehn – –!) Hach – was hat man davon, das führt zu nichts... Die Hauptsache ist, gesund und warme Füß! Sie sind jung, lieber Freund, Sie haben Ihren Humor, Ihnen steht die Karriere offen. Halten Sie sich nicht länger auf – Gott, halberneun is und ich hab noch den Artikel gegen den Moloch zu schreiben! Aber sagen Sie, wenn er sich umgebracht hat –?« »Wer, Kraus?« »Leider nein! Bloß Nogi. Was glauben Sie also eigentlich, hat er sich umgebracht, und wenn er sich umgebracht hat, warum hat er sich umgebracht?« »Mich fragen Sie–?« »Ich mein', was wird der Gruben – eh! der Hundgedanke – aber nein – also halten wir das fest, der Titel wird sein: Die Tat des Feldmarschalls Nogi, gut – und was wird der Grund-gedanke sein, ich hab schon wieder vergessen.« »Der Grund-gedanke wird sein, vielleicht war's ein anderer und daß wir mit der Tat des Generals Nogi nichts anzufangen wissen. Ich fang also das Feuilleton an!« (Zifferer ab.)

Man hört die Stimme des Herrn aus dem Nebenzimmer: »Erdbeben in der Türkei? Ich will nichts mehr wissen! Alle werf ich heraus!« Der Redakteur zuckt zusammen. Der Vorhang fällt.

[F 357–59, 75–84; 1912]

Ein Vorurteil

Das Neue Wiener Tagblatt meldet:

Bei der vorgestrigen Wohltätigkeitsvorstellung auf der Residenzbühne bot Fräulein Käte Pasqué, die als Lotte in Massenets »Werther« auftrat, durch treffliche Darstellung eine sehr gute Leistung. Die junge Künstlerin fiel durch ihre angenehmen Stimmittel auf.

Die Meldung ist richtig, nur daß es statt »vorgestrigen« »übermorgigen« heißen soll. Denn damals glaubte man noch, die Wohltätigkeitsvorstellung werde stattfinden. Aber sie wurde inhibiert, sie fand nicht statt, es wurde kein »Werter« gegeben, niemand bot eine Leistung und niemand fiel durch Stimmittel auf. Das macht aber nichts, wenn nur die Hauptsache richtig ist.

[F 378–80, 24; 1913]

Nachts

Ich muß wieder unter Menschen gehen. Denn zwischen Bienen und Löwenzahn, in diesem Sommer, ist mein Menschenhaß arg ausgeartet.

*

Flucht in die Landschaft ist verdächtig. Die Gletscher sind zu groß, um unter ihnen zu denken, wie klein die Menschen sind. Aber die Menschen sind klein genug, um unter ihnen zu denken, wie groß die Gletscher sind. Man muß jene zu diesem und nicht diese zu jenem benützen. Der Einsame aber, der Gletscher braucht, um an Gletscher zu denken, hat vor den Gemeinsamen, die unter Menschen an Menschen denken, nur eine Größe voraus, die nicht von ihm ist. Gletscher sind schon da. Man muß sie dort erschaffen, wo sie nicht sind, weil Menschen sind.

*

Daß ich gichtisch bin, will ich denen, die an meiner Gesundheit zweifeln, zugeben. Aber daß ich dann auch das kommende Gewitter spüre, das lasse ich mir nicht in Abrede stellen!

*

Adolf Loos und ich, er wörtlich, ich sprachlich, haben nichts weiter getan als gezeigt, daß zwischen einer Urne und einem Nachttopf ein Unterschied ist und daß in diesem Unterschied erst die Kultur Spielraum hat. Die andern aber, die Positiven, teilen sich in solche, die die Urne als Nachttopf, und die den Nachttopf als Urne gebrauchen.

*

Wenn mich einer eitel und gemein nennt, so weiß ich, daß er mir vertraut und mir etwas zu beichten hätte.

*

Ich bin vorsichtig geworden. Als ich einmal einen Anbeter hinauswarf, wollte er mich wegen Religionsstörung anzeigen.

*

Ich stelle mir vor, daß die jungen Leute Briefe mit meiner Adresse an sich schreiben, und da sie diese nicht erhalten, bei der Post reklamieren.

*

Den tiefsten und echtesten Beweis ihrer Verehrung sind sie mir schuldig geblieben: die eigene Überflüssigkeit zu erkennen und bei meinen Lebzeiten wenigstens literarisch abzudanken. Solange ich diese Wirkung nicht erzielt habe, glaube ich nicht an die Nachhaltigkeit meines Einflusses. Oderint, dum metuant. Mögen sie lieben, wenn sie nur nicht schreiben!

*

Alles was recht ist, sagen sie, aber es fehlt mir an Liebe, sagen sie, an Liebe zur Menschheit. Das müssen wohl arge Pessimisten sein, die die vorhandene Kollektion schon für die denkbar beste halten! Oder arge Idioten, die Den einen Schmetterlingsfeind nennen, dem beim Gedanken an einen toten Admiral die Kohlweißlinge zu viel werden.

*

Bei den meisten Menschen dringe ich bis zur Seele nicht vor, sondern zweifle schon an den Eingeweiden. Denn ich kann nicht glauben, daß dieser wundervolle Mechanismus erschaffen wurde, um einen kaiserlichen Rat zusammenzustellen, und erst durch Obduktion lasse ich mich davon überzeugen, daß ein Wucherer eine Milz hat.

*

»Das Leben geht weiter«. Als es erlaubt ist.

*

Bildung ist eine Krücke, mit der der Lahme den Gesunden schlägt, um zu zeigen, daß er auch bei Kräften sei.

*

Wenn die Sprache nur ein Gewand ist, so wird sie schäbig oder unmodern. Bis dahin mag man unter Leute gehen. Ein Smoking macht nicht unsterblich, aber beliebt. Doch was haben nur neuestens die jungen Herren an? Eine Sprache, die aus lauter Epitheta besteht. Ein Gewand ohne Stoff, aber ganz aus Knöpfen.

*

Der Gedanke ist das, was einer Banalität zum Gedanken fehlt.

*

Eine Frau muß so gescheit aussehen, daß ihre Dummheit eine angenehme Überraschung bedeutet.

*

Die gebildete Frau ist unaufhörlich mit dem Vorsatz befaßt, keinen Geschlechtsverkehr einzugehen, und ist auch imstande, ihn, nämlich den Vorsatz, auszuführen.

*

Der gebildete Mann ist nie mit dem Vorsatz befaßt, keinen Gedanken zu haben, sondern es gelingt ihm, ehe er sich dazu entschließt.

*

Der Mann ist der Anlaß der Lust, das Weib die Ursache des Geistes.

*

Das Weib nimmt einen für alle, der Mann alle für eine.

*

Der Erotiker wird der Frau jeden gönnen, dem er sie nicht gönnt.

*

In Wien habe ich oft eine allgemeine Befriedigung bemerkt, wenn in einem Lokal ein Engländer sich schlecht benahm. Da wird Spalier gebildet und überall ist Freude. Ganz nüchtern wird der Osten, wenn der Westen besoffen ist.

*

Das sind die wahren Wunder der Technik, daß sie das, wofür sie entschädigt, auch ehrlich kaputt macht.

*

In der Berliner Passage wächst kein Gras. Es sieht so aus, wie nach dem Weltuntergang, wiewohl noch Leute Bewegungen machen. Das organische Leben ist verdorrt und in diesem Zustand ausgestellt. Kastans Panoptikum. Oh, ein Sommersonntag dort, um sechs Uhr. Ein Orchestrion spielt zur Steinoperation Napoleons III. Der Erwachsene kann den Schanker eines Negers sehen. Die unwiderruflich letzten Azteken. Öldrucke. Strichjungen mit dicken Händen. Draußen ist das Leben: ein Bierkabaret. Das Orchestrion spielt: Emil du bist eine Pflanze. Hier wird der Gott mit der Maschine gemacht.

*

Die Verzerrung der Realität im Bericht ist der wahrheitsgetreue Bericht über die Realität.

*

Der Kritik der Zeitungen gelingt es immerhin, auszudrücken, wie der Kritisierte zum Kritiker steht.

*

Der Journalismus ist ein Terminhandel, bei dem das Getreide auch in der Idee nicht vorhanden ist, aber effektives Stroh gedroschen wird.

*

Der Erzähler unterscheidet sich vom Politiker nur dadurch, daß er Zeit hat. Gemeinsam ist beiden, daß die Zeit sie hat.

*

Die Leute, die mir die irdischen Anlässe vorwerfen, dürften die Astronomie für eine kosmische Angelegenheit halten.

*

Die Eifersucht auf die ungestaltete Materie, die mir täglich um die Nase schwippt und schwätzt, wippt und wetzt, auf Menschen, die leider noch existent, aber noch nicht erschaffen sind, läßt sich schwer dem andern begreiflich machen.

*

Die wahren Wahrheiten sind die, welche man erfinden kann.

*

Das Verständnis meiner Arbeit ist erschwert durch die Kenntnis meines Stoffes. Daß das, was schon da ist, noch erfunden werden muß und daß es sich lohnt, es zu erfinden, sehen sie nicht ein. Und auch nicht, daß ein Satiriker, der die vorhandenen Personen erfindet, mehr Kraft braucht, als der, der die Personen so erfindet, als wären sie vorhanden.

*

Man kennt meine Anlässe persönlich. Darum glaubt man, es sei mit meiner Kunst nicht weit her.

*

Ein Künstler, der Erfolg hat, muß den Kopf nicht hängen lassen. Er soll erst dann an sich verzweifeln, wenn ein Kitscher durchfällt.

*

Nicht jeder, der kein Künstler ist, muß deshalb auch schon Erfolg haben. Man kann auch so zwischen zwei Stühlen sitzen, daß man von dem einen hinuntergestoßen und zu dem andern nicht hinaufgelassen wurde.

*

Wenn Herr Shaw Shakespeare angreift, so handelt er in berechtigter Notwehr.

*

Um zu glauben, daß Einer das alles gemacht hat, braucht man doch sicher mehr Gedanken, als um zu wissen, daß er es nicht gemacht hat – ihr Idioten des freien Geistes!

*

Der Analytiker macht Staub aus dem Menschen.

*

Der schöpferische Mensch sieht Helenen in jedem Weibe. Er hat aber die Rechnung ohne den Analytiker gemacht, der ihn erst darüber aufklärt, was er eigentlich in Helenen zu sehen habe.

*

Analyse ist der Hang des Schnorrers, das Zustandekommen von Reichtümern zu erklären. Immer ist das, was er nicht besitzt, durch Schwindel erworben. Der andere hat's nur, er aber ist zum Glück eingeweiht.

*

Das Unbewußte zu erklären, ist eine schöne Aufgabe für das Bewußtsein. Das Unbewußte gibt sich keine Mühe und bringt es höchstens fertig, das Bewußtsein zu verwirren.

*

Die Nervenärzte haben es jetzt mit den Dichtern zu schaffen, die nach ihrem Tode in die Ordination kommen. Es geschieht ihnen insofern recht, als sie tatsächlich nicht imstande waren, die Menschheit auf einen Stand zu bringen, der die Entstehung von Nervenärzten ausschließt.

*

Mir scheint alle Kunst nur Kunst für heute zu sein, wenn sie nicht Kunst gegen heute ist. Sie vertreibt die Zeit, sie vertreibt sie nicht. Der wahre Feind der Zeit ist die Sprache. Sie lebt in unmittelbarer Verständigung mit dem durch die Zeit empörten Geist. Hier kann jene Verschwörung zustandekommen, die Kunst ist. Die Gefälligkeit, die von der Sprache die Worte stiehlt, lebt in der Gnade der Zeit. Kunst kann nur vom Absagen kommen. Nur vom Aufschrei, nicht von der Beruhigung. Die Kunst, zum Troste gerufen, verläßt mit einem Fluch das Sterbezimmer der Menschheit. Sie geht durch Hoffnungsloses zur Erfüllung.

*

Den Werken des Dichters Sch. wird ein längeres Leben vorausgesagt als den meinen. Das mag im allgemeinen zutreffen. Nur die eine Schrift, in der ich zum Ableben der Werke des Dichters Sch. beigetragen habe und der sie deshalb ein Fortleben verdanken, wird sich so lange am Leben erhalten wie diese Werke und sie hierauf überleben, was dann vielleicht auch meinen andern Schriften zugute kommen wird, die am Ende den Werken des Dichters Sch. ein längeres Leben verdanken könnten, als diesen selbst vorausgesagt wurde. Ich glaube also, daß wir es uns ganz gut einteilen und keinen Richter nicht brauchen werden.

*

Die eigenen Lorbeern ließen Herrn v. H. nicht schlafen, aber auf fremden ruhte er gern aus.

*

Ich bin schon so populär, daß einer, der mich beschimpft, populärer wird als ich.

*

Ich sehe, wenn ich über die Straße gehe, viele Dummköpfe, bleibe aber ernst. Ja, ich werde immer ernster, je mehr Dummköpfe ich sehe. Dagegen lächeln die Dummköpfe, die mich sehen, wenn sie über die Straße gehen, und da mich ebensoviele Dummköpfe sehen, als ich Dummköpfe sehe, so lächeln viele Dummköpfe, wenn ich über die Straße gehe. Sie bleiben stehen, rufen meinen Namen, zeigen auf mich, damit ich nicht nur sie bemerke, sondern auch wisse, wie ich heiße und daß ich es bin. Ich kann mich dagegen nicht schützen, weil dieser Vorgang sich in einem Staate abspielt, der der Meinung ist, daß nur die Ehre beleidigt werden könne, und der einen Dummkopf ungestraft läßt, aber mich straft, wenn ich ihn einen Dummkopf nenne, damit er wisse, wie er heißt und daß er es ist.

*

Es ist ein Jammer, daß nur die Intelligenz kapiert, was ich gegen sie auf dem Herzen habe. Das Herz versteht es nicht.

*

Ich nähre mich von Skrupeln, die ich mir selbst zubereite.

[F 360–62, 1ff.; 1912 – 389–90, 28ff.; 1913]

Tod und Tango

Zwei Tänzer, er und sie, doch wollte sie
mit ihm nicht mehr, nur mit dem andern tanzen.
Er nur mit ihr, und da sie ihm entsprang,
holt' er sie ein und trieb sie um den Tisch
im Tanz. Und so nahm er sie um die Taille,
und kam zu nah und drückte sie zu Tode.
Und blieb am Leben, als er selbst sich traf
und ward für den verbotnen Tanz verhaftet.

Die Presse fand den Fall sehr intressant,
galant, pikant, charmant, nicht larmoyant,
doch weil es einer von den ihren war,
mit ihr verwandt, Geschworne sind imstand,
fand sie den Fall im höchsten Maß genant.
Er war vom Bankverein und lebenslustig;
wie schade, hieß es, daß der Trennungsschmerz
ihn übermannt, er war nicht bei Verstand,
er hatte Grund, sie waren stadtbekannt,
wer hätt' es am Concordiaball geahnt,
u. a. genannt, in jedem Tanz gewandt,
was will man mehr, ein bißl überspannt,
sonst tanzten sie noch heut und jetzt verliere
die Wiener Creme und ausgerechnet jetzt
die besten Tänzer, in der Hochsaison.
In dieser Tonart schrieben sie, nicht fassend,
ein Bankbeamter solle Mörder sein
und wenn schon, wegen Mords verurteilt werden.
Der Angeklagte soll in seine Bank,
nicht auf die Bank des Angeklagten kommen!
Mord ist kein standesmäßiges Delikt;
steckt die Behörde solchen Mörder ein,
ist sie imstand und faßt auch die Betrüger!
Dies tut sie nicht und jenes tu' sie nicht.
Ein Bankbeamter, der gemordet hat,
ist nicht bei Sinnen. Im Moment der Tat
war er meschugge, damals wenigstens.
Der Bankverein war gleichfalls dieser Ansicht
und die Psychiater schlossen sich ihm an.
Und in die Zelle kam die frohe Botschaft,
der Bankbeamte werde nur beurlaubt,
nicht pensioniert und habe Anspruch auf
Gehaltserhöhung, denn dem Institut
sei er jetzt unentbehrlich und darum
ernenne es ihn gleich zum Prokuristen.
Die Psychiater waren auch der Ansicht.
Es sei kein Zweifel, daß der Prokurist
sinnesverwirrt war im Moment der Tat,
so daß der Sinnsverwirrte glauben konnte,
er sei schon, was er damals noch nicht war,

er sei im Tatmoment befördert worden,
kein Mörder in der Tat, doch im Moment
ein Prokurist. So ward er im Moment
der Tat, noch eh er ihrer angeklagt,
schon freigesprochen, daß er gar nicht wußte
wie ihm geschah, und er verwirrt im Sinn,
ganz Prokurist, an seine Arbeit ging
und anfangs seine Bank, die zu ihm hielt,
für jene andre, die ihm drohte, hielt,
und über beide Bänke sprang und tanzte,
wie er gewohnt es war von Kindesbeinen.
Doch kam es so, wie es die Psychiater
mit kundigem Blick erkannt: Die Sinnsverwirrung
war nur vorübergehend, ganz normal
verlief hierauf die weitere Entwicklung.
In dieser Stadt, in der die besten Grüßer
die besten Bürger sind, die besten Tänzer
jedoch die Helden, hier macht nichts unmöglich.
Der Freispruch ist nichts anderes als der Mord:
Jourunterhaltung und Friseurgespräch,
das der Betroffene gleich selber führt,
und sitzt das Messer ihm noch an der Kehle,
so ist es vom Barbier, und überstand er's,
zieht ihm die Neugier ein Triumphspalier,
durch das er in ein anderes Café geht.
Doch geht er, wenn er will, auch in das alte,
weil man sich gar nicht zu genieren braucht.
Und wird mit höherem Gehalt und Ansehn
das, was er war, ein Liebling der Gesellschaft,
und geht bei Tag ins Amt, bei Nacht zum Tanz.
In diesem Tanz der sittlichen Instanzen,
bei dem die alte Gardedame Themis
darum besorgt war, daß die liebe Jugend
nicht sitzen blieb, sondern im Gegenteil
das Tanzrecht sich eroberte, war alles
all right, korrekt und ging so wie am Schnürchen,
das selbstverständlich nicht des Henkers war.
Die Psychiater waren sachverständig.
Wenn sie auch keine Spielverderber sind,
wars ihnen dennoch ernst mit ihrem Ausspruch.

Von Protektion kann keine Rede sein,
denn dieser Angeklagte war kein Jud.
Er war das Taufkind eines höhern Richters.
Doch dies Gerücht bekümmert kein Gericht;
und wenn es wahr ist, umso wichtiger war es,
den Fall vor der Verhandlung abzuschließen.
Denn eh man zuläßt, daß die zwölf Geschwornen
den Ehmann, der die Frau erschossen hat,
freisprechen, spricht man lieber gleich ihn frei.
Geschworne sind imstand und sprechen frei.
Sie sprechen gern den Mann, der eine Frau,
sei's wegen Eifersucht, sei's wegen Habsucht,
sei es in Wien, sie es in Leitmeritz,
ermordet hat, von Straf und Skrupel frei.
Nur wenn ein Doppelselbstmord fehlgegangen,
dann schicken sie den Elenden zum Galgen;
doch wenn es dem Gesellen eines Schlossers
gelungen ist, die glüh'nde Eisenstange
dem lang gequälten Lehrling in den Bauch
zu stoßen, sprechen die Geschwornen frei.
Solch sprunghaft ungewisser Volksjustiz,
die heute so und morgen anders urteilt,
entzieht man besser einen bessern Menschen
und lieber früher als später stellt man fest,
daß ihm der Sinn verwirrt war, als er's tat.
Wie aber? Ist mir nicht der Sinn verwirrt?
Was seh ich? Eine zitternde Matrone
zum Tod verurteilt wegen Hysterie?
Im Klimakterium tötet sie den Mann,
der sie verließ, sie rächt den letzten Wunsch
nach einer Mitlust, die nur Mitleid ist,
nicht ihr Verstand, ihr Schoß schoß auf den Mann
und die Psychiater wissen es und sagen,
sie sei trotz alledem verantwortlich?
Zwar im Affekt, doch auch aus Eitelkeit
hat sie die Tat verübt und ihre Schuld
sie nur der übertriebene Egoismus? –
Ihr Götter, wenn ihr Mitleid mit ihr habt,
mit Themis, eurer welk gewordenen Schwester,
so schützt sie, duldet nicht, daß sie den Henkern

zum Opfer falle, die so blind wie sie!
Seht hin, o seht, wer für dieselbe Tat
zum Tod verurteilt, wer befördert wird.
Seht dieses Jammerbild der greisen Wollust,
seht, wie der Tod den Lebemann verschont.
Seht dort die Mutter und die jüngere Tochter,
sinnesverwirrt seit dem Moment der Tat,
von der das Blut nicht aus dem Zimmer schwindet,
jetzt angstvoll auf die Türe, ob nicht wieder
der Mann mit dem Revolver komme, starren.
Er tut nichts Böses mehr. Wie geht es ihm?
Was macht er nun? Begeht den Tag der Tat,
den Jahrestag der Frau, die er verloren?
Sie tanzten beide, eines ist gestorben.
Fastet er einmal? Oder tanzt zur Trauer?
Warum nicht, recht hat er, ein junger Mann,
sagt die Gesellschaft, soll sich amüsieren.
Er schlägt die Zeit jetzt tot, was bleibt ihm übrig,
da er doch seine Gattin nicht mehr hat?
Sie starb am Tanze, er ist lebenslustig.
Genug lang saß er, während rings die Welt
im alten Tanz sich drehte, und den neuen,
den Tango, in der Zwischenzeit erfand.
Soll solch ein Tänzer ihr verloren sein?
Er kam zurecht, er holte alles ein,
er ist auf freiem Fuß, er schwingt das Bein,
geht in die Bank und von der Bank zur Bar.
Wo ist die Tänzerin? 's ist bald ein Jahr,
da fiel sie hin, da lag sie auf der Bahr.
Und er tanzt weiter, Menschen sehen zu,
das Sinnverwirrende läßt ihnen Ruh.
Wer ist es? Wer? Wer betet dort? Wer lebt?
Wer tanzt dort mit dem Knie? Wer springt und schwebt?
O unerhörte Möglichkeit der Welt,
die nicht dem Chaos in die Arme fallt,
die so ermüdet, weiter dazu singt
und so erschüttert, nicht in Splitter springt!
Unschuldig ist der Tänzer, schuld die Zeit,
nicht zu vergehn bei solcher Lustbarkeit!
Die Nacht entflieht vor solchem Solotanz,

doch wird es Tag und solch ein Tag bleibt ganz.
Und er hat Stunden. Keine aber weckt
das Leben zum Gebet und keine schreckt
die Sünde, keine mahnt und keine klagt
und keine dumpf ihr vivos voco sagt
und keine Glocke weint ihr mortuos plango.
Das Leben starb. Die Mörder tanzen Tango.

[F 386, 20–24; 1913]

II.
1914–1919

In dieser großen Zeit*

die ich noch gekannt habe, wie sie so klein war; die wieder klein werden wird, wenn ihr dazu noch Zeit bleibt; und die wir, weil im Bereich organischen Wachstums derlei Verwandlung nicht möglich ist, lieber als eine dicke Zeit und wahrlich auch schwere Zeit ansprechen wollen; in dieser Zeit, in der eben das geschieht, was man sich nicht vorstellen konnte, und in der *geschehen* muß, was man sich nicht mehr *vorstellen* kann, und könnte man es, es geschähe nicht –; in dieser ernsten Zeit, die sich zu Tode gelacht hat vor der Möglichkeit, daß sie ernst werden könnte; von ihrer Tragik überrascht, nach Zerstreuung langt, und sich selbst auf frischer Tat ertappend, nach Worten sucht; in dieser lauten Zeit, die da dröhnt von der schauerlichen Symphonie der Taten, die Berichte hervorbringen, und der Berichte, welche Taten verschulden: in dieser da mögen Sie von mir kein eigenes Wort erwarten. Keines außer diesem, das eben noch Schweigen vor Mißdeutung bewahrt. Zu tief sitzt mir die Ehrfurcht vor der Unabänderlichkeit, Subordination der Sprache vor dem Unglück. In den Reichen der Phantasiearmut, wo der Mensch an seelischer Hungersnot stirbt, ohne den seelischen Hunger zu spüren, wo Federn in Blut tauchen und Schwerter in Tinte, muß das, was nicht gedacht wird, getan werden, aber ist das, was nur gedacht wird, unaussprechlich. Erwarten Sie von mir kein eigenes Wort. Weder vermöchte ich ein neues zu sagen; denn im Zimmer, wo einer schreibt, ist der Lärm so groß, und ob er von Tieren kommt, von Kindern oder nur von Mörsern, man soll es jetzt nicht entscheiden. Wer Taten zuspricht, schändet Wort und Tat und ist zweimal verächtlich. Der Beruf dazu ist nicht ausgestorben. Die jetzt nichts zu sagen haben, weil die Tat das Wort hat, sprechen weiter. Wer etwas zu sagen hat, trete vor und schweige! Auch alte Worte darf ich nicht hervorholen, solange Taten geschehen, die uns neu sind und deren Zuschauer sagen, daß sie ihnen nicht zuzutrauen waren. Mein Wort konnte Rotationsmaschinen übertönen, und wenn es sie nicht zum Stillstand gebracht hat, so beweist das nichts gegen mein Wort. Selbst die größere Maschine hat es nicht vermocht und das Ohr, das die Posaune des Weltgerichts vernimmt, verschließt sich noch lange nicht den Trompeten des Tages. Nicht erstarrte vor Schreck der Dreck des Lebens, nicht erbleichte Druckerschwärze vor so

* Gesprochen am 19. November 1914.

viel Blut. Sondern das Maul schluckte die vielen Schwerter und wir sahen nur auf das Maul und maßen das Große nur an dem Maul. Und Gold für Eisen fiel vom Altar in die Operette, der Bombenwurf war ein Couplet, und 15 000 Gefangene gerieten in eine Extraausgabe, die eine Soubrette vorlas, damit ein Librettist gerufen werde. Mir Unersättlichem, der des Opfers nicht genug hat, ist die vom Schicksal befohlene Linie nicht erreicht. Krieg ist mir erst, wenn nur die, die nicht taugen, in ihn geschickt werden. Sonst hat mein Frieden keine Ruhe, ich richte mich heimlich auf die große Zeit ein und denke mir etwas, was ich nur dem lieben Gott sagen kann und nicht dem lieben Staat, der es mir jetzt nicht erlaubt, ihm zu sagen, daß er zu tolerant ist. Denn wenn er jetzt nicht auf die Idee kommt, die sogenannte Preßfreiheit, die ein paar weiße Flecke nicht spürt, zu erwürgen, so wird er nie mehr auf die Idee kommen, und wollte ich ihn jetzt auf die Idee bringen, er vergriffe sich an der Idee und mein Text wäre das einzige Opfer. Also muß ich warten, wiewohl ich doch der einzige Österreicher bin, der nicht warten kann, sondern den Weltuntergang durch ein schlichtes Autodafé ersetzt sehen möchte. Die Idee, auf welche ich die tatsächlichen Inhaber der nominellen Gewalt bringen will, ist nur eine fixe Idee von mir. Aber durch fixe Ideen wird ein schwankender Besitzstand gerettet, wie eines Staates so einer Kulturwelt. Man glaubt einem Feldherrn die Wichtigkeit von Sümpfen so lange nicht, bis man eines Tages Europa nur noch als Umgebung der Sümpfe betrachtet. Ich sehe von einem Terrain nur die Sümpfe, von ihrer Tiefe nur die Oberfläche, von einem Zustand nur die Erscheinung, von der nur einen Schein und selbst davon bloß den Kontur. Und zuweilen genügt mir ein Tonfall oder gar nur die Wahnvorstellung. Tue man mir, spaßeshalber, einmal den Gefallen, mir auf die Oberfläche zu folgen dieser problemtiefen Welt, die erst erschaffen wurde, als sie gebildet wurde, die sich um ihre eigene Achse dreht und wünscht, die Sonne drehte sich um sie.

Über jenem erhabenen Anschlag, jenem Gedicht, das die tatenvolle Zeit eingeleitet, dem einzigen Gedicht, das sie bis nun hervorgebracht hat, über dem menschlichsten Anschlag, den die Straße unserm Auge widerfahren lassen konnte, hängt der Kopf eines Varietékomikers, überlebensgroß. Daneben aber schändet ein Gummiabsatzerzeuger das Mysterium der Schöpfung, indem er von einem strampelnden Säugling aussagt, so, mit dem Erzeug-

nis seiner, ausgerechnet seiner Marke, sollte der Mensch auf die Welt kommen. Wenn ich nun der Meinung bin, daß der Mensch, da die Dinge so liegen, lieber gar nicht auf die Welt kommen sollte, so bin ich ein Sonderling. Wenn ich jedoch behaupte, daß der Mensch unter solchen Umständen künftig überhaupt nicht mehr auf die Welt kommen wird und daß späterhin vielleicht noch die Stiefelabsätze auf die Welt kommen werden, aber ohne den dazugehörigen Menschen, weil er mit der eigenen Entwicklung nicht Schritt halten konnte und als das letzte Hindernis seines Fortschritts zurückgeblieben ist – wenn ich so etwas behaupte, bin ich ein Narr, der von einem Symptom gleich auf den ganzen Zustand schließt, von der Beule auf die Pest. Wäre ich kein Narr, sondern ein Gebildeter, so würde ich vom Bazillus und nicht von der Beule so kühne Schlüsse ziehen und man würde mir glauben. Wie närrisch gar, zu sagen, daß man, um sich von der Pest zu befreien, die Beule konfiszieren soll. Ich bin aber wirklich der Meinung, daß in dieser Zeit, wie immer wir sie nennen und werten mögen, ob sie nun aus den Fugen ist oder schon in der Einrichtung, ob sie erst vor dem Auge eines Hamlet Blutschuld und Fäulnis häuft oder schon für den Arm eines Fortinbras reift – daß in ihrem Zustand die Wurzel an der Oberfläche liegt. Solches kann durch ein großes Wirrsal klar werden, und was ehedem paradox war, wird nun durch die große Zeit bestätigt. Da ich weder Politiker bin, noch sein Halbbruder Ästhet, so fällt es mir nicht ein, die Notwendigkeit von irgend etwas, das geschieht, zu leugnen oder mich zu beklagen, daß die Menschheit nicht in Schönheit zu sterben verstehe. Ich weiß wohl, Kathedralen werden mit Recht von Menschen beschossen, wenn sie von Menschen mit Recht als militärische Posten verwendet werden.
Kein Ärgernis in der Welt, sagt Hamlet. Nur daß ein Höllenschlund sich zu der Frage öffnet: Wann hebt die größere Zeit des Krieges an – der Kathedralen gegen Menschen! Ich weiß genau, daß es zuzeiten notwendig ist, Absatzgebiete in Schlachtfelder zu verwandeln, damit aus diesen wieder Absatzgebiete werden. Aber eines trüben Tages sieht man heller und fragt, ob es denn richtig ist, den Weg, der von Gott wegführt, so zielbewußt mit keinem Schritte zu verfehlen. Und ob denn das ewige Geheimnis, aus dem der Mensch wird, und jenes, in das er eingeht, wirklich nur ein Geschäftsgeheimnis umschließen, das dem Menschen Überlegenheit verschafft vor dem Menschen und gar vor des Menschen

Erzeuger. Wer den Besitzstand erweitern will und wer ihn nur verteidigt – beide leben im Besitzstand, stets unter und nie über dem Besitzstand. Der eine fatiert ihn, der andere erklärt ihn. Wird uns nicht bange vor irgend etwas über dem Besitzstand, wenn Menschenopfer unerhört geschaut, gelitten wurden und hinter der Sprache des seelischen Aufschwungs, im Abklang der berauschenden Musik, zwischen irdischen und himmlischen Heerscharen, eines fahlen Morgens das Bekenntnis durchbricht: »Was jetzt zu geschehen hat, ist, daß der Reisende fortwährend die Fühlhörner ausstreckt und die Kundschaft unaufhörlich abgetastet wird!« Menschheit ist Kundschaft. Hinter Fahnen und Flammen, hinter Helden und Helfern, hinter allen Vaterländern ist ein Altar aufgerichtet, an dem die fromme Wissenschaft die Hände ringt: Gott schuf den Konsumenten! Aber Gott schuf den Konsumenten nicht, damit es ihm wohl ergehe auf Erden, sondern zu einem Höheren: damit es dem Händler wohl ergehe auf Erden, denn der Konsument ist nackt erschaffen und wird erst, wenn er Kleider verkauft, ein Händler. Die Notwendigkeit, zu essen, um zu leben, kann philosophisch nicht bestritten werden, wiewohl die Öffentlichkeit dieser Verrichtung von einem unablegbaren Mangel an Schamgefühl zeugt. Kultur ist die stillschweigende Verabredung, das Lebensmittel hinter den Lebenszweck abtreten zu lassen. Zivilisation ist die Unterwerfung des Lebenszwecks unter das Lebensmittel. Diesem Ideal dient der Fortschritt und diesem Ideal liefert er seine Waffen. Der Fortschritt lebt, um zu essen, und beweist zuzeiten, daß er sogar sterben kann, um zu essen. Er erträgt Mühsal, damit es ihm wohl ergehe. Er wendet Pathos an die Prämissen. Die äußerste Bejahung des Fortschritts gebietet nun längst, daß das Bedürfnis sich nach dem Angebot richte, daß wir essen, damit der andere satt werde, und daß der Hausierer noch unsern Gedanken unterbreche, wenn er uns bietet, was wir gerade nicht brauchen. Der Fortschritt, unter dessen Füßen das Gras trauert und der Wald zu Papier wird, aus dem die Blätter wachsen, er hat den Lebenszweck den Lebensmitteln subordiniert und uns zu Hilfsschrauben unserer Werkzeuge gemacht. Der Zahn der Zeit ist hohl; denn als er gesund war, kam die Hand, die vom Plombieren lebt. Wo alle Kraft angewandt wurde, das Leben reibungslos zu machen, bleibt nichts übrig, was dieser Schonung noch bedarf. In solcher Gegend kann die Individualität leben, aber nicht mehr entstehen. Mit ihren Nervenwünschen mag sie dort gastieren, wo im Komfort und Fortkommen rings Automaten ohne Gesicht und Gruß vorbei und vorwärtsschieben. Als Schiedsrichter zwischen Naturwerten wird sie anders entscheiden. Gewiß nicht für die hiesige Halbheit, die ihr Geistesleben für die Propaganda ihrer Ware gerettet, sich einer Romantik der Lebensmittel ergeben und »die Kunst in den Dienst des Kaufmanns« gestellt hat. Die Entscheidung fällt zwischen Seelenkräften und Pferdekräften. Vom Betrieb kommt keine Rasse ungeschwächt zu sich selbst, höchstens zum Genuß. Die Tyrannei der Lebensnotwendigkeit gönnt ihren Sklaven dreierlei Freiheit: vom Geist die Meinung, von der Kunst die Unterhaltung und von der Liebe die Ausschweifung. Es gibt, Gott sei gedankt, noch Güter, die stecken bleiben, wenn Güter immer rollen sollen. Denn Zivilisation lebt am Ende doch von Kultur. Wenn die entsetzliche Stimme, die in diesen Tagen das Kommando übergellen darf, in der Sprache ihrer zudringlichen Phantastik den Reisenden auffordert, die Fühlhörner auszustrekken und im Pulverdampf die Kundschaft abzutasten, wenn sie vor dem Unerhörten sich den heroischen Entschluß abringt, die Schlachtfelder für die Hyänen zu reklamieren, so hat sie etwas von jener trostlosen Aufrichtigkeit, mit der der Zeitgeist seine Märtyrer begrinst. Wohl, wir opfern uns auf für die Fertigware, wir konsumieren und leben so, daß das Mittel den Zweck konsumiere. Wohl, wenn ein Torpedo uns frommt, so sei es eher erlaubt, Gott zu lästern als ein Torpedo! Und Notwendigkeiten, die sich eine im Labyrinth der Ökonomie verirrte Welt gesetzt hat, fordern ihre Blutzeugen und der gräßliche Leitartikler der Leidenschaften, der registrierende Großjud, der Mann, der an der Kassa der Weltgeschichte sitzt, nimmt Siege ein und notiert täglich den Umsatz in Blut und hat in Kopulierungen und Titeln, aus denen die Profitgier gellt, einen Ton, der die Zahl von Toten und Verwundeten und Gefangenen als Aktivpost einheimst, wobei er zuweilen mein und dein und Stein und Bein verwechselt, aber so frei ist, mit leiser Unterstreichung seiner Bescheidenheit und vielleicht in Übereinstimmung mit den Eindrücken aus eingeweihten Kreisen und ohne die Einbildungskraft beiseite zu lassen, »Laienfragen und Laienantworten« strategisch zu unterscheiden. Und wenn er es dann wagt, über dem ihm so wohltuenden Aufschwung heldischer Gefühle seinen Segen zu sprechen und Gruß und Glückwunsch der Armee zu entbieten und seine »braven Soldaten« im Jargon der Leistungsfähigkeit und wie am Abend eines zufriedenen Börsentags zu ermuntern, so gibt es angeblich »nur eine Stimme«, die daran Ärgernis nimmt, wirklich nur eine, die es heute ausspricht – aber was hilft's, solange es die eine Stimme gibt, deren Echo nichts anderes sein müßte als ein Sturm der Elemente, die sich aufbäumen vor dem Schauspiel, daß eine Zeit den Mut hat, sich groß zu nennen, und solchem Vorkämpfer kein Ultimatum stellt!

Die Oberfläche sitzt und klebt an der Wurzel. Die Unterwerfung der Menschheit unter die Wirtschaft hat ihr nur die Freiheit zur Feindschaft gelassen, und schärfte ihr der Fortschritt die Waffen, so schuf er ihr die mörderischeste vor allen, eine, die ihr jenseits ihrer heiligen Notwendigkeit noch die letzte Sorge um ihr irdisches Seelenheil benahm: die Presse. Der Fortschritt, der auch über die Logik verfügt, entgegnet, die Presse sei auch nichts anderes als eine der Berufsgenossenschaften, die von einem vorhandenen Bedürfnis leben. Aber wenn es so wahr ist wie es richtig ist, und ist die Presse nichts weiter als ein Abdruck des Lebens, so weiß ich Bescheid, denn ich weiß dann, wie dieses Leben beschaffen ist. Und dann fällt mir zufällig bei, an einem trüben Tage wird es klar, daß das Leben nur ein Abdruck der Presse ist. Habe ich das Leben in den Tagen des Fortschritts unterschätzen gelernt, so mußte ich die Presse überschätzen. Was ist sie? Ein Bote nur? Einer, der uns auch mit seiner Meinung belästigt? Durch seine Eindrücke peinigt? Uns mit der Tatsache gleich die Vorstellung mitbringt? Durch seine Details über Einzelheiten von Meldungen über Stimmungen oder durch seine Wahrnehmungen über Beobachtungen von Einzelheiten über Details und durch seine fortwährenden Wiederholungen von all dem uns bis aufs Blut quält? Der hinter sich einen Troß von informierten, unterrichteten, eingeweihten und hervorragenden Persönlichkeiten schleppt, die ihn beglaubigen, ihm Recht geben sollen, wichtige Schmarotzer am Überflüssigen? Ist die Presse ein Bote? Nein: das Ereignis. Eine Rede? Nein, das Leben. Sie erhebt nicht nur den Anspruch, daß die wahren Ereignisse ihre Nachrichten über die Ereignisse seien, sie bewirkt auch diese unheimliche Identität, durch welche immer der Schein entsteht, daß Taten zuerst berichtet werden, ehe sie verrichtet werden, oft auch die Möglichkeit davon, und jedenfalls der Zustand, daß zwar Kriegsberichterstatter nicht zuschauen dürfen, aber Krieger zu Berichterstattern werden. In diesem Sinne lasse ich mir gern nachsagen, daß ich mein Lebtag die Presse überschätzt habe. Sie ist kein Dienstmann – wie könnte ein Dienstmann auch so viel verlangen und bekommen –, sie ist das Ereignis. Wieder ist uns das Instrument über den Kopf gewachsen. Wir haben den Menschen, der die Feuersbrunst zu melden hat und der wohl die untergeordnetste Rolle im Staat spielen müßte, über die Welt gesetzt, über den Brand und über das Haus, über die Tatsache und über unsere Phantasie. Aber wie Kleopatra sollten wir dafür auch, neugierig und enttäuscht, den Boten schlagen für die Botschaft. Sie macht ihn, der ihr eine verhaßte Heirat meldet und die Meldung ausschmückt, für die Heirat verantwortlich. »Laß reiche Zeitung strömen in mein Ohr, das lange brach gelegen ... Die giftigste von allen Seuchen dir! Was sagst du? Fort, elender Wicht! Sonst schleudr' ich deine Augen wie Bälle vor mir her; raufe dein Haar, lasse mit Draht dich geißeln, brühn mit Salz, in Lauge scharf gesättigt.« (Schlägt ihn.) »Gnäd'ge Fürstin, ich, der die Heirat melde, schloß sie nicht.« Aber der Reporter schließt die Heirat, zündet das Haus an und macht die Greuel, die er erlügt, zur Wahrheit. Er hat durch jahrzehntelange Übung die Menschheit auf eben jenen Stand der Phantasienot gebracht, der ihr einen Vernichtungskrieg gegen sich selbst ermöglicht. Er kann, da er ihr alle Fähigkeit des Erlebnisses und dessen geistiger Fortsetzung durch die maßlose Promptheit seiner Apparate erspart hat, ihr eben noch den erforderlichen Todesmut einpflanzen, mit dem sie hineinrennt. Er hat den Abglanz heroischer Eigenschaften zur Verfügung und seine mißbrauchte Sprache verschönt ein mißbrauchtes Leben, als ob die Ewigkeit sich ihren Höhepunkt erst für das Zeitalter aufgespart hätte, wo der Reporter lebt. Ahnen aber Menschen, welches Lebens Ausdruck die Zeitung ist? Eines, das längst ein Ausdruck ist von ihr! Ahnt man, was ein halbes Jahrhundert dieser freigelassenen Intelligenz an gemordetem Geist, geplündertem Adel und geschändeter Heiligkeit verdankt? Weiß man denn, was der Sonntagsbauch einer solchen Rotationsbestie an Lebensgütern verschlungen hat, ehe er 250 Seiten dick erscheinen konnte? Denkt man, wie viel Veräußerung systematisch, telegraphisch, telephonisch, photographisch gezogen werden mußte, um einer Gesellschaft, die zu inneren Möglichkeiten noch bereit stand, vor der winzigsten Tatsache jenes breite Staunen anzugewöhnen, das in der abscheulichen Sprache dieser Boten ihre Klischees findet, wenn sich irgendwo »Gruppen bildeten« oder gar das Publikum »sich zu massieren« anfing? Da das ganze neuzeitliche Leben unter den Begriff einer Quantität gestellt ist, die gar nicht mehr gemessen wird, sondern immer schon erreicht ist und der schließlich nichts übrig bleiben wird, als sich selbst zu verschlingen; da der selbstverständliche Rekord keine Zweifel mehr übrig läßt und die qualvolle Vollständigkeit jedes Weiterrechnen erspart, so ist die Folge, daß wir, erschöpft durch die Vielheit, für das Resultat nichts mehr übrig haben, und daß in einer Zeit, in der wir täglich zweimal in zwanzig Wiederholungen von allen Äußerlichkeiten noch die Eindrücke von den Eindrücken vorgesetzt bekommen, die große Quantität in Einzelschicksale zerfällt, die nur die einzelnen spüren, und plötzlich, selbst an der Spitze, der vergönnte Heldentod als grausames Geschick fatiert wird. Man könnte aber einmal dahinter kommen, welch kleine Angelegenheit so ein Weltkrieg war neben der geistigen Selbstverstümmelung der Menschheit durch ihre Presse, und wie er im Grund nur eine ihrer Ausstrahlungen bedeutet hat. Vor einigen Jahrzehnten mochte ein Bismarck, auch ein Überschätzer der Presse, noch erkennen: »Das, was das Schwert uns Deutschen gewonnen hat, wird durch die Presse wieder verdorben«, und ihr die Schuld an drei Kriegen beimessen. Heute sind die Zusammenhänge zwischen Katastrophen und Redaktionen viel tiefere und darum weniger klare. Denn im Zeitalter derer, die es mitmachen, ist die Tat stärker als das Wort, aber stärker als die Tat ist der Schall. Wir leben vom Schall und in dieser umgeworfenen Welt weckt das Echo den Ruf. In der Organisation des Schalls ist die Schwäche wunderbarer Verwandlung fähig. Der Staat kann es brauchen, aber die Welt hat nichts davon. Bismarck hat zu einer Zeit, wo der Fortschritt in den Kinderschuhen steckte und noch nicht auf Gummiabsätzen durch die Kultur schlich, es geahnt. »Jedes Land«, sagte er, »ist auf die Dauer doch für die Fenster, die seine Presse einschlägt, irgend einmal verantwortlich.« Ferner: »Die Presse ist in Wien schlimmer, als ich mir vorgestellt hatte, und in der Tat noch übler und von böserer Wirkung als die preußische.« Er sprach es aus, daß der Korrespondent, um sich nicht dem Vorwurf auszusetzen, er habe keine guten Verbindungen, entweder die eigenen Erfindungen oder die der Gesandtschaft lanciere. Gewiß, wir alle hängen vor allem von den Interessen dieser einen Branche ab. Wenn man die Zeitung nur zur Information liest, erfährt man nicht die Wahrheit, nicht einmal die Wahrheit über die Zeitung. Die Wahrheit ist, daß die Zeitung keine Inhaltsangabe ist, sondern ein Inhalt, mehr als das, ein Erreger. Bringt sie Lügen über Greuel, so werden Greuel daraus. Mehr Unrecht in der Welt, weil es eine Presse gibt, die es erlogen hat und die es beklagt! Nicht Nationen schlagen einander: sondern die internationale Schande, der Beruf, der nicht trotz seiner Unverantwortlichkeit, sondern vermöge seiner Unverantwortlichkeit die Welt regiert, teilt Wunden aus, quält Gefangene, hetzt Ausländer, macht Gentlemen zu Rowdys. Nur durch die Vollmacht der Charakterlosigkeit, die in Verbindung mit einem schuftigen Willen Druckerschwärze unmittelbar in Blut verwandeln kann. Letztes, unheiliges Wunder der Zeit! Zuerst war alles Lüge, die immer auch log, daß nur anderwärts gelogen werde, und jetzt, in die Neurasthenie des Hasses geworfen, ist alles wahr. Es gibt verschiedene Nationen, aber es gibt nur eine Presse. Die Depesche ist ein Kriegsmittel wie die Granate, die auch auf keinen Sachverhalt Rücksicht nimmt. Ihr glaubt; aber jene wissen es besser, und ihr müßt daran glauben. Die Helden der Zudringlichkeit, Leute, mit denen sich kein Krieger in einen Schützengraben legen würde, wohl aber von ihnen dort interviewen lassen muß, brechen in eben verlassene Königsschlösser ein, um melden zu können: »Wir waren die ersten!« Für Greueltaten bezahlt zu werden, wäre bei weitem nicht so schimpflich wie für deren Erfindung. Bravos im übertragenen Wirkungskreis, die zuhaus sitzen, wenn sie nicht das Glück haben, in einem Pressequartier Anekdoten zu erzählen oder bis in die Front vordringlich zu sein, sie bringen den Völkern Tag für Tag und solange das Gruseln bei, bis diese es mit einiger Berechtigung wirklich empfinden. Von der Quantität, die der Inhalt dieser Zeit ist, fällt auf jeden von uns ein Teil, das er gefühlsmäßig verarbeitet, und das Gemeinsame wird uns durch Draht und Kino so anschaulich gemacht, daß wir zufrieden nachhause gehen. Hat uns aber der Reporter durch seine Wahrheit die Phantasie umgebracht, so rückt er uns ans Leben durch seine Lüge. Seine Phantasie ist der grausamste Ersatz für die, welche wir einmal hatten. Denn haben die einen dort behauptet, daß die andern Frauen und Kinder töten, so glauben es beide und tun es. Fühlt man noch nicht, daß das Wort eines zuchtlosen Subjekts, brauchbar in den Tagen der Manneszucht, weiter trägt als ein Mörser, und daß die seelischen Festungen dieser Zeit eine Konstruktion sind, die im Ernstfall versagt? Hätten die Staaten die Einsicht, mit der allgemeinen Wehrpflicht vorlieb zu nehmen und auf die Telegramme zu

verzichten – wahrlich, ein Weltkrieg wäre gelinder. Hätten sie gar den Mut, vor Ausbruch eines solchen die Vertreter des andern Handwerks auf einen international vereinbarten Schindanger zu treiben, wer weiß, jener bliebe den Nationen erspart! Aber ehe Journalisten und die von ihnen benützten Diplomaten abrüsten, müssen Menschen es büßen. »Manches, das in den Zeitungen steht, ist denn doch wahr«, hat Bismarck gesagt. Es gibt ja auch noch etwas unter dem Strich, dort arbeiten unsere braven Feuilletonisten, verrichten Gebete in der Schlacht für Honorar, küssen Bundesbrüder auf den Mund, preisen den herrlichen »Tumult« unserer Tage, bewundern die Ordnung, wie sie früher die Gemütlichkeit verehrt haben, vergleichen eine Festung mit einer schönen Frau oder umgekehrt, je nachdem, und benehmen sich überhaupt der großen Zeit würdig. Da schildert einer, ein Auswärtiger, unter dem Titel »Furchtbare Tage«, serienweise seine Erlebnisse in einer Hauptstadt, die er verlassen mußte. Die äußeren Schrecken bestanden darin, daß man ihm zugeredet hat, abzureisen, ihm für 1000 Mark nur 1200 Francs geben wollte und vor allem, daß kein Taxameter zu haben war, was in andern Verkehrszentren auch schon vor einer allgemeinen Mobilisierung vorkommen soll. Sonst kann er – man traut seinen Ohren nicht – nicht genug Rühmliches von der Ruhe, Rücksicht, ja Barmherzigkeit der einheimischen Bevölkerung aussagen, von der wir doch in Telegrammen erfahren hatten, sie hätte sich wie losgelassene Panther und Wölfe einer bei einem Eisenbahnunglück beschädigten Menagerie benommen, kurz, daß es dort vor dem Krieg annähernd so zugegangen sei, wie anderswo nach einem Konzert. Telegramme sind Kriegsmittel.
Mit Feuilletons nimmt man es nicht so genau, da kann die Wahrheit durchrutschen. Aber wenn sie erscheint, ist sie vielleicht wieder unwahr, weil inzwischen Telegramme erschienen sind und das Ihrige getan haben, den Telegrammen recht zu geben und die Wirklichkeit zu berichtigen. Oder meint man, dieser Nordau habe schöngefärbt, weil er sich für den Frieden die Rückkehr auf den Platz schon jetzt sichern wollte? Dann disponiert eben der Journalismus über das Leben, je nachdem er nur seinen Vorteil oder auch den Nachteil der andern sucht. Im allgemeinen läßt sich sagen, daß es in Kriegszeiten außer der Arbeit, welche die solide Waffe verrichtet, noch die Leistungen gibt, die Wort und Gelegenheit vollbringen. Greuel, die die Bevölkerung feindlicher Staaten verübt, sind von gemeiner oder von ganz gemeiner, also gebildeter

Herkunft. Pöbel und Presse stehen über den nationalen Interessen. Jener plündert und diese telegraphiert. Und wenn diese telegraphiert, so fühlt sich jener animiert, und was Redaktionen beschlossen haben, vergelten und büßen Nationen. »Repressalien« ist das, womit der Presse geantwortet wird. Sie übertreibt den Zustand der Welt, nachdem sie ihn erschaffen hat. Ist sie sein Ausdruck nur, so ist der Zustand furchtbar genug. Aber sie ist sein Erreger. Sie hat in Österreich den sterilen Zeitvertreib des »Nationalitätenhaders« erfunden und unterhalten, um unbemerkt das Geschäft ihres schändlichen Intellekts hochzubringen; hat sie es so weit gebracht wie sie wollte, so gibt sie für späteren Gewinn ihren Patriotismus in Kost; sie kauft Werte im Zusammensturz, sie ist ein Phönix, der aus fremder Asche farbenprächtig aufsteigt. Laßt mich die Presse überschätzen! Aber wenn ich zu Unrecht behaupte, daß in einer Epoche, die so leicht geneigt ist, die Extraausgabe für das Ereignis zu halten, und die mit entzündeten Nerven sich von Lügen zu Fakten verleiten läßt – wenn es nicht wahr ist, daß aus Telegrammen mehr Blut geflossen ist, als sie enthalten wollten, so komme dieses Blut über mich!

»Möge es das letztemal sein«, rief Bismarck, »daß die Errungenschaften des preußischen Schwertes mit freigiebiger Hand weggegeben werden, um die nimmersatten Anforderungen eines Phantoms zu befriedigen, welches unter dem fingierten Namen von Zeitgeist oder öffentlicher Meinung die Vernunft der Fürsten und Völker mit seinem Geschrei betäubt, bis jeder sich vor dem Schatten des anderen fürchtet und alle vergessen, daß unter der Löwenhaut des Gespenstes ein Wesen steckt von zwar lärmender, aber wenig furchtbarer Natur.« Er sagte es im Jahre 1849. Wie furchtbar ist diese Harmlosigkeit in den 65 Jahren erwachsen! Daß sie vor Taten, die sie angestiftet hat, nicht verstummt, zeigt, für wen sie sie getan hofft. Die Maschine hat Gott den Krieg erklärt und findet zwischen den Leistungen, die ich ihr stets zugetraut habe, immer noch Worte, und die Zeit mißt sich und staunt, wie groß sie über Nacht geworden sei. Aber sie war es wohl immer, und ich habe es nur nicht bemerkt. Also war es ein Fehler meiner Optik, sie klein zu sehen. Indes, »Übelstände« wegzuputzen, die an der Oberfläche wuchern, hinter der ein Großes lebt – die Aufgabe wäre mir zu klein, der fühle ich mich nicht gewachsen. Einer fragte neulich, wo ich denn bleibe, und bat, uns mit Rücksicht auf die neue Zeit von dem alten Schmutz zu befreien.

Ich kann nicht. Großes, Elementares muß die Kraft haben, von selber mit den Übelständen fertig zu werden und bedarf dazu nicht der Anregung und Hilfe eines Schriftstellers. Aber dieses Große, Elementare hat, da bereits sein Schein in alle Augen stach, es noch immer nicht vermocht. Was sehen wir? Das Große hat Begleiterscheinungen. Wenn die Folgen auf ihrer Höhe sein werden, dann Gnade uns! Das Große hat die Begleiterscheinungen nicht über Nacht kaputt gemacht. Daß Bomben mit Witzen abgesetzt werden und Animierkneipen ein 42-Mörser-Programm ankündigen, zeigt uns, wie konservativ und wie aktuell wir sind. Nicht das Vorkommnis, sondern die Anästhesie, die es ermöglicht und erträgt, gibt Aufschluß. Wie der uns eingefleischte Humor mit dem Übermaß des Bluts sich abfindet, wissen wir. Aber der Geist? Wie bekommt es unsern Dichtern und Denkern? Und wenn sich die Welt auf den Kopf stellt, es fällt ihr nichts besseres ein! Und wenn sich die Welt zerfleischt, es kommt kein Geist heraus! Er wird später nicht erscheinen; denn er hätte sich jetzt verbergen, durch verschwiegene Würde sich äußern müssen. Aber wir sehen rings im kulturellen Umkreis nichts als das Schauspiel, wie der Intellekt auf das Schlagwort einschnappt, wenn die Persönlichkeit nicht die Kraft hat, schweigend in sich selbst zu beruhen. Die freiwillige Kriegsdienstleistung der Dichter ist ihr Eintritt in den Journalismus. Hier steht ein Hauptmann, stehen die Herren Dehmel und Hofmannsthal, mit Anspruch auf eine Dekoration in der vordersten Front und hinter ihnen kämpft der losgelassene Dilettantismus. Noch nie vorher hat es einen so stürmischen Anschluß an die Banalität gegeben und die Aufopferung der führenden Geister ist so rapid, daß der Verdacht entsteht, sie hätten kein Selbst aufzuopfern gehabt, sondern handelten vielmehr aus der heroischen Überlegung, sich dorthin zu retten, wo es jetzt am sichersten ist: in die Phrase. Trostlos ist nur, wie die Literatur nicht ihre Zudringlichkeit fühlt und nicht die Überlegenheit des Bürgers, der in der Phrase das ihm zustehende Erlebnis findet. Zu einer fremden und vorhandenen Begeisterung Reime und noch dazu schlechte zu suchen, gegen eine Rotte eine Flotte zu stellen und von den Horden zu bestätigen, daß sie morden, ist wohl die dürftigste Leistung, die die Gesellschaft in drangvoller Zeit von ihren Geistern erwarten konnte. Das unartikulierte Geräusch, das von den feindlichen Dichtern zu uns herüberkam, bedeutet wenigstens einen Beweis für individuell gefühlte Erregung, die den Künstler auf den national begrenzten Privatmann reduziert. Es war wenigstens das Gedicht, das der Aufruhr der Tatsachen aus den Dichtern machte. Der Vorwurf des Barbarentums im Kriege war falsche Information. Aber das Barbarentum im Frieden, das in Reimbereitschaft steht, wenn's ernst wird, und das aus dem fremden Erlebnis einen Leitartikel macht, ist eine nicht wegzutilgende Schmach. Und schließlich kann sich ein Hodler, der unrecht hat, noch immer neben einem Dutzend Haeckels, die recht haben, sehen lassen. Und schließlich ist ein Wutausbruch noch immer kulturvoller als eine Enquete, die die Frage, ob man Shakespeare aufführen darf, zu dessen Gunsten zu entscheiden die Milde hat. Deutschlands größter neuzeitlicher Dichter, Detlev v. Liliencron, ein Dichter des Krieges, ein Opfer jener kulturellen Entwicklung, die vom Siege kam, hätte wohl nicht das Herz gehabt, sich an die noch rauchenden Tatsachen mit einer Meinung anzuklammern, und es bleibt abzuwarten, ob unter jenen, die das Erlebnis dieses Kriegs hatten, und jenen, die als Dichter erleben können, einer erstehen wird, der Stoff und Wort zur künstlerischen Einheit bringt. Was sich zeigen wird, ist, ob aus der Quantität, zu der vom seelischen Leben keine Brücke mehr führt, weil sie gesprengt wurde, noch Organisches wachsen kann. Intelligenzen, die sich, wenn Gefahr droht, behend und bequem in den Riß ihres Wesens betten, wird's zum Schweinefüttern geben.

Vielleicht war der kleinste Krieg immer eine Handlung, die die Oberfläche gereinigt und ins Innere gewirkt hat. Wohin wirkt dieser große, der groß ist vermöge der Kräfte, gegen die der größte Krieg zu führen wäre? Ist er eine Erlösung oder nur das Ende? Oder gar nur eine Fortsetzung? – Mögen die Folgen dieser umfangreichen Angelegenheit nicht böser sein als ihre Begleitumstände, die sie nicht die Kraft hatte, von sich zu treten! Möge es nie geschehen, daß die Leere mit Berufung auf ausgestandene Strapazen sich noch breiter macht als bisher, die Faulheit eine Glorie gewinnt, die Kleinheit sich auf den welthistorischen Hintergrund beruft, und die Hand, die uns in die Tasche greift, vorher ihre Narben zeigt! Wie war es möglich, daß im Weltkrieg ein Weltblatt jubilierte? Daß ein Börseneinbrecher sich vor die Millionenschlacht stellte und in tosenden Titeln für das fünfzigjährige Bestehen seines ruchlosen Geschäfts Beachtung forderte und fand? Daß Banken im Moratorium zwar ihren Kunden nicht dienen konnten, aber jenem weit über 400 K für jede der hundert

Annoncen seiner Festnummer bezahlten? Daß im Kanonendonner die Huldigung von Zeitungsausträgern gehört wurde und das Aufgebot der Gratulanten wie in einer Verlustliste der Kultur durch Wochen aufmarschierte? Wie war es möglich, daß in Tagen, wo die Phrase schon zu bluten begann, ihr letztes Leben an den Tod hingab, sie noch zum Fensterschmuck dienen konnte an einem Freudenhaus des Freisinns? Daß Fahnen von Schreibern hochgehalten wurden, wo sie schon auf dem Felde waren, und daß ein Bilanzknecht und Freibeuter der Kultur sich von einer hochgestellten Bedientenschar als »Generalstabschef des Geistes« feiern ließ? Möge die Zeit groß genug werden, daß sie nicht zur Beute werde eines Siegers, der seinen Fuß auf Geist und Wirtschaft setzt! Daß sie den Alpdruck der Gelegenheit überwinde, in der der Sieg zum Verdienst der Unbeteiligten wird, die verkehrte Ordensstreberei sich ihrer Ehren entäußert, die gerade Dummheit Fremdwörter und Speisenamen ablegt und in der Sklaven, deren letztes Ziel ihr Lebtag war, Sprachen zu »beherrschen«, fortan mit der Fähigkeit durch die Welt kommen wollen, Sprachen nicht zu beherrschen! – Was wißt ihr, die ihr im Kriege seid, vom Krieg?! Ihr kämpft ja! Ihr seid ja nicht hier geblieben! Auch denen, die für das Leben das Ideal geopfert haben, ist es einmal vergönnt, das Leben selbst zu opfern. Möge die Zeit so groß werden, daß sie an diese Opfer hinanreicht, und nie so groß, daß sie über ihr Andenken ins Leben wachse!

[F 404, 1–19; 1914]

Ein Tag aus der Zeit, die die große geworden war

»– – – Um 6 Uhr traten wir an, schweigsam, keiner sagte ein Wort. Die sich näherstehenden Kameraden reichten sich noch einmal die Hand. – – – Er sprang vor, kam aber gleich wieder zurückgekrochen; – – das ganze Kinn, der Mund, alles weggerissen; beim Verbin-

Es ist wirklich ein gesellschaftliches Ereignis gewesen, eine jener hübschen, wienerischen »Sensationen«, bei denen man so gerne »dabei ist«. In unoffizieller, gemütlicher Weise ist gestern nachmittag das große Kaiser Wilhelm-Kaffee im Grögerhofe der Weihburggasse

den fiel die halbe Zunge zum Munde heraus, er hatte auch den Arm zerschossen. Dann ging alles vor, da setzten feindliche Maschinengewehre ein, es war furchtbar. Die Kameraden fielen rechts und links, der Leutnant schrie: »Ich bin fertig!« Er hatte Arm und Bein zerschossen. – – Ich sah Tote, denen der ganze Kopf zerschmettert war. Die Wut war furchtbar, die Ruhe aber eisern, das Gewehr lag in der Hand wie ein Schraubstock. – – – Neben mir lagen Pferde und Menschen über- und untereinander. – – – Dann kam Morast. – – Meine Gruppe war nur noch zwei Mann stark – – – besonders der Schützengraben war bis oben 'ran voll. Dann sammelte sich die Kompagnie. Es fehlten der Hauptmann, die Leutnants und einundvierzig Mann. – – – Der Oberst begrüßt uns mit dem Rufe: »Guten Morgen, erstes Bataillon!« Dann wollte er reden, aber wir hörten nur ein Stammeln, er weinte! Da sprach der General. Er sagte, wir hätten einen achtmal so starken Feind fast vernichtet und das Bataillon wäre für alle Zeit berühmt. Dann gab er uns ein Hurra! Da stand ein ganzes Regiment und weinte. – – – Dann traten wir weg und bekamen Essen, aber es schmeckte keinem. Um ¼

Nr. 10 bis 12 eröffnet worden. Wunderschön sind die das ganze Erdgeschoß und Mezzanin umfassenden, ideal ventilierten Räume mit ihrer fein abgetönten, noblen Architektur, die durch die Lichterflut zu erlesenen Farbenwirkungen zusammengeschlossen wird. Und so warm, so intim sind die Plätze und Ecken, zu denen sich die weitzügige, brillante Anlage der Säle löst, ein von deutschem Geist erfülltes Reich echt heimatlicher Behaglichkeit. Blumengeschmückt grüßen die Künstlerbildnisse unseres Monarchen und des deutschen Kaisers. Die Fahne wagefreudigen Kaufmannsgeistes hält dieses Unternehmen auch in ernster Zeit hoch. Überall frohes, fesselndes Getriebe. Man zeigt einander, »wer da ist«: die umringten Schauspielerinnen dort oben im reizenden Estradensalon, die Künstler, Beamten, die Herren der Diplomatie, Offiziere, Finanzwelt. Man drängt sich um die Schreibstube und das Hamburger Büfett mit seinen köstlichen, kleinen Spezialitäten, die Damen delektieren sich in der Konditorei, und frohe, kleine Gruppen richten es sich in der Bar behaglich ein. Mit diesem Prachtkaffee zieht neuer, modernster Geist ins wienerische Kaffeehaus-

Uhr begruben wir die Toten und um 7 Uhr ging es wieder in den Schützengraben, wo wir heute noch sitzen.« – Das war am 20. Oktober. Inzwischen hat auch den Schreiber dieses Briefes das tödliche Blei getroffen.

leben ein. Bis spät in die Nacht währt das Treiben, und wer das Kaiser Wilhelm-Kaffee verläßt, weiß, daß er morgen, übermorgen und immer wieder kommen wird.

[F 405, 1–2; 1915]

Der Ernst der Zeit und die Satire der Vorzeit

Zum Eingang eines Leseabends gesprochen am 13. *Februar* 1915.

Als dieses umfangreiche Ereignis über die Menschheit hereinbrach und es allgemein hieß, daß die Maschine von einer Seele bedient werde und letzten Endes auch der Seele dienen werde, da war mein Scherflein der Zweifel, meine Bereitschaft das Schweigen und mein Mut, diesem Schweigen Ausdruck zu geben, damit man wisse, wie es gemeint sei. Was sich in mir scheinbar einem Zwang der Zensur entzog, war in Wahrheit das Bewußtsein, daß unter allen mißgeborenen Tatsachen eine einzige das Recht hat, ihre Negierung auszuschließen: der Krieg, solange es ihn gibt. Es war das Gefühl, daß es selbst unerlaubt wäre, einer Gesellschaft, die den Krieg mehr als eine Abwechslung denn als eine Umwälzung erlebt, einer sozialen Spielart, die das Unglück als Konjunktur schätzt und das Heroentum als die Basis für Armeelieferungen annehmbar findet – daß es unerlaubt wäre, einer solchen Zeit- und Ortsgenossenschaft anders als mit dem stillen Wunsche nach einem Erdbeben nahezutreten. Und noch so weit ließ ich mich in der Selbstbeherrschung hinreißen, zu schweigen vor dem Sprachgesindel, dem der Anblick unnennbaren Grauens nicht die Zunge gelähmt, sondern flott gemacht hat; stumm zu sein vor der verächtlichsten Brut, die sich je in ein Hinterland verkrochen hat, den Dichtern und Denkern und aller wortbereiten Unzucht, die den Morgen und den Abend schändet und von der ich im Innersten überzeugt bin, daß ohne ihr Dasein, ohne ihre grausamste antikulturelle Wirkung, neben der keine Geistesmacht der Zeiten standhielt, dieser Krieg der berauschten Phantasiearmut nicht entbrannt und nicht ins Überunmenschliche entartet wäre.

Denn welches Unmaß von Greueln würde an diese Barbarei der Bildung hinanreichen und wäre durch sie nicht bedingt?

Mein strategischer Rückzug aus der Position der öffenlichen Meinung ließ sich optimistisch zurechtlegen als die Wartezeit eines, der zeitlebens verurteilt war, in der Hölle Gott zu vermissen, und dessen vielverkannter Sehnsucht vielleicht nun Erfüllung winke. Als die Atempause einer satirischen Qual, die sich vom Weltuntergang Erlösung erhofft hat und nun immerhin einen passablen Weltkrieg erlebt. Nun, glaubten manche, würde doch dem erdensicheren Verstand, dem meertiefen Behagen und der himmelhohen Moral, denen kein Messina, keine Titanic und kein chinesischer Lustmord etwas anhaben konnten, der Verstand, der Humor und der Hochmut vergehen! Es hat ja nie an Optimisten gefehlt, die meine Weltverneinung als eine Kritik reparabler Zustände auffassen wollten, und in einer Schrift über mich, die 1913 erschienen ist, findet sich die Stelle:

> Wir wollen Gottes Ratschluß auch in Gedanken nicht vorgreifen; aber vielleicht tut, nach diesem Krieg, den Einer gegen die ganze Welt geführt hat, noch der Weltkrieg selber not. Fast scheint es, wenn es auch schauerlich ist, solche Not kommen zu sehen, als ob der Geist der Nächstenliebe darnach rufe: denn wohin jetzt in aller Welt mit allen diesen Intellektuellen und allen schon intellektualisierten Christen dazu! Denn sie haben wirklich das Grausige verübt, wovor aller Herzschlag, wo noch ein Herz schlägt, stille steht, sie haben wirklich verübt, wofür sie Karl Kraus – mortis in nomine laesae majestatis! – zum Tode verurteilt hat: sie haben mit dem Krieg Sechsundsechzig gespielt und aus sterbenden Soldaten haben sie Zeilenhonorar herausgeschlagen! Vielleicht also müssen die Soldaten und der Krieg muß über sie kommen.

Nun ist er da und ich sage: Nie hätte ein Herz lauter im Gefühl seiner Entbehrlichkeit geschlagen! Was tun sie *nun* mit den sterbenden Soldaten? Sinken, die nicht fallen, auf die Knie? Laßt uns warten. Abwarten, was sie uns hinterlassen wird, die große Zeit, wenn sie eines Tages dahingeht, wie sie eines Tages gekommen ist. Warten wir's ab, ob die Schande, die ich in Form gebracht habe, versunken sein wird und mit ihr – wie gern! – ihr Künstler. Erledigt sein, ohne daß mir der Krieg meine Aufgabe erledigt – das möchte ich nicht. Dann möchte ich lieber, da er mir nicht geholfen hat, wieder ihm beispringen. Aber laßt uns nicht die Geduld verlieren und nicht von heute auf morgen schließen, von den miserablen Begleiterscheinungen einer großen Zeit auf ihre Folgen. Wenn es jetzt auch den Anschein hat, daß sie den Mächten des Ungeistes eher Vorschub leiste; daß der Krieg nicht so sehr den Kampf gegen das Übel fortsetze als das Übel selbst; daß das begeisterte Einstehen einer entgötterten Welt für den Besitzstand des Teufels nicht just ihre ideelle Bereicherung verbürge – warten wir zu. Es könnte am Ende das Wunder geschehen – Dichter und Denker rücken aus, es anzusagen –, daß die im Dienst der Fertigware geopferte Seele durch das Opfer des Leibes neu ersteht. Bis dahin binde sich, mit tausend Fesseln binde sich der sprungbereite Geist, sei wehrlos, wenn ihm Denken, Fühlen, Atmen gesperrt wird, schweige zu den tausend Insulten, die jeder Tag dem lesenden Auge und dem hörenden Ohr ersinnt. Das nie geträumte Erlebnis, daß dieser Kot nicht erstarrt ist, als Regimenter marschierten, halte den Schrei zurück. Die Vorstellung, daß hinter der blutenden Quantität alles Leben unverändert ist und hinter der neuen Maschine ein altes Pathos noch den Tod zur Lebenslüge macht, sie hämmere in den Schläfen. Wenn dieses Leben nach wie vor die Gemeinheit hat, »seine Recht zu fordern«, ich, der sie ihm zeitlebens bestritten habe, will schweigen!

Und ich muß. Denn ich bin nicht so feig, gegen die Zensur zu kämpfen. Ich habe den Mut, ihr zu weichen. Ja, sie zu beschwören, daß sie jetzt, endlich, statt meiner ihres Amtes walte und sich nicht bange machen lasse von den Knechten der Freiheit. Denn man wisse, hierzulande hat sich in dem, was im status quo der torkelnden Individualitäten als gemeinsam fühlbar ist, nur ein einziges Novum begeben. Ich denke nicht an das Opfer der Kaisersemmel, zu dem sich eine wahrhaft große Zeit ohne viel Aufhebens, aber mit viel Stimmungsnotizen entschließt. Ich denke nicht daran, daß eine beliebte Annonce zwar nach wie vor drei lachende Wiener Typen zeigt, aber die von ihnen gestellte Frage: »Wer hat ausg'steckt? Wo gibts an guten Tropfen und a Hetz?« jetzt die Worte »und a Hetz« zum Opfer bringt, wiewohl es nach wie vor a Hetz gibt. Ich denke nicht an den seelischen Aufschwung der sich freiwillig meldenden Armeelieferanten. Ich denke nur an den alle Geister bewegenden Kampf gegen die Zensur, die bekanntlich über ein Gewerbe, dessen Ausüber von Rechts wegen den gelben Fleck zu tragen hätten, bloß den weißen verhängt hat. Diese über alle Maßen anspruchsvolle Profession lehnt sich nun gegen die Milde einer Obrigkeit auf, die ihr täglich ein paar Wahrheiten verbietet: anstatt für die ungezählten Lügen und

Schlechtigkeiten dankbar zu sein, die sie ihr nach wie vor erlaubt. Die Presse ahnt nicht, wie gut es ihr geht. Ja glaubt sie denn, daß es mir heute von der Zensur gestattet würde, nachzudrucken, was täglich in den Wiener Zeitungen steht?!

Bis wir so weit halten, daß ich es darf und mir selbst erlaube – denn Infames, das in großer Zeit geschieht, zu zitieren, wäre ja unwürdig – bis wir so weit sind, bleibt die Frage zu beantworten, wie ich mich zu meinem bereits getanen Werk, das ja eigentlich auch nur aus Nachdrucken besteht, verhalten soll. Ich hatte zu Beginn der großen Zeit die Empfindung, daß ich auch dieses – wie immer sich heute der Leser dazu stellen möge – dem Hörer entziehen müsse, weil eine lautere Stofflichkeit ihm jetzt in den Ohren liegt und weil jene größeren Anlässe, die ich noch nicht gestalten darf, dem Augen meine kleineren, deren Identität ich noch nicht beweisen darf, verdecken. Nun aber stellte sich eines Tages heraus, daß unser Publikum sich an die Größe der Zeit schon so sehr gewöhnt hat, daß sich nicht mehr »Gruppen bilden« und die Überraschung einen nicht mehr inkommodieren muß. Das in Taten und Leiden Ungewöhnliche wird dem gnadenlosen Blick der herrschenden Kulturmacht, für die es geschieht, als Lektüre unterbreitet, das Opfer ist ein Film, und das Leben sieht in der Todesbereitschaft nur seine Extraausgabe, auf die es auch nicht mehr hereinfällt. Und da sich nichts um mich verändert hat, sollte ich nicht sagen dürfen, wie es war? Nein, angesichts der erschütternden Stabilität jener Erscheinungen, aus deren Gebiet meine Rohstoffe in den letzten fünfzehn Jahren bezogen waren, sehe ich mich nicht veranlaßt, nachträglich deren Verarbeitung zu bereuen, bin ich nicht gesonnen, das Erschienensein der Fackel einzustellen. Nein, ich bin nicht verpflichtet, den Haß zu arretieren, wenn die Schande am Tage bloß geht! Mögen jene, die anderer Ansicht sind und schon der Gegenwart, der hiesigen, den seelischen Aufschwung zuerkennen, den sich geduldigere Optimisten erst von der Zukunft erwarten, mögen solche Leute meine Gestaltungen mit ihren längst verwehten Anlässen als kulturhistorische Kuriosa hinnehmen. Warum soll man sich denn nicht dafür interessieren, wie es in alten Zeiten, vor dem 1. August, in Wien ausgesehen hat? Denn so gnädig wird kein Weltfreund sein, daß er vermöge einer Art geistiger Amnestie schon in der Vergangenheit, die ich meine, Spuren künftiger Heldengröße entdeckt. Nein, bleiben wir bei der Kulturgeschichte, und stellen wir uns – für einen Abend kann's ja gelingen – auch vor, daß sie die frischeste, aktuellste Wiener Wirklichkeit bedeutet. Stellen wir uns vor, daß wir den Fasching in uns, wenn er auch behördlich inhibiert ist, noch nicht überwunden haben und daß wir höchstens, wenn uns der Ruf: Extraausgabee! trifft, uns im Schrecken der Schlacht befinden, sonst aber im horror vacui, den die Entziehung eines Narrenabends des Männergesangvereins uns beigebracht hat. Besinnen wir uns doch, ob unser ganzes gutgelauntes Dabeisein nicht einfach als Liste der Anwesenden aus dem Ballbericht in die notgedrungene Wohltätigkeit transferiert ist und bloß der »Rahmen« verändert, aber das Bild noch immer und immer mehr zum Sprechen ähnlich. Werfen wir einen Blick auf unser Nachtleben, übersehen wir aber auch unser Tagleben nicht; bemerken wir, wie geschickt wir aus der Gefahr ins Couplet ausweichen, und beachten wir, wie wir schon jetzt an dem Wiederaufbau unserer Ideale, vor allem des Fremdenverkehrs, arbeiten; horchen wir auf die Gespräche der Zeitgenossen, blicken wir auf die Plakatwände und fragen wir uns dann, ob das nicht lebendigste Wirklichkeit ist und ob wir vom Weltkrieg nicht träumen.

Leben nicht solche, deren Kriegsdienstleistung der Wucher ist? Leben nicht solche, für die der Schützengraben in die Kärntnerstraße einbiegt? Werden sie nicht demnächst ihr Scherflein beitragen in Form eines Nagels, mit dem ein Ritter aus Holz zu wohltätigem Zweck benagelt werden soll, nachdem die Behörde gegen die beabsichtigte Benagelung auf dem einstweiligen Aufstellungsplatz zum Zwecke der Sammlung keine Einwände erhoben hat, so daß ein Wahrzeichen errichtet werden kann, das sich gewaschen hat, und fünfhunderttausend, sage fünfhunderttausend Namen, von denen sonst keine Krone, sage kein letztes Kranl für einen blinden Soldaten zu haben wäre, auf die Nachwelt kommen werden und Wien im Begriffe steht, eine Sage zu bilden – der Schmock im Eisen –, eine Sage sag ich Ihnen, die schon jetzt den Fremdenverkehr nach 700 Jahren ins Auge faßt und die dann beim Portier für 20 Heller zu haben sein wird, bei jenem Portier, von dem, wenn er dereinst seine goldene Hochzeit feiern wird, es in der Zeitung stehen wird, weil eben bei einer sagenumwobenen Bevölkerung alles beim Alten bleibt, höchstens daß es mehr Armeelieferanten gibt, als früher auf den ersten Blick zu erkennen waren, und daß so manche jetzt ein Scherflein beitragen, die später ein Vermögen davontragen werden. Halten wir uns dies und das und noch etwas gegenwärtig und alle die hunderte »und«, mit denen jener grauenhafte Kassier der Weltgeschichte jeden Tag Blutbilanz macht, dann – o dann werden wir der qualgeborenen Heiterkeit meiner Gestalten mehr Aktualität, mehr vom Gefühl, im Krieg zu leben, zuerkennen, als diese ganze Wirklichkeit enthält! Nicht jene erbärmliche Lache, deren Geschäft es ist, von Ernst und Erbarmen abzulenken, wagt sich hier hervor. Sondern eine, die ihre Opfer der Prüfung aussetzt, ob sie tragfähig waren für den Ernst, für die große Trauer und für die über Nacht erwachsene Größe. Hier ist Humor kein Gegensatz zum Krieg. Diesem können die Opfer entrinnen, jenem nicht. Er befreit keinen Schlechten, er befreit die Guten, die da leiden. Er kann sich neben dem Grauen sehen lassen. Er trifft sie alle, die vom Tod unberührt bleiben. Bei diesem Spaß gibts nichts zu lachen. Aber weiß man das, so darf man es, und das Lachen über die unveränderten Marionetten ihrer Eitelkeit, ihrer Habsucht und ihres niederträchtigen Behagens schlage auf wie eine Blutlache! *[F405, 14–20; 1915]*

Elegie auf den Tod eines Lautes

Weht Morgenathem an die Frühjahrsblüthe,
so siehst du Thau.
Daß Gott der Sprache dieses h behüte!
Der Reif ist rauh.

Wie haucht der werthe Laut den Thau zu Perlen
in Geistes Strahl.
Sie vor die Sau zu werfen, diesen Kerlen
ist es egal.

Kein Wort darf Seele haben, der Barbare
er lebt so auch.
Sein Stral ist Strafe, Wort ist Fertigware
zum Sprachgebrauch.

Ein jeder Wirth ist, hat er etwas Grütze,
am Wort ein Wirt.
Die Sprache ist ja als der Hausfrau Stütze
nur engagiert.

Sie streckt sich nach der Decke, keines Falles
sie Aufwand treibt.
Sie kriegt, da sie ja Mädchen nur für Alles,
was übrig bleibt.

Man ist kurz angebunden, wenn man praktisch
so mit ihr spricht.
Dann aber wird ihr noch die Notzucht faktisch
von jedem Wicht.

Der Orthograph kennt Muth nicht, hat nur Mut
vor einem Laut,
den vorschriftsmäßig er mit wilder Wut
zusammenhaut.

Nicht Wahn ist, was er tut, er ist kein Thor,
er müt sich brav.
Doch hat er wol für Gottes Wort kein Ohr,
der Ortograf.

Er ist kein Thor, er ist ein Tor, durch das
der Fortschritt ziet,
Haß habend gegen hinderliche h's
in dem Gemüt.

Der Tag ist kurz, man spart die Zeit vom Mund,
das närt das Herz.
Man knappt das Wort sich ab, das ist gesund
für den Kommerz.

Man tut und schreibt recht, scheut kein edles Wort.
Was wahr ist, war.
Die Sprache athmet nicht, sie atmet fort
fürs Komptoir.

Man schreibt und hat recht, spart die Zeit am Wort,
so gut man kann.
Das Wort ist nur ein Abteil, ein Abort
für jedermann.

Ab-ortographen gibts in diesem Land,
die denken nach,
daß schnell wie 'n Taler get durch Mund und Hand
die theure Sprach'.

Unnütz ist doch so 'n Hauchlaut im Verkere.
Von Jar zu Jar
lert man drum eine Regel, die als Leere
recht annembar.

M. w. heißt: machen wir. Der Tag ist kurz.
Der Laut verhaucht.
Nachts widerfährt der Regel leicht ein Sturz,
wenn sie es braucht.

Auch dret man sich galant um, ob kein Stul da,
wie sichs gebürt.
Das rürt die Werte, die im Namen Hulda
das h noch fürt.

Schreib wie du sprichst, dann macht sich deine Schose,
fro kannst du lachen.
Ein Heiligthum ist eine alte Hose,
nicht zu machen!

Bediene selbst dich, lebe nach der Elle,
schreib auf Raten.
Das kann ich raten dir, es faren schnelle
die Automaten.

Im Büro schinden sich, Genuß zu finden
der Son und Vater.
Doch get man abends auch die Sprache schinden
statt ins Teater.

Wenn lautlos, erlos, werlos diese Gute,
rot vor Scham,
so anungslos da rute, sie die Rute
gleich bekam.

Die Sprache aber denkt sich ihren Teil:
In diesem Land
parieren muß zum allgemeinen Heil
der Konsonant.

Befehl ist halt Befel, er trägt das Leid
im Jammertal.
Er weiß, nicht besser in der harten Zeit
gets dem Vokal.

Der Zan der Zeit benagt an diesem Ort
mit flinker Wal
und wolgemut das altbewärte Wort
zu einer Zal.

Wie Thon klingt's rauer Ton, das Or zerreißt er.
Doch sei du still.
Gewonheit macht's, frü übt sich was ein Meister
werden will.

Der Geist dankt ab. Wie Wansinn ihn beschlich es,
's ist totgewiß.
Sein Wort ist leider längst ein öffentliches
Ärgernis.

Ein Tropf ist nur aus Lem, ihm felt der Hauch
von Gottes Segen,
drum wischt vom Thau den Tropfen so ein Gauch,
der Ordnung wegen.

Nichts, was ihm Zeit raubt, ist dem Kristen heilig,
der da front;
er raubt dem Ding das h, so wird es eilig.
Was sich lont.

Und keine Thräne wird den Roling hindern
für und für.
Er warf das h, der Träne Schmerz zu lindern,
raus zur Tür.

Nicht jedes Thier verwüstet tätig so
der Schöpfung Spur.
Nur manche Gattung Tier lebt irgendwo
fern der Natur.

Sie hat wol viel Gefül und dieses ist
dick wie das Tau.
Den Thau zertritt sie, Werth hat nur der Mist
für eine Sau.

[F 413–17, 107–110; 1915]

Zum ewigen Gedächtnis

Zwei Züge

Das Leid und Elend, das die serbische Bevölkerung, vor dem Feinde fliehend, ertragen mußte, ist schwer in Worten zu schildern. Schweren Herzens, ihre einzige Hoffnung auf Gott setzend, verließen die armen Flüchtlinge ihre Heimstätten. Greise, Frauen, Kinder – alle flohen! Unabsehbare Menschenmassen bewegten sich vorwärts – weiter und immer weiter... Mit wieviel Schmerz und Mitleid gedenke ich der Kinder, die diesem Zuge folgten. Halbnackt, mit zerrissenen Sohlen, beschmutzt, gingen sie an der Hand der Mutter, die oft noch einen wimmernden Säugling am Arme trug. Tränen der Rührung stiegen mir ins Auge beim Anblick eines zehnjährigen Kindes, das sein kleines

Der Zug hatte die Halle des Wiener Nordbahnhofes verlassen. Die Lichter der Residenz verglühen in der Ferne; der Train donnert der ungarischen Grenze zu. Das Handgepäck ist untergebracht. Dann beginnt das Abendessen erster Serie in dem Speisewagen, der uns bis Budapest begleitet. Man bummelt durch die Waggons, man ist neugierig. Wer fährt mit dem Zuge. Die Übersicht ist rasch

Brüderchen auf die Arme hob und ihm sein letztes Stückchen Brot in das weinende Mäulchen steckte. In der Menge, die sich müde und schwerfällig gegen Mitrowitza und Ipek schob, fiel mir eine hohe, kräftige Bäuerin aus dem Morawatal auf. Sie trug die schöne und farbenfreudige Kleidung der Frauen jener Gegend, dazu einen kleinen Sack auf dem Rücken und ein Körbchen in der Hand. Ihr zur Seite trippelte ihr Söhnchen, ein gesundes, gutgepflegtes Bauernkind, wie man sie in den gebirgigen Gegenden Serbiens findet. »Wissen Sie, wo die Morawadivision ist?« Diese Frage richtete die Bäuerin fast an jeden Vorübergehenden. In jener Division diente ihr Mann; ihm brachte sie das Bündel Wäsche, das sie auf dem Rücken trug … Der Vater, der seit vier Jahren im Felde steht, sollte den Kleinen endlich wieder einmal sehen und herzen können. Mit schmeichelnder Stimme, die großen Augen voll Kinderunschuld zu mir hebend, streckte das Kind sein Händchen aus und bat: »Tschitscha, daj mi hleba.« (Onkel, gib mir Brot.) Und die Mitgehenden, statt des Brotes, das sie selbst nicht hatten, legten eine Geldmünze in das bittende Händchen … Hie und da überrascht ein schönes

vorhanden. Vielleicht hat man sich's ein wenig anders vorgestellt, mehr würdenträgerartig, mehr repräsentativ; aber zu guter Letzt ist man zufrieden. Um die Bedeutung der Fahrt der großen Öffentlichkeit zu vermitteln, sind zwei Dutzend Männer von der Presse da. Wir vier Österreicher, zu denen sich in Budapest vier Ungarn gesellten, haben uns gleichfalls organisiert, und es war zu unserem Besten. Ein anderes Coupé hat ein Herr, der auch in diplomatischen Diensten reist, begleitet von seiner liebenswürdigen Gemahlin und ihrem hübschen Hündchen; »Pucki« ist der erste Hund, der mit dem Balkanzug fuhr, und

Haus: große Kasernen, viele Moscheen fallen auf... In der Stadt Tausende von erschöpften, blassen Flüchtlingen... So schlief man denn unter freiem Himmel, bei 15 Grad Kälte, ohne Feuer, denn es gab kein Holz. Die mitgeführten Nahrungsmittel waren fast ganz aufgezehrt. Das mitgeführte Vieh, von den furchtbaren Strapazen aufgerieben, blieb größtenteils am Wege liegen... Angst und Verzweiflung erfüllte sie bei dem Gedanken an das Kommende. Wie sollten sie mit den zarten Kindern in grimmiger Kälte, ohne Brot, über den drohenden steinernen Wall, der sich vor ihren Augen emporreckte, hinüberkommen?... Es war Sonntag. In der Kirche des Patriarchats feierte man den Gottesdienst. Der serbische und montenegrinische Metropolit zelebrierten die Messe... Totenstille herrschte in dem großen Raum; dann tönte traurig das Gebet des alten Metropoliten von den hohen Wölbungen wieder... »Tschitscha, daj mi hleba«, unterbrach meinen Gedankengang ein zartes Stimmlein. Vor mir stand wieder der kleine Knabe, der uns unterwegs schon mit den nämlichen Worten angefleht hatte... Die Zeit zur Flucht drängte... Alles Gepäck wurde zurückgelassen. Doch Brot – Brot

fühlt sich heute bereits wie ein Pfau... Ich teilte mein Coupé mit dem Schriftsteller Felix Salten. Nach dem Abendessen machte uns Ludwig Ganghofer, der von München gekommen war und nach Nisch reiste, den ersten Besuch. Es war eine Visite um Mitternacht, denn Budapest hatten wir einige Minuten vor 12 Uhr nachts verlassen. Man hatte uns dort mit magyarischer Glut empfangen. Die Zigeunermusik freilich fehlte; die fiedelt jetzt eins den Russen zum blutigen Tanz, und das ist wichtiger. Ganghofer war frisch, lustig und herzlich bewegt von der tiefen Bedeutung des Ereignisses,

mußte man haben ... Die Kälte und das Schneegestöber nahmen zu .. Müden Schrittes setzte sich der traurige Zug gegen das berüchtigte Zljeb in Bewegung ... Plötzlich stockte der Zug. Tausende von Karren, die auseinander genommenen Batterien, Automobile, verwirrten sich ineinander. Es ging unmöglich weiter. Der Befehl wurde gegeben, die Wagen zu verbrennen, die Kanonen und die Munition zu vernichten. Alles, was man nicht mittragen konnte, sollte zerstört, einzig die Tiere gerettet werden ... Wieder mußte die Nacht unter freiem Himmel zugebracht werden, an der Stelle, auf der man sich eben befand, am Feuer, zu dem die Reste der zertrümmerten Wagen herhalten mußten ... man schleppte Räder und Holzteile herbei, um nicht auf den eisbedeckten Steinen rasten zu müssen. Leise, traurig floß das Gespräch dahin, bis die Müdigkeit das ihre tat. Stärker wurde der Frost, immer kleiner das Feuer. Das erste Morgenlicht fiel auf eingefallene blasse Gesichter, in denen noch das Grauen der verbrachten Nacht stand. Die frierenden Kleinen äußerten wimmernd ihren einzigen, bescheidenen Wunsch. Ein Stückchen Brot nur, der schwarzen Erde gleich, eine kalte Kartof-

dessen Teilnehmer wir waren. Er erzählte wie der Jüngste und *wir tauschten Kriegserinnerungen aus.* Man mag noch soviel gesehen und *er*-*lebt* haben, man hört ihm mit inniger Freude zu. *Der Kehrreim aller seiner Worte aber ist das Lob der Schönheit des Krieges.* Er plaudert von dem *Humor*, der selbst in den tragischsten Momenten des Kampfes aufblitzt; *der große Shakespeare des Welttheaters* weiß eben Ernst und Scherz auch auf der Kriegsbühne *richtig zusammenzuschütteln.* Ein Straßenkampf tobt; Reserven dringen über die Leichen der Gefallenen vor – ein junger Unteroffizier *springt* um die Ecke –

fel, mußten das Verlangen der bedauernswerten Kleinen stillen... Kanonen, Karren, Ausrüstung – alles wurde in den Abgrund geschleudert. Dann ging es weiter, einer hinter dem andern; über vereiste Felsen und Geröll, mehr gebückt als aufrecht, rutschend und strauchelnd. Da, plötzlich ein Schrei – ein Pferd stürzte von dem schmalen Pfade in die Tiefe; und wieder ein Schrei, noch verzweifelter und gellender als der erste: sein Führer war ihm nachgestürzt. Die Stunden verrannen unter mühseligem Wandern, von allen Seiten starrten Tod und Vernichtung den Flüchtenden entgegen. Da lag am Wegrand ein zu Tode erschöpftes Pferd, dort ein Ochse mit heraushängenden Eingeweiden, weiter unten ein Mensch mit zertrümmertem Schädel... Dort blieb eine Menge entkräfteter, müder Tiere zurück. Sie standen unbeweglich, nur ihre todtraurigen Blicke begleiteten uns. Und wieder umgab uns tiefe Nacht. Mit Händen und Füßen scharrten wir den Schnee beiseite, um einen Herd zu errichten. Aber wie sollte die wärmende Flamme entstehen, da alles ringsum feucht oder gefroren war?... Ein Schluchzen drang an unser Ohr; ein leises, nicht endenwollendes Weinen. Wir gingen auf einen Toten. Ein rascher Blick zurück, ein Stammeln: »Pardon... Bitte um Entschuldigung...« und er ist verschwunden. So erzählt Ganghofer, und wir fahren durch die dunkle Einsamkeit der Puszta, in der arme Hirtenfrauen von ihren »roten Teufeln« träumen, die in Wolhynien kämpfen. Der Belgrader Wagen, der von München kam, wird abgekuppelt; dafür ist der Schrei nach einem Morgenkaffee oder einem Speisewagen vergeblich. Es ist noch keine Restauration im Betrieb, und der Speisewagen erwartet uns erst wieder um 2 Uhr nachmittags in Nisch. Das müssen Passagiere des

hin. Bei dem schwachen Lichtschein erkannten wir jene Bäuerin aus dem Morawatale wieder, die uns mit ihrem Knaben bis hierher begleitet hatte. Mit totenblassem Antlitz saß sie an einen Tannenbaum gelehnt da, in den Armen einen leblosen kleinen Körper haltend, zu dessen Häupten, mit zitterndem Lichte, eine kleine Wachskerze brannte. »Mein Kind ist gestorben und ich weiß nicht, wie ich es begraben soll«, sagte die arme Mutter mit bebenden Lippen. Der Atem stockte uns – wir erschauerten. Kälte, Hunger und Krankheit hatten dieses blühende Leben vernichtet, noch ehe ihn der geliebte Vater, den er suchen gegangen, in seine Arme geschlossen und geküßt hatte. Unter der Tanne, wo er verschieden, wurde ihm das Grab bereitet, und in den rauhen Stamm schnitten wir seinen Namen:

»Slobodan Ljubinkovits, aus Morawa 1908–1915.«

Entblößten Hauptes, den Blick voll Trauer auf das kleine Grab geheftet, bezeugten wir dem unglücklichen Kinde die letzte Ehre. Sein trauriges Schicksal wird für uns ewig verflochten sein mit der Erinnerung an den Leidenszug nach dem schrecklichen Zljeb. Uns Glücklichen aber, denen der Balkanzuges zur Notiz nehmen. An sanften Waldbergen vorbei führt der Schienenstrang nach Jagodina. Die zierliche Moschee mit dem maurischen Tore und dem schlanken Minarett interessiert heute alle weniger als die kleine Hütte im Bahnhof, in der ein deutscher Soldat heißen Tee schenkte. Ich hatte mich schon früher gestärkt; Ganghofer, der an Erfahrungen Reiche, hatte im Coupé Tee gebraut, ein Hühnchen aus dem Eßkoffer ausgepackt, den ihm seine fürsorgliche Frau ans Herz gelegt hatte, und Salten und mich zum Frühstück geladen. Ganghofers Frühstück war gewiß

Allmächtige Kraft gab, so viel Mühsal und Not zu ertragen und das Leben zu retten, tönt heute noch das traurige: »Tschitscha, daj mi hleba« des armen Knaben nach.

eine Spezialität des ersten Balkanzuges. Der Speisewagen, der heißersehnte, wird angekoppelt – ein Sturm auf ihn erfolgt.

Hirsch.

Wehe, wehe über die Tagespresse! Käme Christus jetzt zur Welt, so nähme er, so wahr ich lebe, nicht Hohepriester aufs Korn, sondern die Journalisten!

*

Gott im Himmel weiß: Blutdurst ist meiner Seele fremd, und eine Vorstellung von einer Verantwortung vor Gott glaube ich auch in furchtbarem Grade zu haben: aber dennoch, dennoch wollte ich im Namen Gottes die Verantwortung auf mich nehmen, Feuer zu kommandieren, wenn ich mich nur zuvor mit der ängstlichsten, gewissenhaftesten Sorgfalt vergewissert hätte, daß sich vor den Gewehrläufen kein einziger anderer Mensch, ja auch kein einziges anderes lebendes Wesen befände als – Journalisten.

Sören Kierkegaard, 1846

Und nach siebzig Jahren, wo es um so viel siebzigmal wünschenswerter wäre, als es siebzigmal mehr Gewehrläufe und Journalisten gibt, stehen sie nicht vor ihnen, sondern dahinter, haben sie laden geholfen und sehen zu, man zeigt ihnen, wie es schießt und fließt, und wartet, bis sie kommen, es zu beschreiben. Welche Verantwortung nimmt die Erde, die solches will und erträgt, im Namen Gottes auf sich!

[F 418–22, 2–6; 1916]

Landschaft

(Thierfehd am Tödi, 1916)

Thierfehd ist hier: das sagt dem Menschsein ab,
daß er es werde –

wie an der Wand empor zum Himmel reicht
die Erde.
Was hinter uns, war schwer. Hier ist es leicht.
Die Welt verläuft in einem grünen Grab.

Ein Stern riß mich aus jenes Daseins Nacht
in neue Tage.
Fern webt von blutiger Erinnerung
die Sage.
Der weltbefreite Geist ist wieder jung,
nichts über uns vermag die Menschenmacht.

Du Tal des Tödi bist vom Tod der Traum.
Hier ist das Ende.
Die Berge stehen vor der Ewigkeit
wie Wände.
Das Leben löst sich von dem Fluch der Zeit
und hat nur Raum, nur diesen letzten Raum.

[F 431–36, 73; 1916]

Die Fundverheimlichung

Wien, 26. April. (Das Ende eines zugelaufenen Hundes.) Der 19jährige Straßenbahnschaffner Josef Schüch hatte sich heute vor dem Bezirksrichter Dr. Fialla (Josefstadt) gegen eine durch ihre Begleitumstände merkwürdige Anklage wegen Fundverheimlichung zu verantworten. Nach einer vom Volksschullehrer Franz Wltschek erstatteten polizeilichen Anzeige soll der Beschuldigte am 6. März einen ihm auf der Straße zugelaufenen Hund, der sehr groß war, in seine Wohnung mitgenommen, daselbst am nächsten Tage mit einem Stocke erschlagen, kunstgerecht zerlegt und dann das Fleisch gekocht und gemeinsam mit seinem Onkel, dem Offizial Franz Schüch, verzehrt haben.

Der Angeklagte erklärte in der heute durchgeführten Verhandlung, daß er während seiner Dienstfahrt auf der Elektrischen von mehreren Fahrgästen auf den Hund aufmerksam gemacht wurde, der während der Fahrt auf die Elektrische aufgesprungen war. Er habe den Hund, der ohne Beißkorb und Marke war und ganz verwahrlost aussah, vom Wagen weggejagt. Der Hund sei jedoch der Elektrischen stets nachgelaufen und sei schließlich, als er am Abend den Dienst verlassen hatte, bis in seine Wohnung nachgefolgt. – Richter: Was haben Sie dann mit dem Hund gemacht? – Angeklagter:

Aus Mitleid habe ich den Hund, der ganz abgemagert war, in meine Wohnung genommen und ihn zunächst ordentlich gefüttert. Am nächsten Tage habe ich dann den Hund, weil er meine Wohnung verunreinigte und auf mich losgehen wollte, aus Angst mit einem Beil erschlagen, habe dann den Hund kunstgerecht zerlegt und die einzelnen Stücke nach und nach in dem Zimmerofen verbrannt. – Richter: Sie sollen den Hund verzehrt haben? – Angeklagter: Ich werde doch das Fleisch von einem solchen Hunde, der ein gewöhnlicher Köter war und Zeichen von Räude hatte, nicht essen.

Auf den Vorhalt des Richters, warum er den Hund nicht einfach auf die nächste Wachstube gebracht hatte, erwiderte der Angeklagte: Daran habe ich nicht gedacht.

Der Zeuge Franz Schüch, der Onkel des Angeklagten, gab an, daß letzterer in seiner Gegenwart den Hund erst durch Schläge mit einem Pracker betäubt und dann, da er gestöhnt habe, vollends mit einem Beil erschlagen habe. Als der Hund tot war, habe der Neffe gleichfalls in seiner Anwesenheit den Kadaver tranchiert und die einzelnen Stücke im Ofen verbrannt. – Richter: Es wird behauptet, daß Sie und Ihr Neffe den Hund gegessen haben sollen? – Zeuge: Ich werde doch als Mann von sozialer Stellung kein Hundefleisch essen. – Richter: Das ist Geschmackssache. – Zeuge: Der Hund hatte überhaupt keine Rasse gehabt. Er war ganz abgemagert und schäbig.

In drastischer Weise schilderte die Zeugin Theresia Reinisch, eine Nachbarin des Angeklagten, das traurige Ende des Hundes. Sie erklärt, daß der Hund erst fürchterlich gequietscht, dann leise gestöhnt habe. Sie habe in die Wohnung des Angeklagten durch ein Gangfenster sehen können und beobachtet, wie der Angeklagte dem Hund die Haut abgezogen und ihn dann in kleine Stücke zerlegt habe. – Richter (zur Zeugin): Wissen Sie auch, ob der Angeklagte und sein Onkel den Hund gegessen haben? – Zeugin: Das habe ich nicht gesehen, aber die Frau Schüch hat mir auf meine Frage, was mit dem Hund eigentlich geschehen sei, gesagt: »Der Seppl« – das ist der Angeklagte – »hat ihn gekocht und gegessen.« Ich habe darauf erwidert: »Das ist gemein, und es wundert mich, daß so was gebildeten Menschen erlaubt ist.«

Die als Zeugin vorgerufene Frau Marie Schüch, die Tante des Angeklagten, erklärte, sich der Zeugenaussage gegen ihren Neffen entschlagen zu wollen.

Der als Zeuge vernommene Volksschullehrer Franz Wltschek gab an, daß ihm die Nachbarn der Familie Schüch sehr aufgeregt die Geschichte vom Hund erzählt und unter anderm angegeben hätten, daß der Angeklagte das Fleisch bei der Wasserleitung gewaschen und dann im gekochten Zustande mit seinem Onkel gegessen habe. Auf die Frage des Richters an den Zeugen, wie der Hund lebend ausgesehen habe, erwiderte der Zeuge: Ich habe den Hund nicht gesehen, aber eine Trafikantin, bei der Herr Schüch mit dem Hund war, bemerkte: »Das ist ein schöner Hund«.

Der Richter konstatierte aus dem Akt, daß sich bisher der Eigentümer des Hundes nicht gemeldet habe.

Der staatsanwaltschaftliche Funktionär Auskultant Dr. Herzl beantragte die Bestrafung des Angeklagten wegen Fundverheimlichung, da er nach dem Gesetze verpflichtet gewesen wäre, von dem ihm zugelaufenen Hunde bei der Polizei die Fundanzeige zu machen.

Der Richter sprach den Angeklagten frei mit der Begründung, daß der ohne Beißkorb und Marke dem Angeklagten zugelaufene Hund als eine herrenlose, von dem früheren Eigentümer jedenfalls preisgegebene Sache anzusehen sei.

Wenn dieses hier, wie es ist, aus dem Blatt, das die deutschösterreichische Kultur vertritt, in Times, Figaro, Nowoje Wremja oder Corriere della Sera übergeht, so ist es die größte Greuellüge, die je über uns erfunden wurde. Wenn es als Bericht über eine Gerichtsverhandlung in London, Paris, Petersburg oder Rom erschiene, wär's der unwiderleglichste Beweis für den kulturellen Zusammenbruch der dort hausenden Nationen. Es ist ein Fall, in welchem die noch auf den Trümmern des Menschentums quälende Auseinandersetzung zwischen Mensch und Tier mit der Stummheit des Tiers zum Himmel schreit, Rache, Pest und Sintflut herabfordernd auf eine entartete Abart von Tier, die nur zwei Beine hat, doch zwei Arme zum Morden. Nicht daß Fleischnot den Menschen, unter dessen Messer ja auch Kalb und Huhn nicht mit dankbarem Blick verscheiden, zwänge, vom Hund zu essen, ist das Entsetzliche, und der Witz des Richters, es sei Geschmackssache, mag der logische Ruhepunkt sein, von dem man schaudernd dieses Wirrsal des Gefühls überblickt. Daß ein Offizial und ein Tramwaykondukteur es als gebildete Menschen ablehnen oder es mit ihrer sozialen Stellung unvereinbar finden, das Fleisch eines rasselosen Hundes zu essen – das ist wohl eine Möglichkeit innerhalb der Ordnung dieses Planeten, verständlich dem, der sich dort zur Not eingerichtet hat. Das Grauen beginnt bei der Unschuld. Bei der Glaubhaftigkeit der Versicherung, der Hund sei nicht für den Appetit geschlachtet worden, und bei dem Zugeständnis, daß es mit den Standesvorurteilen vereinbar sei, einen Hund zu tranchieren, den man nicht essen möchte. Wäre das kunstgerechte Zerlegen nicht l'art pour l'art gewesen, sondern die Tat des Hungers, der Mensch hätte tierisch gehandelt, und das wäre in der Zeit der schweren Not entschuldbar, wo Menschen nichts zu essen haben, weil Menschen geschlachtet werden, damit

Menschen mehr zu essen haben. Da es nicht der Fall ist, so hat der Mensch nur menschlich gehandelt. »›Das wildste Tier kennt doch des Mitleids Regung.‹ ›Ich kenne keins, und bin daher kein Tier.‹« Menschlich ist die Anklage auf Fundverheimlichung; menschlich Laune und Fragestellung des Richters, der den Wert des Funds nach der Eignung zum Lebensmittel, diese nach der Angabe schätzen will, »wie der Hund lebend ausgesehen habe«; menschlich der Freispruch mit der Begründung, der herrenlose Hund sei eine preisgegebene Sache gewesen; menschlich der Bericht, der die Sachlichkeit der Beschreibung durch die Objektivität der Meinung ergänzt, es sei »eine durch ihre Begleitumstände merkwürdige Anklage wegen Fundverheimlichung«. Menschlich alles an dieser Tragödie, in der – über alle noch so tieftraurige Begebenheit hinaus, die heute den Menschen im ohnmächtigen Kampf gegen die von ihm verschuldete Maschine den Tod sterben läßt, welchen man Heldentod nennt – das Tier den wahren Opfertod der Treue erleidet, der Treue als der zum Tier geflohenen Eigenschaft, die wieder Schutz sucht beim Menschen, unbehütet vom menschlichen Verstand und darum ohne Wissen um die Gefahr, ohne Arg, ohne Witterung, daß eben er sein Mörder sei. Um der Treue als Idee willen, ihr bis zum letzten Atemzug treu, fällt das Tier in dem einzig tragischen Konflikt zwischen der Lust, zu leben, und der Pflicht, das letzte Pfand des Schöpfers aus der vom Menschen verratenen Schöpfung zu retten. »Kreatur«, im Mund des Menschen zum Schimpf geworden, läuft ihm, wie die bewußtlose Natur des Weibs dem Lustmörder, zu, und er tötet sie – wie der nicht aus Raubsucht – aus Hunger nicht, sondern für die Lust, die ihm die Überlegenheit gewährt. Schwein, Esel, Ochs und Hund – Schimpfworte, um seinesgleichen, die tief unter jenen Gattungen stehen, zu bezeichnen, hat der Mensch daraus gemacht. Aber Schopenhauer hätte seinen Hund nicht »Mensch« rufen sollen, wenn er den Hund doch erhöhen und den Menschen herabsetzen wollte. Armeen brauchen Hunde und rufen sie als ihre »treuen, braven und unentbehrlichen Helfer« an. Sie der Maschine aussetzen, heißt Unwissenheit über die Idee zum größeren Opfer verpflichten. Nur das Tier, das dem Menschen erliegt, ist der Held. O daß doch die Menschheit in einen Traum verfiele, in dem sie vor Lastwagen gespannt und von klugen Pferden, die schon Hü und Hott erlernt haben, mit der Peitsche vorwärts getrieben würde! In dem der räudige, schlechtrassige Mensch einem Hund zuläuft, weil sein verkommener Instinkt in ihm den letzten Retter ersehnt, und von ihm dafür kunstgerecht tranchiert wird! Wann tötete je der Hund den Menschen? In einen Schacht gestürzt, von Hunger zur Tollwut getrieben, wenn ihm dorthin ein Verunglückter nachkam, biß er ihn und ließ dann von dem Fund. Der hier springt, dem verlornen Herrn in jeder Gestalt suchend, auf eine Maschine und muß am Biß des tollen Menschen sterben. Er glaubte sich nahe am Ziel, er sprang, wie Hunde selten tun, auf die Straßenbahn; er wird verjagt, springt wieder auf, verläßt den Mann nicht mehr und folgt ihm in die Wohnung. Weil er ihm die verunreinigt und weil er auf ihn losgehen will, der Ordnung halb und halb aus Angst, erschlägt ihn jener mit dem Beil. Aus Mitleid habe er ihn aufgenommen, dazu kam Furcht, das gibt ein Trauerspiel. Nachdem er ihn erlegt, zerlegt er ihn und Stück für Stück bestattet er im Ofen. Der Ordnung halb und halb aus Lust. Ich sah ihn oft. Solch einer, der keiner Fliege ein Haar krümmen kann, sitzt einem vis-à-vis im Zug und schlägt, damit die Fahrt schneller vergeht, mit seiner Schlächterpratze eine tot. Totschlag der Zeit, die nicht vorüberfliegt, nur kriecht und justament am Fenster sitzt, bloß für ein Weilchen, das den Tod ihr bringt. Patsch – und lacht. Trifft ihn der Schlag, so jammern die Verwandten. Ich saß ihm gegenüber, er fragte, ob er die Zeitung nehmen dürfe, aber er fragte nicht, ob es erlaubt sei, die Fliege zu töten. »Seitdem erfuhr ich mehr; was Fliegen sind den müß'gen Knaben, das sind wir den Göttern; sie töten uns zum Spaß.« Hätte ich die Wahl gehabt, über ihm oder der Fliege Schicksal zu sein, ich hätte gewählt! Wie es da auf dem Fenster lief, war's ein Mechanismus, den er nicht erfinden konnte. Sein Stolz verträgt es nicht, es kränkt ihn, wenn er's gleich nicht weiß. Fliegen kann er auch, aber das Unnütze stört ihn, und überlegen ist er den Tieren, weil er vor all seiner Stummheit ihre Sprache nicht hört. Hätte ich die Wahl gehabt, einen Hund oder dessen Schlächter zu tranchieren, ich hätte gewählt! Aber in dem großen Schlachthaus, in das wir geboren werden, ist der Hund, der seinen Herrn sucht, nur der Fund des andern, und ein Recht, das die Folterung von Kindern gewährt, erlaubt die Massakrierung von Hunden. Er war sehr groß, doch dunkler Herkunft und schlecht genährt. Er war eine preisgegebene Sache. Nun, die ihr richtet über Menschen und Hunde, hört: Solch eine Sache kann vieles, was ein Mensch nicht kann. Solch eine Sache kann ihm all das sagen, was niemals er zur Sache sprechen könnte. Unsäglich leidet sie um ihn, sucht ihn ihr Auge, durch das allein sie es ihm sagen kann, der es versagt ist, es ihm anzusagen, der Gott, zu schweigen, was sie leidet, gab; unwissend, ob sie preisgegeben ist, stets preisgegeben ihrem Menschenglauben, traut sie uns auf ihr ehrliches Gesicht! Solch eine Sache trägt jede Bürde des Gefühls, die das Bewußtsein uns erleichtern hilft. Man sieht sie sitzen, aber niemand ahnt, daß in der Sache eine Seele sitzt, daß ein Gefühl jetzt schmerzt, daß eine Hoffnung in ihr jetzt treibt, ihr aufgetragen hat, just an der Stelle hier zu warten. So sitzt sie wartend hier vor einem Bahnhof, wo ihre Herrin – denn die Sache war ein Hund – davongefahren ist vor ein paar Stunden... Als man Abschied nahm, schritt die Sache, der Hund, groß, traurig und ergeben, hinter dem Begleiter den Berghang hinauf, blieb immer wieder stehn und sah zurück. Noch sieht man sie; nicht anders geht ein schweres Herz. Bald ist die Sache verschwunden dem Blick... Bald ist sie entschwunden dem Hüter. Sie wird gesucht, gefunden: an der Bahn – denn jetzt ist ungefähr die Stunde, daß einst die Herrin angekommen war. Nun kommt sie nicht. Enttäuscht verschmäht die Sache jede Nahrung, selbst sonst geliebte Leckerbissen. Wendet sich ab von allem, was sie tierisch je begehrt, gibt sich dem Hunger preis; verzehrt sich selbst. Nach ein paar Tagen führt man den Hund zur Bahn, denn eine Freundin, die mit der Herrin fortgereist war, kommt. Sie selbst kommt nicht. Er aber rührt sich nicht vom Fleck, blickt auf den Wagen nur und sucht und sucht. Er ißt noch immer nichts, nimmt etwas Milch nur an, soviel gerade nötig, um nicht am Leid zu sterben. Das geht so eine Woche lang. »Er war ganz abgemagert«, sagt der Zeuge. Arsen, Einsicht ins Unabänderliche, Gewöhnung an die stellvertretende Güte bringen ihn wieder hinauf. Man hört es wie ein Märchen, Schulkindern erzählt, die ihr beginnendes Menschentum nicht im Schützengrabenspiel verschütten und noch aufhorchen können, wenn Beispiele sittlicher Haltung ihnen dicht ans Herz gerückt werden. Seht doch nur hin! O du erhabnes Vorbild in dieser Zeit profaner Hungersnot! Von deinem Hunger trenn' ich mich nicht mehr. Es risse einen von der Menschheit weg, wär' man nicht längst schon über alle Berge. Dort lebt ein Hund. Gott hör's: Der Menschenehre ersten Preis, der Ehre, die sich preisgegeben hat, sich selber preisgegebner Menschheit Preis geb' ich dem Hund! Und die Andacht möchte nicht mehr fort von der Stelle, wo das wartende Tier, für eine halbe Stunde herrenlos, länger verlassen, dasitzt, und will die Hand über der Sache, dem Fund, dem Hund halten, damit ihn nicht der Mensch, der Schinder finde, verheimliche, der noch nie aus Sehnsucht gehungert hat, der das Fleisch dieses Hundes nur verschmäht, weil es gramverzehrt ist, widrig dem Geschmack und Stand des Mörders, und der dieses Gottesgeschöpf dennoch töten würde, weil es ein Tier ist, und er, er, ein Mensch!

[F 426–30, 90–96; 1916]

Bekenntnis

Ich bin nur einer von den Epigonen,
die in dem alten Haus der Sprache wohnen.

Doch hab' ich drin mein eigenes Erleben,
ich breche aus und ich zerstöre Theben.

Komm' ich auch nach den alten Meistern, später,
so räch' ich blutig das Geschick der Väter.

Von Rache sprech' ich, will die Sprache rächen
an allen jenen, die die Sprache sprechen.

Bin Epigone, Ahnenwertes Ahner.
Ihr aber seid die kundigen Thebaner!

[F 443–44, 28; 1916]

Der Reim

Der Reim ist nur der Sprache Gunst,
nicht nebenher noch eine Kunst.

Geboren wird er, wo sein Platz,
aus einem Satz mit einem Satz.

Er ist kein eigenwillig Ding,
das in der Form spazieren ging.

Er ist ein Inhalt, ist kein Kleid,
das heute eng und morgen weit.

Er ist nicht Ornament der Leere,
des toten Wortes letzte Ehre.

Nicht Würze ist er, sondern Nahrung,
er ist nicht Reiz, er ist die Paarung.

Er ist das Ufer, wo sie landen,
sind zwei Gedanken einverstanden.

Er ist so seicht und ist so tief
wie jede Sehnsucht, die ihn rief.

Er ist so einfach oder schal
wie der Empfindung Material.

Er ist so neu und ist so alt
wie des Gedichtes Vollgestalt.

Orphischen Liedes Reim, ich wette,
er steht auch in der Operette.

Wenn Worte ihren Wert behalten,
kann nie ein alter Reim veralten.

Fühlt sich am Vers ein Puls, ein Herz,
so fühlt es auch den Reim auf Schmerz.

Aus allgemeinrer Sachlichkeit
glückt neu der Reim von Leid auf Zeit.

Weist mich das Wort in weitere Fernen –
o staunend Wiedersehn mit Sternen!

Der erdensichern Schmach Verbreitung
bedingt dafür die Tageszeitung

und leicht trifft einem irdnen Tropf
der Reim den Nagel auf den Kopf.

Dem Wortbekenner ist das Wort
ein Wunder und ein Gnadenort.

Der Reim, oft nur der Verse Leim,
ist der Gedanken Honigseim.

Hier bietet die Natur den Schatz,
dort Technik süßeren Ersatz.

Ein Wort, das nie am Ursprung lügt,
zugleich auch den Geschmack betrügt.

Dort ist's ein eingemischter Klang,
hier eingeboren in den Drang.

Sei es der Unbedeutung Schall:
ein Schöpfer ruft es aus dem All.

Dort deckt der Reim die innre Lücke
und dient als eine Versfußkrücke.

Hier nimmt er teil am ganzen Muß,
die Fessel eines Genius,

Gebundnes tiefer noch zu binden.
Was sich nicht suchen läßt, nur finden,

was in des Wortglücks Augenblick,
nicht aus Geschick, nur durch Geschick

da ist und was von selbst gelingt,
aus Mutterschaft der Sprache springt:
das ist der Reim. Nicht, was euch singt!

[F 442–44, 31–32; 1916]

Jugend

Da schon die Blätter falb,
will ich nicht säumen,
innen und außerhalb
Frühling zu träumen.

Eh mich umfaßt die Qual
dunkler Gewalten –
o holdes Dazumal,
lasse dich halten.

Wie es von mildem Weh
weht durch die Zeiten!
Will, wenn ich schulwärts geh',
gern mich begleiten.

Hab' vor dem Ziele bang,
nie mich erdreistet.
Wenn es mir auch gelang,
war's doch geleistet.

Länger davor verweilt,
wird es mir lieber –
ach, wie die Zeit enteilt,
ich habe Fieber.

Wie es mich trieb mit Hast
zu Hindernissen,
drückte wie Zentnerlast
gutes Gewissen.

Nicht ohne Lust ich litt
vieles Versäumnis,
nie ohne Furcht ich schritt
in das Geheimnis.

Glück war es und Beruf,
Glück zu entbehren;
was mir Verehrung schuf,
scheu zu verehren.

Mut aber und Gewalt
vor der Gemeinde,
Sturm ohne Aufenthalt
faßte die Feinde.

Herz, wie du wieder bangst
im weitern Raume,
weckte dich Kinderangst
aus deinem Traume.

Pocht es von altersher,
öffn' ich die Sinne,
daß es wie damals wär',
wo ich beginne.

In trüber Lebensluft
voller Gefahren
ahn' ich den Gartenduft
aus frühen Jahren.

Ruf' ich's, so ist es da,
daß ich es hege.
Grün, wie ich's nie mehr sah,
wuchs mir am Wege.

Liegt mir die Zeit im Ohr,
um mich zu täuschen,
dringt doch ein Kinderchor
aus den Geräuschen.

Heuer gehts früh aufs Land,
auf blasser Wange
fühle ich deine Hand.
Fort bist du lange.

Fern als ein Leierklang
klingts in das Leben,
wills einem Leid entlang
spielen und schweben.

Ja dort in Weidlingau,
in jenem Alter,
war mir der Himmel blau,
rot war der Falter.

Bin schon im Herrenbad,
Schwimmeisterstimme,
welch eine Wundertat,
daß ich schon schwimme!

Dann in der Bildung Frohn,
bessrer Berater,
spielt mir der Lebenston
Sommertheater.

Da ward mir frei und froh
vor bunter Szene.
Liebte Madame Angot,
schöne Helene.

Blaubarts Boulotte und,
nicht zu vergessen,
Gerolstein, Trapezunt,
alle Prinzessen.

Und bis zum letzten Lohn
schwebender Wonne
tanzte und schlug den Ton
Gilette von Narbonne.

Leben kein Sündenplatz,
Kunst keine Sühne.
Schwerlosen Wissens Schatz
bot mir die Bühne.

Gern den gebührlichen
Dank will bewahren
jenen figürlichen
Achtziger Jahren!

Was ich vereine doch,
dort schien's gefunden,
und ihrem Scheine doch
Wesen entbunden.

Wer bliebe ungerührt
von ihren Künsten?
Doch keine Brücke führt
zu euren Dünsten!

Kunst war nicht Nebenbei,
konnte noch gelten,
rief als ein Wolterschrei
tieferen Welten.

Was nun in Dunkelheit
leide und sehne,
weiht jenem bessern Leid
Sonnenthals Thräne.

Jünger bin ich als jung,
leb' ich im Alten.
Welche Erneuerung!
Welches Erhalten!

Zieht in der Zeiten Kluft –
ich wohne besser,
bau' ich mir in die Luft
brüchige Schlösser!

Blick' ich nur aus von dort
in eure Fenster,
ruft euch mein Zauberwort:
seid ihr Gespenster!

Neuer ist meine Art,
freier ich wohne.
Es brach die Gegenwart
ein Epigone!

Rückwärts mein Zeitvertreib!
Jugend erst werde!
Länger als ihr verbleib'
ich auf der Erde!

Und weil die Blätter falb,
soll es mich laben,
innen und außerhalb
Frühling zu haben!

[F 462–71, 180–84; 1917]

Inschriften

Gerhart Hauptmann

Drei Engel redeten einst aus dir,
ich liebte dich, verzeihe.
Doch Hannele träumt, so träumte mir,
von der sechsten Kriegsanleihe.
Und Pippa tanzt im Hauptquartier
und freut sich, daß jene gedeihe.

Richard Dehmel

Du hast die deutschen Pferde gepriesen,
daß sie sich deutsch und treu erwiesen
und hielten fest die Wacht am Rhein.
Stolz stampften sie die deutsche Erde!
Sie waren stolz, nur deutsche Pferde,
doch deutsche Dichter nicht zu sein.

An denselben

Du hast das Geräusch der Maschinengewehre
mit Mut eine Sphärenmusik genannt.
Das war verdrießlich.
Doch schließlich,
ein guter Sphärenmusikant
ist noch kein Dichter der höheren Sphäre.

Hugo v. Hofmannsthal

Daß du in Warschau eingezogen,
das hat dir der Bahr nur vorgelogen.
Denn als du dann nach Warschau gekommen,
war Warschau längst von andern genommen.
Um Warschaus Widerstand wieder zu brechen,
beschlossest du Schulter an Schulter zu sprechen.
Und als dann erschien, was du Warschau gesagt,
hat sich Warschau über den Druck beklagt.

Derselbe

Schwarzgelblicher Haltung blutlosen Trophä'n
galt, als es galt, seine tapfere Wahl.
Es schlug eine Brucken zum Prinz Eugen
der edle Ritter von Hofmannsthal.

Artur Schnitzler

Sein Wort vom Sterben wog nicht schwer.
Doch wo viel Feinde, ist viel Ehr:
er hat in Schlachten und Siegen
geschwiegen.

[F 472–73, 19–20; 1917]

Zum ewigen Frieden

> »Bei dem traurigen Anblick nicht sowohl der Übel, die das menschliche Geschlecht aus Natururrsachen drücken, als vielmehr derjenigen, welche die Menschen sich untereinander selbst antun, erheitert sich doch das Gemüt durch die Aussicht, es könne künftig besser werden; und zwar mit uneigennützigem Wohlwollen, wenn wir längst im Grabe sein und die Früchte, die wir zum Teil selbst gesät haben, nicht einernten werden.«

Nie las ein Blick, von Tränen übermannt,
ein Wort wie dieses von Immanuel Kant.

Bei Gott, kein Trost des Himmels übertrifft
die heilige Hoffnung dieser Grabesschrift.

Dies Grab ist ein erhabener Verzicht:
»Mir wird es finster, und es werde Licht!«

Für alles Werden, das am Menschsein krankt,
stirbt der Unsterbliche. Er glaubt und dankt.

Ihm hellt den Abschied von dem dunklen Tag,
daß dir noch einst die Sonne scheinen mag.

Durchs Höllentor des Heute und Hienieden
vertrauend träumt er hin zum ewigen Frieden.

Er sagt es, und die Welt ist wieder wahr,
und Gottes Herz erschließt sich mit »und zwar«.

Urkundlich wird es; nimmt der Glaube Teil,
so widerfährt euch das verheißne Heil.

O rettet aus dem Unheil euch zum Geist,
der euch aus euch die guten Wege weist!

Welch eine Menschheit! Welch ein hehrer Hirt!
Weh dem, den der Entsager nicht beirrt!

Weh, wenn im deutschen Wahn die Welt verschlief
das letzte deutsche Wunder, das sie rief!

Bis an die Sterne reichte einst ein Zwerg.
Sein irdisch Reich war nur ein Königsberg.

Doch über jedes Königs Burg und Wahn
schritt eines Weltalls treuer Untertan.

Sein Wort gebietet über Schwert und Macht
und seine Bürgschaft löst aus Schuld und Nacht.

Und seines Herzens heiliger Morgenröte
Blutschande weicht: daß Mensch den Menschen töte.

Im Weltbrand bleibt das Wort ihr eingebrannt:
Zum ewigen Frieden von Immanuel Kant!

[F 474–83, 159–60; 1918]

Weltgericht

Der bis zum letzten Hauch von Mann und Roß beschworene Glaube, daß die Welt Gott behüte am deutschen Wesen genesen werde, ist begraben. Die Hoffnung, daß sie vom deutschen Wesen genesen werde, lebt auf. Und gottlob auch die Hoffnung, daß es von sich selbst genesen werde, zurückfinden von dem seinem Wert und seiner Sprache ungemäßen Wahn zu sich selbst und seinen guten Geistern, vom Export zu dem Platz an der Sonne seiner Naturgaben. Ehre einem verunglückten Volk, das sich bis zur Erkenntnis aufgeopfert hat – Schande seinen Verleitern, mag nun Tücke oder Dummheit das größte aller weltgeschichtlichen Verbrechen begangen, das größte aller weltgeschichtlichen Opfer bewirkt haben! Das Erlebnis aber, daß eine Anschauung, zu der man sich als einer von den wenigen bekannt hat, von den vielen geteilt wird und fast gefahrlos geworden ist, und daß es nicht mehr den Kopf kostet, ihn behalten zu wollen; dieses überraschende Abenteuer eines völligen Kurssturzes der Phrase, des Eintretens in das letzte, bitterste und doch beglückende Stadium der Nibelungenreue; diese rapide Verwandlung des Kühnsten in das Selbstverständliche – enthebt mich nicht der Pflicht, es zu bekennen. Man bleibt doch immer der, der schon bei einem Durchbruch von Gorlice und noch früher, ja am ersten Tag dieses Spießrutenlaufs durch das Spalier der mechanisierten Phantasiearmut, an all diesen kriegverlängernden Siegen vorbei, entlang dieser Tobsucht einer Quantität, die nicht den Mut hatte, sich selbst zu berechnen – geahnt, nein gewußt hat, daß mit einer von keinem Shakespeare zu erreichenden tragischen Folgerichtigkeit die Befreiung aus dem Zwang des Idols erfolgen und daß eines Tages, leider noch vor dem leiblichen Jammer, die größere geistige Not beendet sein werde, die da geboten hat, aus der Verächtlichkeit eine Tugend, aus der Verhaßtheit einen Erfolg, aus der Nichtswürdigkeit eine Ehre zu machen. Wollte man in den Gespensterreichen dieser Lebensmittelmächte – gespensterhaft deshalb, weil hier Börseaner die Sprache der Grüfte redeten, und weil darin Macht war, Grüfte zu füllen, die Macht von Technik und Romantik in Einem, die Macht der sich automatisch entzündenden Phrase – wollte man heute hier eine Abstimmung veranstalten, welcher Mitteleuropäer wohl am weitesten von der Möglichkeit entfernt war, einen Wehrmann zu benageln oder gar einem eisernen Hindenburg etwas ins Auge zu stoßen oder dem Geschmack jener Tage sonst was zuliebe zu tun, wo Fibel und Chemie, Ornamentik und Organisation, Schwachsinn und Bestialität Schulter an Schulter ihre unnennbaren Offensiven gegen die Menschenwürde unternahmen – wohl wäre ich einer unter den wenigen, die in die engere Wahl kämen und denen nachgesagt werden müßte, daß sie sich weigernd und wehrend der heiligen Pflicht, diese unheilige Zeit zu vertreiben, entsprochen haben. Man wird mir, wenn man mir in diesen zweitausend Seiten der Kriegsfackel – einem Bruchteil von dem, was technische und staatliche Hindernisse mir begrenzt haben – keine positivere Leistung zuerkennt, immerhin das Zeugnis ausstellen, daß die schmutzige Zumutung der Macht an den Geist: Lüge für Wahrheit, Unrecht für Recht, Tollwut für Vernunft zu halten, von mir tagtäglich mühelos abgewiesen wurde. Denn der bessere Mut war der meine, im eigenen Lager den Feind zu sehen! Und wer die Furcht vor der wirkenden Macht nicht gekannt hat, dem, nur dem, steht es auch zu, kein Mitleid mit der gebrochenen Macht zu kennen. War doch die Gemütsverfassung, mit der ich mich vor das Angesicht dieser höchst subalternen Gewalttäter gestellt habe, durch alle Trauer hindurch, durch allen Schmerz und alle Scham hindurch stets die einer unbesiegbaren Heiterkeit. Und solche Zeugenschaft ist opfervoll genug. Denn gäbe es ein schwereres Durchhalten, als lachen zu müssen, wo man aufschluchzend in den letzten Wald rennen möchte, den dieses organisierte Verhängnis noch nicht vergast hat? als das Unvermögen, einer Glorie, die in einer verelendeten, verhungerten, verlausten, verluderten Welt umging und in Rucksäcken ihre Lorbeern trug, die Glorie zu glauben? als den Fluch, standzuhalten diesem elenden Komplott von Schindern und Schiebern, das ein Volk mit dem Fusel des Schlachtruhms besoffen gemacht hat, um es abzuschlachten, und abgeschlachtet hat, um es auszurauben! Diesen Allerhöchstverrätern, die keinen Vorwand vaterländischer Ehre gescheut haben, um sich selbst zuliebe den schuftigen Griff in die fremden Lebensgüter zu begehen; die mit jedem Atemzug jene abgelebten Vorstellungen geschändet haben, in deren Namen sie über Leben, Glück, Jugend, Gesundheit, Freiheit, Ehre, Recht und Besitz der andern verfügten; hinter Fahnen ihr Diebsgeschäft betrieben und, herzlose Verwalter des feigen Maschinentods, die Menschheit an das Vaterland verraten haben und das Vaterland an ihre Niedertracht. Nun aber welche Wendung durch Gottes Fügung! Nun aber welche Atempause! Welch ein Lauschen auf den großen Hammer am Tor dieser Zeit; welch ein Spähen nach dem Licht, das in die Nacht dieser geistigen Burgverließe dringt; welch ein Beben in den Basalten, die nicht zu haben, Amerika es besser hat! Wenn dies keine Wende ist, hat der Planet noch keine erlebt! Wenn hier kein Fortinbras naht, hat es nie Trümmer einer Herrschaft gegeben, war nie eine aus den Fugen gegangene Zeit einzurichten. Wie Horatio empfange ich ihn.

Und laßt der Welt, die noch nicht weiß, mich sagen,
Wie alles dies geschah; so sollt ihr hören
Von Taten, fleischlich, blutig, unnatürlich,
Zufälligen Gerichten, blindem Mord;
Von Toden, durch Gewalt und List bewirkt,
Und Planen, die verfehlt zurückgefallen
Auf der Erfinder Haupt: dies alles kann ich
Mit Wahrheit melden.

Und werde, da sie alle schon, diese Macht- und Unrechthaber in der Nachbarschaft ihres Schicksals leben, dazu helfen, daß auch ihre Helfer, ihre Verführer, die Handlanger ruchlosesten Tagwerks, die journalistischen Rädelsführer dieses blutigen Betrugs, die Dekorateure des Untergangs, die Rekommandeure der Leichenfelder, die unfaßbaren Berichterstatter dieses tragischen Karnevals dingfest gemacht werden. Auch verbürge ich mich dafür, daß es dahin kommen wird, daß alle jene, die, soweit das Gehirnweichbild dieser Stadt sich dehnt und solange die Belange dieses Reiches reichen, eine der Blutpressen noch halten, für ehrlos erklärt werden. Weh dem, der den anonymen Henkern das neue Geschäft fördern wollte, ihnen, die nun, weil der wortgeborne Mord nicht mehr Gewinn, sondern Gefahr bringt, schon daran sind, die Menschlichkeit in eine Phrase zu verwandeln! Der panikartige Übergang ganzer Divisionen von Tellerleckern zu Wilson, die elende Bereitschaft, die Konjunktur des neuen Weltgefühls auszunützen, wird weder die Parasiten des entthronten Ideals noch deren ganzen Anhang davor schützen, erkannt und nach den Verdiensten ihrer doppelt gezählten Kriegsjahre behandelt zu werden – und so wahr mir Gott helfe, ich werde es mir angelegen sein lassen, daß alle jene, denen vierzehn fernhintreffende Punkte heute fast so imponieren wie gestern ein Hundertzwanzig-Kilometer-Geschütz, für eine Auszeichnung bei der nun weltmaßgebenden Stelle »eingegeben« werden. Gewaltiger als die Reue über die Tat fasse uns der Ekel am Wort und nehme so Besitz von den Gemütern, daß wir uns nie wieder Gut und Blut von jenen unverantwortlichen Organen herauslocken lassen, die den Ruf des Vaterlands mißtönender wiedergaben und die sich nun unter den Stimmen des ewigen Friedens verstecken möchten. Wenn die große Zeit, die in unserer Zone die niedrigste war, nun endlich daran ist, eine große Zeit zu werden, so wird sie es uns sein, wenn wir dem unbrauchbaren politischen Hausrat mit einem zweiten Ruck auch allen geistigen Unrat nachwerfen, allen Trödel ausrangierter Vorstellungen und alles Inventar der professionellen Wortverbrecher und sie selbst! Es kommt der Tag, wo die Embleme und Ornamente der überstandenen Glorie uns zu übernächtigem Grauen anstarren werden wie Faschingsmasken und fahle Schminkgesichter bei Sonnenlicht. Aber wenn wir, großmütig wie wir Menschenkinder sind, weil wir um eines Strahles der Freiheit willen gern alle Fieberträume der Nacht vergessen, die staatlichen

Träger und Diener jener tödlichen Ideale pardonnieren möchten, und weil wir Mitleid mit ihrer Dummheit haben – Gott schütze uns vor der Gnade, die wir an die publizistischen Zwischenträger und Nutznießer vergeuden würden, an die Schriftgelehrten, die es schwarz auf rot gaben, als die Menschheit gekreuzigt wurde. Feder für Feder, Schuft für Schuft sollen sie uns das Blutbad, das sie uns gerüstet und gepriesen haben, ausgießen!

[F 499–500, 1–5; 1918]

Nachruf

[Schluß]

...»Ich habe ein äußerst rares Gesicht gehabt.« Er hat das österreichische Antlitz gesehn. »Ich hatte 'nen Traum – 's geht über Menschenwitz, zu sagen, was es für ein Traum war. Der Mensch ist nur ein Esel, wenn er sich einfallen läßt, diesen Traum auszulegen. Mir war, als wär' ich – kein Menschenkind kann sagen, was. Mir war, als wär' ich, und mir war, als hätt' ich – aber der Mensch ist nur ein lumpiger Hanswurst, wenn er sich unterfängt, zu sagen, was mir war, als hätt' ich's; des Menschen Auge hat's nicht gehört, des Menschen Ohr hat's nicht gesehen, des Menschen Hand kann's nicht schmecken, seine Zunge kann's nicht begreifen, und sein Herz nicht wieder sagen, was mein Traum war. Ich will den Peter Squenz dazu kriegen, mir von diesem Traum eine Ballade zu schreiben; sie soll Zettels Traum heißen, weil sie so seltsam angezettelt ist, und ich will sie gegen das Ende des Stücks vor dem Herzoge singen.« Es geht über Menschenwitz, zu sagen, was es für ein Traum war. Er hatte geträumt, daß er die Montur eines Esels trug! Was für ein Esel war er, diese Montur zu tragen! Und wie er sich schämt! Er war einrückend gemacht; nun rückt er von sich ab. Und die hier? Die bekennen sich zum Alpdruck dieser feldgrauen Nacht und träumen von ihrem Traum. Zeit- und Landsgenossen dieser Unsäglichkeiten gewesen zu sein, es erniedrigt sie nicht. Sie fühlen keinen Schauder vor dem guten Gewissen, das ihnen ferneren Schlaf, Verdauung und Begattung erlaubt; nein, sie fühlen einen Zuwachs an Ehre: den Anstiftern, Organisatoren und Helfern einer Tat, die eine Zukunftsbibel als das größte Erbrechen der Sünde in das Antlitz der Schöpfung zeichnen wird, auf der Straße zu begegnen und die blutige Hand zu drücken, den Charlatanen am Weltgericht, Diurnistenseelen, die den jüngsten Tag dazunahmen, und die, wenn sie sonst nichts über uns verhängt hätten als die Posaunen ihrer blechernen Phraseologie, und wenn wir ihres Waltens keinen Hauch verspürt hätten als die Verwandlung eines österreichischen Eisenbahnklosetts, des Inferno der Friedenszeiten, in einen Protektionsplatz – ihr ganzes emeritiertes Leben dortselbst zu verbringen Anspruch hätten! Diese Eisenfresser, die nicht einmal ahnten, daß sie vom Wucher geschoben wurden wie ein Waggon Speck, wenn sie nicht zufällig das Unternehmen in eigener Regie führten, sind wie Pfauen und Paradiesvögel durch unsere Hölle stolziert – und dieser Stolz war der unsere und diese Dummheit war die unsere. 's geht über Menschenwitz, zu sagen, wie dumm wir waren! Und wie erbärmlich wir sind, wenn wir noch auf das Naturrecht der Dummheit, sich vor ihren Betrügern zu schämen, verzichten wollen, wenn wir diese nicht verleugnen, sondern der schamlosen Dummheit fähig sind, jene zu verleugnen, die uns gerettet haben! Wollen wir aber das Beispiel Zettels des Webers nicht, so sollten wir doch den Schuster Voigt als Lehrmeister anerkennen. Und war's kein Traum, so war's eine gigantische Köpenickiade. Und wenn wir nicht die Uniform trugen, so sind wir ihr aufgesessen. Und sind einfach aus dem Grund, weil eine Horde von Plünderern – man liest dergleichen – in militärischer Verkleidung gegen uns angerückt kam, bereit gewesen, alles was wir am Leib und an der Seele hatten und das Leben selbst auszuliefern, denn wir waren im Glauben, es sei für's Vaterland. Aber wahrlich, die falschen Patrouillen, die so oft in die Wohnungen drangen und die Hausbewohner aufs Knie zwangen, waren um kein Jota weniger legitimiert als die echten, und der Menschheitsbetrug, zu dessen Opfern wir seit Generationen erzogen waren, bestand in der frechen Irreführung, daß die echten die echten seien. Die vaterländische Idee war nichts anderes als der Ruhmfusel zur Animierung für ein bei klarem Verstand zweifelhaftes Geschäft und unzweifelhaftes Verbrechen, als die verklärende Ausrede für einen Diebsplan, und darum ein Betrug am Beutel und am Ideal zugleich; ihre Exekutoren nichts als mehr oder minder bewußte Einbrecher, deren Komplizen Seelsorger, Jugendbildner, Ärzte und sonstige Konsorten der Humanität, ihre Opfer beklagenswert, tadelnswert und nur entschuldigt durch eine angeborne, von der vaterländischen

Erziehung bestärkte Geistesschwäche. Einen größeren Schaden, um klug zu werden, hat es nie zuvor gegeben, seit dem Tag, da die bewohnte Erde die satanische Lust bekam, sich mutwillig der Vorteile einer Gottesschöpfung zu begeben. Nie ist mehr Licht in der Finsternis aufgegangen, nie war der Zusammenhang zwischen dem Geistproblem und der Wirtschaftsfrage so schonungslos klar bis zu der Erkenntnis, daß gedrosseltes Gas vom gedrosselten Atem kommt. Jener Welt, die es besser hat, Amerika, haben wir mehr zu verdanken, als wir durch den grausamsten Ausgang verlieren könnten, und auch durch alle Verluste, die alle blutberauschte Menschheit sich selbst noch vorbehält.

Denn nicht von Feind zu Feind, zwischen Front und Stadt auch müssen diese Unstimmigkeiten beglichen werden; es gibt noch Panzerautomobile, einem Korso zu begegnen, und, zum Ungeheuren gewöhnt, warten wir, bis das Leben der Quantität im Tod ersattet ist. Nur dem Phantasiebankrott, der ihn ermöglicht hat, gedeiht die Vorstellung, daß dieser Krieg mit einem Frieden endet. So sachlich befriedigt sich eine durch Mechanik aufgerissene Natur nicht; und das Wunder der Idee wirkt nicht nach der Uhr. Wilsons unsterbliche Tat – von dem unsterblichen Gedanken jenes Kant bezogen, dessen kategorischen Imperativ die Deutschen als Reglementsvorschrift erfaßten, damit sie Nietzsches Willen zur Macht desto besser verstehen konnten – ist die Befreiung unseres geistigen Schatzes von dem bösen Königsdrachen, der ihn verarmt und verschmutzt hatte, von jenem Basilisken, der in unserer Mythologie durch seinen Blick getötet hat, aber in der Naturgeschichte Amerikas als eine unschädliche Eidechse geführt wird. Nie mehr wird aus den glücklich verhängten Schaufenstern, die noch keine neuen Mißgeburten bieten können, uns dieses Gesicht, vor dem sich der eigene Bart sträubte, bedrohen; nie mehr daneben das österreichische Antlitz zu unsern Herzen sprechen, als Edelgreis oder Edelknabe, im Gebet versunken oder vom Arbeitstisch des Hofsalonwagens ins blutige Leere schauend, beiderseits ohne es gewollt zu haben. Nie mehr sehen wir jenen Königsdrachen, den Leibesklumpen emporgereckt zu der ersehnten Höhe, zu der erträumten Geste des Schwertstreichs, die wahrhaftig den Krieg erklärt, unter Volksvertretern, die nicht mehr als Parteien, nur noch als Idioten gekannt sein wollen. Nie mehr die widerliche Szene, wie dem Basiliskenblick, gesenkten Hauptes, Tränen enttropfen; nie mehr die peinigende Berufung des Freiheitskriegers, dem es, noch im vierten Jahr, kein Kampf um die Güter der Erde ist; nie mehr das Schmählichste von allem, wie ein Haufe dieses ärmsten Menschenviehs, ganz mit den verzerrten Mäulern und irren Augen, ganz wie's zwischen Gitterstäben eines Transports zur Schlachtbank sichtbar ist, vor dem Sturmangriff »Wir treten zu beten vor Gott den Gerechten« anstimmt. Nie mehr werden wir's schauen, nie mehr wird es sein. Von der Glorie entlaust, mit dem Menschenrecht, daß wieder Geist wachse, wo Zierat und Untat war, gehn wir in die Welt ein, und das verdanken wir dem nüchternen Prinzip jener Anstalt, die unsere Romantik nicht gescheut hat, um uns den Kopf zurechtzusetzen. Denn es geschah das Wunder, daß der barste Lebenssinn an uns zur Ekstase entbrannte, um uns vom Mischmasch zu erlösen, und daß er sich freiwillig unter den letzten Fluch eines falschen Lebens begab, unter den Heldenzwang, fanatisch entschlossen, uns von ihm zu befreien. Wilson hat den Völkern Europas geholfen, ihre heiligsten Güter zu wahren! Der Gedanke des Völkerbunds ist so stark, daß es seiner Durchführung nicht braucht, um die Welt mores zu lehren, sondern nur der Bereitschaft eines Staates, lieber erobert als gerüstet zu sein. Die schlechte Einteilung, daß Menschen, die mit Lunge, Leber, Milz und anderen Organen ausgestattet sind wie wir, nur deshalb weil sie kein Gehirn haben, dafür durch Ansehen von uns entschädigt sein sollen, ist beseitigt. Daß solchen Individuen gar die Entscheidung über unser Leben anzuvertrauen wäre und daß es gut so sei, wird kein Fibelstück künftig mehr den Kleinen erzählen, die schon dadurch, daß sie nicht mehr gelehrt werden sollen, Speere zu werfen, wieder anfangen werden die Götter zu ehren. Eine Untersuchung darüber, ob irgendje an einer Feldherrntat der Genius beteiligt war, wird für eine künftige Geistesbildung unerheblich sein, da die Schändung des Handwerks durch die Inspiration jener, die eine Metzgerarbeit um ihrer eigenen Existenz willen befehligt haben, die angeekelte Menschheit zu anderen Interessen bekehren, und an der Erfindung des Schießpulvers für alle Zukunft nichts weiter bemerkenswert sein wird als ihre Gleichzeitigkeit mit der Erfindung der Druckerschwärze. Überhaupt wird der geschichtlichen Wissenschaft das Opfer nicht erspart bleiben, auf einen guten Teil ihrer positiven Ergebnisse für den verneinenden Gebrauch der Kulturgeschichte zu verzichten. Nicht jene, diese wird die Jahreszahlen der Offensiven verzeichnen; diese wird, nebst Konterfei, den Lebenslauf der

Generale aufbewahren, die, von der technischen Durchbildung ihres Berufes abgesehen, auch alle Disziplinen des Geistes dem Zwecke der Menschenschlachtung unterzuordnen vermocht haben: die Theologie zur »Aufpulverung« einer Mannschaft, die durch Schlamm und Schnee stürmen und nicht vor dem Heldentod Hungers sterben soll, die Medizin zur Zusammenflickung ihrer Leiber, die Juristerei zu ihrer Hinrichtung, und die Philosophie zur Verleihung des Ehrendoktorats auf Grund dieser Verdienste an die Generalität. Die Kulturgeschichte wird, wenn sie allen strategischen Sinn als die Aufgabe erfaßt, den Völkern unter dem Vorwand der Kriegführung das Vaterland zum Feind zu machen, den eigentlichen Kriegsplan nicht übersehen dürfen: eine gerechte Einteilung der Welt in Front und Hinterland, die eben der Gelegenheit zum Mord auch eine Entschädigung durch Raub anschließt. Dabei wird die Kulturgeschichte des Anschauungsunterrichts in den wenigsten Fällen entbehren können, da die meisten des Versuchs, sie durch schriftliche Mitteilung glaubhaft zu machen, schon heute spotten. Wenn sie nicht versäumen wird, aus Weltspiegeln und Interessanten Blättern die Photographien zu übernehmen, welche die Feldkuraten beim letzten Liebesdienst an sterbenden Helden zeigen und die Scharfrichter post festum beim Fest; wenn sie die Altare aus Schrapnells, die Kruzifixe aus Granaten, die Kronprinzeninitialen aus Flammen, die Kinder mit Gasmasken verewigen soll, so wird sie auch bestrebt sein, Genreszenen, die am Tatort nicht photographiert worden sind, nachzubilden, wie etwa die Frauen, die vor deutschen Offizieren einen Knix machen müssen; die deutschen Verwundeten, die vor dem Oberstabsarzt habtachtliegen; die Austauschinvaliden, die am Ziel unter den Klängen des Radetzkymarsches zusammenbrechen; und den Kaiser, der dem Kriegsschmock die Taschen mit Zwieback vollstopft; und den Blutsverbündeten, der in den Gassen des Hauptquartiers mit dem Marschallstab spaziert; den Strategen, der während der Bluthochzeit auf Freiersfüßen geht, und wie er vom Photographen abwechselnd beim Kartenstudium sämtlicher Kriegsschauplätze betreten wird; und alle Großen, wie sie entweder vor der Offensive Skizzen für illustrierte Blätter entwerfen oder durch Bildhauerinnen vom Gang der Schlacht abgelenkt werden; und wie das übervolle Haus den Helden begeistert zujubelte, die stramm salutierend dankten; und überhaupt alles, was an Selbstenthüllung von Monumenten der Nichtigkeit, an stolzer Unwürde, frecher Entwürdigung des andern, spaßhaftem Grauen, Regimentsmusik zu Todeszuckungen, und allem Diskant von Phrase und Qual in dieser Dreck- und Feuertaufe einer wehrlosen Waffenwelt zustandegekommen ist, in der Ordnung dieser Jahre, die die Menschheit in Gruppen teilte, um die einen mit Ehrenzeichen, die andern mit Narben, die einen mit Prozenten, die andern mit Läusen zu versehn. Die Kulturgeschichte versäume mir nichts. Die Völker sollen untereinander vergessen: die Menschheit vergesse und verzeihe nichts, was sie sich angetan hat! Sie erkenne ihr Heldentum in den Exzessen der gepanzerten Ohnmacht, in den Räuschen der Feigheit, der Tücke und der Hysterie. Sie schaue das österreichische Antlitz in allen Formen. Sie fasse die Unermeßlichkeit der Tatsache, daß ein Renngigerl die Welt von anno dazumal in den Tod geführt hat, und agnosziere sie in den Zügen dieser feschen Harmlosigkeit, die sich im Leitartikel bestätigen ließ, daß sie in voller Verantwortung der diplomatischen Urheberschaft entschlossen war, persönlich in eine Stabsmenage der italienischen Front abzugehen, um dem Erbfeind Aug in Aug gegenüberzutreten. Die Kulturgeschichte unterlasse nicht, dieses »Schau mir ins Auge« des nun gesicherten Endsiegs in der schamlosen Darbietung für die »Woche«, diese beherzte Zugsführerattitüde, der nur statt der Virginier ein goldenes Vließ von einem reinen Lamperl eignet, diese Umgruppierung des Plateaus von Doberdo zur Freudenau, diese Umwertung des Weltgerichts in einen Praterscherz bis zum jüngsten Tag festzuhalten. Und könnte sie doch Bilder hinzunehmen von der Geselligkeit dieser blutigen Orgie, in der zum entehrten Mannestum die erniedrigte Lust in allen Varianten trat, in den Entartungen der Gewalt, in den Verwandlungen der Nächstenliebe, in der venerischen Vergiftung der Menschheit, die wie kein Kriegsplan ihren Befehlshabern gelingen sollte, in allen Totentänzen, durch die eine unerbittliche Natur ihr Menschenmaterial entschädigt und die dank Schwesterschaft und Heranziehung weiblicher Hilfskräfte zu jeglicher Dienstleistung noch ausschlagen wird zur Freude des kommenden Jahrtausends, durch welches ein Landsturm ohne Watte, aber mit Hysterie und Lues dahinrast. Und wenn es dann ein Menschheitshirn gibt, noch zu fassen fähig, was ihm die Vorzeit angetan hat, so lasse es das österreichische Antlitz in dieser Vision erstehen: Es war einmal ein Oberstleutnant des Generalstabs, der bekam für jeden Waggon mit Schieberware fünftausend Kronen Provision, denn er ließ ihn als Militärfrachtgut laufen. Er trieb auch selbst Kettenhandel, welchen seine Geliebten für ihn besorgten. »Umarme dich im Geiste, mein einziges Lumpchen«, schrieb er, »ich kündige dir die Absendung von 600 Kilogramm Dörrgemüse an.« »Du, mein Liebchen«, schmeichelte er, »bist von uns zweien doch der größere Gauner, denn 100 000 Kronen per Waggon habe ich noch nicht verdient. Auch ich war nicht untätig, habe ein schönes Geschäft mit Speck gemacht.« »Ich bin riesig stolz«, rief er, »denn ich habe mir ein Sparkassabuch angelegt. Ich kann nur sagen: Ich bin sehr zufrieden mit dem Krieg.« Um ein Rendezvous einzuhalten, zu dem er 120 Pfund Schweinernes bringen sollte, gab er telephonisch Befehl, den Schnellzug warten zu lassen; und es geschah. Er hat den Sinn der großen Pflicht erfaßt. Er hat, für uns alle, die Konsequenz aus der Erkenntnis gezogen, daß eh alles wurscht ist. Er hat Selbstmord verübt. Es war ein Einzelfall. Die Nachwelt generalisiere ihn! denn ganz Österreich war darin, wie es leibte, lebte, tötete, starb. Es ist möglich, daß es auch der Oberstleutnant war, der die vierundvierzig Gräber aufwerfen ließ. Kann es nicht auch jener sein, der die Gendarmen anwies, Verdächtige niederzuknallen, und der die Anwendung des Standrechts auf das Leben eine verbohrte juristische Klügelei genannt hat? Und der dort ist es, welcher russische Kriegsgefangene am Ostersonntag nach einstündigem Gebet hat töten lassen, weil sie einen Fluchtversuch unternahmen (den das Völkerrecht erlaubt), und andere, weil sie sich weigerten, sich zu Rettungsarbeiten im feindlichen Feuer verwenden zu lassen (die das Völkerrecht verbietet). Und sie alle sind es, die Grund haben, den Schimpf einer unmenschlichen Haltung während des Krieges mit Verachtung zurückzuweisen. Und auch jener, der sein Regiment durchs Sperrfeuer ins Verderben jagte und die Reste zu wohltätigem Zweck zwischen Operettenlieblingen das überstandene Todesgrauen darstellen ließ. Der spielt, der schießt, der schiebt – der Standort wechselt, nicht das Gesicht. Nur ehrlicher ist es im Raub als im Mord; appetitlicher im Fraß als in der Glorie. Ist es nicht der allem Fleische zugetane Humor, der uns animiert, das Geschlecht als Tauschwert für Viktualien zu begrinsen? Ist es nicht eine der strammen Masken an der Ringstraßenfront jener Sündenburg, nach deren Betreten man gefragt ward:

»Von welcher Firma?« Ist es nicht das Antlitz, nicht Österreich, nicht der Krieg? Ist es nicht jenes in Not und Tod und Tanz und

Pflanz und Haß und Gspaß anspruchsvolle, gut- und blutgierige Gespenst, das uns in der Nacht der Jahrhunderte aus seinem Grabe besucht hat? Ja, er ist es! Für ihn haben wir Schmach und Entbehrung erduldet, an seiner Kette und an seinem Strang durchgehalten, für ihn sind wir verarmt, erkrankt, verlaust, verludert, verhungert, verendet, gefallen zur Hebung des Fremdenverkehrs! Er war Schinder, Schieber, Drahrer, Henker des Battisti, Hurentreiber, Erzherzog, Jud und Christ in einer Figur, wir haben ihm alles geopfert, und das letzte, was uns geblieben ist, ist seine Ehre. Denn dieser, jener, einer, viele, alle, sie waren nur Mörder aus Mangel an Phantasie, nicht weil's die Sache wollte. Und Herzen mußten zu schlagen aufhören, weil's ihnen bei der Sorte an Protektion gefehlt hat. Nicht zum Zweck, nicht als Opfer der Natur, nicht in despotischer Verantwortung, die vor der Sünde seelisch sich behauptet, nein, durch vergnügte Spießbürger, die nicht wußten, ob's die Schweinsjagd war oder nur die Menschenjagd, ist alles das vollbracht worden. Durch den grauenhaften Schlag, der von der »Deckung« sein Dasein fristet, um es dem andern zu zerstören: der Deckung durch den Akt, durch die Phrase, durch die Anonymität, durch den Mangel an Beweisen, durch alle Behelfe der Technik und der Lüge, die einer niedrigen Natur Vorstellung und Hemmung ersparen und den Mut zum Verbrechen ersetzen. Harmlose Mordskerle waren es, gemütliche Kanaillen, Folterknechte aus Hetz. Losgelassene Simandln, der Hausfraunzucht entsprungene Sumper, bleiche Kujone, die in Reglement und Fibel Ersatz für die Potenz suchen, haben im Pallawatsch der Quantitäten sich einen Weltmullatschak verstattet und die ungeheure Gelegenheit des Kanonenrausches zur Rache an einer höher gearteten Mannheit benützt. Man reiße ihnen die Orden von der Brust und weihe sie, indem man sie den Kriegshunden verleiht, den in Armut und Würde beispielgebenden Antipoden des Generalstabs! Von feigen Philistern, die kein Blut sehen können, ist es in Strömen vergossen worden. Es stehe auf gegen sie, es erstarre zum Riesenfanal dieser Nacht und es erschlage sie im Schlaf, so sie wieder an der Speckseite ihrer Hausehre liegen! Wenn Menschen vergessen können, nie vergißt die Natur, was ihr in diesem Sklavenaufstand angetan ward, und bis zum jüngsten Tag töne, dem Gebot des faustischen Generalissimus zur Antwort, der Racheschrei der Kraniche des Ibykus für Reiher und Menschheit über Pygmäen:

Mordgeschrei und Sterbeklagen!
Ängstlich Flügelflatterschlagen!
Welch ein Ächzen, welch Gestöhn
Dringt herauf zu unsern Höhn!
Alle sind sie schon ertötet,
See von ihrem Blut gerötet!
Mißgestaltete Begierde
Raubt des Reihers edle Zierde.
Weht sie doch schon auf dem Helme
Dieser Fettbauch-Krummbein-Schelme.
Ihr Genossen unsres Heeres,
Reihenwanderer des Meeres,
Euch berufen wir zur Rache
In so nahverwandter Sache.
Keiner spare Kraft und Blut,
Ewige Feindschaft dieser Brut!

Es war ein Traum. Wir waren auf Walpurgis zwischen Sautanz und Totentanz. Kinodramatisch mit viel Blut und Walzer ging es zu. Wir saßen in einem ungeheizten Saal. Wir wurden durch das Ende entschädigt. Und wie da, nachdem schon alles verpulvert war, ein gewaltiger Fall geschah, hörte man in atemloser Stille eine Stimme aus der vordersten Reihe nur ein Wort rufen, aber mit einem Ton, in dem alle Quantität der Leere dumpf zu Boden schlug, das große Wort des Nachrufs aller Nachrufe: Bumsti!... Phorkyas aber richtet sich riesenhaft auf, tritt von den Kothurnen herunter, lehnt Maske und Marschallsstab zurück und zeigt sich als Mephistopheles, um, insofern es nötig wäre, im Epilog das Stück zu kommentieren.

[F 501–07, 110–20; 1919]

III.

1920–1933

Die allerletzten Tage der Menschheit

– – Die Dunkelheit wurde von vielen Leuten dazu benützt, um die armen, stöhnenden Opfer des Eisenbahnunglücks (bei Celakowitz), die hilflos, ohnmächtig dalagen, auszuplündern. Bei schärferem Hinsehen konnte man bemerken, wie sich diese Hyänen auf ihre Opfer stürzten, hastig Uhr und Kette den am Boden Liegenden entrissen und krampfhaft nach der Geldbörse suchten. Nur dem baldigen Einschreiten des Militärs, das die Ordnung aufrecht erhielt und sich auch der Hilflosen annahm, ist es zu danken, daß die Bedauernswerten nicht bis auf die nackte Haut ausgeplündert wurden. Nichtsdestoweniger wurde fast alles Gepäck der Verletzten gestohlen. Durch das taktlose Verhalten vieler Neugieriger, die sich bis in die nächste Nähe der auf Tragbahren, die man rasch aus den Trümmern der Waggons zurechtgerichtet hatte, liegenden Verwundeten herandrängten, litten diese natürlich sehr; auch war es durch dieses Verhalten der Zudringlichen sehr erschwert, Ordnung zu machen. Einzelne, die ihre Angehörigen suchten oder aus bloßer Neugierde längs der Wagentrümmer im Finstern hin und her liefen, traten die am Boden Liegenden mit Füßen. Das Stöhnen der Verletzten und die ins Weite hallenden Wehrufe, wenn die raubgierige Menge mit den Füßen in Wunden trat, ließen das Blut in den Adern erstarren, und es gehörten starke Nerven dazu, den Kopf nicht zu verlieren. Die freiwillig den Hilfsdienst versehenden Offiziere mußten mit gezogenen Revolvern und mit der Drohung, jeden zu erschießen, der nicht folge, Ordnung machen. Erst als von der Station aus genügend Lampen und Fackeln gebracht worden waren, löste sich das Chaos allmählich auf.

Dies entmutigt mich, die von mir beschriebenen Tage der Menschheit für ihre letzten zu halten. Aber es gehört dazu und ist schließlich nichts anderes als was die Gut- und Blutsauger von anno 14 beschlossen haben. Auch hier geschieht, was längst geschah. Am Ende liegt eine verunglückte Menschheit auf der Fortschrittsbahn und wird von jenen überwältigt, die noch Hände haben. Es geschieht allerorten. Um leben zu können, bleibt nichts als Leichenraub. Der Mensch ist gut. Ist der Mord keine Vorbereitung, so ist er nur eine Gelegenheit. Von allen Seiten kommen Sieger. So verbluten Menschen und Völker, so verbluten selbst Hyänen, wenn ihrer zu viele waren. Noch glaubt der Sterbende den Samariter zu sehen, der ihm den Herzschlag fühlt; da hat im Zwielicht dieser letzten Nacht, im Dunkel dieses Abschieds jener schon sein Werk getan. Geld her und das Leben! Wie sank die

Welt, seit ihr die Ehre befohlen war, zum Schuft! Und jene erblassen nicht, die Blutbadhuren, die animiert hatten, es werde ein Stahlbad sein und ein Seelenaufschwung kommen wie noch nie. Sie geben den Republiken die Schuld; sie danken insgeheim den Imperatoren, die es angerichtet haben. Und plätschern wohlig in dem Diebstahlbad, dessen Wohltat der grause Schmutz ist, der ihre Blößen deckt, und lachen der Sonderlinge, die zwar rein geblieben, doch auf dem Trockenen. Die gehen bei Tag durch einen Angsttraum, und jeder Blick in die Zeitung, jeder Schritt übers Trottoir zwingt sie, um dem Wahnsinn zu entfliehen, zu dem Glauben, die Welt sei von einem tollen Hund gebissen worden. Dringen denn nicht Wehrufe von Sterbenden herüber, denen Räuber in die Wunden traten? Wurde nicht überall Foxtrott getanzt, als es dort geschah? Rasen die Menschen nicht wie eh und je, wenn wer immer aus dem Theater kam, Tenorist oder Terrorist? Hat nicht das Auditorium in Budapest die zum Tode Verurteilten um Autogramme bestürmt? Ich gehe nicht mehr ins Leben, um nicht meine Vorstellung erfüllt zu finden; den andern genügt selbst die Wirklichkeit nicht. Hier fiel eine Frau durch Hunger; sie konnte noch die Worte hervorbringen, daß der Verkauf der Gobelins eine Schmach wäre. Männer schoben vorbei, mit Klauen statt Händen und mit Gebissen, die Valuten zermahlen können, geteilt durch einen Gürtel, oben für Raub und unten für Fraß. Der Blick der Frauen, ganz nach dem Westen gerichtet, begehrt Liebe von einer stabilen, wenn schon nicht ewigen Währung. Junger Italiener sucht, was er längst gefunden haben müßte, schönes, intelligentes Fräulein für deutsche Konversation, ist auch geneigt, nähere Bekanntschaft zu schließen, wie die wohlinformierte Neue Freie Presse erfährt. Dazu braucht man s i e ! Die Uniform des Siegers besiegt die Uniform des Besiegten. Wenn auch der Bruder am Monte Gabriele noch ohne Grab ist, so hilfts doch dem Gatten, und es gibt kein schöneres Gefühl, als so erliegend doppelt verachtet zu sein. Und keine bessere Mission in Europa, als so den Sieg zu ernten. Welch dreifarbige Pracht von Held, Händler und Hengst entschädigt uns für alle Armut! Wer Ihm, als er alles reiflich erwog, diese etwas unsaubere Himmelfahrt mit dem Anbot, dazu das Gewand zu verkaufen, vorausgesagt hätte! Man hat ihn drangekriegt! Was wollen Sie von mir haben, kann ich Armeen aus der Erde stampfen? rief ein Besiegter, dem ein Waggon in der flachen Hand wuchs. Man darf nicht generalisieren, aber wo die Männer nichts mehr zu bieten haben, haben die Weiber noch den Schmuck ihrer Ehre und vor allem die Ehre ihres Schmucks, das letzte was ihnen geblieben ist. Berchtold fehlt. Er ißt in der Schweiz Aähskaffee. Den würde er auch hier kriegen. Ein Falter über Totenschädeln, gaukelt Schumpeterl vorbei. Ein Damenschneider? Nein, ein Finanzminister, der sich gewaschen hat. Liebling der Frauen, der den Männern auch nicht weh getan hätte. Eine Koalition aller Parteibekenntnisse, das nichtgewünschte bitte zu durchstreichen. Ein vorbildlicher Republikaner, der bereit war, den Löwen auch zu spielen, und der bloß, als der Rothschild ins Theater kam, mit einem »Habe die Ehre Herr Baron!« aus der Rolle fiel. Ein Austauschprofessor seiner Überzeugungen, umspannt er eine soziale Welt zwischen jener Wiener Gesellschaft, die Kinderfleisch auf dem Misthaufen zusammenklaubt, und jener, die 6000 Kronen für eine Silvesterloge zahlt, aber besser konversiert sichs mit dieser. Ein Mann, nehmt alles nur in allem, der mehr Gesinnungen hatte, als zum Vorwärtskommen nötig war, und was die Hauptsache, stets à quatre épingles. Ein Mann von Welt, ja von aller Welt, hatte er wie keiner sowohl das savoir wie das faire heraus und last not least auch das vivre, während wir nur das mourir. Così fan tutte, aber nicht jedem gelingts. Man schlägt sich durch die Kontraste. In Favoriten wohnen die Leute in Erdlöchern, weil es da wärmer ist. In der Innern Stadt gehen sie zu diesem Behufe »ins Chapeau«, nicht fürchtend, daß schon die Formel einen Hieb sei es ins Ponem sei es in die Fresse rechtfertigen könnte. Vulkane sind Tanzböden. Bolschewismus ist eine gefährliche Drohung, die nicht verhindern kann, daß in der »Femina« – welch ein Geschlecht! – gesungen wird:

Wir geben den letzten Tizian,
Wenn nur die Mizzi dann
Mit ihrem Strizzian
Foxtrotteln kann.

Dies, während Holland absammelt. An einem Gasthaustisch höre ich eine Dame sich rühmen, daß sie Holz gekauft und dreimal so teuer verkauft habe; galante Herren trinken ihr zu, preisen die Gewüre, aber ich glaube, sie schwärmt nur für den Marischka. Ich höre einen italienischen Offizier nießen und einen Juden »Salute!« sagen. Er wird schon wissen warum. Einer kennt ein Verfahren, sichs beim elektrischen Zähler so zu richten, daß man beliebig

Strom konsumieren kann; man dringt in ihn, aber er sagt es nicht; so egoistisch sind die Menschen geworden. Diese täglichen Bulletins über die Kohlennot gehen ihm schon auf die Nerven. Einer mit vierfachem Kinn, was verboten sein sollte, ein dick verdienender Wampir, findet die ewige Bettelei beim Ausland einfach beschämend. Die Leut wollen einfach nicht arbeiten, ihm wird man nichts erzählen. Glänzend ist der Leitartikel über den Hunger »Schämen wir uns!« im 8 Uhr-Blatt. Wo man heut hingehen soll? Vierzig Lokale stehn im 8 Uhr-Blatt, no da, oben und unten, rechts und links vom Leitartikel. Einer weiß die Adresse von einem Tripot, wo die Arbeiterräte bestimmt nicht hinkommen. Der Präsident der Republik hat doch den Heinrichshof gekauft, er weiß es aus bester Quelle, jedenfalls ein Automobil. Intressant steht heut im Neuen Tag, daß sich der Renner einen Extrazug bestellt hat, die Leut leben; Karpeles plagt sich bis in die sinkende Nacht und weiß nicht, wo er das Geld hernehmen soll für den nächsten Monat. Meine Frau hat vorgestern einen Breitschwanz um 60 000 gekauft, aber er hat ihr gestern gesagt, er nimmt ihn um 70 000 zurück. Der Mensch ist gut. Haben Sie gelesen köstlich vom Eisenbahnunglück bei Celakowitz? Bitt Sie, im Krieg sind mehr zugrundgegangen, hat sich kein Mensch aufgeregt, übrigens fahrt man heut mit dem Antantzug. Daß sie ihnen die Uhren weggenommen haben? Gott, in so einem Gedränge, wo kann man das so genau unterscheiden, bittsie was tut einem nicht der Staat an mit dem Schmuck? No und die Vermögensabgabe is ein Hund? Man greift sich an den Kopf. Wissen Sie, was wir braucheten? Einen Horthy braucheten wir! ... Ein Christ sagt: Weißt was, gehn wir zur Potenzecke! Der andere: Was ist das? Jener: No das weißt nicht? Das ist doch die Sirkecke, weißt! Dieser: Wieso? Jener: No weißt nicht, das ist doch ein Witz vom Fackelkraus! Weißt in dem Theaterstück über die Menschheit.

[F 521–30, 156–160; 1920]

Franz Joseph

Wie war er? War er dumm? War er gescheit?
Wie fühlt' er? Hat es wirklich ihn gefreut?
War er ein Körper? War er nur ein Kleid?

War eine Seele in dem Staatsgewand?
Formte das Land ihn? Formte er das Land?
Wer, der ihn kannte, hat ihn auch gekannt?
Trug ein Gesicht er oder einen Bart?
Von wannen kam er und von welcher Art?
Blieb nichts ihm, nur das Wesen selbst erspart?
War die Figur er oder nur das Bild?
War er so grausam, wie er altersmild?
Zählt' er Gefallne wie erlegtes Wild?
Hat er's erwogen oder frisch gewagt?
Hat er auch sich, nicht nur die Welt geplagt?
Wollt' er die Handlung oder bloß den Akt?
Wollt' er den Krieg? Wollt' eigentlich er nur
Soldaten und von diesen die Montur,
von der den Knopf nur? Hatt' er eine Spur
von Tod und Liebe und vom Menschenleid?
Nie prägte mächtiger in ihre Zeit
jemals ihr Bild die Unpersönlichkeit.

[F 551, 18; 1920]

Du Herr Oberst!

Der Verteidiger des monarchistischen Obersten Wolff hat – mit einigem Erfolg – für den Angeklagten geltend gemacht, seine Zeitung werde eh von niemandem gelesen, Wolff sei sich der Folgen seiner journalistischen Tätigkeit »nicht bewußt«, er könne für seine Ausdrucksweise nichts, er habe sie von anderen gelernt; »wenn ein Kind in einer Gesellschaft von Erwachsenen unangemessene Ausdrücke hört und sie dann selbst gebraucht, dürfe man nicht das Kind züchtigen«. In diesem Sinne verurteilte der Gerichtshof den Staatswehrwolff wegen Aufreizung zum Mord zu drei Monaten Arrests, aber auch diese Verurteilung war nur »bedingt«, und zwar wieder im Sinne jener republikanischen Justizreform, die unter andern für Angeklagte, die noch nicht 18 Jahre alt sind, den Vollzug der Strafe bis auf weiteres, das heißt, wenn sie sich zusammennehmen, nachsieht. Nachdem dies geschehen war, veröffentlichte »eine große Zahl ehemaliger k.u.k. Offiziere«, schwarzgelb bis auf die Knochen der andern, in der

Reichspost eine Zuschrift an den Obersten Wolff, in der sie sich, hochverehrter Herr Oberst, erlauben, hochverehrten Herrn Oberst für das mannhafte Auftreten bei Verteidigung ihrer Standesehre, das Herr Oberst sowohl in den seinerzeit in der periodischen Zeitschrift »Staatswehr« erschienenen Artikeln, als auch ganz besonders in der Schwurgerichtsverhandlung an den Tag legten, ihren Dank und ihre restlose Anerkennung in Hochachtung, bezw. gehorsamsten kameradschaftlichen Gruß auszudrücken, und aus deren Ton die gespenstischen Gebärden dieses Milieus, in dem es die Ansprache »Du Herr Oberst« gab, zu einer hier durchaus ansprechenden Wirklichkeit auferstehen. Da Herr Oberst somit doch ein Kind sind, wenngleich eines, das sich wie's Kind im Haus Habsburg fühlt, so werden die Fibelstücke, die er in seiner »Staatswehr« veröffentlicht, in jener Zeitung, die es dem Staat wehren will, ohne Habsburger auszukommen, erst verständlich:

Ein Begleiter des Kaisers Karl auf der Fahrt zur Habsburg (der überall, wohin er kommt, mit Majestät angesprochen wird, weil das Ausland mit dem Irrsinn einer Entadelung und eines Namensraubes sich nicht abfinden kann) äußerte sich, daß der Kaiser eine staunenswerte militär-geographische Kenntnis beweise. Auf der langen Autofahrt wußte er über jede Straßenrichtung und Benützbarkeit zutreffend Bescheid.

Das ist insofern viel, als es – wie ich aus eigener Anschauung weiß – wirklich schwer ist, zur Habsburg zu gelangen. Ein Österreicher, der nach dieser Ruine fragt, fühlt sich schon durch die Beobachtung angeheimelt, daß sich dort niemand auskennt und die Angaben in bezug auf Wegdauer und Richtung immer unpräziser werden, je näher man an die Sehenswürdigkeit herankommt. Der unsichere Sucher ist ausschließlich auf die Fährte angewiesen, die ihm der schlechte Zustand der Straßen bietet, da ihm der Instinkt mit immer steigender Gewißheit sagt, daß er sich in der Nähe des habsburgischen Ursprungs befindet. Karl mag in bezug auf die topographischen Verhältnisse noch dadurch im Vorteil gewesen sein, daß ihm die Ruine durch die lebhafte Vorstellung des Zustands, in dem er Österreich zurückgelassen hat, gegenwärtig war. Was die Stammburg der Habsburger selbst anlangt, so ist zu sagen, daß sie schon dadurch die größte Sehenswürdigkeit bildet, daß sie außer einer Büste des Franz Joseph nichts als einige Photographien aus dem Atelier Adèle, darstellend den Rudolf und die Stephanie, enthält. Die Büste des Franz Joseph ist von einem kaiserlichen Rat gestiftet, der alljährlich zu einem Schießen in die Gegend zu kommen pflegte und, wie die Ruinenkellnerin erzählt, der einzige Vertreter des Kaiserhauses ist, der je heraufgekommen war. Die Ruine ist aber auch dadurch eine Sehenswürdigkeit, daß sie, wiewohl sie außer ein paar Mauern und drei Photographien des Erzhauses nichts enthält, trotzdem dieses überdauert hat. Was indes für Fibelleser bei weitem nicht so eindrucksvoll sein dürfte wie die Beschreibung der Tätigkeit, der sich der letzte Habsburger in Prangins hingibt:

Dort lebt der Kaiser still und zurückgezogen in ernster Arbeit, vertieft in die Lektüre der Tageblätter, innig vertraut mit allen Ereignissen und Vorkommnissen in seinem armen, schwergeprüften Lande, bedacht, wie er Abhilfe schaffen könnte in den mannigfachen Nöten und Drangsalen seiner vielgeliebten Völker.

Um aber das Bild der Persönlichkeit zu vervollständigen, ist auch eine Beschreibung der Photographie, die von ihr aufgenommen wurde, nötig:

Seine Majestät trägt weißen, steifen Umlegkragen mit dunklem Schlips, offenes, einreihiges Sakko. Der Ernst des im Sturm gereiften Mannes sieht ihm aus dem treuherzigen Auge.

Treuherziges Auge, offenes Sakko – es entspricht ganz dem arglosen und so gar nicht zugeknöpften Wesen der Persönlichkeit, deren Vorzüge noch in allgemeiner Erinnerung sind aus der Zeit, ehe das »Salonblatt« melden konnte, daß sie Laxenburg für Prangins verlassen habe. Der günstige Eindruck wird durch ein zweites Bild noch verstärkt:

Die Majestäten sitzen; die Grafen stehen ungezwungen –

Es handelt sich natürlich um eine photographische Illusion,
die den Grafen mehr Freiheit zugestanden hat

einer vor, einer hinter dem Sofa, auf dem Unser Kaiser sitzt

Wessen Kaiser da gemeint ist, ist etwas unklar.

Ihre Majestät in weißer Gesellschaftstoilette bei Vermeidung der herrschenden Modetorheit großer Dekolletage und zu kurzer Schoß. Eine lange einreihige Perlenschnur der einzige Schmuck.

Also ein Bild der Einfachheit, das denn auch der »Staatswehr« den Ausruf abschmeichelt:

Eine vorbildlich sittsame Frauengestalt in Anmut und Würde.

Kein Zug einer Familienähnlichkeit erinnert an das Kaffeegeschäft der Parmas, zu dem der Graf Czernin kein freundliches Gesicht gemacht hat. Dieser Graf stand aber auch nicht ungezwungen, sondern war gezwungen, zu gehen. Daß sich der Oberst Wolff mit besonderer Teilnahme den Kindern zuwendet, ist nicht unbegreiflich:

Der Kaiser mit Kronprinz Otto, Erzherzogin Adelheid und Erzherzog Robert. Die Kinder am mit Quadersteinen gefütterten Ufer mit Angelruten über dem Wasser. Seine Majestät mit russischem Paletot (Gürtel), stehend, unmittelbar hinter den Kleinen, sie beaufsichtigend und belehrend.

Offenbar belehrt er sie, wie man Fische, die nicht anbeißen wollen, dennoch fängt. Mangels ausgiebigerer Lockspeise muß es mit dem Köder der »Staatswehr« gehen. Und um allen braven Landeskindern, die wie der Oberst Wolff das Zeug dazu haben, auf dem einmal betretenen Wege fortzufahren, ein Beispiel zu geben, wie wahre Bescheidenheit allein den Lohn erntet, im Leben vorwärtszukommen für und für, wird ihnen das folgende Lesestück dargeboten:

Als Erzherzog Karl mit seiner hohen Gemahlin einst zufällig verspätet bei einem Konzert eintraf, nahm er samt Erzherzogin Zita auf einer der rückwärtigen Sitzreihen Platz, statt auf den vordersten, reservierten Plätzen! Staunen und befriedigende Bewunderung erfüllte das Publikum.

Und wisset ihr auch, wer der brave Knabe war? Wir wisseen ees. Und fürwahr, kein Österreicher, der das Herz auf dem schwarzgelben Fleck hat, also auf dem rechten, wird fürder im Hinblick auf solche Herrschertugenden den Verlust von zehn Millionen Toten der Rede wert finden.

[F 557–60, 38–41; 1921]

Ich

lese keine Manuskripte und keine Drucksachen,

brauche keine Zeitungsausschnitte,

interessiere mich für keine Zeitschriften,

begehre keine Rezensionsexemplare und versende keine,

bespreche keine Bücher, sondern werfe sie weg,

prüfe keine Talente,

gebe keine Autogramme,

wünsche nicht besprochen und nicht genannt, nicht nachgedruckt, propagiert oder verbreitet, weder aufgeführt noch vorgetragen zu werden, in keinem Katalog, in keiner Anthologie, in keinem Lexikon vorzukommen,

bedarf keines Kunstgenusses, vermeide jede gemeinsame Gelegenheit zu einem solchen, gehe in keine Ausstellung, kein Konzert, kein Kino und – seit fünfzehn Jahren, mit der unvergeßlichen Ausnahme des König Lear mit dem Herrn Wüllner – in kein Theater,

besuche keine Vorlesungen außer den eigenen,

weiche jeder Möglichkeit aus, einen öffentlichen oder privaten Tanz zu beobachten oder sonst an einer Lustbarkeit, einem Spiel oder irgendeiner die Pietät für zehn Millionen Tote und für hundert Millionen noch Lebende verletzenden Unterhaltung teilzunehmen oder es zu sehen,

verschließe mich jeder Zerstreuung, Einladung, Verständigung, Anregung,

erteile keinen Rat und weiß keinen,

mache keinen Besuch und empfange keinen,

schreibe keinen Brief, will keinen lesen und

verweise auf die völlige Aussichtslosigkeit jedes Versuchs, mich zu irgendeiner der hier angedeuteten oder wie immer beschaffenen, schon in ihrer Vorstellung meine Arbeit störenden, mein Mißbehagen an der Außenwelt mehrenden Verbindungen mit eben dieser bestimmen zu wollen, und habe nur noch die Bitte, die auf alle derlei Unternehmungen vergeudeten Porto- und sonstigen Kosten von jetzt an der Gesellschaft der Freunde Wien I. Singerstraße 16 zuzuwenden.

*

Dem gleichen Zweck – der Ernährung tuberkulöser Kinder – mögen alle jene so freundlichen, nun immer häufigeren anonymen Spender von Blumen zugetan sein, bedenkend, daß auch diese, schlecht gepflegt, zu schnell verwelken. Und daß jenen das viele Geld doch besser frommte als den Blumenhändlern, ist eine Erwägung, die auch dem Beschenkten ein Gefühl schafft, das von Dank und flüchtiger Freude beiweitem nicht aufgewogen wird.

[F 557–60, 45–46; 1921]

Die Grüßer

Es häufen sich die Fälle, daß Individuen behaupten, daß sie mich »persönlich kennen« und indem sie ihr Ansehen bei den Leuten, denen sie's erzählen, zu heben suchen, das meine herabsetzen. Denn was sollen diese noch von mir halten, wenn ich jene persönlich kenne? Sie selbst würden doch, wenn's wahr wäre, allen Respekt vor mir verlieren. Weil sie diesen aber nicht haben, und es ihnen eben nur darauf ankommt, mit einem Gott seis geklagt berühmten Menschen persönlich bekannt zu sein, welchem Zweck der Fritz Werner besser entgegenkommen würde, so pflegen sie, um aller Welt und speziell ihren Begleitern den Beweis der persönlichen Bekanntschaft zu liefern, auf offener, infolgedessen von mir immer mehr gemiedener Straße in zudringlicher Weise zu grüßen, wobei meine Kurzsichtigkeit nicht als Gegenbeweis, sondern nur als Entschuldigung meiner Unhöflichkeit in Betracht kommt. Selbst solche, die mich verachten und wenn sie mir allein begegnen, wegsehen würden, grüßen vertraut, sobald noch ein Zweiter, dem sie mit solcher Legitimation aufwarten wollen, mit ihnen geht. Sie wären natürlich ganz ebenso imstande, wenn sie mich wirklich kennten, bloß zu grüßen, wenn wir uns zeugenlos begegnen, und aus Furcht vor irgendeiner sozialen Vergeltung wegzusehen, sobald einer dabei ist. Dann kommt es wieder vor, daß Leute, die mich nicht persönlich kennen, in einem Lokal, zu dessen Besuch mich das Leben zwingt, nachdem sie sich beim Kellner erkundigt haben, ob ich es wirklich sei, förmliche Purzelbäume vor mir schlagen, aber nicht etwa aus jener Verehrung, die ich verabscheue, sondern nur um sich selbst zu beweisen, daß sie mich persönlich kennen. Auch sie müssen unbedankt von hinnen ziehn. Der hauptsächlichste Grund, warum ich nicht mehr ins Theater gehe – wichtiger noch als Selbstbewahrung vor schauspielerischer Impotenz und als die Furcht, am Abend vor der Arbeit schläfrig zu werden –, ist das Bedenken, mit so vielen Leuten, die ich nicht persönlich kenne, ins Theater zu gehen. Denn nicht nur, daß der Sitznachbar, feige die Gelegenheit vollkommenster Wehrlosigkeit – Sperrsitz! – erhaschend, plötzlich zu grüßen beginnt; selbst wenn er's nicht tut, glaubt jeder – und keines Wieners Phantasie reicht aus, sich die Sitznachbarschaft als Zufall vorzustellen –, der X. sei mit mir im Theater gewesen, was ihm entweder nützt oder schadet. Vor zwanzig Jahren hatte einer der wenigen anständigen Menschen der hiesigen Literatur das Pech, im Burgtheater neben mir zu sitzen; ich bat ihn, mit mir nicht zu sprechen, da die Kritik im Mittelgang es bemerken und ihm nach dem Leben trachten würde. Es geschah; denn, hieß es, der J. J. David sei »mit ihm ins Theater gegangen«. Die Wiener Personalnachricht war lange Zeit hindurch – neben Schönpflug – der tiefste Ausdruck dieses Lebens, das die falsche Perspektive des Zufalls zum Gesetz erhebt. Im Hotel zum König von Ungarn sind zum Beispiel gestern der Kommerzialrat Goldberger u n d die Gräfin Andrassy aus Budapest abgestiegen. Da bin ich vorsichtig. Muß ich einmal über die Straße, so sehe ich mich ganz genau um, wie der Mensch aussieht, neben dem ich zufällig gehe, denn die Leute zeigen mit Fingern auf einen, da können Ungenauigkeiten unterlaufen und ich will nicht, daß es immer wieder heißt, ich hätte einen Vollbart. Ein verstorbener Privatkauz, der mehr Witz hatte als ein Haufen von Wiener Librettisten, tröstete eine Dame, die sich über üble Nachrede beklagte, mit der Unabänderlichkeit dieses Wiener Verhängnisses: gehe er mit einer Frau auf der Ringstraße, so heiße es, er habe ein Verhältnis; gehe er mit einem Herrn auf der Ringstraße, so heiße es, er sei homosexuell; gehe er, um all dem zu entgehen, allein auf der Ringstraße, so heiße es, er sei ein Onanist. Aber das Letztere wird niemandem in Wien nachgesagt werden, da doch immer eine Frau oder ein Mann in der Nähe ist, »mit« denen man gesehen wird. Das Publikum verblödet von Jahr zu Jahr und weil dieser Stadt das eigentliche Lebensmittel, die Ehre, längst vor allen andern ausgegangen ist und der schäbige Rest noch ans Ausland, von dem nichts hereinkommt, weggeworfen wurde, so ist das alles möglich. Ein Gang durch sie, nämlich durch die allerwertloseste, die innere, der Anblick dieser Graben- und

Galgenbrut würde mir vor Ekel die Kehle würgen. Ich arbeite, vermutlich als einziger Mensch in Wien, wie eh und je die Nacht durch, oft bis in den Vormittag hinein, schlafe bis zum Abend und sehe jahraus jahrein kaum mehr als drei, vier Menschen in dieser Stadt. Irgendwie erfahre ich aber doch, daß ich »einflußreiche Beziehungen habe«, daß ich auf der Redoute war, daß ich eine Premiere mitgemacht habe, daß ich verheiratet bin, daß ich Damen zum »Tee« lade, daß ich mit dem Müller einmal intim war und daß sich nur, weil ich ihn einmal mit der Meier gesehen habe, das Blatt gewendet hat, daß mich der und jener persönlich kennt, also einen Umgang zu haben behauptet, den ich von ihm nehme. Ich muß nachdrücklich drauf aus sein, solche Zumutungen abzulehnen, weil sonst die notgedrungene Abweisung eines Verkehrs mit manchem Würdigen grausame Ungerechtigkeit wäre. Ein für allemal bitte ich zu glauben, daß mich jene schlecht kennen, die da glauben, sie kennten mich gut, und die, die's ihnen glauben, nicht besser. Es ist jede solche Angabe erstunken und erlogen und ich ermächtige jeden, jeden der sie vorbringt für einen Schwindler zu halten und ihm zu sagen, daß er mit der Fackel ausschließlich den Zusammenhang dieser einzigen Stelle habe, die sich ganz ausdrücklich auf ihn, gerade auf ihn und nur auf ihn bezieht. Damit hoffe ich dem Grüßerpack, das mit fremdem Ruhm schachert und mit einem, der mir so hassenswert dünkt wie jeder seiner Parasiten, das Handwerk gelegt zu haben. Denn wenn es eine Eigenschaft gibt, für die ich noch lange nicht berühmt genug bin, so ist es die meines Gedächtnisses, das nicht den Schatten des kleinsten Eindrucks seit meinem zweiten Lebensjahr, kein Geräusch, keinen Namen, keine Nase, keinen Schritt verloren hat und sich an jeden, den ich nicht kenne, ganz genau erinnert und ferner ebenso genau zu unterscheiden weiß zwischen solchen, die ich nicht kenne, weil ich nicht wollte, und jenen, die ich nicht kenne, weil ich nicht will.

[F 561–67, 45–48; 1921]

Todesfurcht

Halb verlangend alles schon empfangen,
allen Wechsel, den es gibt auf Erden:
aller Lust und allerlei Beschwerden
froh und unfroh immer wieder werden.
Und dazwischen ist die Zeit vergangen.

Neugier regt sich nach dem andern Kreise,
wie mags, frag ich, drüben nur bestellt sein;
und ob schwierig die besondre Reise,
und ob ich auf wunderbare Weise
werde wiederum auf meiner Welt sein.

Immer das Erlebte zu erleben,
lüstet mich, ich will es frei bekennen;
immer dieses zwischen Feuern schweben,
dieses atemlose Lastenheben
und dies hoffnungslose Herzverbrennen.

Ist's dort grün wie meine Kinderstunden?
Ist der Tag dort grau wie meine Tage?
Warten alle Wunder, aller Wunden
Wonnefieber, schmerzliches Gesunden,
aller Wollust wechselvolle Plage?

Bleib ich aller Feuerflammen Beute
und erhitzt von allen Hindernissen?
Glüht mir dort der helle Haß des Heute,
und entflammen mich die kalten Bräute?
Ach ich brenne schon, es nur zu wissen!

Was sich so lebendig mir verdichtet,
was mit Aug und Ohr ich je erworben,
nimmer sei von mir darauf verzichtet!
Anders werde dieser Streit geschlichtet
und das Leben nur zum Teil gestorben!

Einverleibt der Welt, der es entbrannte,
will es nimmer sich vom Leben trennen.
Wenn ich sie nicht mehr mit Namen nannte,
die ich bis zum letzten Blick erkannte,
würde sie sich selbst nicht mehr erkennen.

Wortverbunden bleib ich den Gestalten,
gegen die ich mich des Geistes wehre.
Nimmer würde anderen Gewalten
wehrlos ich mich zur Verfügung halten
dort in einer wortverlassnen Leere.

Dreist entreiß ich mich dem faulen Frieden,
nichts zu haben als die Totenstille.
Sie zu meiden, will ich nicht ermüden;
da zu bleiben, wenn ich abgeschieden,
fortzuleben sei mein letzter Wille.

Todesfurcht ist, daß Natur mich bringe
einst um alles mir lebendige Grauen.
Jener ewigen Ruh ist nicht zu trauen.
Ich will leiden, lieben, hören, schauen:
ewig ruhlos, daß das Werk gelinge!

[F 577–82, 67f.; 1921]

Vazierende Löwen

Keinem andern Beruf gegenüber muß das Mitleid mit der vom Umsturz betroffenen Existenz so sehr vor der Anerkennung einer geschichtlichen Notwendigkeit verstummen wie gegenüber dem militärischen. Denn wenn die allgemeine Wehrpflicht jeden andern Beruf unter den Zwang gestellt hat, für eine fremde und schlechte Sache zu sterben, so ist es doch das selbstverständliche Risiko des überlebenden Berufssoldaten, bei Verlust des Vaterlandes wenigstens seinen Posten zu verlieren. Nichts könnte darum blödsinniger sein als das Gejammer der Kriegspresse über die vazierenden Generale, die nicht mehr vom Heldentod leben können und von der Republik nur eine Pension beziehen, die zwar den Verhältnissen der Niederlage, aber nicht deren Maßen entspricht und sich wegen Nullifizierung dieser und der andern Krone mit den Bezügen nicht vergleichen läßt, die ihnen die Monarchie in Krieg und Frieden ausbezahlt hat.

Da wurde mit aller geziemenden Bitterkeit und der dem Ereignis gemäßen Schlichtheit gemeldet, daß der Feldmarschalleutnant Arpad von Tamássy mit dem Beinamen »Der Löwe von Przemysl« den Kampf um das tägliche Brot aufgenommen und eine Tischlerwerkstatt errichtet habe. Mit angehaltenem Atem wurde geschildert, wie vor dem Gruppenleiter des Zentralwohnungsamtes in Budapest ein hochgewachsener, breitschultriger Herr erschienen sei und ein Gesuch um Zuweisung eines Werkstättenlokals überreicht habe. Der Gesuchsteller war »niemand anderer, als der Löwe von Przemysl«. So werde sich denn der kühne Führer der Ausfallsgefechte um Przemysl bald etablieren und seine Firma als Bau- und Möbeltischler aushängen können. Im Gespräch mit dem Gruppenleiter soll er bemerkt haben: »Wenn ein rechtschaffener Mensch mir begegnet wäre, der mich vor dem 30. Oktober 1918 über die Lage aufgeklärt hätte, ich hätte der Karolyi-Regierung den Gehorsam verweigert.« Noch vernünftiger hätte er freilich gehandelt, wenn ein rechtschaffener Mensch ihn vor dem 1. August 1914 über die Lage aufgeklärt hätte, der Franz Joseph-Regierung den Gehorsam zu verweigern. Ausschließlich dieser Unterlassung kann er die Notwendigkeit zuschreiben, jetzt mit dem Tischlerhandwerk, das er in der russischen Gefangenschaft zum Glück erlernt hat, jenen Kampf um das tägliche Brot aufzunehmen, der, so bedauerlich er in jedem einzelnen Fall auch sein mag, doch nichts als die Fortsetzung des Kampfes ist, den seine frühere Berufsgenossenschaft um weit weniger verständliche Ziele aufgenommen hat und mit dem Erfolg, einer weit größeren Gemeinschaft das tägliche Brot zu verkümmern. In einer Zeit, in der nach Löwen von Przemysl Gottseidank nicht der geringste Bedarf mehr vorhanden ist und für die sich die Erinnerung an Przemysl ausschließlich mit der Vorstellung ins Feuer gejagter hungernder Menschen verknüpft, konnte er nichts Besseres tun. Das Schicksal setzt den Hobel an und bewirkt wenigstens, daß sich die Löwen in dieser ausgebluteten Welt, die der Fibelromantik kein Opfer mehr zu entrichten hat, annähernd so nützlich machen wie Millionen jener Ärmsten, die durch den glorreichen Unfug aus Beruf und Glück gerissen wurden und eben noch Gesundheit und Leben vor ihm retten konnten.

Dann hieß es wieder, daß der Generaloberst Köveß, »Sieger von Iwangorod, Bezwinger des Lovcen und Befreier von Czernowitz« – lauter Tätigkeiten, die besser unterblieben wären –, gleichfalls in Budapest, um die Verleihung einer Tabaktrafik angesucht habe. Schon befürchtete man, daß er nur eine infolge seiner Wirksamkeit wesentlich reduzierte Fassung vorfinden werde, im Sinne der in meinem Kaiserlied ausgesprochenen Prophezeihung: »Wenn erst die Trümmer rauchen, wird am Tabak gespart.« Da erschien ein kategorisches Dementi des Herrn Generalobersten, daß er gar nicht daran denke, sich um die Verleihung einer Tabaktrafik zu bewerben, obgleich man doch wirklich eher begreifen würde, daß ein Tabaktrafikant sich dagegen verwahrt, der Sieger von Iwangorod zu sein.

Damit wars also nichts und das Interesse wandte sich infolgedessen gleich dem Fortkommen des Feldmarschalls Conrad von Hötzendorf zu, jenes Mannes, der mit einem zu glorreichen Namen auf die Welt gekommen war, um ihn nicht durch einen Weltkrieg zu verdienen. Er dankte mit geziemender Schlichtheit für die Beweise der Teilnahme, die bei ihm das wohltuende Empfinden ausgelöst hätten, daß »die Menschen vornehmer Gesinnung nicht ausgestorben« seien, er stehe aber auf dem Standpunkt, daß er, »solange es Invalide gibt«, die mit noch weniger Einkommen monatlich leben sollen, kein Recht habe, sich zu beklagen. Aber daß die Menschen vornehmer Gesinnung nicht ausgestorben sind, hat er ausschließlich dem Umstand zu verdanken, daß sie zufällig nicht bei einer seiner Offensiven mitzuwirken hatten, deren Andenken wieder so lange erhalten bleiben dürfte, solange es Invalide gibt. Die Neue Freie Presse versichert, daß die Lebensführung des Feldmarschalls, also ganz im Gegensatz zu seiner Kriegführung, sparsam einfach sei, da er in einem Hotel in Innsbruck in zwei kleinen Zimmern mit seiner Gattin und einer Stütze wohnt, »welche die Küche auf einem kleinen elektrischen Kocher besorgt«. Immerhin findet der Mann, der der Treulosigkeit Italiens schon ein paar Jahre vor dem Weltkrieg zuvorkommen wollte, doch Zerstreuung im Tarockspiel mit den Söhnen Cadornas, und ich kenne Opfer seiner verschwenderischen Kriegführung, denen es nach sieben Jahren Sibirien noch nicht gelungen ist, auch nur ein kleines Zimmer mit dem kleinsten elektrischen Kocher aufzutreiben.

Während nun die österreichischen Feldherrn das öffentliche Mitleid, das die Zeitungen für sie ansprechen, ablehnen und zumeist erst wieder durch die Memoiren, die sie verfassen, sich zuziehen, stehen die deutschen Feldherrn ganz anders da und es zeigt sich auch im Schulter an Schulter der Umgestürzten jene Grundverschiedenheit, die in den Zeiten der Nibelungentreue zwischen den Standpunkten »Immer feste druff« und »Kann man halt nix machen« zur Geltung kam und die Würze »beider Berichte« gebildet hat. Steht für österreichische Heerführer ernstlich die Frage zur Erwägung, ob sie Tischler oder Tabaktrafikanten werden sollen, so wäre dergleichen für die deutschen Kameraden undiskutabel, und ihnen bleibt überhaupt nur übrig, zu werden, was sie schon im Weltkrieg vielfach geworden sind: Ehrendoktoren. Denn die Schmach der deutschen Professorenschaft, die sich eine Ehre daraus machte, Leute, die nichts als Menschenschlachten gelernt hatten, zu Doktoren zu promovieren, ist nicht in dem Weltgelächter erstickt, sondern sie wirkt fort mit der grauenvollen Mechanik aller den Krieg überlebenden Kriegsgreuel dieser unbewegbaren Menschheit. Wenn man im wohlverstandenen Interesse einer Völkerversöhnung darauf bestehen müßte, daß die Vertreter des deutschen Gelehrtentums für die überzeugte Vorschubleistung zum Mord und für die systematische Ehrung der Mörder als Aussätzige der Zivilisation behandelt werden, so würde dieses Verlangen selbst gegen den eindringlichsten Wunsch, Vergangenes zu vergessen, seine Begründung in dem Ereignis von Königsberg finden. Eine Fakultät der Stadt, in der der »Traktat zum ewigen Frieden« der Welt ohne Dank gegeben wurde, hat, was sie zwischen 1914 und 1918 offenbar versäumt hatte, im Jahr 1921 nachgeholt und Herrn Ludendorff das Ehrendoktorat verliehen. Und zwar keine andere als die medizinische. Nachdem im Krieg am liebsten der Doktorhut der Philosophie Dummköpfen aufgesetzt wurde, und auch die Jurisprudenz nicht faul war, Verbrecher in ihre Kollegenschaft aufzunehmen, während leider die Theologie sich damit begnügen mußte, ihren Segen zur Übertretung sämtlicher Gebote zu geben, hat sich endlich auch die Medizin aufgerafft, die damals eben nur für das Einrücken der Verwundeten und für das Durchhalten der Verhungernden tätig sein konnte. Man würde nun vermuten, daß Herr Ludendorff Mediziner honoris causa geworden ist um seines Verdienstes willen, so vielen Menschen die Gesundheit und das Leben zerstört zu haben. Aber in seinem Doktordiplom heißt es im Gegenteil:

> Dem Meister der Feldherrnkunst, dessen überragendes Können Gesundheit und Leben unzähliger deutscher Krieger vor den feindlichen Feuerschlünden gerettet; dem Befreier, der mit eiserner Hand unsere ostpreußische Heimaterde reingefegt von plündernden und sengenden russischen Horden; dem Führer, dessen starker Arm den makellosen Ruhm der deutschen Waffen und den Glanz deutscher Kultur getragen hat von den Gestaden des Atlantischen Ozeans bis in die Wüsten Arabiens; dem Helden, der das von einer Welt beutelüsterner Feinde umklammerte deutsche Volk mit den scharfen Schlägen seines unbesiegten Schwertes geschützt, bis es, falschen Worten trauend, seine ungebrochene Wehr und seinen starken Führer fallen ließ; dem deutschen Manne, dessen Bild, aus der Finsternis der Gegenwart hervorleuchtend, uns den Glauben gibt an einen dereinstigen Retter und Rächer unseres Volkes.

Damit haben freilich die Professoren der medizinischen Fakultät von Königsberg ihre Kompetenz überschritten und sich, abgesehn von dem knappen Hinweis auf Ludendorffs Samariterdienste, auf ein philosophisches Gebiet begeben. Wie dem aber immer sein mag, wenn dem Ludendorff ein rechtschaffener Mensch begegnet wäre, der ihn beim Umsturz über die unveränderte Lage Deutschlands aufgeklärt hätte, so hätte er es nicht nötig gehabt, mit falschem Paß nach Schweden zu fliehen. Er, der damals mit einer blauen Brille davonkam, hat heute schon wieder seinen echten Paß, in dem die besonderen Kennzeichen, eiserne Hand und eiserne Stirn, nicht fehlen und dessen Lichtbild aus der Finsternis der Gegenwart hervorleuchtet. Infolgedessen steht so ein deutscher Feldherr, dessen starker Arm den Glanz deutscher Kultur von den Gestaden des Atlantischen Ozeans bis in die Wüsten Arabiens, kurz überallhin, nur nicht nach Deutschland getragen hat – jedenfalls steht so ein Wüstenkönig ganz anders da als unsere Armitschkerln von vazierenden Löwen, die gewohnt, ihr Süppchen auf dem Weltbrand zu bereiten, nunmehr mit einem ganz kleinen elektrischen Kocher vorliebnehmen müssen, aber halt doch zu stolz sind, den Lorbeerblättern zugunsten der Tabakblätter zu entsagen.

[F 577–82, 91–95; 1921]

Reklamefahrten zu Hölle

In meiner Hand ist ein Dokument, das, alle Schande dieses Zeitalters überflügelnd und besiegelnd, allein hinreichen würde, dem Valutenbrei, der sich Menschheit nennt, einen Ehrenplatz auf einem kosmischen Schindanger anzuweisen. Hat noch jeder Ausschnitt aus der Zeitung einen Einschnitt in die Schöpfung bedeutet, so steht man diesmal vor der toten Gewißheit, daß einem Geschlecht, dem solches zugemutet werden konnte, kein edleres Gut mehr verletzt werden kann. Nach dem ungeheuren Zusammenbruch ihrer Kulturlüge und nachdem die Völker durch ihre Taten schlagend bewiesen haben, daß ihre Beziehung zu allem, was je des Geistes war, eine der schamlosesten Gaukeleien ist, vielleicht gut genug zur Hebung des Fremdenverkehrs, aber niemals ausreichend zur Hebung des sittlichen Niveaus dieser Menschheit, ist ihr nichts geblieben als die hüllenlose Wahrheit ihres Zustands, so daß sie fast auf dem Punkt angelangt ist, nicht mehr lügen zu können, und in keinem Abbild vermöchte sie sich so geradezu zu erkennen wie in diesem:

Schlachtfelder-R

veranstaltet durch d

Reklamefahrten vom 25. Sept. bis 2

Unvergeßl. Eindrücke

Keine Paß-Formalitäten!
Anmeldung
bei uns und Ausfüllung eines Fragebogens genügt.

Als Herbstfahrt besond. zu empfehlen!

„...Eine Fahrt durch das Schlachtfeldergebiet von Verdun vermittelt dem Besucher den Inbegriff der Grauenhaftigkeit moderner Kriegführung. Es ist nicht nur für das französische Empfinden das Schlachtfeld „par excellence", auf dem sich letzten Endes der Riesenkampf zwischen Frankreich und Deutschland entschied. Wer immer diesen Abschnitt mit Fort Vaux und Fort Douaumont im Mittelpunkt gesehen hat, wird auf keinem Schlachtfeld des Westens mehr einen so tiefen Eindruck erhalten. Wenn der ganze Krieg Frankreich 1.400.000 Tote gekostet hat, so fiel fast ein Drittel von diesen in dem ein paar Quadrat-Kilometer umfassenden Sektor von Verdun, und mehr als doppelt so stark waren hier die Verluste der Deutschen. In dem kleinen Abschnitt, wo mehr als eine Million, vielleicht 1½ Millionen Menschen verbluteten, gibt es keinen Quadratzentimeter Oberfläche, der nicht von den Granaten durchwühlt wurde. Man durchfahre hernach das Gebiet der Argonnen- und Somme-Kämpfe, man durchwandere die Ruinen von Reims, man kehre zurück über St.-Mihiel und durch den Priesterwald: alles ist nur die kleinliche Wiederholung von Einzelheiten, die sich bei Verdun zu einem unerhört großartigen Gesamtbild von Grauen und Schrecken vereinigen..."

600 km Bahnfahrt II. Klasse. Einen ganzen Tag im bequemen Personen-Auto über die Schlachtfelder, Übernachten, erstklassige Verpflegung, Wein, Kaffee, Trinkgelder, Paßformalitäten und Visum von Basel bis wieder zurück nach Basel alles inbegriffen im Preise von 117 Fr. Schweizerwährung.

ıdfahrten im Auto!

ısler Nachrichten.

ıt. zum ermäßigten Preis von Fr. 117.—

Die Teilnehmer erhalten nach Einzahlung von Fr. 117 auf Postscheckkonto V/5616 Schlachtfelderfahrten der Basler Nachrichten, Basel, ein Ticket, durch das ohne jede weitere Auslage folgendes geboten wird:

Sie fahren im Schnellzug II. Klasse abends von Basel ab.

Sie werden am Bahnhof in Metz abgeholt und im Auto ins Hotel geführt.

Sie übernachten in einem erstklassigen Hotel, Bedienung und Trinkgeld inbegriffen.

Sie erhalten am Morgen ein reichliches Frühstück.

Sie fahren in einem bequemen Personenauto in Metz ab und durch das Schlachtfeldergebiet von 1870/71 (Gravelotte).

Sie besichtigen in Etain unter erklärender Führung das hochinteressante Blockhaus (Quartier des Kronprinzen und Sitz eines großen deutschen Hauptquartiers).

Sie fahren durch die zerstörten Dörfer ins Festungsgebiet von Vaux mit den riesigen Friedhöfen mit hunderttausenden von Gefallenen.

Sie besichtigen unter Führung die unterirdischen Kasematten des Fort Vaux.

Sie besuchen das Ossuaire (Beinhaus) von Thiaumont, wo die Überreste der nicht agnoszierten Gefallenen fortwährend eingeliefert und aufbewahrt werden.

Sie haben freien Eintritt ins Fort Douaumont.

Sie besuchen die Tranchée des Baïonettes oder des Ensevelis.

Sie fahren am Ravin de la Mort entlang, an den Carrières d'Haudromont und am Train Sauveur vorbei, am Fuße der Côte du Poivre nach Verdun.

Sie erhalten im besten Hotel von Verdun ein Mittagessen mit Wein und Kaffee, Trinkgeld inbegriffen.

Sie haben nach dem Essen Zeit zur Besichtigung des zerschossenen Verdun, der Ville-Martyre.

Sie fahren am Nachmittag zurück durch das schrecklich verwüstete Gebiet von Haudiaumont und gelangen wieder durch das Kampfgebiet von 1870/71 (Mars-la-Tour, Vionville usw.) nach Gravelotte und Metz.

Sie erhalten in Ihrem Hotel in Metz ein Diner mit Wein und Kaffee, Trinkgeld inbegriffen.

Sie werden nach dem Nachtessen im Auto zur Bahn gebracht.

Sie fahren im Nachtschnellzug II. Klasse zurück nach Basel.

Alles inbegriffen im Preise von 117 Franken bei reichlicher Verpflegung in erstklassigen Gasthäusern.

Anerkennungs- u. Dankschreiben von früheren Reiseteilnehmern liegen in großer Zahl in unserem Bureau auf.

Aber was bedeutet wieder jenes Gesamtbild von Grauen und Schrecken, das ein Tag in Verdun offenbart, was bedeutet der schauerlichste Schauplatz des blutigen Deliriums, durch das sich die Völker für nichts und wieder nichts jagen ließen, gegen die Sehenswürdigkeit dieser Annonce! Ist hier die Mission der Presse, zuerst die Menschheit und nachher die Überlebenden auf die Schlachtfelder zu führen, nicht in einer vorbildlichen Art vollendet?

Sie erhalten am Morgen Ihre Zeitung.

Sie lesen, wie bequem Ihnen das Überleben gemacht wird.

Sie erfahren, daß 1½ Millionen eben dort verbluten mußten, wo Wein und Kaffee und alles andere inbegriffen ist.

Sie haben vor jenen Märtyrern und jenen Toten entschieden den Vorzug einer erstklassigen Verpflegung in der Ville-Martyre und am Ravin de la Mort.

Sie fahren im bequemen Personen-Auto aufs Schlachtfeld, während jene nur im Viehwagen dahingelangt sind.

Sie hören, was Ihnen da alles zur Entschädigung für die Leiden jener geboten wird und für ein Erlebnis, wovon Sie bis heute Zweck, Sinn und Ursache nicht zu erkennen vermochten.

Sie begreifen, daß es veranstaltet wurde, damit einmal, wenn von der Glorie nichts geblieben ist als die Pleite, wenigstens ein Schlachtfeld par excellence vorhanden sei.

Sie erfahren, daß es doch etwas Neues an der Front gibt und daß es sich heut dort besser leben läßt als ehedem im Hinterland.

Sie erkennen, daß das, was die Konkurrenz bieten kann, die bloß über die Toten der Argonnen- und Somme-Schlachten, über die Beinhäuser von Reims und St. Mihiel verfügt, eine Bagatelle ist neben der erstklassigen Darbietung der Basler Nachrichten, denen es unzweifelhaft gelingen wird, mit den Verlusten von Verdun ihre Abonnentenliste aufzufüllen.

Sie verstehen, daß das Ziel die Reklamefahrt und diese den Weltkrieg gelohnt hat.

Sie erhalten, und wenn Rußland verhungert, ein reichliches Frühstück, sobald Sie sich entschließen, dazu auch noch die Schlachtfelder von 1870/71 mitzunehmen, es geht in Einem.

Sie haben nach dem Mittagessen noch Zeit, die Einlieferung der Überreste der nicht agnoszierten Gefallenen mitzumachen, und nach Absolvierung dieser Programmnummer noch Lust zum Nachtessen.

Sie erfahren, daß die Staaten, deren Opfer Sie in Krieg und Frieden sind, Ihnen sogar, und das will viel heißen, die Paßformalitäten ersparen, wenn die Reise aufs Schlachtfeld geht und Sie sich nur rechtzeitig bei der Zeitung ein Ticket besorgen.

Sie erkennen, daß diese Staaten Strafparagraphen haben, welche das Leben und sogar die Ehre von Preßpiraten ausdrücklich schützen, die aus dem Tod einen Spott und aus der Katastrophe ein Geschäft machen und den Abstecher zur Hölle als Herbstfahrt besonders empfehlen.

Sie werden Mühe haben, diese Paragraphen nicht zu übertreten, aber dann den Basler Nachrichten ein Anerkennungs- und Dankschreiben schicken.

Sie bekommen unvergeßliche Eindrücke von einer Welt, in der es keinen Quadratzentimeter Oberfläche gibt, der nicht von Granaten und Inseraten durchwühlt wäre.

Und wenn Sie dann noch nicht erkannt haben, daß Sie durch Ihre Geburt in eine Mördergrube geraten sind und daß eine Menschheit, die noch das Blut schändet, das sie vergossen hat, durch und durch aus Schufterei zusammengesetzt ist und daß es vor ihr kein Entrinnen gibt und gegen sie keine Hilfe – dann hol' Sie der Teufel nach einem Schlachtfeld par excellence!

[F 577-82, 96–98; 1921]

Die Treuhänder der Kultur

Der Polizei in Hernals wurde mitgeteilt, daß sich der 26jährige Handelsangestellte Karl Krist, Hernalser Hauptstraße Nr. 208, in unbeschreiblicher Notlage und in einem Zustande befinde, der ein behördliches Einschreiten notwendig mache. Der Kriminalbeamte Schlifelner begab sich zur Erhebung in die Wohnung. Krist bewohnt mit seiner 34jährigen Gattin Katharina und zwei Kindern, dem 2¼jährigen Karl und der einjährigen Margarete ein Kabinett. Es weist weder Möbel noch Geschirr oder sonstige Hausgeräte auf und ist ohne Ofen. Die Familie lag in wenige Fetzen gehüllt, ohne Hemd oder sonstige Unterkleider auf einem Düngerhaufen, dem ein ekliger Geruch entströmte. Der Fußboden war mit einer offenbar von den Kindern herrührenden Kotschichte bedeckt, und in einem Winkel gegenüber der Tür erhob sich ein zweiter Düngerhaufen, auf dem Krist, dessen Leib mit zerrissenen Fetzen notdürftig bekleidet war, seine Notdurf zu verrichten pflegte. Inspektor Schlifelner bedurfte trotz der entsetzlichen

Lage, in der sich der Mann befand, langen Zuredens, ehe Krist die Zustimmung gab, daß die Kinder in eine Versorgung gegeben werden und daß sie seine Frau, die auch nur ganz notdürftig bekleidet ist, begleitet. Bezeichnend für den Anblick, den Frau und Kinder boten, ist, daß eine offenbar dem Arbeiterstand angehörige Frau, die den traurigen Zug auf dem Wege zur Stadtbahn sah, Inspektor Schlifelner für sie 200 Kronen gegeben hat. Die Kinder wurden der städtischen Übernahmsstelle zugeführt, Krist und seine Gattin dem Werkhause übergeben.

Ich möchte, eingedenk der Lorbeerreiser, dieses Familienbild die letzte Transfiguration der habsburgischen Glorie nennen, die endgiltige Dreckwerdung des spanischen Zeremoniells. Lassen Sie mich dem unbändigen Grausen, das nur von einem umfassenden Ekel überwältigt wird, Ausdruck geben, nicht, daß dieser Anblick ein paar Straßen weit von den behördlich geschützten Vorgängen in einer Bristol-Bar möglich ist, sondern daß daneben sogenannte Künstler, die Männer der sogenannten Wissenschaft und die Zuhälter der veritablen Presse sich wieder einmal Kultursorgen wegen der Gobelins machen, wiewohl doch der Zusammenhang zwischen jenem Greuel und diesem Kulturproblem, zwischen Lebensnot und Kunstschätzen von einem deus ex machina mit dem herzhaften Entschluß besiegelt werden müßte, die unlösbare Frage, ob die Gobelins zu verpfänden oder zu behalten seien, durch deren Verwendung als Körperhülle für die Familie Krist aus der Welt zu schaffen. Mein tiefes Nichtgefühl für kulturelle Bedürfnisse, das selbst in Zeiten, die weniger in Lumpen gehen würden als diese, einen Schönbrunner Jagdteppich zu opfern bereit wäre, um der grauslichen Erhitzung jener, die ihn nie gesehen haben, ein für allemal die Grundlage zu entziehen und einen der gewichtigsten Lebensinhalte der Wiener Geistigkeit auszublasen, weil ja, solange wir die Gobelins haben, immer wieder die Gefahr besteht, daß sie verpfändet werden, während uns doch ihre Verehrer erhalten bleiben – meine kulturelle Fühllosigkeit, die also unter allen Umständen wünscht, daß wir wenigstens die Gobelins los werden, hat schon einmal ihren ganzen Hohn gegen jene Gesellschaft von Treuhändern der Kultur mobilisiert, die für ihre schleißigen Ideale Andern das Brot vom Mund weglügen möchten, die nicht nur kein Herz, sondern auch nicht den Takt haben, mit diesem Mangel zurückzuhalten, und deren Wichtigmacherei mit dem Vorwurf des »Snobismus« zu viel Ehre empfängt. Als ich kürzlich in Berlin war, wo der Kulturbetrug sich wenigstens nicht so lästig individualisiert, sondern in den Mechanismus eines schäbigen Lebens einordnet, fand ich den letzten Niederschlag der Hohenzollernglorie in einer unscheinbaren Zeitungsnotiz, die die Interessenten der Menschheitswürde, ohne aufzuschreien, zwischen den Dokumenten einer geschobenen, gefilmten und aufgemachten Luderwelt drucken und lesen:

In Greußen in Thüringen sind, einem Privat-Telegramm zufolge, an einem Tage der frühere Gemeindediener Kirchner, ein Veteran von 1866 und 1870 und sein im Felde erblindeter Sohn gestorben. Der ärztliche Befund ergab, daß sie beide verhungert sind.

Wenn man sich, ohne wahnsinnig zu werden, vorstellt, daß es das gibt, während der Herr Reinhardt das Fleisch von dreihundert Tänzerinnen für dreitausenddreihundert Schieber arrangiert und der Herr Jeßner seine Treppe nach Wien verfrachtet, und wenn man dazu noch die Meldungen liest, daß dieses Wien zwar inzwischen untergegangen sei, aber halt die Gobelins behalten wolle und daß die Rektoren der Wiener Hochschulen (inklusive der tierärztlichen), die Vorstände der Kunstinstitute sowie die Repräsentanten der wissenschaftlichen und künstlerischen Vereinigungen wegen der Gobelins wieder einmal »vorstellig« geworden seien, und wenn man dann noch Lust hat, in diese zwar gottverlassene, aber kulturell versorgte Stadt zurückzukehren, an deren Bahnhofspforte einen der Raub in Gestalt eines Einspännerkutschers anfallen wird und in der einen nichts erwartet als Schmutz und Schmach, und wenn man dann doch zurückkehrt, um hier die Familie Benedikt in Kulturschmerz aufgelöst zu finden – da muß einer schon sagen, daß er eine gesunde Konstitution hat! Aber wie ich klipp und klar bekenne, daß ich die Kulturschmach, die uns droht, nämlich die Gobelins zu verlieren, als ein Kinderspiel erachte neben der Kulturschmach, die wir schon haben, nämlich, die Neue Freie Presse zu behalten und die Angelegenheiten der Kunst und des Geistes von den Schreibern und Malern der Phrase vertreten zu sehen, kurz von einer Menschensorte, die den letzten Ausweg zur Rettung aus der leibhaftigen Not verstellen möchte, weil sie die fremde Realität nicht so tief erleben kann wie das eigene Geschwätz – so zögere ich nicht, mit lauter Stimme einem Finanzminister, von dem ich nicht weiß, ob er sonst den Aufgaben seines Amtes gewachsen ist, meine Anerkennung zuzurufen und meinen tiefgefühlten Dank abzustatten für den Hinauswurf, den er den getreuen, aber unberufenen Eckarten der Kultur hat angedeihen lassen. Er hat sie mit jener Ehrlichkeit, der nur eine Publizistik des schlechten Gewissens den an die Wand gemalten Teufel vorwerfen kann, und mit vollstem Recht darauf aufmerksam gemacht, daß sie es sich selbst zuzuschreiben hätten, wenn die der letzten Hilfe beraubte Bevölkerung die Museen und Institute stürmen würde. Er vergaß nur hinzuzufügen, daß diese Vandalen, die ja Kochs Gemälde »Die große Zeit« nicht geschont haben, mit der Zerstörung der Kunstschätze, die im Künstlerhaus und im Hagenbund aufgestapelt sind und deren Verpfändung aus naheliegenden Gründen noch nicht erwogen wurde, immerhin mehr Verständnis für Kunstinteressen beweisen würden als deren Vertreter für die Angelegenheiten der Lebensnot. So jammervoll kann diese gar nicht sein, daß sie nicht ein erfrischendes Lachen zuließe über die Tränen der abgewiesenen Kulturschnorrer, die die Neue Freie Presse einzelweis auffängt, indem sie es nachträgt, wenn irgendein Voll- und Ganzbart, der im Finanzministerium kein Glück hatte, beim Bundeskanzler erschienen ist, um »der schmerzlichen Erregung, die in den letzten Tagen der Künstlerschaft Wiens sich bemächtigte, lebhaften Ausdruck zu geben«. (Doch alles Herzleid tritt zurück vor dem Gram der Frau Jeritza, die auf ihren New-Yorker Lorbeern nicht ruhig schlafen kann, wenn sie an die Gobelins denken muß, und die sich deshalb entschlossen hat, die Reklame, welche Amerika bietet, noch durch ein Protesttelegramm zu vermehren, anstatt den darauf entfallenden Betrag der hungernden Heimat vorzubehalten.) Aber auch ich bin mißvergnügt, denn ach, unter den Hinausgeworfenen haben die Wiener Zeitungsherausgeber gefehlt, sie haben sich nur publizistisch mit der Vertretung der Ideale bemüht und nach wie vor dem Hinauswurf der kompetenten Faktoren den Schmerz bekundet, sich von teuren Kunstschätzen, die sie nie gesehen haben, loßreißen zu sollen. So wäre denn notwendig – aber nicht als unsere Befürchtung, sondern als unsere Hoffnung – ihnen die Möglichkeit vorzustellen, daß, wenn sich das Ereignis des 1. Dezember wiederholen sollte, anstatt harmloser Spiegel und wertloser Bilder Rotationsmaschinen zertrümmert werden könnten. Möchten sie doch! Und wenn ich mir davon, allein davon und davon allein, die radikale Bereinigung des Kulturproblems verspreche, will ich die Brandmarkung jener, die die Lüge drucken, und jener, die wie gedruckt lügen, auf eigene Faust vornehmen, nicht ohne eine

Genugtuung darüber zu empfinden, daß meine Ansicht vom Kulturschwindel, die ehedem noch Widerspruch erregt hat, nunmehr, da mit der Not auch die Frechheit gewachsen ist, schon auch weitere Kreise von der Lächerlichkeit der Kulturschnorrer und von der Gefährlichkeit der Kulturschwindler überzeugt hat und noch überzeugen wird.

Ich kann wirklich nur beklagen, daß die Herausgeber der Wiener Zeitungen den Finanzminister nicht besucht haben. Sie, die berufenen Hüter der Phrasenschätze, sie, in deren schmutzige Hände die Würde jener Menschheit gegeben ist, deren ganzer Jammer mich angesichts dieser Tatsache anfaßt, sind die Anstifter des Unfugs, mit dem sich nun abermals der Sorge um die Beschaffung von Getreide die Strohdrescher in den Weg stellen. Und ich habe in jenem Aufsatz »Brot und Lüge« nachgewiesen, daß es den Kulturstrolchen, die dem Kunstspießer das Schlagwort zuwerfen, allemal weit weniger um einen Kunstbesitz zu tun ist, der ihnen ja gestohlen werden kann, solange er ihnen nicht gehört, um Gemälde, die ihnen stagelgrün aufliegen, und um Teppiche, die auch dann ihrer Beachtung entgangen wären, wenn sie die Habsburger nicht zur allfälligen Mitnahme ins Exil sorgfältig in Kisten verwahrt hätten – daß es ihnen also weit weniger um die Kunst zu tun ist als um einen Kunstgriff, durch den sie die Aufmerksamkeit von ihren andern Manövern ablenken möchten. Denn ob wir Gobelins an Frankreich verlieren sollen oder ob Frankreich die Mona Lisa verliert – wo immer ein Kunstwerk abhanden kommt, kann die Kulturwelt der schmerzlichen Teilnahme jener, die es nichts angeht, versichert sein. »Die Debatte«, sagte ich, »weckt die Erinnerung an jene Tage, wo wir noch genug zu essen hatten, aber das Essen uns nicht mehr schmecken wollte, weil den Parisern die Mona Lisa gestohlen war. Es war das Merkmal der kulturellen Solidarität, die damals Europa noch umspannte, daß wir alle, auch jene überwiegende Majorität, die sie nie gesehen und bis dahin für eine Pariser Nackttänzerin gehalten hatte, ihre Entrückung als den schwersten Eingriff in unsern geistigen Besitzstand empfanden, und zwar unter dem Zuspruch der habgierigsten Stimme dieses Landes, die wie sonst nur vom Zauber der Milliarde plötzlich vom Farbenschmelz dieses Lächelns zu schwärmen anhub und den Raub der Mona Lisa als den persönlichsten Verlust ihres Börsenlebens beklagte. Denn das künstlerische Gewissen Wiens, möge es nun von akademischen Christusbärten oder vom Gegenteil vertreten sein, reagiert nicht so sehr auf den Zuwachs, den ein Museum empfängt, als auf den Verlust, den es erleidet. Es ist so geartet, daß es von der Zustandebringung der Mona Lisa weit weniger erfreut als durch ihre Entfernung gekränkt ist, und seine Empfindlichkeit in diesem Punkte geht so weit, daß gerade jene von dem Verlust eines Kunstschatzes am heftigsten bewegt sind, die dadurch auch von seiner Existenz erfahren und die vom kunsthistorischen Museum etwa wissen, daß es das Gegenteil vom naturhistorischen Museum ist und von diesem durch das Mariatheresiendenkmal, gleichfalls eine Sehenswürdigkeit, getrennt. Als uns allen die Mona Lisa gestohlen war, war der Schmerz grenzenlos wie die Liebe kulturverbundener Völker, die sich bald darauf mit Stacheldraht vorsehen mußte. Nun da wir in der Frage des Jagdteppichs den kulturellen Besitz zugleich als nationalen verteidigen müssen, schwillt die Melodie des Lebensleids zum Trauerchoral.« Aber zum Beweise der Unentbehrlichkeit der Gobelins für das Dasein genügt den Journalisten keineswegs ihr eigenes unwiderstehliches Verlangen, sie bei der Hand zu haben. Nein, sie berufen sich auch auf die »breiten Massen«, deren Kulturhunger unersättlich ist und denen mit dem Umtausch von Kunstwerken gegen Viktualien ein schlechter Dienst erwiesen würde. Dagegen läßt sich nun mit keinem andern Argument aufkommen als mit einer Probe, ob die breiten Massen – und damit es in einem geht, auch die Rektoren beider Universitäten sowie auch die Verfasser der Leitartikel – etwa zwischen einem echten Velasquez und einer Kopie nach Ameseder unterscheiden könnten und ob sie einem schönen Porträt von Adams nicht den Vorzug geben würden vor einem häßlichen von Van Gogh. Die Zeitung, die einmal von dem »wunderbaren Rubens'schen Gastmahl von Lionardo« gesprochen hat – ich verbürge mich dafür, daß sie gegebenenfalls nicht zögern würde, die Verpfändung dieses Kunstwerkes für Lebensmittel zu beklagen. Doch von den breiten Massen – von jenen, unter denen reichlich viel Kulturvertreter Platz haben – »wage ich die Behauptung, daß sie vor Nedomanskys Auslage schon Verzückungen erlebt haben, die ihnen alle Originale der Renaissance nicht bieten könnten, und ich wollte nur einem einzigen Protest zustimmen, nämlich dagegen, daß das Kunstgefühl einer Stadt, die seit Jahrzehnten die Verkörperung der Drau und der Sau an der Albrechtsrampe ohne vandalische Gelüste erträgt und ohne wenigstens jetzt die Abtretung dieser Sehenswürdigkeiten an die

Sukzessionsstaaten zu verlangen; daß ein publizistisches Gewissen, welches sich kürzlich über die Verunzierung dieser Kunststätte durch Plakate aufgehalten hat, sich mit Sorgen wegen kultureller Gefahren abgibt!«

Aber nicht daß die ausgesuchte Inkompetenz sich der Einmischung in Angelegenheiten des Fachs erdreistet, ist das Empörende, und es muß als ein durch jahrzehntelange tägliche Gewöhnung gemildertes Übel schließlich zu ertragen sein. Nein, die Abscheulichkeit des Falles liegt in der Aktualität, in der Möglichkeit einer außen und innen entleerten Zeit, vor ihrem Hunger weniger Ehrfurcht zu haben als vor ihren Phrasen und Ornamenten. Alles sollen sie uns nehmen, unser Geld, unsere Nahrung, alles, nur unsere Kunst sollen sie uns lassen! Hat jemals in einem Maul, das auf keinen Bissen verzichten würde, eine schamlosere Lüge Platz gefunden? Nicht daß die Unberufenheit in Dingen der Kunst sich lästig macht, ist da bemerkenswert, sondern daß die Unverantwortlichkeit in Dingen der Moral sich erfrecht, das künstlerische Gewissen vorzustellen. Es hat sich nie gegen die Zerstörung künstlerischer Schätze durch den Krieg ereifert, aber es möchte verhindern, daß sie zur Rettung des Menschenlebens aus den Kriegstrümmern den Besitzer wechseln. Daß sie der Kriegführung zum Opfer fielen, schrieb ich, »das hat das künstlerische Gewissen durch Jahre getragen, ohne zu zucken und ohne zu protestieren, hat die strategischen Rücksichten als Fatum oder Wohltat der Vorsehung schweigend oder beifällig hingenommen, und nur der Feind war der Heuchler, der den Offensiven auf Kulturwerte widerstrebte, und der Künstler der Schützer der militärischen Notwendigkeit. Fürs Vaterland war der Mensch über das Werk gestellt und das Leben eines deutschen Soldaten eine französische Kathedrale wert, die eo ipso nur ein Stützpunkt war. Für die Zwecke des Todes ward selbst das Leben geachtet. Gegen die Notwendigkeit, die der Krieg hinterläßt und die nur ein wehrloser Staat zu betreuen hat, schützt das künstlerische Gewissen seinen Besitzstand.« Und hat die vollendete Ruchlosigkeit, mit einem Maul, in dem so viel Fraß Platz hat wie Lüge, jenen, die hungern, den Bibeltrost zuzurufen: »Der Mensch lebt nicht vom Brote allein!« Nun, wir wollen es hoffen, daß der Kulturhunger der breiten Massen an einem dunklen Tage stärker sein wird als selbst das Bedürfnis nach Kälteschutz und sie davon abhalten wird, Gobelins, die nicht in Nahrung umgesetzt werden konnten, kurzer Hand in Kleidung zu verwandeln. Wir wollen aber dafür auch hoffen, daß sie den frechsten Hohn, der je dem Hunger geantwortet hat, unerträglicher finden werden als selbst den Hunger und daß sie nicht in den Museen und Instituten Nachschau halten werden, wo ja nur die Pinsel zu finden sind, sondern in den Redaktionen, wo die Rädelsführer der idealen Forderung sitzen, daß der Mensch nicht vom Brot allein lebe – um ihnen einmal radikal die Gelegenheit zu nehmen, nebst dem Brot, das sie haben, noch von der Lüge zu leben, durch die sie es den andern stehlen!

[F 588–94, 3–11; 1922]

Vom großen Welttheaterschwindel

Gesprochen vor einer Vorlesung des »Talisman«
am 24. September

Statt der eigenen Stimme, die die Wirklichkeit im ersten Schrecken des Wiederantritts mir verschlägt und die ihr entgegenzustellen mir immer aussichtsloser scheint und immer unerträglicher wird, hole ich mit beherzter Absicht ein Stück alter Theaterwelt hervor und attestiere mir, weil es bloß die Übertölpelung der Köpfe durch die Perücken darstellt, meine Zurückgebliebenheit hinter allem Betrug des neuen Welttheaters. Ich bescheide mich, meine schon unüberbietbare Mißachtung für alles Kunstgetue, das einer um ihr nacktes Leben ringenden Menschheit sich als Ausdruck eines Zeitbedürfnisses aufdrängt, lieber in der Wahl abgelebter und nie voll erlebter Werte als durch meine eigene Sprache zu bekunden. Denn sie, selbst sie vermöchte im Augenblick nicht den Abscheu zu meistern, den mir das entfernteste Miterlebnis dieses Kultursommers vermittelt hat, dessen furchtbaren Abschluß wohl die Tatsache bedeutet, daß die Zeitungen wieder erscheinen. Ich, dem es beschieden ist, nichts mitzumachen, aber alles zu erleben, Fieberhitze und Schüttelfrost zu erleiden, wo Zeitgenossen sich in Krämpfen der Entzückung winden, und das Grauen dessen, was ich versäume, aus der hassenswertesten Botschaft zu empfangen, ich hatte nicht nur das Unglück, die reinsten Tage, die diese Stadt zu bieten hatte, fern von ihr zu verbringen, sondern auch das Pech, daß am Tag meiner Rückkehr die Zeitungen wieder erschienen und zunächst ausschließlich zu dem Zweck, uns aus unserer tiefen Erniedrigung wieder zu einem Glauben an die heilige Dreieinigkeit der Herren Reinhardt, Moissi und Hofmannsthal zu erheben, zu deren Ehren auch wieder die Kirchenglocken läuten, die so lange nur als Mörser zu uns gesprochen haben. Ich weiß ja nicht, ob eine Kirche noch geschändet werden kann, die während eines Weltkriegs, der als internationales Gaunerstück sicherlich nur der Prolog im großen Welttheater war, das Walten der giftigen Gase gesegnet und nach ihm die Muttergottes mit der Kriegsmedaille dekoriert hat. Wenn aber an dieser Kirche, aus der Gott schon ausgetreten sein dürfte, bevor sie den Welttheateragenten ihre Kulissen und den Komödianten ihren Weihrauch zur Verfügung stellte, wenn an dieser Kirche noch etwas zu schänden war, so dürfte es doch jener Altar sein, der den Herren Reinhardt, Moissi und Hofmannsthal, diesen tribus parvis impostoribus als Versatzstück gedient hat, damit sie an ihm etwas verrichten, was ein blasphemer Hohn ist auf alle Notdurft dieser Menschheit. Denn von wahrer Andacht weiß man in Salzburg, wo einst ein Hermann Bahr gewirkt hat, ein Lied zu singen. Wie ist doch die alte Kultur dieser Stadt herabgekommen, wenn der Fremdenverkehr, der ehedem nur die Kirchentür zu öffnen brauchte, um sich an der Inbrunst eines knieenden Mitarbeiters des Neuen Wiener Journals emporzuheben, wenn er an derselben Stätte gleich ein großes Welttheater braucht! Dorfkirchl hat zugeschaut, da ein alter Schwindler, der schon dem Treiben dieser Zeitlichkeit entrückt ist und im Gebet noch etwas hinaufkommen will, sein Geschäftsbuch mit Gott einleitete, als Gebetbuch fortsetzte und hierauf als Tagebuch am Sonntag erscheinen ließ. Und wir waren es mit ihm zufrieden, wenn in diesen dürren Zeiten unserer Bitte »Herr, gib uns unser täglich Barock« einige Erfüllung ward. Aber eine Kirche, deren guter Magen diesen Salzburger Sommer überstanden hat, wo an der Kirchenpforte, mit der kein Bühnentürl mehr konkurrieren könnte, sich statt der Bettler die Schmöcke gedrängt haben, eine Kirche, die derartige Greuel vor dem Herrn mit sich selbst geschehen ließ und schlimmere, als sie je getan, je geduldet und gesegnet hat, sie hat es verwirkt, daß man ihre Angelegenheiten, die sich in der Regel mit solchen des Herzens und des Gewissens gedeckt haben, noch mit Ehrfurcht unerörtert lasse oder mit Delikatesse erörtere. So erkläre ich denn, in einer Gegenwart, in der nach dem Selbststurz der Throne die Altäre ins

Chaos der Unehre gesunken sind und wo Hochamt und Großmarkt in dem Einheitsbegriff jener »Messe« verschmelzen, die die Gelegenheit für Händler und Mysterienschwindler bedeutet, so erkläre ich denn mit jener Feierlichkeit, die heute nur noch einem, der aus dieser Kirche austritt, ziemt, daß ich einst die jüdische Glaubensgenossenschaft, in die ich durch den leidigen Zufall der Geburt geraten war, verlassen habe, um mich nach einer Zeit der bequemen und nie genug gewürdigten Konfessionslosigkeit von einem Teufel in den Schoß der alleinseligmachenden Kirche verführen zu lassen. Man mag mich verdammen, weil ich ohne einen zwingenden Grund, sei es der speziell in die katholische Richtung gewandte Glaube, sei es das häufigere Motiv politischen oder sozialen Strebens, also jener Konversion, die die Konversion eines Geschäftes ist, sie vollzogen habe. Warum ich es getan, ist weit mehr noch Privatsache, als die Religion selbst es zu sein pflegt. Aber wenn der Grund nur in dem Wunsch gelegen war, die letzte Gemeinsamkeit mit den Literaturschwindlern zu verlassen, so bin ich gestraft genug durch die Enttäuschung, sie eben dort wiederzufinden, wohin ich mich vor ihnen zu bergen wähnte.

Wie dem immer sei, ich wurde Katholik und ich blieb es wunderbarer Weise noch während des Weltkriegs, was sich aber der erklärenden Vernunft aus der einfachen Tatsache erschließt, daß man hierzulande, um eine Angelegenheit der Weltanschauung in Ordnung zu bringen, zum Magistrat gehen muß und ich, der bis in den Morgen zu arbeiten pflegt, die Amtsstunden verschlafe. Nun aber habe ich nicht nur erfahren, daß die Menschheit durch die von der katholischen Kirche gesegneten Waffen zugrundegegangen ist und dieser nichts übrig blieb, als für das Ergebnis die Muttergottes mit der Tapferkeitsmedaille auszuzeichnen, sondern ich weiß auch, daß der überlebende Teil der Menschheit vor dem Verrecken bewahrt werden könnte, wenn die Muttergottes sich entschließen wollte, ihre Schmeichler zur Auslieferung der Gold- und Silbervorräte, zu nichts nütze als gehabt und vor den Augen des Hungers ausgestellt zu werden, zu überreden. Aber nicht genug an dem: die katholische Kirche, die nicht einmal zu einem kostenlosen Bannstrahl gegen die Dynasten zu haben war, welche den Völkern das Ultimatum der Pest und der Syphilis überbracht haben, die größte Hiobspost seit Erschaffung der Welt, doch die einzige, die zugleich die Entschädigung bot, ein Uriasbrief ihrer Verfasser zu sein – die katholische Kirche, die nicht fluchen, nur segnen konnte, hat zum Schaden den Spott gefügt, indem sie sich herbeiließ, das große Welttheater der zum Himmel stinkenden Kontraste, wo die Komödianten nicht spielen können und von den Pfarrern gelehrt werden müssen, in eigene Regie zu übernehmen und jenen Hofmannsthal aufs Repertoire zu setzen, der sich auf das Leid der Kreatur einen gottgefälligen Vers machen kann und dessen Schwager, ein Pater namens Benvenuto Schlesinger, im Vatikan ein- und ausgeht. Angesichts aller dieser Umstände und weil ein Hauch von Calderon in gleicher Weise dem Salzburger Hotelgeschäft wie der Wiener Literatur zugutekommt und weil es der Fürsterzbischof gewollt hat, daß Ehre sei Gott in der Höhe der Preise, sehe ich mich genötigt, aus der katholischen Kirche auszutreten, nicht nur aus Gründen einer Menschlichkeit, die bei den Hirten in so schlechter Obhut ist, sondern hauptsächlich aus Antisemitismus. Nun, nach dem, was sich in Salzburg getan hat, werde ich also doch einmal früh aufstehen und zum Magistrat gehen müssen und ich kann nur hoffen, daß mein werktätiges Beispiel, das gewiß ein Opfer bedeutet, viele Gläubige nach sich ziehen wird, die aus dem Brand des Welttheaters und der entstandenen Panik, aus der Zeugenschaft des Leichenraubes und der frommen Pantomime, die ihn begleitet, genug Herz, Phantasie und menschheitliche Ehre gerettet haben, um gleich mir den Wunsch zu hegen, ihren Gott aus anrüchigen Kulturgeschäften gerettet zu sehen und einem Verband zu entfliehen, der seine Lokalitäten neu einweiht, wenn dort die Seele eines Selbstmörders der Qual dieser Welt entfloh, aber nicht, wenn daselbst ein elender Theaterhandel mit Resteln von Gnade effektuiert wurde. Es mag ja gewiß erstaunlich sein, daß ich, statt in die Kirche einzutreten, um mir ein Urteil über ein Stück des Herrn Hofmannsthal zu bilden, aus ihr austrete. Aber zu jenem befähigt mich allein schon mein Geruchsvermögen für alle Unechtheit, mein Spürsinn für das Talmi einer »goldenen Gnadenkette« und ein unzerstörbares Gefühl für den Takt der Zeit, die auf Leichenfeldern nicht Festspiele zu veranstalten hat, jedoch auch die Lektüre einer einzigen Szene, die ich für einen so aberwitzigen Dreck halte, daß ich selbst dieser unverlegensten aller Epochen nicht zugetraut hätte, so etwas mit den höchsten Begriffen der Menschheit in Verbindung zu bringen, selbst wenn ihr diese nur als die himmlischen Ornamente einer Zeitungswelt überkommen wären. Dies, was Herrn Hofmannsthal betrifft. Was Hamlet angeht und sein Liebsgetändel, so scheint ja mein aufklärendes Wort im Verein mit der Not dieser Tage den valutarischen Hochflug der Moissi-Seele soweit gehemmt zu haben, daß die Bergpredigten schon vor wesentlich geleerten Häusern stattfinden und daß man in Erwartung des unvermeidlichen großen Welttheaterkrachs dieser Saison den Unwiderstehlichen getrost der andauernden Ekstase junger Gänse sowie der Zuckerkandl überlassen kann. Der dritte, Herr Reinhardt – der Träger des Problems dieser Theatermenschheit, die ihres Zusammenbruchs nicht bewußt wird, wenn sie den Triumph einer Regiekunst ausschreit, die man ehedem, in der Zeit der Persönlichkeiten, zum Krenreiben gebraucht hätte – er scheint nun einmal bestimmt, der Zeremonienmeister einer freihändig offerierten Kultur zu sein, die um eine Renaissance des Barock sich die Valuta aus dem Leib schindet. Sein Expansionsdrang umfaßt nun vom Zirkus bis zur Kirche alle Örtlichkeiten, in denen im Zusammenfließen von Publikum und Komparserie sich immer ein voller Saal imaginieren läßt und wo vor dem Rollenwechsel von Zuschauer und Akteur, Hanswurst und Priester allem Weltbetrug ein hohes Entree abzugewinnen ist. Ich würde ihn für das Verbrechen seiner Offenbach-Inszenierungen im Gefängnis sitzen lassen, aber ich wäre schon mit der gelindern Vollstreckung zufrieden, die Proben des Herrn Reinhardt zu überprüfen und ihn, den seine publizistische Komparserie als den größten Nach-Träumer dichterischer Vision preist, auf frischem Nichtverständnis jeder dichterischen Zeile zu ertappen. Doch wie unfruchtbar wäre es, den Welttheaterruhm dieser Firma als den größten Humbug, der der Presse je geglückt ist, zu entlarven, wenn die Zeit den Schein, der ihr wahrer Ausdruck war, schon von selbst erledigt, aber ihm eine Affenkomödie des Dilettantismus wie das Theater des Herrn Jeßner als Treppenwitz nachsendet. Immerhin dürfte Wien noch ein Boden für allerwelts abgetakelte Managerkünste sein und einen Budapester, der in Berlin kein Geschäft mehr machen kann, als verlorenen Sohn empfangen, zu dessen Ehren manch ein gemästet Kalb zwar nicht geschlachtet wird, aber Artikel schreibt. Denn an dem Tage, als die Zeitung wieder erschien, wußte sie zu erzählen, daß vor seiner Intensität des Gefühlsausdrucks frühere Vorführungen des »Clavigo« – jedenfalls auch die mit Sonnenthal als Clavigo, Lewinsky als Carlos und Baumeister als Beaumarchais – »zu verblassen scheinen«, und führte als Beweis für diesen Hexenmeister hauptsächlich an, was sein Theatervorhang, der bekanntlich schon bei »Macbeth« nur so von Blut getroffen hat, für Kunststücke vermag. Und da erfuhren wir denn, daß kein Oberkellner in einem Stimmungskabarett mehr für Stimmung besorgt sein kann als der Herr Reinhardt, der sich für die Vision Goethes unmittelbar verantwortlich fühlt. »Auch der unscheinbarste mechanische Vorgang«, versicherte Auernheimer, »dient ihm als willkommenes Ausdrucksmittel«.

So schließt sich etwa nach dem vierten Akt der rote Seidenvorhang, der das Bühnenbild vom Zuschauerraum abgrenzt; aber er tut es nicht mit der gleichen Geschwindigkeit wie nach den anderen Aufzügen, sondern ritardando, ruckweise, im Tempo eines Trauermarsches und Konduktes. Die rührseligen Szenen der zum zweitenmal verlassenen Marie sind vorangegangen; Marie liegt, während sich der Vorhang langsam, wie ein Bahrtuch schließt, tot im Sessel.

Der Vorhang ist von Reinhardt. Auf der Bühne ist etwas gestorben. Ich halte den Nachruf und treibe die Beter vom Altar, die dort den Händlern und Wechslern etwas vorspielen wollten!

[F 601–07, 1–7; 1922]

Bunte Begebenheiten

Seit jener göttliche Regisseur
dort erschaffen sein Welttheater,
geht in die eigene Kirche nicht mehr
der gute Himmelvater.

Wo er hinblickt, steht ein Dramaturg
und gibt den sakralen Stempel.
Doch was tut Gott? Nicht um die Burg
betritt er mehr diesen Tempel.

Die Plätze gleich vorn beim Hochaltar
sind reserviert für die Fremden,
dort kann man am besten auch sehn, wie der Bahr
wechselt die Büßerhemden.

Und täglich betet ihm nach jeder Schmock,
wenn von Kultur sie schmocken:
Herr, gib uns unser täglich Barock!
Und da läuten die Kirchenglocken.

Mit dem Zirkus ist das Geschäft vorbei,
jedoch mit der Kirche gelungen
drum gloria in excelsis sei
von der Presse dem Reinhardt gesungen.

Zu dieser Hofmannsthal-Premier'
wallen Büßer von allen Enden,
die Kirche leiht die Kulissen her,
die Presse tut Weihrauch spenden.

Es empfangen die heilige Sensation
aus Wien die Premierenbekannten,
die Pfarrer tun es um Gottes Lohn
und lehren die Komödianten.

Nein, was sich im Sommer in Salzburg tut,
da erblick' ich eine Soutane,
die Sonne brennt und bei dieser Glut
steckt drin, par Dieu, der Kahane.

Mit Zungen reden die Frommen heut
über Gottes und Reinhardts Walten.
Am stärksten wird dieser gebenedeit
von dem ganz inspirierten Salten.

Die Wohlgemuth ward auferweckt,
ein Wunder ohnegleichen;
andere beteten wieder direkt
zur Moissi der Schmerzensreichen.

Die Seele lechzt nach dem Gnadentrunk,
Miserere wird das Geseres,
die Valuta aus tiefster Erniedrigung
ringt nach Hebung des Fremdenverkehres.

Von Calderon ein mystischer Hauch:
man verspricht sich von diesem Genre,
speziell jedoch von Hofmannsthal auch
eine Zugkraft für Amerikaner.

Sich läutern lassen ist ihnen noch neu,
aber gut für die spätere Reise.
Man steht ihnen bei, damit Ehre sei
Gott in der Höhe der Preise.

Und unter heiligem Schutze gedeiht
der Hotel- und Theaterhandel,
man bemerkte u. a. die Persönlichkeit
der Berta Zuckerkandl.

Sie fühlt sich entrückt und von Olbrich erbaut
und da kann man wieder nur sagen,
die Kirche, die selbst das verdaut,
hat einen guten Magen.

Ganz eingeweiht die Monstranz übernahm
Hochwürden die Preßkanaille.
Die Muttergotttes dafür bekam
die Tapferkeitsmedaille.

Doch da noch verzückt an der Kirchentür
sie zu Prominenten beten,
entschloß sich der liebe Gott, eben hier
auf der Stelle auszutreten.

[F 622–31, 65–67; 1923]

Hochzeitsgäste

(Die Hochzeit eines zum Tode Verurteilten.) Im Militärgefängnis von Mailand fand kürzlich eine traurige, tief ergreifende Feier statt. Ein wegen Desertion zum Tode verurteilter junger Soldat hatte an sein Kommando die Bitte gerichtet, mit seiner Braut getraut zu werden, um ihrem zu erwartenden Kinde die Legitimität zu geben. Dieser Bitte wurde willfahrt und an dem für die Trauung festgesetzten Tage erschien die Braut, ein junges Mädchen aus dem Valtellin, in Begleitung ihres Onkels in Mailand. Die Ziviltrauung wurde im Sitzungssaal des Militärgerichtshofes durchgeführt. Als Zeugen fungierten ein Oberst und ein Rechtsanwalt sowie die Prinzessin Arese und die Gräfin Castiglioni, die als Patronessinnen eines patriotischen Hilfsvereins erschienen waren. Darauf begab sich der seltsame Hochzeitszug in das Gefängnisgebäude zurück und dort fand in der Hauskapelle die kirchliche Einsegnung des Paares statt, die der Gefängnisgeistliche vollzog. Gleich nach der Trauung mußten die Neuvermählten wieder Abschied voneinander nehmen und die heftig weinende junge Frau, die einen kleinen, ihr von den Offizieren gespendeten Blumenstrauß in der Hand hielt, wurde von ihrem Onkel wieder in die Heimat zurückgeleitet. Der Trauungszeremonie hatten sämtliche Mitgefangene des Bräutigams beiwohnen dürfen.

Gedruckt gleich hinter der Versicherung, daß speziell im Grand Hotel von Kitzbühel sich allabendlich ein glänzendes Bild mondänen Lebens entwickelt, während der Sporting-Club die internationale Lebewelt vereinigt. Was diese Welt aber in Wahrheit für eine Sterbewelt ist und welch ein Leichnam von Menschheit ihr Verweser ist, erfährt man schon, wenn man nur das andere Bild für sich betrachtet und sich vorstellt, zu welch tief ergreifenden Feiern sie doch von Zeit zu Zeit das Animo findet. Um die Legitimität des zu erwartenden Kindes besorgt, nicht darum, ihm den Vater zu erhalten, wird ihr im Sitzungssaal des Militärgerichtshofes weich ums Herz. Es würde ihr schier brechen, wenn nicht der Bräutigam eben ein Deserteur wäre, also der einzige Mensch in der Hochzeitsgesellschaft und einer, der so weise war zu glauben, daß das Menschenleben zu etwas besserem tauglich sei als sich von bunt tapezierten Trotteln zum Schlachtviehtransport abrichten zu lassen. Aber – wie sagt doch Salten –: Es muß sein. Und es muß fürs Vaterland wie abgerichtet so auch hingerichtet sein, und jene Institution, die dazu da ist, zu aller Untat, die sich die Menschheit antut, ihren Segen zu geben, ist bereits zur Stelle, nicht ohne daß man zwischen dem Oberst und dem Rechtsanwalt, die die Ehre haben, Zeugen dieser Scheußlichkeit zu sein, Patronessinnen eines patriotischen Hilfsvereins bemerkt und zwar eine Prinzessin und eine Gräfin, also allem Anschein nach Frauen. Offiziere haben einen Blumenstrauß gespendet und werden sich vielleicht noch im Sporting-Club von Kitzbühel dieser Galanterie erinnern. Die Mitgefangenen, die vielleicht Mitgehangene sind, durften der Trauungszeremonie beiwohnen. Der Onkel führte die junge Frau in die Heimat zurück, wo es kein Wiedersehn gibt, und der Ehemann ging in die ewige Hochzeitsnacht. Alles in allem: nur durch die Handlung, nicht aber auch durch Zeit und Ort der Tragödie dieser Menschheit entrückt zu sein, ist Schmach, Reue und Schüttelfrost. Wäre man als Jaguar und nicht als Zeitungsleser auf die Welt gekommen, die Bestialität, die einen mit den anderen Geschöpfen (nicht mit seinesgleichen) verbände, hätte nichts von jener Blasphemie der Humanität an sich, die das Menschentier zu einer so hoffnungslos verlogenen und von der Seele stinkenden Kreatur macht.

[F 613–21, 1–2; 1923]

Nächtliche Stunde

Nächtliche Stunde, die mir vergeht,
da ich's ersinne, bedenke und wende,
und diese Nacht geht schon zu Ende.
Draußen ein Vogel sagt: es ist Tag.

Nächtliche Stunde, die mir vergeht,
da ich's ersinne, bedenke und wende,
und dieser Winter geht schon zu Ende.
Draußen ein Vogel sagt: es ist Frühling.

Nächtliche Stunde, die mir vergeht,
da ich's ersinne, bedenke und wende,
und dieses Leben geht schon zu Ende.
Draußen ein Vogel sagt: es ist Tod.

[F 622–31, 150; 1923]

Inschriften

Österreichs Pietät

Die Republik Pensionen bezahlt
Vampiren, Lemuren, Chimären.
Haben wir schon kein Blut mehr, so müssen wir halt
Die Blutsauger anders ernähren.

Die Kriegsgurgel

Daß nicht drossle die Kehle
der goldene Kragen!
Damit er weiter befehle,
daß Herzen aufhören zu schlagen.

Derselbe

Daß die Jugend er in den Tod gesandt,
an ihm niemand räche!
Er sterbe für das Vaterland
an Altersschwäche.

Wilhelm

Man tat ihm unrecht, hat zu spät erfahren,
daß er den Krieg gewann.
Er steht in seinen Memoiren
als Mann.
Und der Beweise, daß er nicht geprahlt,
gibts doch genung:
last not least, Amerika hat ihm bezahlt
eine Kriegsentschädigung.

Schluß!

Die Schreiber haben den Krieg begonnen
und den Generalen ist er mißlungen.
Aber wenn er auch nicht gewonnen,
so haben sie doch Erinnerungen.

Jetzt scheint denn diesen nichts übrig zu bleiben,
als wie jene zu tun und gleichfalls zu schreiben.
Und erst dann ist vorbei aller Kriegesschrecken,
wenn diese und jene die Feder strecken.

[F 622–31, 11–12; 1923]

Wir zwei

... Im Verlaufe des Krieges war Franz Joseph, wie sich nun herausstellt, einer der wenigen, die von allem Anfang an das schreckliche Ende voraussahen.

Er und ich. Auch er konnte also von sich sagen:

Ich hab' schon am Anfang das Ende gesehn
und wußte, was nach dem Ende kommt.

Der Unterschied zwischen uns beiden ist bloß, daß ich es nicht reiflich erwogen hatte. Aber als Defaitist konnte ich ihm das Wasser reichen.

Als England den Krieg erklärt hatte, rief er aus: »Jetzt ist unsere Partie endgültig verloren; wir sind nicht imstande, uns mit England zu messen«.

Auch ich rief damals etwas Ähnliches aus, wiewohl ich es schwerer hatte als er, einer Anklage wegen Hochverrats oder Verbrechens gegen die Kriegsgewalt zu entgehen. Aber die andern alle riefen damals, daß Gott England strafen solle und einen Kaiser erhalten, der wissend, daß unsere Partie endgültig verloren sei, sie dennoch nicht aufgab. Ich behauptete sogar, daß wir nicht imstande seien, uns mit Serbien zu messen, und fand es sehr unvorsichtig von Franz Joseph, zu seinem Regierungsjubiläum (das ich nie mitfeierte; schon im Jahre 1898 wurde ich aus diesem Anlaß konfisziert) sich Belgrad zu Füßen legen zu lassen.

»Von diesem Augenblick an«, fährt Margutti fort, »bildete sich beim Kaiser die fixe Idee, daß die einzige Lösung des gigantischen Dramas der Zusammenbruch der Mittelmächte sei.«

Ich hätte ihn nie für so vernünftig gehalten und war im Gegenteil wie alle Welt davon überzeugt, daß er die fixe Idee von dem schließlichen Endsieg der Mittelmächte hatte, die zu haben er ja doch auch von seinen sämtlichen Staatsbürgern bei Strafe von Galgen oder Kerker verlangt hat. Ich hatte die fixe Idee, daß ich damals der einzige war, der felsenfest an die Endniederlage glaubte, ernst, aber zuversichtlich, wie es vorgeschrieben war, denn der Endsieg der Mittelmächte mit der Befestigung der Militärmonarchien hätte, wäre er nach Vermehrung der Opfer möglich gewesen, eine noch weit entsetzlichere Kulturpest und eine weit ärgere Bestialisierung des Friedens zur Folge gehabt. Mindestens konnte, wer im Herbst 1914 zur Menschheit hielt statt zur Lüge der Nation, von dem Vordringen der Russen eine Beendigung des Grauens erwarten. Nicht in dieser Hoffnung, aber in der Bewertung der Tatsachen, mit der ich allein zu stehen vermeinte, in der Erkenntnis der Inferiorität des Wahns gegenüber der Technik einer Welt und in dem unerschütterlichen Glauben an einen Ruin, der ihm nicht erspart bleiben würde, scheint Franz Joseph sich meinem Standpunkt genähert zu haben. Nie hätte ich geahnt, daß ausgerechnet er mit mir darin eines Sinnes war. Ich hätte sonst bei Gott nicht verstanden, warum ein allerchristlichster Monarch mit dieser Überzeugung die Menschheit hinschlachten ließ. Dies Unmaß von Blutdurst bei voller Erkenntnis der Aussichtslosigkeit aller Opfer, die er den anderen auferlegte, hätte selbst ich ihm nicht zugetraut. Und er blieb auf seinem Thron sitzen, arbeitete unermüdlich am Schreibtisch und schlief in seinem Bett. Er hatte nicht nur alles erwogen, sondern er sah auch alles voraus. Für die Welttragödie hatte er sein Szenarium. Das voraussichtliche Massensterben in den siebenbürgischen Pässen setzte er in seine Sprache um:

... Auch bezüglich Rumäniens gab er sich keiner Täuschung hin. Als ihm Margutti zu Weihnachten 1914 die Liste jener Souveräne vorlegte, an die bisher immer Neujahrswünsche gesendet wurden, sagte er bei König Ferdinand und Königin Marie: »Diese beiden Namen werden wir bald streichen müssen.«

Er hatte eben eine untrügliche Witterung für alles, was ihm nicht erspart bleiben würde. Doch wenn schon ihn kein Grauen bei dem Gedanken faßte, seine Völker für nichts und wieder nichts verbluten zu lassen; wenn schon er von keinem Hauch zu beseelen war außer dem letzten von Mann und Roß – wird eine Menschheit nicht wenigstens nachträglich wahnsinnig bei der Vorstellung des seelischen Habitus ihrer Monarchen, den ihr ein Informierter enthüllt, ihr, die das Wort der Wissenden verachtet hat? Graut ihr nicht vor der Möglichkeit, das Opfer der Legende zu werden, die ihre Monarchen als vom heiligen Feuer erfüllte Kriegsheroen abbildet, denen zuliebe sich das Durchhalten bis zum Untergang von selbst versteht? So aber sahen sie in Wahrheit aus:

Als Wilhelm II. im November 1915 nach Schönbrunn kam

– damals als er seinem Flügeladjutanten auf den Rist des Fußes trat; und hundertfach bestätigt nun sein Hofmarschall Graf Robert Zedlitz-Trützschler die nie geglaubte Wahrheit des Konterfeis, das ich von diesem irrsinnigen Scheusal gezeichnet habe, und zeigt den Abgrund von Verächtlichkeit, in dem das wilhelminische Deutschland versunken ist, im anbetenden Respekt vor Generalen, die sich von dem obersten Kriegsherrn an den Hintern greifen ließen. Und was geschah, als dieses Monstrum, verabscheut von jedem, der seinen Speichel leckte, gehaßt vom Wiener Hof, der ihm zitternd untertan war, nach Schönbrunn kam? Da

hatten beide Kaiser, nach Marguttis Überzeugung, die Absicht, die Einleitung von Friedensverhandlungen zu besprechen. Aber der eine wartete, daß der andere die Frage anschneiden werde; aber Franz Joseph wollte nicht feig erscheinen und Wilhelm stand im Bann seiner Generäle. Und so verging die Zeit in Gesprächen über das Wetter...

Und so verging die Menschheit in dem Wetter. Liest es sich nicht wie ein Motivenbericht zu meinem Epigramm von der Nibelungentreue? Der alles reiflich erwogen hatte, was der andere nicht gewollt, wagte nicht, es sich zu überlegen. Wilhelm stand im Bann seiner Generale, die ihm Kaviarschnitten apportierten, und Franz Joseph, um nicht feig zu erscheinen, hatte nicht den Mut, mit ihm über den Frieden zu sprechen. Und wußte doch unerbittlich klar, daß der Krieg verloren sei. Nach der Wiedereinnahme von Lemberg sagte er:

»... Noch einige Siege dieser Art und wir sind am Ende; sie verlängern lediglich den Krieg. Ein solcher Krieg endet aber nicht mit einer Niederlage im bisherigen Sinn, sondern mit dem vollständigen Ruin.«

Goldenes Wort; aber mit unbewegter Miene für Eisen gegeben. Ungefähr wie ich als Nörgler nach Gorlice sprach. Und die andern alle mußten Optimisten sein und glauben, Franz Joseph wäre vor allen einer, und sie wären eingesperrt und hingerichtet worden, wären sie's nicht gewesen und hätten sie's nicht geglaubt. Ich vermute beinahe, daß Franz Joseph auch das Widerstreben, Kriegsanleihe zu zeichnen, mir nachfühlen konnte. Der Unterschied dürfte nur der sein, daß er sich aus finanzieller Vorsicht geweigert hat und ich aus Abscheu vor jeder Art Verbindung mit der größten Schandtat, die seit Erschaffung der Erde das Antlitz der sie bewohnenden Menschheit entstellt hat. Aber was er sicher nicht getan hat: ich habe sogar die durch einen widrigen Zufall für mich bereits erfolgte Zeichnung der ersten Kriegsanleihe ausdrücklich zurückgezogen. Ich kann, nehmt alles nur in allem, wohl behaupten, daß ich vom ersten Tag an durchaus wie mein Kaiser über den Krieg gedacht, aber mit ungleich größerer Entschiedenheit es ausgesprochen habe, so daß es heute als ein Wunder erscheint, daß ich nicht wegen Majestätsbeleidigung angeklagt wurde. Heute, da ich zugeben muß, daß ich mir das Denken Franz Josephs über den Krieg ganz anders gedacht hatte, wird meine Vorstellung von seinem Wesen umsomehr von den Konsequenzen bestätigt, die er aus seinem Denken zog und die so ganz anders als die meinen geartet waren. Er scheint die »Letzten Tage der Menschheit« ganz wie ich erkannt zu haben; aber er tat, was ich nur malte.

Kein neues Problem dürfte nach den Berichten des Generals Margutti die Gestalt des Nachfolgers hinterlassen.

... Der ganze Apparat, der unter Franz Joseph lautlos und auf die Sekunde pünktlich funktioniert hatte, verursachte nun einen ungeheuren Lärm. Befehle und Widerrufungen dieser Befehle jagten einander förmlich. »Nicht nur kostete ihm die Abänderung einer Anordnung nicht das geringste Bedenken, sondern es ereignete sich auch der viel ernstere Fall, daß er Verabredungen ohne Grund nicht einhielt, ja daß er manchmal eine gegebene Zusage einfach leugnete. Man hatte ihm für diese Fälle eine kleine Phrase zurechtgezimmert, damit er sich aus der Affäre ziehen könne. Sie lautete: Ich habe mir's überlegt; ich bin jetzt anderer Meinung.«

Charakteristisch für die nervöse Systemlosigkeit, die ihm im Blute lag, war die Art, wie er offiziell Reisen unternahm. Zwei Tage vor der für den Juni 1917 anberaumten Reise nach München und Stuttgart ging es in der Kabinettskanzlei drunter und drüber. Abgesehen davon, daß man den fremden Höfen den Besuch viel zu spät angekündigt hatte, kam Kaiser Karl wie gewöhnlich zu spät auf die Bahn. – – Als der Zug in Stuttgart einfuhr, stand der König von Württemberg natürlich bereits am Perron. Aber Kaiser Karl rasierte sich noch. Schließlich kam er, war aber noch einigermaßen mangelhaft angezogen. Beim Toast in Stuttgart vergaß er das »Hoch«. Der Kapellmeister stand minutenlang mit dem erhobenen Taktstock, um die deutsche Hymne spielen zu lassen. Schließlich gab man ihm von württembergischer Seite das Zeichen dazu.

Das mit dem vergessenen »Hoch« konnte seinem Vorgänger im Armeeoberkommando, dem Erzherzog Friedrich, nicht passieren; der hat sogar, wenn ihm am Schluß der Seite eines fehlte, umgeblättert. Das war eben noch die ältere Generation, die Zucht und Stil hatte.

Aber bei weitem schon nicht so pedantisch
war, der als letzter zu herrschen erkoren.
Seit Menschengedenken ging so dilettantisch
keine Schlacht, keine Macht, keine Ehre verloren.

Indes, solche Zerstörung der monarchischen Legende, die in Fachkreisen wie der unglückliche Ausgang des Weltkriegs eben auf die Ursache eines Dolchstoßes von hinten zurückgeführt wird, kann abgehärtete Bekenner der Monarchie nicht bekehren und wenn sie selbst Zeugen der Menschlichkeit, ja der Tierheit ihrer Monarchen wären, sie könnten, durch das Gottesgnadentum irre geworden, an ihm nicht mehr irre werden. Und öffneten sie auch der gewesenen Wirklichkeit den Blick, sie verschlössen ihn doch vor der zukünftigen und würden nach Franz Joseph und Karl es umso lieber mit dem Otto versuchen, der ja, wie wir von einem ausgewachsenen Ministerpräsidenten a. D. erfahren haben, ein goldenes Herz mit hoher Intelligenz, also just die Eigenschaften Franz Josephs und Karls vereinigt. Es wäre unbescheiden von mir, mit dem letzteren, dem Letzten, mehr als den Vornamen gemeinsam haben zu wollen. Was aber Franz Joseph anlangt, so bleiben wir zwei, bei vielfacher Verschiedenheit in Temperament und sozialer Stellung – ähnelnd einander in der unermüdlichen Arbeit –,

Schulter an Schulter verbunden in der Ansicht von einem freventlich angestifteten und ach so nutzlosen Weltmord. Und ich bin wahrlich erschüttert durch die Enthüllung, daß er, der zwar die Kriegsfackel gehalten, aber bestimmt nicht gelesen hat, vielleicht der einzige Mensch in der Monarchie war, der meine Überzeugung von der Unerläßlichkeit ihres Untergangs, von der Unentrinnbarkeit des sich selbst gestellten Ultimatums von allem Anfang an geteilt hat. Mir bleibt doch nichts erspart.

[F 640–48, 1–6; 1924]

An meinen Drucker

Georg Jahoda zum 60. Geburtstag

28. *November* 1923

Genosse einer zeitentfernten Welt,
wo Geben durch sich selbst den Dank erhält:
der, was er gibt, mit seiner Seele gibt
und Lettern hat für Worte, die er liebt;
der nie ermüdend für mein Schaffen schafft,
der fremdem Wesen dient mit eigner Kraft,
rastlos befaßt dem Wort dient mit der Tat,
Mitschöpfer, nicht bloß Wirker am Format;
der seiner Sorge keine Grenze kennt,
mitleidend mitlebendges Instrument,
dem Zweck verbunden, dem ich es vertraut,
werktreu bemüht um den geringsten Laut,
Du, dieses Übermaßes Hut und Hort,
Mitdiener Du am anspruchsvollsten Wort,
der aus dem Wirrsal der unheilgen Schrift
ein Wunderwerk der Worterscheinung trifft,
daß dem, der dem Erfinder nie verzieh,
der Druck erscheint als hellere Magie;
der glaubend, was ich glaubte, mit erschuf,
dem Handwerk treu im innersten Beruf,
der oft mit meinem Zweifel hat gebangt,
Arzt, der an meinem Fieber gern erkrankt:
Du Herz von gutem Schlag, sei mir bedankt!

[F 649–56, 1; 1924]

Die Auswirkungen und Folgen der russischen Revolution für die Weltkultur
(Ein Briefwechsel)

Berlin, 24. September 1924

Sehr geehrter Herr Kraus!

Im Auftrage der Redaktion der wöchentlich erscheinenden Moskauer illustrierten »Krassnaja Niva«, der verbreitetsten literarischen Zeitschrift, die von Lunatscharsky (Kommissär für Volksaufklärung) und Stekloff (Redakteur der Zeitung »Iswestija«) redigiert wird, wenden wir uns in folgender Angelegenheit an Sie.

Die »Krassnaja Niva« hat zum Jahrestag der Oktoberrevolution eine Enquete unter den hervorragendsten Persönlichkeiten auf dem Gebiete der Kunst und Literatur unternommen, um auf diesem Wege festzustellen, was die russische Oktoberrevolution 1917 für die Weltkultur geleistet hat. Die Frage ist:

Welcher Art sind Ihrer Auffassung nach die Auswirkungen und Folgen der russischen Revolution 1917 für die Weltkultur?

Wir erlauben uns, Sie höfl. zu bitten, an der Enquete teilnehmen zu wollen und Ihre werte Antwort – zehn bis zwanzig Druckzeilen – wenn möglich mit Ihrem Bild und Autogramm, das gleichzeitig veröffentlicht wird, bis spätestens 10. Oktober an unser Büro einzusenden.

Indem wir Ihnen im Voraus herzlich danken, hoffen wir sehr bald im Besitze Ihrer w. Antwort zu sein, und zeichnen

hochachtungsvoll
Vertreter der »Iswestija« und
»Krassnaja Niva«.
J. Gakin

Wien, 4. Oktober 1924

Sehr geehrter Herr Gakin!

Die Auswirkungen und Folgen der russischen Revolution für die Weltkultur bestehen meiner Auffassung nach darin, daß die hervorragendsten Vertreter auf dem Gebiete der Kunst und Literatur von den Vertretern der russischen Revolution aufgefordert werden, in zehn bis zwanzig Druckzeilen, wenn möglich mit ihrem Bild und Autogramm, das gleichzeitig veröffentlicht wird, also ganz im Geiste des vorrevolutionären Journalismus ihre Auffassung von den Auswirkungen und Folgen der russischen Revolution für die Weltliteratur bekanntzugeben, was sich manchmal tatsächlich in vorgeschriebenen zehn bis zwanzig Druckzeilen durchführen läßt.

Hochachtungsvoll
Karl Kraus

[F 668–75, 80–81; 1924]

Warum vadient der Jude schneller und mehr Jeld als der Christ

Die Wiener Hakenkreuzlerzeitung ist meine Sonntagsfreude, ich schau' immer nach, wie's mit den Schweißfüßen geht, bin aber auch schon zufrieden, wenn ich nur sehe, wie den analogen Versfüßen geholfen wird. Etwa in einem Trutzgesang unter dem Titel »§ 144«:

Einhundertvierundvierzig heißt
der Paragraph der Mutter,
an dem Begierde zerrt und reißt
und wütend, doch vergeblich beißt...
Der Paragraph bleibt stehen,
mag Juda noch so krähen!

D i e l e t z t e n S c h r a n k e n m ö c h t e n s i e
d e m A r i e r e n t r e i ß e n .
Doch nur gemach! D i e Zeit kommt nie!
Trotz allem Schmutz- und Schweinevieh!
Eh' wird die Welt vergehen!
Der Paragraph bleibt stehen!

Für Leute, die in geiler Lust
den Zweck des Lebens sehen,
sollt' unser deutsches Volk sich stumm
entwickeln hin zum Dirnentum?
Im Sumpf zugrunde gehen?
– Der Paragraph bleibt stehen!

Heran, herbei, was deutscher Art!
Sie greifen nach der Mutter!
Gewehr bei Fuß! Wir halten Wacht!
Wir dulden diese Purimsnacht
niemals! Ihr sollt es sehen!
– Der Paragraph bleibt stehen!

Spationiert sind im Original nur »Purim«, »Mutter« und »Die«, aber Vollklang hat alles. Jede Zeile ein Ramsauer. Daß der § 144, der die deutsche Frau eine »Frauensperson« nennt, die letzte Schranke des Ariers vorstellt, ist der neue Gedanke. Offenbar ist gemeint, daß die Juden, die gar nicht daran denken, im Schoße der eigenen Familie Abtreibungen zu begehen, sondern fruchtbar sein und sich vermehren wollen, bloß nach der arischen Mutter greifen und den § 144 ausschließlich zur Verhinderung des bodenständigen Nachwuchses abschaffen möchten. Wenn er durch jüdische List fiele, so würden die Germaninnen offenbar gezwungen sein, keine Kinder zur Welt zu bringen, was Wodan verhüten möge. Nicht so klar ist der Zusammenhang der Purimsnacht mit der Agitation für die Aufhebung des § 144. Das Purimfest dient dem Gedenken der Juden an die Rettung von ihrer durch Haman geplanten Vertilgung, während sie selbst doch durch die Abschaffung des § 144 die Vertilgung der Arier planen, so daß eigentlich diese, wenn ihnen dereinst mit Hilfe eines Mardochai und einer Thusnelda die Rettung gelingen sollte, ein diesbezügliches Purim feiern müßten. Wenn sie Gewehr bei Fuß halten, wird ja alles gut ausgehen, bis dahin mag getrost manch ein Trutzgesang mit einem mehr gemütlichen Liedchen abwechseln, wie etwa diesem:

»Mostschädl.«
(Oberösterreichisch.)

Der mih »Mostschädl« hoaßt,
Der beleidingt nöt mi.
Weil i wirklön, wias wißts,
A Mostschädl bi(n).

Wann a Most drinnat is,
Is a dena nöt lahr..
I tauschat mit koan',
Wo a Stroh drinnat war'.

Was aber würde der Dichter (der übrigens die rührende Gewissenhaftigkeit hat, gerade das »bi« durch ein eingeklammertes n zu erläutern) was würde er für ein Gedicht machen, wenn ihn einer zufällig nicht Mostschädl, sondern Strohschädl genannt hätte? Ist dies nun die oberösterreichische Tonart, so scheint die folgende Annonce:

! Arier heraus!

Zur Gründung eines neuen Unternehmens, neuzeitlich, gewinnbringend, leichte Arbeit, Kapital zirka 100 Millionen, eventuell Gründung einer Genossenschaft. Rascher Entschluß, ehe Jude vorgreift. Unter »Massenartikel 1822« an die Verw. d. Bl.

mehr Steirers letzten Versuch darzustellen. In den Rassenbelangen charakteristisch ist wohl die Furcht, daß Jude vorgreifen könnte. Es wird ja mit jedem Tag, den Odin die Sonne scheinen läßt, klarer, daß das germanische Ideal (wie auch das christlich-germanische) eine Verdrängung der jüdischen Schmutzkonkurrenz bedeutet. Bei meinem letzten Berliner Aufenthalt genoß ich in der Friedrichstraße eine Viertelstunde lang, ich konnte mich nicht satt hören, die Melodie, mit der ein unverfälscht germanisches Zeitungsweib den ›Fridericus‹ anbot: »Die neieste Nummaa – warum va dient der Jude schnellerund mehr Jeld als der Christ« »Die neieste Nummaa – warum va dient der Jude schnellerund mehr Jeld als der Christ«. Nicht einen Groschen hat sie verdient, während sich daneben alles um ein Schweineblatt riß, das Enthüllungen über eine »Killekillekammer« brachte und über die Transvestiten im »Mikadoo« (zu welchem Namen für ein Berliner Lokal mir die Erklärung »Aha – Mann darin!« einfiel). Nicht einen Groschen hat sie verdient, und als ich nach zwei Stunden wiederkam, bewegte sich noch immer ein Neidmaul, das zum Symbol ungestillter arischer Sehnsucht erstarrt war: »Warum va dient der Jude schnellerund mehr Jeld als der Christ«. Niemand begehrte es zu wissen, jeder nahm die Tatsache als gegeben hin und manche erkannten mitfühlend den Drang, der sich rasch entschließen möchte, ehe Jude vorgreift, nichts anderes will als was dieser will, nämlich Geld verdienen, aber von der Natur durch jene Schranke gehindert ist, die die Juden dem Arier um alles in der Welt nicht entreißen möchten, durch den Stolz, der in den Worten des Dichters zum Ausdruck kommt:

Weil i wirklön, wias wißts,
A Mostschädl bi(n).

[F 668–75, 149–52; 1924]

De lege ferenda

Ein achtzehnjähriges Mädchen kam um drei Uhr morgens nach Hause, es gab Vorwürfe, Streit, Aufregung, sie wollte sich mit Gas töten, durch das sie die Schlafenden gefährdet hat, und wird zu drei Tagen Arrests verurteilt, mit jener Bewährungsfrist, die eingeführt ist, damit die Richter Zeit haben, über ihre Urteile nachzudenken, die sie aber ungenützt verstreichen lassen. Dem Urteil ging eines voran, das für die Beurteilung des Richters einen erschwerenden Umstand bedeutet:

Der Richter Landesgerichtsrat Dr. Schedy hielt der Angeklagten, die ihre Aufregung schilderte, vor: Ihre Aufregung glaube ich Ihnen. Sie haben für Ihr Nachtschwärmen aber Strafe verdient! Freilich wäre eine Stockstrafe für Sie angezeigter gewesen. Was haben Sie sich denn gedacht, als Sie nach Hause kamen? Man werde Ihnen eine Belohnung geben? – Die Angeklagte blieb still. – Richter: Sehen Sie ein, daß Sie ein Unrecht begangen haben? – Angekl. (leise): Ja.

Alles natürlich nur de lege ferenda, wonach Nachtschwärmen ein Delikt und für dieses Stockstrafe eingeführt sein wird. Solange aber die Herren dafür angestellt sind, nach einem schon gegebenen Gesetz, das ja barbarischen Ansprüchen hinreichend entgegenkommt, zu urteilen, ist es immer wieder verdrießlich, sie aus ihrer Weisheit schöpfen zu sehen und goldene Worte sprechen zu hören, für die man keinen Stüber gibt. Höchstens einen solchen, der die gelindeste Antwort auf den Einfall ist, einem erwachsenen Mädchen mit einem Schilling zu drohen.

[F 679–85, 121; 1925]

Inschriften

Die Sage

Die unsagbarste aller Heldensagen,
erlitten und vergessen heut und hier:
Als die Väter des Kaisers Rock ausgetragen,
waren die Windeln aus Zeitungspapier.

*

Der große Betrug

Ein Stahlbad, sagten sie, sei der Krieg,
ein wahrer Krafterneurer.
Da ward bis zum unabwendbaren Sieg
uns das Vaterland täglich teurer.

Wir haben ihm Gut und Blut gezollt,
um dies Gefühl zu beweisen.
Bald kam die Zeit, wo man uns für Gold
nur Dreck gab und kein Eisen.

Sie haben uns den Magen genährt
mit dem Trost der besseren Zeiten.
Bis dahin konnten sie ungestört
ein Diebstahlbad sich bereiten.

*

Hindenburg

Das richtige Haupt für dieses Land,
jede andere Wahl war Lüge.
Kein deutsches Herz, das sich nicht erkannt
im Reglement dieser Züge.

Da gibt es nur Deutsche und keine Partei,
denn jegliche dafür einsteht:
nichts kann geschehn, solang fest und treu
ein Wachtmeister am Rhein steht.

*

Je nachdem

Aus zwei Teilen besteht das Vaterland,
die nichts miteinander noch je verband,
und nichts wird sie je miteinander verbinden:
Wer nicht vorn steht, wird nur den Nachteil finden.

*

Deutsche Natur

In der sächsischen Schweiz ist ein Wasserfall,
der nicht immer im Betriebe.
Wer sich erfreun will an seinem Schall,
vorerst eine Schiebstange schiebe.
Wirfst dann zehn Pfennig du hinein,
so wird die Naturkraft im Schwunge sein.
Und dazu spielt noch ein Grammophon,
daß in den Bergen die Freiheit wohn'.
Doch die sie genossen, beklagten zumeist,
sie wären von Feinden eingekreist.

*

Radio

Ein Weltfeind, wen dieser Fortschritt verdrossen:
Der Wiener Hausmeister an den Kosmos angeschlossen!

*

§ 144

Bewahret euch vor dieser Zukunft Graus,
die Früchte werden's fürchterlich vergelten.
Treibt ihr sie nicht ab, sie wachsen sich aus
zu Richtern und Staatsanwälten!

*

Derselbe

Zu groß ist der staatliche Widerstand,
es wird alles beim Alten bleiben.
Den Müttern gedenkt einst das Vaterland
die Erwachsenen abzutreiben.

*

Derselbe

Aufhebung des Verbots? Daß ich nicht lache!
Es bleibt immer eine halbe Sache.
Nichts hilft als vor dieser Schöpfung Nieten
die Fruchtabtreibung zu gebieten!

*

Merkspruch für Eheleute

Gar manche Ehe wär' wieder verbunden,
hätten die Teile die Trennung vom Tisch gefunden.

*

Eifersucht

Wie er sie selbst in seine Arme nahm
und keinen Grund zur Eifersucht nun hatte,
ihn nichts so schwer wie diese überkam:
das war die Sicherheit, er sei der Gatte.
Und weit und breit war keine andre Seele.
In solchem Zweifelsfalle fand er Rat:
und so ertappt' er sich auf frischer Tat
und packte sich bei seiner eignen Kehle.

*

Post festum

Schöner als in die Sonne zu sehn
ist es, vor ihr die Augen zu schließen.
Dann erst werden sie übergehn
und du wirst Farbenwunder genießen.

[F 691–96, 15 ff.; 1925]

Vor dem Schlaf

Da weht mich wieder jene Ahnung an,
ein Federflaum von jenem großen Grauen,
ein Nichts, genug, um alles doch zu schauen,
was mir von allem Anfang angetan.

Und klopft ans Herz: Du bist in einer Falle,
versuch's und flieh! Dies hast du doch gemeinsam,
das einzig eine, worin alle einsam,
und keiner will und dennoch müssen alle.

Wer wird in jener Nacht nach diesen Nächten
bei dir sein, um den letzten Streit zu schlichten,
Endgültiges dir helfen zu verrichten,
damit sie dort nicht allzu strenge rechten?

Dies war ein Blick aus dem Dämonenauge,
das mich im Dämmern eingenommen hatte.
So prüft das Leben mich, das nimmermatte,
ob nun noch ihm zum Widerstand ich tauge.

Noch wart ich auf das Wunder. Nichts ist wahr,
und möglich, daß sich anderes ereignet.
Nicht Gott, nur alles leugn' ich, was ihn leugnet,
und wenn er will, ist alles wunderbar.

[F 691–96, 42; 1925]

Der Ring des Lippowitz

dürfte in späteren Zeiten dem des Polykrates, des Gyges und sogar des Nathan an Beliebtheit nicht weichen, wiewohl speziell dieser die geheime Kraft hatte, vor Gott und Menschen angenehm zu machen, ein Ziel, das Lippowitz gerade in den Tagen, da auch er es mit dem § 98 b zu tun hat – bitt Sie, wer nicht heutzutag – von ganzem Herzen anstrebt. Aber wenn jene ihren Schatz bloß solchen Dichtern wie Schiller, Hebbel und Lessing anvertraut haben, so hat sich Lippowitz direkt an Hafis gewendet, den losen Kabarettier, von dem die Lieder weiser Minne stammen, die ihm in seiner Tätigkeit als Präsident der Concordia so einfallen. Lippowitz hatte sich nämlich entschlossen, anläßlich der Feier des 150jährigen Bestandes des Burgtheaters und der Erhaltung der 6½ Milliarden, die er in die Depositenbank eingelegt hatte, einen »Burgtheaterring« zu stiften, im Stile jener großzügigen Haifische, die nach gutem Abschluß ihr schlechtes Gewissen zu erleichtern pflegen, sich ans Vaterland oder direkt an die Menschheit anschließen, einen Hang zur Lyrik verspüren und von ihren vielen Talenten einen Obolus für »die Kunst« hinterlegen, damit sie ihnen nicht das Herz bracht. Sie gehen im Walde so für sich hin, halten Zwiesprach mit Schmetterlingen und sind des Kurstreibens müde, mit einem Wort: »Der Räuber hat auch Stunden ...« Von solcher Castiglioni-Regung heimgesucht, beschloß Lippowitz, seinen Namen mit dem des Burgtheaters, das bekanntlich bessere Zeiten gesehen hat und dessen Schauspieler heute als Rekommandeure von Likörfirmen im Neuen Wiener Journal erscheinen, in dauernde Verbindung zu bringen, bis in zweihundert Jahr und darüber. Des zum Zeichen stiftete er den Ring und um die Erinnerung an den Stifter festzulegen und deren Modalitäten zu regeln, erließ er einen »Stiftungsbrief«, den er dem Herrn Dr. Edmund Wengraf übersandte, ohne ihn von diesem zurückzubekommen. Er enthält die folgenden Anweisungen für jene, die nach Lippowitz kommen werden (und sich vermutlich wundern dürften, was zu seiner Zeit möglich war):

An den
Journalisten- und Schriftstellerverein »Concordia«
Wien.

Um die Erinnerung an das hundertfünfzigjährige Burgtheaterjubiläum dauernd zu erhalten, will ich der Concordia eine Burgtheaterstiftung widmen. – –

Aber warum soll man die Erinnerung an das hundertfünfzigjährige Burgtheaterjubiläum dauernd erhalten? Beim so Gott will tausendjährigen Burgtheaterjubiläum wird man es vermutlich vergessen haben und das weit bemerkenswertere Datum feierlich begehen wollen. Selbst das zweihundertjährige Burgtheaterjubiläum dürfte doch weniger dem Gedenken an das hundertfünfzigjährige als dem an die Gründung des Burgtheaters gelten. Lassen wir uns nicht täuschen, Lippowitz wollte nicht, daß durch seine Stiftung an eine Burgtheaterfeier erinnert werde, die ja ihrer Natur nach nur einen Abend lang währen, wenngleich ein paar Wochen lang weilen kann – wie uninteressant ist zum Beispiel schon das 151jährige Burgtheaterjubiläum –, sondern er wollte, daß durch jede Nennung des alten Burgtheaters an das Neue Wiener Journal erinnert werde, also die Zumutung einer Ideenassoziation, die sich ohne den Ring höchstens in fiebrigen Nächten eingestellt hätte. Der Stiftungsbrief enthält nun allerlei Vorschriften für die nutzbringende Verwendung der 30 000 Schilling, von deren Zinsen jährlich der Ring für einen Schauspieler oder für einen Autor angeschafft werden soll, und dergleichen Schmonzes, die im Detail ausgeführt werden. Um sich im Jubeljahr besonders splendid zu zeigen, hat Lippowitz für dieses die Verteilung zweier Ringe angeordnet. Daß sich eine ehrwürdige Dame wie Auguste Wilbrandt-Baudius und ein reinlicher Mann wie Arthur Schnitzler nicht geweigert haben, sie anzunehmen, ist ein Beweis für die schwere Not der Zeit, die zwar Feste feiert, aber den Künstlerstolz unter das Diktat eines Preßkommistums gebeugt hat, welches ihm jede Ehre zufügen darf. Daß dieser Einfluß auch den kommenden Kunstgenerationen gesichert bleibe, dafür wurde urkundlich vorgesorgt und außerordentlich bemerkenswert sind die Vorsichtsmaßregeln, die Lippowitz für die unsichere Zukunft dieser bewegten Welt getroffen hat, von der er doch hofft, daß sie, wenn schon alles drunter und drüber geht und ein Erpresser nach dem andern verhaftet wird, wenigstens den Lippowitzring respektieren werde.

Die Stiftungssumme bleibt dauernd in der Verwaltung der Concordia. Sollte sich die Concordia auflösen, so soll das Burgtheater die Verwaltung übernehmen, und sollte auch das Burgtheater in ferner Zukunft einmal zu bestehen aufhören, so soll die Stiftung in die Hände des jeweiligen Unterrichtsministeriums gelangen, das, den veränderten Verhältnissen entsprechend, den Ring einem erfolgreichen, besonders populären deutschen oder internationalen Bühnenkünstler und dramatischen Autor von Rang verleihen soll. – –

Sich vorzustellen, daß sich einmal die Concordia auflösen könnte, zeugt von einer kühnen, ja lästerlichen Phantasie. Daß auch das Burgtheater, freilich »in ferner Zukunft«, einmal zu bestehen aufhören könnte, läßt sich schon aus dem einfachen Grunde nicht denken, weil dann die Leute wirklich nichts hätten als die Erinnerung an das hundertfünfzigjährige Jubiläum, das freilich möglicherweise dann noch gefeiert wird. Wie aber, wenn auch das jeweilige Unterrichtsministerium – obwohl dessen Jeweiligkeit gewiß auch immer lang genug sein wird – einmal zu bestehen aufhört? Was tan mr jetzt? Es ist nicht auszudenken und eben deshalb hat Lippowitz für diesen äußersten Fall keine Vorsorge getroffen. Immerhin, man sollte es erwägen. Und was geschieht mit dem Ring, wenn sogar Österreich zu bestehen aufhört? Der Franzensring mußte dem Ring des 12. November weichen, dieser dem Lippowitzring. Aber wie bringt man den ohne den Rückhalt eines geordneten Staatswesens unter? Wenn etwa der Bolschewismus schleichen sollte, um sich ihn anzueignen? Allerdings, der Stifter verfügt noch:

Der Preisring bleibt dauerndes Eigentum des Preisträgers und geht nach dessen Ableben in den Besitz der gesetzlichen Erben über, denen es anheimgestellt wird, den Ring zum dauernden Andenken an den Preisträger dem Museum der Stadt Wien zu überweisen.

Schön; wenn es aber trotz dieser Attraktion kein Museum der Stadt Wien mehr gäbe? Lippowitz hat den Gedanken an den Ausbruch einer Revolution nicht ganz beiseitegeschoben:

Um die Stiftung *dauernd zu sichern*, bestimme ich, daß der Gesamtbetrag in mündelsicheren Goldwerten angelegt werde und *bei Ausbruch schwerer politischer oder wirtschaftlicher Krisen noch besonders vorsichtig sicherzustellen* sei. – –

Solche Sicherungen werden am besten mit den Mitteln, die der volkswirtschaftliche Teil des Neuen Wiener Journals an die Hand gibt, durchgeführt und schließlich kann dann vielleicht selbst beim Ausbruch eines Weltkriegs, zumal nach den Erfahrungen, die man durch einen solchen bereits gemacht hat, nicht mehr viel passieren. Wenn aber alle Dauer auf Erden verbürgt ist, so ist doch zur letzten Sicherung des Ringes noch nicht die Dauer der Erde verbürgt und man muß es schon als Fahrlässigkeit beklagen, daß im Stiftungsbrief nichts für den Fall eines Kometen vorgesehen ist, der nebst der Concordia, dem Burgtheater, dem Unterrichtsministerium und dem Museum der Stadt Wien sogar das Neue Wiener Journal bedroht. Denn da ist man keineswegs so sicher wie bei der Depositenbank, wiewohl Lippowitz vielleicht auch in diesem Fall seine Einlage zurückbekommen würde. Schließlich kann man aber nicht an alle Möglichkeiten denken, es muß genügen, das Gute gewollt zu haben und daß der in dunklen Geschäften verstrickten Welt ein Beispiel idealer Sinnesart gegeben ward und einer lichtern Nachwelt ein Zeichen, daß in Wien trotz der Ablenkung durch den § 98 b die schönen Künste geblüht haben. Und so mag denn der Stifter mit berechtigter Genugtuung schließen:

Ich hoffe, daß der Burgtheaterring der Concordia die innigen Beziehungen, welche seit Jahrzehnten zwischen der Wiener Tagespresse und dem Burgtheater bestehen, fördern und ein dauerndes *Symbol* der Vereinigung von Schrifttum und Bühnenkunst bleiben wird.

Jakob Lippowitz,
Herausgeber und Chefredakteur
des
»Neuen Wiener Journals«.

Wien, 11. April 1926.

Die innigen Beziehungen zwischen der Wiener Tagespresse und dem Burgtheater, oder schlichter gesagt zwischen dessen Kassier und deren stückeschreibenden Kritikern, werden durch den Ring dieses Polykrates zwar nicht mehr erheblich gefördert werden, aber um ihn der öffentlichen Meinung als Symbol durch die Nase zu ziehen, dazu dürfte er schon taugen. Zumal in den Tagen, wo des Lebens ungemischte Freude keinem Herausgeber zuteil ward und ich noch keinen fröhlich enden sah, auf den mit immer vollen Händen die Bankdirektoren ihre Gaben streun. Erstaunlich bleibt nur, daß sich der Gast, speziell Herr Dr. Edmund Wengraf, hier nicht mit Grausen gewendet hat. Und so kann denn von seines Daches Zinnen Herr Lippowitz großherzig das Kleinod in die Flut einer ungewissen Zukunft werfen, im Stillen hoffend, daß ein Haifisch es ihm wieder apportieren werde.

[F 726–29, 23–27; 1926]

Pretiosen

Herr Stefan Zweig, heute einer der repräsentativen Schmuser der europäischen Kultur, würde es mir unmöglich machen, in der Seichtheit seiner tiefen Sätze nicht zu versinken, wenn ich mir in mühevoller Praxis nicht doch eine gewisse Resistenz erworben hätte, um mir's an der Stelle genügen zu lassen, auf die mein Blick gerade fällt.

Dreißig, ja vierzig Jahre übt und vertieft Sigmund Freud seine Methode und hätte er die tausend und aber tausend Beichten der ihm anvertrauten Seelen in der Schrift festgehalten, es gäbe kein Buch der Weltliteratur, das ihm dokumentarisch gleichte.

Hier kann man nur sagen: Aufgewachsen bei Opitz! Daß »gleichen« schwachförmig gebraucht wird, dürfte seit eines Olim Zeiten, der die Welt noch ohne Neue Freie Presse geschaut hat, nicht der Fall und selbst damals nicht üblich gewesen sein. Es kann hier aber auch ein solcher Hang nach sprachlichen Pretiosen mitgespielt haben, der nicht die abgestorbene Form ergreift, sondern eine vorhandene, wenngleich seltene, in ihrer Bedeutung mißversteht und für was Kostbares hält. Dann wäre Herrn Zweig dasselbe passiert wie Herrn Salten, der auf einmal »schweigte«, weil er diese Form in einer Auslage gesehen hatte, ohne zu wissen, daß sie so viel bedeutet als: schweigen machen, beschwichtigen, also die Tätigkeit, die man gegenüber Schwätzern anwendet. »Gleichen« (gleichte, gegleicht) ist ein eben solches Faktitivum wie schweigen (schweigte, geschweigt) und bedeutet – im Gegensatz zu »gleichen, glich geglichen« = gleich sein – so viel als gleich machen, glätten, in Übereinstimmung bringen. Eher kann das Faktitivum »schweigen« stark abgewandelt werden (ich schwieg ihn), als schweigen im Sinn von »nicht sprechen« schwach. Und das Faktitivum »gleichen« hat in Zusammensetzungen durchaus die starke Abwandlung, so daß die Tätigkeit des Gleichmachens dann nicht anders konstruiert wird als die Eigenschaft des Gleichseins. Es wird also »verglichen«: wenn ich nicht eine Sache als solche gleich mache (glätte) oder reale Dinge in Übereinstimmung bringe (Münzen, Gewichte), sondern wenn ich eine Sache einer andern gleich stelle oder sie an ihr messe; doch kann sie auch als solche »beglichen« oder »ausgeglichen« werden (wobei allerdings mit einer vorgestellten Forderung oder Rechnung verglichen wird). Nur im rein mechanischen Sinn wird etwas »gegleicht«; aber selbst da »angeglichen«. Herr Zweig hat also irgendwo »gleichte« in der selteneren Bedeutung gefunden und diese mißverstanden, oder vielleicht doch die abgestorbene, niemals lebendige Form für seinen reporterhaft normalen Sinn gewählt. Jedenfalls gedachte er sich mit etwas Kostbarem zu schmücken. – Diese Beobachtung ist natürlich nur eine Kleinigkeit, eine von jenen, mit welchen ich mich abgebe; aber sie scheint doch hinreichend Raum zu gewähren, um in ihr das Format eines Kulturessayisten unterzubringen. Wenn so einer hinschreibt, daß einem Buch keines der Weltliteratur »gleichte«, so glaubt er schon mit einem Fuß in ihr zu sein. Aus der wievielten Hand jedoch selbst die scheinbar korrekten Fügungen ihm zugekommen sind, läßt sich leider nie feststellen. Meiner Methode genügt ein Zweig, um einen Wald von Federn zu sehen, die da vorgearbeitet haben. Aber das ist es eben, was der Zeitungsleser braucht. Die Bourgeoisie zwischen Berlin und Wien sieht sich durch die Emil Ludwig und Stefan Zweig mit der denkbar größten Zeitersparnis in die Weltliteratur eingeführt, und die Folge ist, daß solche Leute dann für Paris und London selbst schon zu ihr gehören. Sie machen dem Leser die Lücke, aus der seine Bildung besteht, wohnlich und behaglich, schmücken sie mit Urväter Hausrat, neuzeitlichem Zierrat und sonstigem Unrat, und heben den Zeitgenossen liftartig auf ein Niveau, das er unten nur zu betreten braucht, um oben zu sein. Der Lift war auch nicht immer oben, aber es gelingt ihm immer wieder, und technische Hindernisse sind unschwer ausgegleicht.

[F 726–29, 55–56; 1926]

Magie der Lettern

Die Wirklichkeit, die der Journalismus unterschiebt und erschafft, phantasieabschnürend und männermordend, lebt und breitet sich aus, auf nichts gestützt als auf die Anweisung, für ein Nichts von Meinung fette Lettern zu verwenden. Der Setzer hat es in der Hand, unser Denken so zu bannen, daß nichts entstehen kann, was wertvoller wäre als dieser ganze Plunder einer vorgetäuschten Wirklichkeit. »Ramek in Berlin« – ist es nicht, als ob nun die große Schicksalswende, die des Anschlusses eingetreten wäre, die ja vermutlich auch nur eine Phrase sein dürfte, während in Wahrheit kein Hund vom heimatlichen Herd gelockt wird? Der Blick fällt auf eine dieser Fensterhuren der öffentlichen Meinung, die jetzt des Abends ihr Unwesen treiben und durch die Reize von Politik und Nachtlokal ihre Anziehung ausüben. 6 Uhr – was gibt's denn heut für eine Sensation? In fetten Lettern:

Niemals aber wird das Volk Deutschösterreichs irgendeine Politik dulden, die auch nur im entferntesten den Anschein hervorrufen könnte, als wäre sie eventuell gegen das deutsche Volk gerichtet.

Ganz einverstanden. Doch wenn's Herr Ramek selbst erklärt hätte, wär's noch immer nicht so erschütternd, um auch nur der allerkleinsten Lettern zu bedürfen. Wer aber sagt es?

Der »Vorwärts« meint …

Man möchte doch glauben, daß das, was der ›Vorwärts‹ meint oder vielmehr der Herr Soundso, der dafür besoldet wird, eine Meinung zu haben, die nicht einmal eine Privatangelegenheit ist, schon in einem gewissen Mißverhältnis zu der Vorstellung stehen dürfte, daß da ein Berliner Setzer manipulieren muß, um sie andern Kleinbürgern mitzuteilen, die darauf ebenso pusten wie er und der Herr, der meint. Aber auf dem Weg nach Wien wächst es zur balkendicken Sensation. Der gesättigte Blick schweift in die nächste Kolumne, aus der ihn die fetten Worte anspringen:

die beiden deutschen Staaten Europas verbunden bleiben durch gemeinsames Volkstum, gemeinsame Kultur, gemeinsame geschichtliche Vergangenheit.

Bin beruhigt. Und wem verdanke ich dies Bewußtsein? Hat eines der Staatsmanndeln, die sich da auf Völkerunkosten zu Gastereien zusammenfinden, hat eines dieser Parvenugehirne, von denen ein Dutzend in einem ministeriellen Hohlkopf des alten Regimes Platz hätte, die bindende Zusage gemacht? Das kann ja einander nur begegnen, um das, was die letzten Stammtische der beiden Reiche geistig ausgekotzt haben, wieder in den Mund zu nehmen. Aber nein, keine der Persönlichkeiten, von denen sich regieren zu lassen im Grunde ein Hauptjux ist, hat sich die fetten Lettern verdient, sondern:

Der »Börsenkurier« schreibt...

Parturit ridiculus mus, nascentur montes: aus Titel und Tonfall ersteht die Welt, und geht zugrunde, denn Lettern werden zu Blei. Ist es nicht die eigentliche Tragödie der Zeit, daß ihre Mitwirkenden in dem Maße an ihr unbeteiligt sind, als ihre Zuschauer beteiligt? Daß dieser Riesenapparat nichts als das Nichterlebnis, den Unglauben, den Selbstwegwurf seiner Bedienten braucht, das völlige Stagelgrün der Gesinnung, um Erlebnis, Bekenntnis, Tat und Tod zu bewirken? Zum Glück fährt es wie ein erfrischender Hauch von Wirklichkeit in diese verstunkenen Kolumnen, denn siehe, mitten im politischen Text behauptet ein Nachtkaffee, es sei nicht nur künstlerisch ausgestattet, sondern auch

durch Frischluft-Zufuhr vollständig rauchfrei

leider nicht ohne dafür

sämtliche in- und ausländische Zeitungen

zu bieten, in denen mit den fettesten Lettern verzeichnet stehen dürfte, was die Herren Ramek und Stresemann einander zu sagen haben. Was mich persönlich betrifft, der in diesen Belangen freilich nicht maßgebend ist, indem er ja doch nur niederreißen und nicht ausbauen und vertiefen kann – so erkläre ich, daß ich an der gemeinsamen Kultur, die die Herren Ramek und Stresemann verbindet, aber schon nicht den geringsten Anteil habe. Die ihnen anvertrauten Nationen mögen im Hinblick auf die jovialen und fidelen Biergesichter, die ihnen da in den illustrierten Blättern geboten werden, meinetwegen und solange sie wollen nicht untergehen – ich fühle mich in Dantes sämtlichen Höllenkreisen wohler als auf dieser letternschwarzen Erde, wo doch nichts wirklich ist als die Lüge.

[F 726–29, 59–61; 1926]

nämlich nicht zu dem, was er vorausgewußt hat – so zum Beispiel, daß der Rest Schweigen ist –, sondern zu dem, was selbst er nicht geahnt hat: zum Hamlet im Smoking. Er hat sich nach den »Foyerblättern« des Hamburger Thalia-Theaters, das sich den Jux machte, bekehrt und ist schließlich einverstanden. Röbbeling, der Inhaber des Geschäfts, hat ein »Vorspiel auf dem Theater« verfaßt, das wirklich aufgeführt wurde. Personen: Shakespeare und Röbbeling, also Dichter und Direktor. Shakespeare erscheint im Zuschauerraum. Er ist zuerst sehr aufgeregt:

> Mich hattet Ihr wohl nicht im Saal vermutet!
> –
> Für Sensation ist mir mein Stück zu gut!

ruft er. Röbbeling entgegnet, daß es auf das Gewand nicht ankomme. Shakespeare wird stutzig:

> ... Was in vergangnen Tagen
> Natürlich, möglich war, wird's heut im Alltagskleid
> Nicht unnatürlich wirken – ja grotesk?

Röbbeling zerstreut seine Bedenken, spricht ihn per »mein Dichter« an, weist aber zunächst nicht auf ein Kassenbedürfnis hin, sondern auf den Umstand, daß die menschlichen Leidenschaften sich nicht geändert haben. Shakespeare, erstaunt:

> Wie? Hört' ich recht?
> Der Mensch wär' in Jahrhunderten nicht anders,
> Vollkommener, erhabener geworden?

Im Gegenteil, selbst ein Shakespeare ist heruntergekommen und macht heutzutag solche Verse. Röbbeling aber hat Erfahrung und versichert dem Naivling, daß sich »vom Pyramidenalter her, durch Griechenlands und Roms gewalt'ge Aera«, ja sogar trotz der Völkerwanderung in menschlichen Belangen nichts geändert habe. Worauf Shakespeare, klein beigebend, bloß die Worte findet:

> So blieb' nur
> Noch zu bemerken, ob der alte Stil,
> In dem ich schrieb, noch heute Geltung hat?

Jetzt packt ihn Röbbeling bei seiner Eitelkeit:

Du bist ein Dichter, denk' ich, groß genug,
Uns über solch Bedenken wegzutragen.
Ein Werk, das ewig Menschliches erschuf,
Muß – sag' ich Dir – in jeglichem Gewand,
Zu jeder Zeit gespielt – unmittelbar
Und machtvoll zu uns sprechen.

Jenem blieb' nur noch zu bemerken, ob es dann nicht zur Not auch in Kostümen ginge und ob diese vielleicht abhanden gekommen seien, weil man sich ohne sie behelfen will. Doch er resigniert und sagt ernst, aber zuversichtlich:

Nun wohlan!
Zwar ließ ich mir's nicht träumen, daß mein Geist
So tief ins Leben griff, daß man noch heute –

Er will offenbar seinem Erstaunen Ausdruck geben, daß man ihn überhaupt noch spielt. Röbbeling errät es und versichert ihm in Shakespeareschen Versen, die er ihm förmlich aus dem Mund nimmt, daß »all die Gestalten, die sein Auge sah«,

Der Schurke, der sich hinter Lächeln birgt

ferner

Der Sohn, der unterdrückt und ahnungsvoll
In seiner Seele Tiefe liebt und haßt

also der von Hasenclever und alle sonstigen Shakespeareschen Gestalten, noch heut lebendig sind.

Es ist was faul im Staate, meintest Du –
Wer sagt Dir, daß das heute anders sei?

(Na hörn Se, oberfaul, Barmat-Kutisker und jetzt die Fürstenabfindung – nur immerzu hineinleuchten, daß die ollen Perücken wackeln!) Ferner erinnert er ihn an das Zitat »Die Welt ist aus den Fugen«, das aber eigentlich »Die Zeit ist aus den Fugen« lautet. Jedenfalls stimmt es:

Sieh Dich um –
Ward das nicht heute und für uns gesprochen?

Offenbar spielt er auf die Darstellung des Hamlet im Smoking an, die er aber wieder wie folgt rechtfertigt:

Warst Du ein Dichter, wirkt noch heut' Dein Werk
Wie 1602 als Novität.

Worauf Shakespeare eigentlich Tantiemen verlangen müßte; aber zum Glück ist nicht seine Geldgier, sondern nur sein Ehrgeiz aufgestachelt und so ruft er:

Das freilich wäre höchster Dichterruhm!

Nachdem Röbbeling ihn mit diesem Speck gefangen hat, klatscht er in die Hände und sagt:

Es gilt die Probe! Gut! Wir fangen an!

So blieb' nur noch zu bemerken, ob es gut ist und ob nicht Shakespeare besser täte, im Vorspiel überhaupt nicht mitzutun und dem Hamlet im Smoking das Muster eines Blankverses entgegenzuhalten, der in »Literatur« vorkommt (wo zum Schluß Kostüme unerläßlich sind):

Auf Tachles kommt es an und nicht auf Schmonzes!

eine Erkenntnis, die ja für Leben und Kunst in gleichem Maße Geltung hat. Dieses Vorspiel also wurde vor erwachsenen Hamburger Kaufherren aufgeführt, denen es die Foyer-Blätter auch im Druck bieten und dazu auf etlichen dreißig Seiten Liqueurfirmen und Schauspielerantlitze oder diese in Verbindung mit jenen, bis endlich ein Herr Schulze in freier Prosa für Hamlet im Smoking eintritt als eine Aufpulverung, die »der große William« – er konnte nicht gut sagen: der olle Willem – schon dringend nötig hat:

Ins Ohr fließt der Vers: »die Pfeil' und Schleudern des wütenden Geschicks erdulden oder sich wappnend gegen eine See von Plagen« und Stimmungswalze Nr. 99, die wir seit unserer Gymnasiastenzeit vorrätig haben, stellt sich selbsttätig ein. Mechanisierung des Kunstgenusses.

Jeder Schauspieler wisse, daß er »der in der Anfängerzeit studierten Rolle gegenüber hilflos ist«, was man ja ohneweiters glaubt. Was muß er also tun? Die Bühn' in Tränen ertränken und das allgemeine Ohr mit grauser Red' erschüttern? Das kann er nicht. Er muß also »eine radikale Umpflanzung vornehmen«, wenn er die an der Rolle »klebende Schülerdeklamation« los werden will. Wie macht man das? Mit dem Smoking. Dann kann man halt wieder Verse sprechen. Derselbe tiefschürfende Essayist, der es mit der Umpflanzung hält, beschreibt noch das Bild einer pikanten jüdischen Dame – Ernst Deutsch in »Revolutionshochzeit« – wie folgt:

Des jugendlichen Deutsch Spiel beschwor Kainzens Andenken sogar in der Heimat des Glorienumstrahlten. Mit der vergleichenden Erwähnung des erlauchten Namens teilte die Wiener Kritik die höchste Ehre aus, die sie zu vergeben.

Aber da man in solchem Fall das »hat« nicht wegzulassen, weil es etwas zu bedeuten, so liegt offenbar ein Druckfehler vor, indem es doch schon eher heißen könnte:

die ihr zu vergeben.

Wie dem immer sei, man lernt aus dem Heftchen mehr vom Leben als aus dem ganzen Shakespeare, und wenn neben dessen Geist Röbbeling, der ihn beschworen hat, noch im Bilde erscheint, sinnend und wohlgenährt, von »Börsenfrühstück« und »Parlophon« umrahmt, so recht hineingeboren in eine Welt von Mampediktiner und Pebeco – so hat man alles. Und zumal die Erkenntnis deutschen Wesens, dem im Ramschbazar von dekorativem Pathos und Pofelrealität eine Kunst entspricht, die im Dienste des Kaufmanns steht, der euch, ihr Götter, gehört. »Nun wohlan!«, würde Shakespeare sagen. Röbbeling aber, stets Schulter an Schulter mit ihm, wird, wenn er diese Betrachtung liest, ganz bestimmt das Wort sprechen, das der Deutsche für jede Tätigkeit, die mehr niederreißender Art ist und seinem aufbauenden Schaffen entgegentritt, auf der deutschen Zunge hat: ›Verhohnepipelung!‹

[F 735–42, 103–06; 1926]

Weg damit!

Die ihr errungnes Gut geschändet habt,
bezwungnes Böses nicht beendet habt,
der Freiheit Glück in Fluch gewendet habt;
Hinaufgelangte, die den Wanst gefüllt,
vor fremdem Hunger eigne Gier gestillt,
vom Futtertrog zu weichen nicht gewillt;
Pfründner des Fortschritts, die das Herz verließ,
da Weltwind in die schlaffen Segel blies,

vom Bürgergift berauschte Parvenüs,
die mit dem Todfeind, mit dem Lebensfeind
Profit der Freiheit brüderlich vereint,
die freier einst und reiner war gemeint –
mein Schritt ist nicht dies schleichende Zickzack,
mein Stich ist nicht dies zögernde Tricktrack:
er gilt politischem Paktiererpack!

Zum Geburtstag der Republik

Die Republik soll ich zum Geburtstag feiern?
Daß wir sie haben, ihr beteuern?
Sie ist jetzt im Alter von acht Jahren.
Ich kannte Kinder, die begabter waren.
Es bleibt wohl die beste von ihren Gaben:
daß wir keine Monarchie mehr haben.

[F 743–50, 4 und 6; 1926]

Was sich unter den Gestirnen tut

erzählt Großmann:

Dieser Mann, der vierzig Jahre sein Werk gebaut, hat in diesen vier Dezennien nicht ein aufmunterndes Wort von oben empfangen. Von oben? Was war, was ist sein »Oben«? Er stand sein Leben lang unter den Gestirnen und wuchs. Mehr Segen von oben als er haben wenige empfangen!

Kant? Nein, S. Fischer, Verlag.

[F 743–50, 107; 1926]

Wie sie wurden

Großmann gibt interessanten Aufschluß:

Er (S. Fischer) hatte viele Stunden Zeit, hinten auf einem Bücherberg zu hocken und zu lesen, zu lesen und zu lesen. Es ist das Glück der jungen Menschen, die aus kleinen, armen Häusern stammen, daß sie nicht zu früh mit allzu viel Bildung belastet werden. Wie viel Frische und unverblaßten Eindruck hat Max Reinhardt (übrigens aus derselben Weltgegend stammend) dieser Gott

(so endet die Zeile)

sei Dank späten Hingabe an die Königsdramen, an Stella, an den zweiten Faust zu danken. Man kann gar nicht spät genug gebildet, dann aber wahrhaftig geformt werden.

Daß Reinhardt ausgerechnet der Lektüre der Stella seine Frische zu danken hat, darauf wäre ich nie gekommen. Seine Hingabe an den »zweiten Faust« habe ich ihm immer geglaubt, aber das mit der Stella ist interessant. Wenn man nun auch wüßte, von welchen Eindrücken S. Fischer, der da las, las und las, sein Reüssieren herleitet.

[F 743–50, 108; 1926]

Atmosphäre

verlangt der Koofmich, in dessen Dienst die Kunst steht und der jetzt als »Regisseur« alle Arten von Unzucht bis zur Schändung von Gräbern, Denkmälern und Altären mit ihr treibt. Wenn die Luft auf eine Art verpestet ist, daß Europa sich die Nase zuhält, nennen sie es »Atmosphäre« und die erfinderischeste Phantasie vermöchte nicht auszusinnen, was frechem Phantasiemangel, gerissener Talentlosigkeit und berechnender Blasphemie morgen einfallen wird, um Shakespeare zugkräftig zu machen und der Trottelidee der Zeitgemäßheit unterzuordnen. Alle Doktrin der Flachheit ist aufgeboten, um dem Geschäft der Roßtäuscher, das im Theatergebiet noch immer Chancen hat, so etwas wie eine Ideologie zu verschaffen und dort wo nichts als Defekt ist, poloniusartig den Effekt zu begründen. Ich habe den Versuch, Hamlet den Schieberbedürfnissen anzupassen, nicht mit eigenen Augen und Ohren erlebt. Aber nach den »Räubern«, deren Sinn etwa im Triumph des Schufterle gipfelte und in der Reserve eines Karl Moor, der weit entfernt davon war, unter ihnen fürchterliche Musterung zu halten, wünschte ich sehr lebhaft, daß sich die politische Reaktion Deutschlands zu einer im Gebiet der Theaterschande aufraffe. Denn bei dem tiefsten Abscheu vor ihrer politischen Sinnesart und bei aller Verachtung für den positiven Kulturinhalt, den diese Kreise behaupten oder ersehnen, muß man doch sagen, daß der Dreschflegel die einzige Remedur ist gegen eine Büberei, die zur Entschädigung für ihre Unfähigkeit, Kulturschätze hervorzubringen, die vorhandenen besudelt. Man mag über den künstlerischen Bestand der »Räuber« wie immer denken, die Frechheit, mit Verwendung staatlicher Geldmittel nationale Gefühlswerte zur Vogelscheuche zu machen, läßt nur ein Staunen zu, wie übermächtig sich diese Maffia von Literaturschwindlern und Theatermarkthelfern in der Region einer Hakenkreuzlerei fühlt, die der Politik der Menschlichkeit getrost Opfer abverlangen mag, wenn nur das schmutzigste Kulturgeschäft ungeschoren bleibt. Darum ist es durchaus zu begrüßen, daß ein Nationalismus, der in seinen eigenen Tendenzen nicht niedrig genug eingeschätzt werden kann, einmal nach dem Rechten sieht und eine Libertinage anpackt, die beiweitem das widerlichste Schauspiel dieser Gegenwart bedeutet. Denn das Unterfangen, aus klassischen Werken das »Zeitdokumentarische« herauszuarbeiten, läßt doch als Zeitdokument höchstens die Erscheinung zurück, daß solche Frechheit daseinsmöglich ist. Aber nichts wäre ja in diesem Berliner Kunstbetrieb unmöglich, dem keine Teufelsmesse schwarz genug sein kann und der nachgerade die Form eines plebejischen Cäsarenwahns annimmt, welchem kein Betrug an einer betriebsverzückten Öffentlichkeit mißlingen kann. Was da täglich neu als der letzte Clou vor einer herz- und geistverlassenen Hörerschaft ersteht, ist das als Konsul aufgemachte Pferd: eine arme Schindmähre mit eingepeitschtem »Tempo«. Und das was sie um sich verbreiten und worin überhaupt nichts, das noch organisch mit der Schöpfung verbunden ist, es auszuhalten vermöchte, nennen sie »Atmosphäre«. Zum Glück aber wird doch noch hin und wieder der Nebel dieser Absurditäten zerrissen durch ein klares Faktum. In dem Wortgemenge von Tobsucht und Talentlosigkeit, das die Spalten so eines »Tageblatts« erfüllt, steht es da, auf der ganzen Welt einzig in dieser Region möglich, in der eigensten Handschrift dieser Kultur, deutsch, berlinerisch, in der ganzen Breite der Seite, im wildesten Betrieb nicht zu übersehen, wie eine Rettungsinsel auf dem Potsdamerplatz:

> Die richtige Atmosphäre
>
> zur gegenseitigen Verständigung kann nicht entstehen, wenn jemand mit üblem Mundgeruch behaftet ist.
>
> Eine kräftige Mundspülung mit
>
> ODOL
>
> verbürgt frisch-duftenden Atem.

[F 751–56, 26–27; 1927]

Wiedersehen des Tages

Wann hab zuletzt ich den Tag gesehn?
Ich mußte an einem Grabe stehn.
Dann ging ich ins Leben weit und breit
und es war, als wäre es ein letztes Geleit,
leidtragend ging es den Ring entlang
und jegliches Ding den letzten Gang,
dahin, wo sich alle versammelt haben,
wie je und je, zum Graben, zum Graben.
An den Häusern und Läden war alles erneut,
die Waren lebendig, verblichen die Leut,
kein Gefühl, kein Gedanke, kein wirkender Wille,
nur Kinolarven mit starrer Pupille,
viel irdische Hülle auf allen Wegen,
kein Hinterbliebner kam mir entgegen;
du lebst noch? schienen sie zu fragen
und um Lebendiges zu klagen,
im Zeitlupenmaß erstarrte der Fuß,
doch die Hand erhob sich zum letzten Gruß.
Von einem Grabe ging ich zum Grab,
da ich den Tag gesehen hab.

[F 751–56, 95; 1927]

Promesse

Die Verarbeitung der Tageseindrücke zu dem von ihren Erzeugern und sonstigen Dummköpfen dauernd mißverstandenen Glossenwerk der Fackel erfolgt nach keinem Plan, der auf »Aktualität« gerichtet wäre. So dürfte von den Stofflesern, die der Teufel endlich aus dem Leserkreis der Fackel holen möge, gerade diesmal thematisch allerlei vermißt werden, was die phantastischen Möglichkeiten dieses Balkanstaates jüngst an Schmutz und Lüge, so zwischen Ahrer und Bekessy, und aus dem tätigen Vulkan der politischen Schamlosigkeit, auftauchen ließen. Da ich mein persönliches Interesse an dem Ereignis, zu dem hier das moralisch Unzulängliche erwächst, vielfach mit dem Mittel einer strafrechtlichen Remedur verknüpfe, so bewirken auch gesetzliche Hindernisse den Aufschub von Bereinigungen, die schon durch die Überfälle der Anlässe zu kurz kommen müßten. So kunstvoll der Bau dieser Mißwelt erscheinen mag, den ein Heft der Fackel darstellt: so zufallsmäßig, dem ersten Blick und Griff überlassen, erfolgt die Herstellung seiner Teile. Wollte ich all das, was mir am Herzen liegt, jeweils in den Zusammenhang retten, der sich doch wie ein Wunder immer wieder ergibt, er würde nicht in Erscheinung treten, bevor er ein Heft von fünfhundert Seiten umfaßte. So bleibt nichts übrig, als daß die Leser: solche, für die, und solche, gegen die es geschrieben ist, so viel Geduld haben wie der Autor, auf die Gefahr hin, daß sie länger dauere als der Anreiz, den ihm der Stoff gewährt. Irgendeinmal kommt er irgendwie doch zum Vorschein, und was immer da abfalle, dem Bild der Region, der er entstammt, bleibe ich ja doch nichts schuldig. Denn mag es auch Zeiten geben, wo ein Geheimnis der Sprache stark genug ist, mir im Lärm der Sprecher Schweigen aufzuerlegen – zu verdienten Gunsten einer Sache, der in der Sachwelt viel reiner Menschenglaube verbunden bleibt –; mag es geschehen, daß mir das Problem des Reims beträchtlicher dünkt als das der Kandidatur des Herrn Eldersch: so kommt doch wieder der Moment, wo mich kein Strahl des schöpferischen Geistes stärker zu blenden vermöchte als die unwidersprochene Nachricht, daß jener eine Wahlrede mit den Worten geschlossen habe: »Wir Sozialdemokraten sind die wahren Nachfolger Christi. In der Schrift steht: Eher geht ein Kamel durch ein Nadelöhr, als ein Reicher in das Himmelreich. Die Vertreter der Einheitsliste sind die Vertreter der Reichen, wir

Sozialdemokraten sind die Vertreter der Armen.« Und dies unter dem Jubel vieler, die durch kein Nadelöhr gehen, und hinter dem Rücken eines, der sich bisher fürs Himmelreich keines Hindernisses von Herrn Eldersch versehen konnte. Die große Entscheidung, ob die Pfründner des Fortschritts, denen ich ein völlig wirkungsloses »Weg damit!« zugerufen habe, und die des Rückschritts – welche den legitimeren Anblick des Grausens bieten – wieder ihrer Pfründen und aller damit verknüpften Gelegenheiten teilhaft werden sollen, ist vorüber und der Trost, daß kein teures Haupt fehlt, bildet die Entschädigung eines Volkswillens, der die Stimme hat, um sie abzugeben, und dem eine machtverteilende Wahllist verwehrt hat, das Nichtgewünschte zu durchstreichen. Welcher Parteinahme bin ich verdächtig, wenn ich dort, wo Reinheit Bedingung ist und nicht Vorzug, den Schmutzfleck mehr hasse als den Schmutz der Welt, der er doch zugehört und die ihn auf die Gegenwelt abfärben ließ? Meiner Wahlpflicht gegen die bürgerlich-sozialdemokratische Einheitsfront habe ich durch Enthaltung genügt, und die Parteinahme für mich, der da Partei nimmt für die Menschheit und gegen die Macht, an die er sie verraten sieht, ja das letzte Echo meiner Rede schlage ich in den Wind – den mir keine Lüge, die vom Ideal frißt, keine Mittelmäßigkeit, die den Zweck verzehrt, jemals vormachen wird! Ich kenne keine Parteien mehr, ich kenne nur Bürger; und ihr gemeinsames Streben im Widerstreit der Interessen hat gesiegt. Mitbürger Bekessys, auch wenn sie's nicht mehr sein wollen und es nicht wahr haben wollen, daß sie sind, was ich sie genannt habe: »Zuständige eines Landes, das keinen Richter brauchen wird, weil sich alles von selbst prostituiert«. Kostgänger einer Preßfreiheit, die die Feigheit immunisiert, die namenlose Lüge zur Einrichtung macht und die Haltung von Freigelassenen vorsieht, welche die Wahrheit für ihren Verzicht auf Erfolg als »Eitelkeit« besudeln. Was immer ich versäume, weil mir im Anblick jedes Lumpen die Lumperei neu erfunden erscheint und zu jedem Dummkopf etwas einfällt – ich komme nach! Nicht gelingen wird es, meinen Abscheu vor aufgeschwungener Minderwertigkeit durch die Verknüpfung mit einer bürgerlichen Region zu kompromittieren, deren beglaubigter Todfeind ich war, bevor jene lesen und nicht schreiben gelernt haben. Wem, der sie zu fordern nicht berechtigt ist, wäre ich je Rechenschaft schuldig geblieben? Wir wollen es, in einer Welt, der ich die Konsequenz meiner Widersprüche biete, auf die Entscheidung ankommen lassen, wer das Urbild des Menschentums treuer bewahrt hat, ein »Affe der Gerechtigkeit« oder die Praktiker der relativen Moral, Pharisäer, die den Glauben selbst als Abfall ächten, Tyrannen der Gemeinschaft, Pensionäre des Ideals, in deren Händen kein rechtes Gut gedeiht! Wie, ich sollte, weil ich den neuen Zweck bekenne, ihn denen glauben, die ihn täglich durch die Mittel entheiligen, wodurch von altersher Macht erlangt und behauptet ward? Nein, die Glieder einer Hierarchie der Freiheit: die schwerer Würden Vollen und die Leibwächter, die dahinter sind – sie entgehen dem Schicksal nicht, an jeder Tat und an jedem Ton in Übereinstimmung gebracht zu werden mit dem Abbild einer Bürgerwelt, das ich in Jahrzehnten gezeichnet habe zum Entzücken und zur Nährung eines scheinrevolutionären Geistes, zur Nachbildung durch alle Freibeuter, und als das eigentliche Vorbild ihrer angelangten Bürgerlichkeit. Die »Verjagung der alten Gespenster«, dieser wahren Revenants, beginnt von neuem, und würden mit ihnen tausend Stoffleser verjagt – der Ruf »Bekessy ante portas!« schreckt mich nur auf, den Erschreckten zu helfen, damit sie mir zum Schluß den Sieg davontragen. Was ich erlebt habe in dieser Kluft zwischen Ansehn und Erbärmlichkeit, in diesem Schlammgrund, dessen Ausdünstung alle Hygiene wettmacht, in diesem Abenteuer, da ich einen ganzen Staat mit seinen sämtlichen Ohnmachthabern den Klauen der Erpressung entriß – das auszudrücken könnte keine Rücksicht, keine Vorsicht je verhüten, höchstens die Laune einer Betrachtung vertagen, der manchmal doch ein Konjunktiv wichtiger scheint als ein Kujon. Nein, den Inhalt einer allbürgerlichen Würde, die Beethoven gefeiert hat mit der Ahrerfurcht im Herzen, hoffe ich noch hundertfältig zur Gestalt zu bringen; und in die späteren Lesebücher den Ruhm einer Stadt, die ein Bollwerk des Ostens war gegen die drohende Gefahr der Kultur.

[F 759–65, 1–4; 1927]

Für Hildegard Scheller

Wäre meine Vorstellung nicht an hundert Formen dieses Sündenerbrechens, das sich Bürgerwelt nennt, zugleich gebunden, wahrlich ich hätte, wie damals, als ich ihrer pharisäischesten Partie

»Sittlichkeit und Kriminalität« abgewann, mich ganz und gar dem Fall zugewendet, wo sie ihre verdorbene Lust in der Hetzjagd auf ein junges Mädchen befriedigt hat. Auf eine Sechzehnjährige, die, entspräche sie dem Bilde, das die alliierten Treibjäger in Staat und Presse von ihr der genießenden Kanaille Öffentlichkeit vermittelt haben, sittlich noch turmhoch über dem Babel stünde, dessen Honoratioren sich da des Sittenamts vermessen. So aber mußte es sich mein Blick, gebannt und ermüdet von allen Greueln der näheren Nachbarschaft, genügen lassen, die Gerichtsspalten zu durchfliegen, das tausendmal Erlebte als vorhanden zu erkennen und höchstens bei dem furchtbaren Frage- und Antwortspiel zu verweilen, das eines jener fortgeschrittenen Blätter fixiert hat, die das Sensationsgeschäft schon unter dem Vorwand freiheitlicher Kritik betreiben:

Eine peinliche Szene

– – Vorsitzender: Haben Sie dann auch mehr gemacht, als sich geküßt?

Hilde schweigt.

Vors.: Wie, was, er, Sie, ihn, wie?

Schließlich sagt Hilde: Ich habe Paul nur geküßt. Zu mehr ist es nicht gekommen.

Vors.: Zu unsittlichen Berührungen mit der Hand?

Hilde schweigt.

Vors. (der das Schweigen als Zustimmung auffaßt): Also ja, sagen Sie mal, was für einen Eindruck hatten Sie denn von ihm? Hatte er Sie gerne?

Hilde: Ich glaube, er hatte mich gern.

Vors.: Sagen Sie mal, wer war denn der Tätigere von euch beiden? – –

Hilde schweigt hartnäckig, und was sich jetzt abspielt, ist eine sehr peinliche seelische Tortur.

Der Vorsitzende will Hilde unbedingt zwingen, im großen Gerichtssaal über ihre intimsten Erlebnisse auszusagen. – –

Vors.: Haben Sie Krantz Vorwürfe gemacht, weil er sich Ihnen immer aufdrängte?

Hilde: Nein. – –

Vors.: – Auf dem Rückweg haben Sie sich also geküßt. Haben Sie auch verabredet, daß Sie zusammen schlafen werden?

Hilde (entrüstet): Nein.

Vors.: Aber das war doch bei Ihnen beiden stiller Wunsch und unausgesprochene Vereinbarung.

Hilde: Nein. Er kam zu mir und sagte, er könne nicht ins Zimmer zu Günther hinein. Und ich bin dann zu ihm gegangen und dann haben wir uns geküßt.

Vors.: Ist es auch zu regulärem Verkehr gekommen?

Hilde: Nein.

Vors.: Oder zu etwas, was fast so war?

Hilde: Nein.

Vors.: Aber hat es auf seiner Seite eine solche Wirkung gehabt? Wissen Sie etwas darüber?

Hilde schweigt.

Vors.: Wie... was... nicht... ja...?

– – Da Hilde noch immer hartnäckig schweigt, fragt der Vorsitzende weiter: »Haben Sie sich erheblich sexuell eingelassen? Wie... was... wie... nicht?«

Hilde antwortet endlich: Nein – –

Vorsitzender: Aber es war doch nahe daran, wie... nicht.., wie?

Gewiß, es war einer der stärksten Alpe, die ich jemals in meinem täglichen Nachtwerk berufen war durch das Wort von den Herzen der wenigen abzulösen, denen dergleichen noch den Schlaf raubt. Doch ich mußte fürchten, daß es in der größeren Quantität, die ungestaltet bleibt, begraben würde, geboren und verschlungen von einer Zeit, die nichts hat als Quantität, und daß mir nicht einmal der Abdruck des Alps vergönnt wäre, um für eine gequälte Zeugin mit einem Menschenton zu zeugen. Da hat sie sich selbst zum Wort gemeldet, und ihre Bitte um Schutz schützt sie besser, als die Abwehr aller Unbill es vermöchte. Ich bekam eine Zuschrift, an deren Echtheit ich mit umso mehr Recht zweifeln konnte, als ich kurz vorher in einem »Schriftsatz« die Behauptung gefunden hatte, daß von tausend Menschen an der Spree kaum einer die Fackel kenne, und ich selbst dieser Behauptung als einer übertriebenen Aussage von der Verbreitung der Fackel in Berlin widersprochen habe, die doch gewiß nicht zwei- bis dreitausend Menschen dort bekannt sei. Und wie sollte zu der geringeren Zahl gerade die kleine Zeugin im Krantz-Prozeß zählen?

Berlin-Steglitz, den 20. II. 28
Albrechtstr. 72c

Sehr geehrter Herr Kraus!

Durch die entstellten Prozeßberichte bin ich zu einer so traurigen »Berühmtheit« geworden. Keine Zeitung findet sich, mich zu rechtfertigen. Alle fürchten den Rechtsanwalt Dr. Frey. So wende ich mich in meiner großen Not an Sie, den ich durch Lesen Ihrer »Fackel« als den einzigen Anwalt des Rechts erkannt habe.

Mit der Hoffnung auf Ihre Hilfe

verbleibe ich Ihre ergebene
Hildegard Scheller.

Unmittelbar darauf hieß es, Fräulein Scheller sei in ein Landpensionat gebracht worden, und ich ließ durch einen Berliner Bekannten bei den Eltern nachfragen, ob ihnen von der Absendung jenes Briefes etwas bekannt sei. Seine Echtheit wurde dem Nachfragenden bestätigt, der dann von einem juristischen Berater der Familie die folgende Zuschrift erhielt:

Im Anschluß an unser gestriges Ferngespräch beehre ich mich Ihnen wie folgt zu schreiben:

Fräulein Hildegard Scheller hatte mir als einem Freunde der Familie – ich bin kein Berufsjurist – gelegentlich Ihrer Abreise in ein ausländisches Töchterpensionat anvertraut, daß sie sich während der letzten Tage des Krantz-Prozesses in ihrer Verzweiflung und Verlassenheit an Herrn K. K. gewendet und ihn um Ehrenschutz gebeten hätte, der ihr von Seiten der Presse nicht zuteil wurde. Ich hatte Fräulein Scheller versprechen müssen, für den Fall, daß Herr K. K. sich für ihre Sache interessieren sollte, ihm an ihrer Stelle alle notwendigen Informationen zu erteilen und ihm vor allen Dingen diejenigen Dokumente auszufolgen, deren Veröffentlichung hier niemand wagen würde. Daß Herr K. K. sich überhaupt eventuell des Fräuleins Scheller annehmen würde, hätte ich nie erwartet, ich hatte s. Zt. den Brief des Fräuleins Scheller als »jugendliche Tollkühnheit« bezeichnet, freue mich aber umsomehr, daß ich hier im Unrecht war.

Die Zuschrift erzählt nun einiges von dem Zusammenwirken von Sensation und Autorität, »um ein junges Mädchen von wirklich beispiellos vornehmer Gesinnung und hervorragenden Geistesgaben seelisch zu martern und gesellschaftlich zu ruinieren«, und schließt mit der Bitte um eine Unterredung in Gegenwart der Eltern. Bevor es zu dieser – nach Abschluß der Vorlesungen – kam, wurde mir in Berlin der folgende Brief übermittelt:

– –28. III. 28

Sehr geehrter Herr Kraus!

Gern wollte ich Ihnen persönlich alles erzählen, doch ich bin für längere Zeit in diesem hiesigen Pensionat. Hier hoffte ich Ruhe zu finden, aber man hat erfahren, wer ich bin.

Ich will versuchen, Ihnen so gut es brieflich geht, zu schildern, wie alles war.

Vorausschicken muß ich, daß ich mich durchaus nicht reinwaschen will. Denn, wenn man überhaupt von Schuld sprechen kann, gebührt auch mir ein Anteil.

Aber wie gegen mich und vor allen Dingen gegen meinen armen Bruder vorgegangen ist, das ist das Empörende.

Alle nur erdenklichen Sünden und Fehler wurden unserer Familie angedichtet.

Gab es wirklich etwas zu kritisieren, was bei jedem Menschen vorkommt, so wurde das riesenhaft vergrößert und entstellt.

Natürlich ist es die Pflicht eines Verteidigers, alles daran zu setzen, um seinen Klienten frei zu bekommen. Aber Herr Dr. Frey befand sich gar nicht in dieser Notwendigkeit mir gegenüber, da meine Aussage seinen Mandanten ja in keiner Weise in Gefahr brachte, und somit war die ganze Quälerei doch wirklich überflüssig.

Ich stand schutzlos ohne Rechtsbeistand einem gehässigen Verteidiger und einer sensationslüsternen Presse ausgeliefert.

Es wurde mir kein Schutz bewilligt, denn immer wieder wurde betont, ich sei nur Zeugin. Daß ich schlimmer als der Angeklagte selbst verhört wurde, beachtete niemand.

Ist es nicht ein Leichtes für einen Rechtsanwalt wie Dr. Frey, mir, die ich nichts von »Recht« und Gericht verstehe, die Worte im Munde umzudrehen?! Immer wieder konnte ich beteuern, es sei doch wirklich nicht so, wie er es sagt. Niemand hörte es.

Wie ein abgekartetes Spiel kamen mir gewisse Zeugenvernehmungen vor. Ich weiß nicht, ob ich es beurteilen kann, aber Frage und Antwort waren so wunderbar auf einander abgestimmt, daß es auffallen mußte. Doch es wollte niemand merken, es war ja gegen mich und so schön sensationell.

Mit dem festen Vorsatz, die reine Wahrheit zu sagen und Krantz so viel als möglich zu schonen, bin ich hingegangen. Doch ehe ich schon den Mund auftat, wurde meine Glaubwürdigkeit von Herrn Dr. Frey bezweifelt. Und kein Mittel scheute er, meine Glaubwürdigkeit zu erschüttern.

Sie werden es sicher gelesen haben, wie er eine Unwahrheit nach der andern vorbrachte, meine Schlechtigkeit, meinen Leichtsinn und somit meine Unglaubwürdigkeit zu beweisen. Und wie sich dann herausstellte, daß alles, was er mir nachsagte, auf Unwahrheit beruhte. Die Widerlegung seiner Beschimpfungen hat die Presse natürlich nicht richtig gebracht, und ich bin nicht stark genug, mich gegen solche Angriffe und gegen solche Gegner zu wehren, habe auch vor allem hierzu nicht die Möglichkeit.

Aus diesem Grunde wagte ich es, Sie um Schutz zu bitten, und ich danke Ihnen herzlichst, daß Sie auf mein Schreiben eingegangen sind. – –

Ihre ergebene
Hildegard Scheller

Diesem Schreiben, dessen Wahrhaftigkeit die Apparate der Lügenmacht in Plunder verwandelt, ist noch ein Dank gefolgt für die

Unterredung, die inzwischen stattgefunden hatte. Die Aufschlüsse, die diese an der Hand von Dokumenten brachte, betreffen das Walten der amtlichen Sittlichkeit und das Wüten der Sensationsbestie, jener Mißbraucher der Tageszeiten, die des Morgens, des Mittags und des Abends die Menschenerde besudeln. Was die amtliche Sittlichkeit betrifft, so hat sie wie immer funktioniert, das heißt so, daß man, wenn man ihre Protokolle veröffentlichen wollte, von ihr wegen Verbreitung unzüchtiger Schriften belangt werden müßte; und es wäre auch, solange es nicht unerläßlich ist, geradezu peinlich, das Bekenntnis eines beherzten Mädchens mit der Erinnerung an die ihm angetane Häßlichkeit, soweit sie nicht schon durch die Gerichtssaalberichte belegt ist, zu konfrontieren. Was die Zutreiber der öffentlichen Moral betrifft, so wäre festzustellen, daß sie Interviews erlogen und erpreßt, Photographien geraubt und sich unter allerlei Fiktionen wie der eines ausgebrochenen Brandes den Einlaß ins Familienzimmer erkämpft haben und daß, was immer da erschienen ist, aus den schmierigen Fingern gesogen war. Auch die Presse hat also funktioniert wie immer.

Da kommen wir mit vollem Trab,
Verzeiht! es ging nicht gütlich ab.
Wir klopften an, wir pochten an,
Und immer ward nicht aufgetan;
Wir rüttelten, wir pochten fort,
Da lag die morsche Türe dort. – –

Wo immer menschliches Glück zu zerstören ist, ob bei Philemon und Baucis oder wo Knaben und Mädchen wohnen, die drei Gewaltigen: die vom Morgen, vom Mittag und vom Abend leisten ganze Arbeit:

– – In wilden Kampfes kurzer Zeit,
Von Kohlen, rings umher gestreut.
Entflammte Stroh. Nun lodert's frei.
Als Scheiterhaufen dieser drei.

Denn auch hier geschieht, was längst geschah. Den Lynkeus, der es nicht sieht, zu solchem Fall geschwiegen hat und nur »Es sei wie es wolle, es war doch so schön!« behauptet, löst der andere ab:

Sollt ihr Augen dies erkennen!
Muß ich so weitsichtig sein!

[F 781–86, 40–46; 1928]

Nach dreißig Jahren

Rückblick der Eitelkeit

Mit hundert Stimmen tönt der Mund des Tags:
Mißton zur Missetat und muntre Kunde,
wenn die Natur aus hundert Wunden blutet.
Der, der allein steht gegen diese Wut,
ihr ausgesetzt im unentschiednen Kampf,
den nicht der Tag entscheidet, gilt für eitel,
weil er das Wort vor solchem Anspruch hütet.
Ihm ist es Ware nicht, ihm ist es Waffe,
die Waffe nicht allein, vielmehr der Wert,
nicht das womit nur, nein, wofür er kämpft.
So dinglich Tun, der eitlen Welt entgegen,
ergreift der Weltbegriff von Eitelkeit.
Denn es erhob sich diese eine Stimme
so hell und hoch, wie die Natur gewährte,
die Schuld der Zeit zu rächen und ein Beispiel
ihr vorzustellen, als der eigne Sänger
von einem Kampfe, den kein andrer kündet;
denn jeder andre spricht zum Mund der Zeit.
Der aber anders spricht, spricht nicht von Sieg,
und keine Wende, keinen Ruhepunkt
gewährt der Sturm des dreißigjährigen Krieges.
Doch ziemt dem Abschnitt solchen Mißerfolges
die Rechenschaft: das Fazit nach Verlusten
ist meine Macht, der Übermacht zu spotten,
ich bin vorhanden, vae victoribus!
Nicht Schranken sind errichtet, nur ein Maß.
Und nicht von mir, bloß durch mich; weil ich bin,
nicht weil ich es bestimme. Solchen Wahns
verwäge und vermesse ich mich nicht
und maße mir nicht an, das Maß zu geben,
der längst erfuhr, wie gegen seinen Willen
die Welt läuft und wie seines Wirkens Spur
unkennbar wird im Fortschritt dieser Zeit.
Doch hebt die Spur sich ab vom Gegenteil,
im Negativ der Menschlichkeit bewahrt.
Vorhanden bin ich, und es hat sich vieles

an mir entschieden, da es von mir schied.
Nicht standzuhalten meiner Gegenwart
war die Bestimmung der Umgebenden,
und Rettung vor der Stimme, die sie anrief:
ein abgeredet Schweigen, das da wähnt,
ich sei nicht auf der Welt. Wie Angst im Wald,
sich Mut zu machen, schreit vor einem Feind,
der nur vermutet ist, so schweigen sie
laut auf vor dem, der immer gegenwärtig
und spürbar wirkend ihre Zeit durchquerte.
Am Wort, am Weib hat er, ein Mann ein Wort,
des Dienstes nie gefehlt; nicht unvergolten
blieb Gottesfrevel an Natur und Sprache,
und niemals ließ er unvollstreckt den Sinn
der Rache, die die Elemente treibt,
wenn sich der Weltsinn allzu frech vermaß.
Geläng' es diesem, einen Feuerberg
mit technischen Praktiken stillzulegen,
nie würde über ein Empörerherz
ihm ähnlicher Triumph, nie kommt die Zeit,
wo sich der Geist dem Zeitgeist unterwirft!
Unsühnbar Walten zeigt ihn unversöhnlich.
Im Hochgenuß des reinsten Kunsterlebens,
entrückt vom Wonnerausch an Wort und Ton,
hat der die Händel dieses Tags bewacht
und hat den Schein der Streitsucht nicht gescheut,
um dieses bürgerliche Vollbehagen,
das in so andern Regionen schwelgt,
so lustlos fern der schöpferischen Freiheit,
mit dessen eigener Gesetzlichkeit
zu konfrontieren, durchaus dort und da
das Zweifelhafte zweifellos zu stellen.
Die Sache wills, und mannigfache Sachen,
vor deren jeder es der Sache gilt,
erzwingen so den Einsatz der Person,
daß all ihr Tun persönlich scheint und eitel.
Dies Stigma hat die Ohnmacht der Gewalt,
die nichts als Geltung will im Lebensraum,
nichts als Verbindung sucht und Selbsterhaltung,
an den vergeben, der als letzten Lohn

erstrebte, was in diesem Jahrmarktstreiben
die Selbstvernichtung ist: den Weltverzicht.
Verzicht aufs Leben selbst, ja auf den Tag,
der doch auch Sonne bringt und nicht bloß Dunkel.
Zu meinem Tag ward jede Nacht gemacht,
der halbe Tag dazu, durch all die Jahre:
für Werte, die nicht wägbar sind, nicht tragbar,
um Sorgen, die nicht Qual, nicht Glück bedeuten
dem Zeitvertreiber, niemals Schlaf und Stirn
bedrückt ihm haben, nicht den Tag ihm kreuzen
und nicht den Traum, wofern er Träume hat.
Wofür ward es getan? Der Geltung wegen
vor denen, gegen die es gelten soll?
Ist's glaubhaft denn, sie selber könnten glauben,
ich sei wie sie und wende zu dem Zweck,
den jeder hat, das falsche Mittel an,
durch Aufstand die Verbindung herzustellen?
Und weiß ich nicht, daß, könnt' es so gelingen,
ihr größrer Haß mir die Verbindung wehrt?
Der Haß, der sie bis zu dem Mißgriff treibt,
mir das höchsteigne Brandmal zu verleihen,
läßt fraglich nur, wofür sie mehr mich hassen:
ob für das bloße Sein, ob für das Können.
So oder so, ich habe mir's verscherzt.
Wär' ich ein anderer, wär' alles anders,
und könnt' ich weniger, wär' meine Leistung
in allen schmutzigen Mäulern dieses Tags.
So muß zum Tun die Rede selbst ich führen,
die auch dem Dümmsten doch in einem Punkt
erfaßbar wurde: daß ich eitel bin.

Sonst wissen sie ja weiter nichts von mir
und selbst dies eine meist vom Hörensagen,
indem sie mich nicht selber sagen hörten,
nur solches von mir, was die andern sagen,
in einer Stadt, die von Gerüchten lebt
und wo Ereignis dem Gerücht entstammt,
wiewohl sie hinreichend gesichert scheint,
da jeder zweite Mann ein Polizist ist.
Da aber jeder andre Journalist ist,

so ist sie preisgegeben, denn die Feder
hat noch mehr Macht und Ansehn als der Knüppel,
und öffentliche Meinung ist Gerücht.
Dafür genügt auch mir die Vorstellung
von einer Stadt, von der ich sagen hörte,
sie spreche nie von sich, verstecke sich
vor Fremden, niemals habe noch ein Wiener
von sich gesagt, daß er ein Wiener sei,
dagegen stets, uneitel wie er ist,
sein Mütterlein als Wienerin verleugnet.
Der Schreibtisch läßt sich zwar nicht übersiedeln
in eine Welt, die frei von dem Problem,
doch spart er die persönliche Berührung
mit einer Sorte kompetenter Tadler,
die, wär ich ihresgleichen, staunen sollten,
wie ich dann ganz und gar nicht eitel wär'.
Und so bescheiden bin ich, zu bekennen:
wär' vollends das Talent mir angeboren
der Männer, deren Meinung hier gedruckt wird,
ich wäre nie damit hervorgetreten,
vielmehr ein Handlungsreisender geworden;
und wollte dann wohl als ein Leser glauben,
was jene öffentlich zu meinen pflegen.
Mein Werk ist der Beweis: die Presse lügt,
weil Drucken gleichbedeutend ist mit Lügen.
Mein bessres Werk und Wohltat an mir selbst:
daß, wo nur Blätter noch die Welt bedeuten,
ich jene Werte, die die Zeit verdarb,
ersetze und dem Unwert, den sie hegt,
entgegensetze, trotzend ihrem Fluch,
hab ich gezeigt, daß es noch Bretter gibt,
ihr den verlornen Zauber anzuzaubern.
Wenn's wahr ist, daß ich mit dem Requisit
des Zeigefingers eine Szene fülle
mit Akrobaten, die den Teller drehn,
dann hat die Bühne, die es nicht vermag,
weil die Regie das Element nicht herstellt,
ihr Spiel verloren, und die Presse lügt,
die allem Firlefanz Kolumnen öffnet,
doch vor dem Wesentlichen darum schweigt,

weil sie den Träger haßt um die Erkenntnis
von ihrer Lüge. Daß er seinen Fall
als sichtbarste Bestätigung erlebt,
so in der Kunstkritik nie größere Lüge
als dieses Schweigen war, es führt ihm schließlich
ein Wörtchen zu: das von der Eitelkeit.
Doch keiner prüft, ob sie denn unberechtigt;
und ob ein Walten, das so infernal
Privathaß fälscht zu öffentlicher Meinung,
nicht eigensüchtiger sei als das des Künstlers,
der wohl zum eignen Worte steht, doch lieber
dem fremden Werke dient, zu dem er steht;
und der noch nie das Wertmaß an der Kunst
verwirren ließ von einem Blick nach außen.
Was ist denn Eitelkeit? Ein Tauschgeschäft
von Wert und Geltung. Wo wird Wert geopfert?
Doch von der Welt! Wo Geltung?
Doch wohl von jenem, den sie eitel nennt!
Wie sollte ich es sein, da sie bis heute
mir keinen anderen Gedanken dankt?
Und in der Schlinge fehlerhaften Zirkels
faß ich das Phänomen, das Dummheit heißt.
Mit einem Hohn, dem die Kulturgeschichte
nicht seinesgleichen stellt – und wenn sie mich
darob des Größenwahns beschuldigen sollte –,
steh ich vor dieser Zeitgenossenschaft,
von der ich glaube, daß sie Sport und Technik
ins Grenzenlose führt, doch im Bezirk
des geistigen Erlebens so beschränkt hat,
daß es der Sau graust, die es unternähme,
ein Zeitungsblatt zu lesen, oder tollkühn
etwa ein Schauspielhaus betreten wollte.

Der Händler, dem das Leben ganz gehört,
hat eure Phantasie in Pacht genommen.
Er läßt euch Radio hören, Fußball werfen,
gewährt euch die politische Bewegung
mit Einschluß der Befugnis, frei zu sein,
erlaubt den Zeitvertreib, der euch das Denken
erspart, und fördert auch die schönen Künste,

wofern sie nicht Lebendiges und Totes
berührend, seelenstürmend Umsturz künden,
den wahren: der das Werk der falschen Freiheit
bedroht und gegen allen Staatsbetrug
im unverjährten Anspruch der Natur
verkehrt die umgekehrte Lebensordnung
bis zu dem Ursprung hin, an dem gesetzt ist:
Der Mensch sei nicht das Mittel, doch der Zweck!
Nun ist die Welt dem Händler untertan,
und nichts gilt, was sich nicht prostituiert.
Und nur die Frau bleibt Freiwild, und die Freiheit,
sie animiert den schuftigen Büttel Shakespeares
zu schnöderm Zugriff im Revier der Lust.
Nie haben Amtsmoral und Bürgersinn,
weit mehr als sonst dem Weltgeist prostituiert,
mit frechrer Pharisäerstirn geheuchelt,
und niemals hat sich jener Männerstolz,
der Königsthronen nicht mehr opfern wollte,
so allem Handel preisgegeben. Alles
darf heute huren, nur die Huren nicht!
Verabscheut wird, wer daran Anstoß nimmt,
mit ihm gemieden alle, die ihm folgen,
die Lepra der Erkenntnis zu verbreiten.
Die Welt will leben und in Ruhe töten,
und wehe jedem, der es weiß und sagt!

Und gibt es solche Zweifler, die vielleicht
zu fühlen noch vermöchten, daß dies Leben
dem Sinn des Lebens widerstrebt, sie halten
die Ohren festverschlossen der Gefahr,
in reinere Region verführt zu werden,
und offen nur dem widrigen Gerücht,
das einen Weckruf zum Skandal entstellt;
und schleichen sich davon wie Egmonts Bürger.
Kein Machtgriff wäre denkbar, den am Rufer
die frisch errungne Freiheit nicht erlaubte.
Zwar wo die Macht Funktion hat, steht sie tatlos
vor seiner Tat, und in das Nichts zerfiel
der Popanz der fragwürdigen Würdenträger;
denn Feigheit ist die oberste Funktion.

Jedoch die Freiheit ward an mir zur Phrase
und sichtbar wird die Fratze der Gewalt.
So dem Bekenntnis abtrünnig zu sein
der Lippe, die man aufwirft gegen mich,
vermehrt den Haß; die Lüge, der man dient,
heischt immer neues Opfer, ach und wie
sichs mit mir auseinandersetzt, es setzt sich
so auseinander, daß nichts übrig bleibt,
bevor ich noch ein Wort dazu gesprochen.
Da hintert mich Erbarmen, es zu tun.
Ists mein Gelingen oder das der andern:
daß nichts so leicht gelingt wie der Effekt,
an mir sich zu blamieren? Und daß selbst noch
wer die Erkenntnis hatte: das Verhalten
zu mir sei Maßstab für den Wert des Manns,
sich einmal doch an mir blamieren muß!
Verhängnisvolle Gabe der Natur,
durch nichts als durch den eigenen Bestand
die andern zur Veränderung zu zwingen!
Ein kleines Ich vermag nicht durchzustehen,
gewandet es sich auch ins große Wir.
So unerfüllbar ist der Welt mein Maß,
daß sie noch weniger gibt, als sie vermag,
mit allem, was Partei und Presse bieten;
ob alt, ob jung, ein Rest bleibt unbeglichen
und tiefgefühlt: man zahlt mit Hysterie.
Dem stets genährten, nimmer satten Drang
zu mir hin, um von mir hinwegzukommen,
bleibt das Problem: Wie wird man mit mir fertig,
dem Zeitgenossen, der so unbequem
selbst die Genossenschaft der neuen Zeit
mit ihr das Faulbett zu genießen hindert?
Wie wird man mit dem Friedensstörer fertig,
der sich vermaß, Parteien nicht zu kennen,
vielmehr sie alle gegen sich zu einen?
Des Ohr die Phrase hört, was sie auch meinte;
des Blick den frischen Vorwand blank durchbohrt,
um antiquiertes Wesen zu erkennen;
des Wittersinn im neuen Weltgeschiebe
die Morgenluft nur der Gespenster wittert,

nicht mitgeht bis zum Trauerpossenschluß:
Trug ohnegleichen, wie der Fortinbras
von dem, was faul im Staate, profitiert!
Ein Revolutionär mit Ruhgehalt,
doch hat er vor der Stirn die Barrikade,
die er mit Taktik nicht betreten muß.
Wie wird man mit dem Zeitungsleser fertig,
der den Kontrast bemerkt vor dem Lassalle:
des Vorbild ausgesteckt wird, während hinten
der Ausbeuter des Proletariats
die Wünsche jeglichen Geschmacks erfüllt
und selbst zum Fest das Pathos parodiert!
Wie wird man mit dem Eigenbrötler fertig,
der es verschmäht zu heulen mit Hyänen
nach einem Krieg, weil er beiweitem lieber
vor solchem Greuel zu den Wölfen flieht!
Nichts ist verändert, alles bloß vertauscht;
wie einst geht hoch die Hefe der Kultur,
doch Umsturz ist: sie nennt sich prominent.
Zum Frieden fehlt nichts weiter als der Kaiser;
der aber findet vielfachen Ersatz,
denn aufgeteilt ist die Verlassenschaft
von Wahn und Würde, Macht und Majestät,
und Rückstand dient mit Formen und mit Fahnen,
daß uns der Knecht des Fortschritts kujoniert.
Wie wird man fertig mit dem Mißvergnügten,
der's nicht vermag, den Schmerz zu überwinden,
daß das Gesicht der umgestürzten Welt
die Winkelzüge zeigt der Bürgerfratze,
unüberwindlich: an den Überwindern!
Frontal mir zugekehrt, der sie erkannt hat;
und aller Haß von jeder Art von Bürger
geht darin ein, bestätigt die Erkenntnis,
drückt aus; als Bürger hast du mich erkannt,
nun bin ich Bürger jenseits der Partei,
durch dich und gegen dich bin ich ein Bürger!
In diesem Zeichen, gegen solchen Feind
ruht aller Hader, und von rechts zu links
schickt schweigendes Verständnis die Stafetten.

Nur noch ein zweites Beispiel kennt die Zeit,
wo sich die Niedertracht als Eintracht zeigt
vor einem, der den Rücken ihr gekehrt –
doch da macht sie zum Liebesdienst Gebrauch.
Denn dieser zog den Blick der Bürgerschaft
in eine Rosenlaube; der verschmäht es,
sie kämpfend zu bezwingen. Nie hat er
den Stoff, durchdringend bis zum Geist,
erlebt, erlitten, und er hat das Leid
des Kampfes sich erlassen wie der Welt,
die solche Abkehr ihm, solch ein Verzichten
aufs höchste dankt und für die Hieroglyphen,
die er in eingeräumter Ferne zeichnet,
ihn heiligspricht. Nicht als Zeremoniell,
und eins mit Formen der Alfanzerei,
wie kein Tyrannen-, kein Erlöserkult
vordem gekannt, steht zwischen ihm und ihr,
die sich aus dem Getrieb erhoben fühlt,
wenn sie bequemer Weltflucht Ornamente
bestaunen darf. Wo sieben Siegel sind,
glaubt sie an Offenbarung, den vergötternd,
der in dem Tempel wohnt, woraus es nie
zu treiben galt die Händler und die Wechsler,
nicht Pharisäer und die Schriftgelehrten,
die drum den Ort umlagern und beschreiben.
Profanum vulgus lobt sich den Entsager,
der nie ihm sagte, was zu hassen sei.
Und der das Ziel noch vor dem Weg gefunden,
er kam vom Ursprung nicht. Stefan George:
ehrfürchtig raunt vielfältige Gemeinschaft,
der Hader ruht auch hier von rechts und links,
doch mit der Andacht, die die Ruhe ist,
die jener, Gott sei Lob, der Welt gegeben.
Daß ich dagegen aus dem Teufelswerk
des Tags den Geist beschwor, daß ich den Sprachgeist
antworten hieß dem Widerpart, ist nichts
dagegen. Immer bleib ich einverleibt
dem Stoff der Zeit, den ich durchdringen konnte,
und dieser spricht, wenn überhaupt er spricht:
Was gilt uns einer, der mit uns sich abgibt?

Wer sind wir schon, und wie ist's möglich denn,
daß Kunst sich von dem Teufelsdreck bedient,
von ihm die Formen bildet und den Sinn
des Lebens einem Widerspiel entnimmt?
Wer sind denn wir, die jener seines Angriffs
für würdig hält? So sprechen sie geduckt,
Vorbilder der Bescheidenheit für den,
des selbstgefällig Tun sie tadeln müssen
und der, von ihrer Weisung unbelehrt,
sich stets der kleinsten Themen hat vermessen.
Doch tun sie unrecht, daß sie alle sich
so unterschätzen, denn zusammen sind sie –
und bloß zusammen sehe ich sie alle
und jeden immer als den ganzen Haufen –
gigantisch groß und bilden eine Zeit.
Und diese schmerzt es, daß auch sie mich haßt
und nicht vermag, dem Haß Gestalt zu geben
gleich mir, und daß ihr Geist nicht reicht, den Rächer
erstehn zu lassen: den zu strafen, der
den Geist an ihr gerächt. Und weit und breit
bleibt ihr kein andrer Ausdruck als Gewalt.
Hier lockt vielleicht das Beispiel des Rebellen,
des Bauerndoktors, den sie rasend machten
und dann erschlugen: weil er Armen half
und Satte störte; weil er Müttern beistand,
doch den erwachsnen Sohn errettet hatte
vom Vaterland. Er starb den Heldentod:
die Troglodyten haben ihn erschlagen.
Auf diesem Weg – sonst hätten sie ihn längst
zu mir gewagt – erscheint der Haß gehemmt;
mich schützt die Sprache, die sie nicht verstehn,
nicht populär genug für solches Ende.
Mit anderer Gewalt, die sie vermag,
hofft diese Zeit den Todfeind zu besiegen.
Da sie mit mir nicht fertig wird, so denkt sie,
ich würde selber fertig bald an ihr.
Sie hat die Quantität, um zu ersticken,
sie hat den Tag – das Grausen tausendfach,
das über Kopf und Herz zusammenschlägt,
die für die ahnungslose Menschheit leiden,

wie diese Pest der Presse in ihr wütet
und überdauert ihren Untergang.
Voran war sie der Furie des Kriegs
und folgt ihr auf dem Fuß. Geräusch der Mißwelt,
das weiland Botschaft war von dem Verenden,
tönt täglichen Triumph; und nichts beugt tiefer,
als sich erinnern, daß die Zeit vergaß
ein Zwischenspiel, worin Millionen starben.

Doch hab ich Atem noch, es ihr zu sagen,
und steh dem Haß, der diesen Mut vergilt,
als einer, dem die Kraft wächst mit der Last.
Noch hält der Glaube, daß ein Beispiel frommt
dem Rest von Menschheit, der den Glauben rettet
aus dieser Schmach. Nur mein Vollbringen sei
das Vorbild, nicht mein Werk; daß ich's gewagt,
und daß ich Heerschau halte über Heere
von solchen, die einander Todfeind sind,
doch gegen mich verbündet, alle, alle;
und nichts als Zweikampf: Würger gegen Würger!
Ein Menschenalter lang und nicht entschieden.
Noch fernere Jahre stör ich diesen Frieden.
Hier Kämpfer, Künstler, Narr, und dort die Bürger!

[F 810, 1–12; 1929]

Revanche

Herr Schumy sprach von einem Karl Kraus.
Wie soll ich mich rächen?
Ich warte, bis die Geschichte aus:
sie wird von keinem Schumy sprechen.

[F 838–44, 122; 1930]

Zur Situation

(Gesprochen vor der Offenbach-Feier, 15. Oktober)

Ich habe nicht die Absicht, dem Schoberblock beizutreten. Im Gegenteil benütze ich den Anlaß, Offenbach zu feiern, zu der Erklärung, daß ich an den Wirrungen dieses miesesten Staatswesens vollständig desinteressiert bin und dem Ausfall der Wahlen wie dem weiteren letalen Verlauf der Angelegenheit, mit der mich nichts als der vertrackte Zufall der Zeitgenossenschaft verbindet, ohne die geringste Spannung entgegensehe. Die Mißhelligkeiten zwischen dem Schuster Knieriem und dem Schneider Zwirn, die hier Politik heißen (»wann ich einmal anfang, ich fang aber nicht an«), stoßen bei mir auf Lethargie, und selbst die überparteiliche Mission dieses biedern Leim hat für mich jeden satirischen Reiz verloren. An die Teilung der Heimatinteressen in die unterschiedlichen Ressorts von Heimatwehr, Heimatbund, -block, -schutz, -trutz und -schmutz dürfte wie an alle unvorstellbare Hiesigkeit die Satire verschwendet sein. Diese meine lebhafte Indolenz umfaßt natürlich, da ich keine Parteien, sondern nur noch Österreicher kenne, die äußersten politischen Kontraste. Denn Kontraste sind es doch nur an der Oberfläche des Denkens, an der alle gleichermaßen schmarotzen. Es ist mir völlig gleichgültig, welche Couleur von Knotentum hinaufgelangt in einem Staatswesen, dessen eigentlicher Beherrscher, Macher und Absetzer von Bundeskanzlern, ja doch ein zugereister Profiteur von Bordellannoncen wie dieser Lippowitz bleibt. Und da die Weltgeschichte nichts Phänomenaleres aufweist als den Betrug an der Freiheit, den eben deren Partei ab 1918 begangen hat, und da kein erbärmlicheres Schindluder vorgestellt werden könnte als dasjenige, das in Mitteleuropa mit dem Fazit eines Weltkrieges getrieben wurde, so habe ich nicht den Wunsch, Schulter an Schulter mit den Vertretern dieses entehrten Umsturzes gegen das Elementarereignis des erwachenden Troglodytentums anzukampfen. Wenn sich das Zentralorgan der Partei, die am 15. Juli 1927 den Herrn Schober einen Arbeitermörder genannt und am 15. Juli 1930 ihm vor ihrem Parteihaus das Wagentürl aufgemacht hat, und von der unwidersprochen behauptet werden konnte, daß ihre Mitglieder nunmehr auch an einem »Fackelzug« ihm zu Ehren teilgenommen haben – wenn also die Arbeiter-Zeitung Freiligrath zitiert wie jener Rükkert, und meint, daß von jetzt an nur zwei Lager auf Erden existieren: die Freien mit dem kühnen Blick und die Sklaven um den Hals den Strick, so ist das mindestens insofern ein Irrtum, als es noch den Standpunkt gibt, daß einem auch die Freien mit dem kühnen Blick gestohlen werden können, weil man sie mit den Sklaven identifiziert und weil sie den Strick um den Hals schon für die Heuchelei verdient haben, die Feigheit für Freiheit auszugeben. Diese österreichischen Dinge berühren mich nur insoweit, als mir der Zufall, der sie dirigiert, ins Konzept pfuscht und mir eine europäische Figur kaltgestellt hat, deren Wirksamkeit ich noch gebraucht hätte. Unter Vaugoin freut mich das Leben nicht, er steht jenseits der Glosse und wenn ich vor ihm zu Offenbach flüchte, könnte man glauben, ich überließe mich ästhetischem Zeitvertreib. Zu Schober konnte ich mir noch manchen Reim machen, jetzt aber geht es ins Shakespearesche. Was Starhemberg mit dem Vaterland vorhat, ist ja nicht ganz klar. Alles in allem dürfte da meine Anschauung nicht zu weit von der des Timon abliegen, mit dessen Gastmahl ich seit langem liebäugle und dessen Botschaft an Athen mir aktuell klingt:

> Vernehmet denn: Schlägt Alcibiades
> das Vaterland, laßt ihn von Timon wissen:
> den Timon läßt es kalt. Schleift er Athen
> und zupft die Senatoren an den Bärten,
> so laßt ihn wissen – sagt ihm, Timon sagt es –:
> aus Mitleid mit den Greisen läßt's ihn kalt....

Die Wahrheit ist, daß vor dem Weltuntergang, dem wir heillos überantwortet sind – welchen politischen Namen und Vorwand die Lumperei immer führen mag, die die Macht erringt –, daß da nichts übrig bleibt als die Flucht in die geistigen Dinge, solange Gewalt, Gestank und Geräusch sie nicht völlig versperren: aber nicht in den hoffnungslosen Geist der »Eigenen Schriften« (die mündlich noch einmal dargeboten seien), sondern in das Theater der Dichtung und in die Sprachlehre (die des leiblichen Vortrags nicht bedarf). Natürlich bleibt ein schlechter Konjunktiv in einem Satz, den der machthabende Analphabet von sich gibt, wesentlicher als die Überzeugung, die er darin vorschwindelt. Nehmen wir Abschied von der Politik mit den historischen Worten, die uns unter dem Titel »Servus... Grüß' dich!« überliefert wurden, als Schober mit lächelnder Miene das Beratungszimmer verließ, während Vaugoin zu dem in der Mitte des Vorzimmers stehenden Tisch trat, um seinen dort liegenden Überzieher zu nehmen. Schober blieb nach einigen Schritten stehen, wandte sich zu Vaugoin, reichte ihm die Hand und sagte: »Servus... grüß' dich... auf Wiedersehen!« Vaugoin nahm die dargebotene Hand und erwiderte: »Grüß dich... auf Wiedersehen!« Während nach einer andern Version Schober sagte: »Also grüß dich Gott, auf Wiedersehen!« und Vaugoin erwiderte: »Servus, grüß dich, auf Wiedersehen!«, und lächelnd trennten sich die beiden.

> Gehab dich wohl, mein Cassius, für und für!
> Seh'n wir uns wieder, nun so lächeln wir;
> wo nicht, so war dies Scheiden wohlgetan.

Es stimmt alles bis zu Philippi. Ich vermute jedoch, daß die Übersetzung, die uns vermittelt wurde, von Flatter stammt. Und da wir bei Shakespeare sind – den ich über dem zweiten großen Gebieter einer Bühnenwelt keineswegs vergessen habe und gegen ein vertiertes Wien bald zu feiern gedenke –, so möchte ich meinen Hörern, jenen, die noch hören können, sagen, daß die Schändung von »Maß für Maß«, die sich jetzt als die erste Tat des neuen Burgtheaterdirektors begibt, doch eine weit beträchtlichere Angelegenheit vorstellt als die Frage, ob die Juden in den Schoberblock eingelassen werden. Der tägliche Vorbeter ihrer Interessen, jener sonderbare Schwärmer, der da wähnt, nicht nur die Abonnenten der Neuen Freien Presse, die über die ganze Welt zerstreut und nicht mehr zu sammeln sind, sondern auch das uneinige Deutschtum durch Zujüdeln zu ralliieren – er hat mir, der ich nicht ins Theater gehe, Kenntnis vermittelt von dem Fall, der für mein Gefühl den Gipfel dessen vorstellt, was Zeit und Ort kulturell zu leisten imstande wären. Herr Flatter, der als Shakespeareübersetzer im Gegensatz zu mir mehr englisch als deutsch kann, hat in der Neuen Freien Presse versichert, »wer sich unterfängt, Shakespeare neu zu übersetzen«, habe es gar nicht leicht. Er hat sich aber nicht nur unterfangen, Shakespeare neu zu übersetzen, sondern auch die Vorzüge seiner Übersetzung vor der Schlegel-Tieckschen akkreditiert, mit dem Hinweis, daß sich in den letzten 120 Jahren die deutsche Sprache gewandelt habe, »und bestimmt nicht zu ihrem Nachteile«. Davon habe ich mich schon des öfteren überzeugt; nunmehr aber insbesondere durch Lektüre Flatters. Der Leitartikler der Neuen Freien Presse, der ja selbst mit Beweisen für die vorteilhafte Wandlung der deutschen Sprache nicht kargt und neulich erst von einer »Begriffsverwirrung innerhalb der Regierungsmitglieder« gesprochen hat und die Formel fand: »Für solche Worte gibt es nur einen Ausdruck: hoffnungslos!« – er hat meine Aufmerksamkeit auf den Shakespeareübersetzer Flatter wie folgt gelenkt. Man weiß, daß er selbst Goethe ins Jüdische übersetzt, und man erinnert sich noch, wie er den Euphorion »beiläufig« ausrufen ließ: Mutter, lasse mich im Totenreiche nicht allein!, und auch an Sonne, Mond und Sterne, verschwendet zu Gunsten der Geliebten. Er streute nun kürzlich in das Geseres über die Großjuden, die mit der Annäherung an die Großdeutschen kein Glück haben, oder in dergleichen die Erwähnung ein, daß im Burgtheater bei »Maß für Maß« demonstrativ applaudiert wurde, »als der Herzog die Worte sprach:

›Ja, Gesetze haben wir wohl, aber wo ist die Kraft, sie anzuwenden?‹

Ich sann nach, wie das wohl bei Shakespeare, bei Schlegel-Tieck lauten möge. Es ist also die herrliche Stelle, die ich oft zitiert habe und die da lautet:

Meiner Sendung Amt
ließ manches mich erleben hier in Wien:
Ich sah, wie hier Verderbnis dampft und siedet,
und überschäumt; Gesetz für jede Sünde;
doch Sünden so beschützt, daß eure Satzung
wie Warnungstafeln in des Baders Stube
da steht, und was verpönt nur wird verhöhnt.

Wie mag das bei Flatter sein? Nun, er hat offenbar Wert darauf gelegt, daß sein Wortlaut aus der Beiläufigkeit wiederhergestellt werde, und so las man die folgende Zuschrift, die man schon Wort für Wort schlürfen muß:

(Shakespeare über Wien.) Dr. Richard Flatter schreibt uns: Im Leitartikel Ihrer Montagsnummer verwiesen Sie auf den demonstrativen Applaus, der im Burgtheater tatsächlich bei jeder Aufführung von »Maß für Maß« ausgelöst wird, wenn der Herzog (Herr Aslan), als Mönch verkleidet, Wien die Leviten liest. Die betreffende Stelle lautet:

»Doch was ich so zu seh'n bekam in Wien –
Da hab' ich erst erkannt, was eure Stadt ist:
Ein Sündenpfuhl, ein wahrer Hexenkessel!
Gesetze, oh, Gesetze gibt's genug,

Doch die Verbrecher, die geh'n frei herum,
Geachtet und geschätzt! Weil niemand da ist,
Um den Gesetzen Achtung zu verschaffen!«

Und da soll einer noch sagen, daß Shakespeare nicht unser wirkliches Wien im Auge gehabt hat!

Und da soll einer noch sagen, daß hier nicht in Prosa und Vers die Korrespondenz sämtlicher Firmen des Franzjosefsquais konzentriert und die Sprachwelt Shakespeare-Schlegels auf die gemeinfaßlichste Formel reduziert erscheint! Und da soll einer noch sagen, daß es nicht eine Lust ist, in einer Stadt zu leben, die zwar ein wahrer Hexenkessel ist, aber doch mit einer Kultur, deren Hüter frei herumgehn, geachtet und geschätzt, im Burgtheater aufgeführt und von der Neuen Freien Presse gelobt! Und da soll einer noch sagen, daß einem der ganze politische Humbug, der den Einbruch der Barbarei in das Kunstleben ermöglicht, die Zerstörung höheren Lebensgutes bewirkt und jegliches Gefühl dafür abgestumpft hat, nicht gestohlen werden kann mit all dem, was uns schon gestohlen wurde! Aber es soll die wenigen, die noch hören können, nicht hindern, in das Reich des Genius einzutreten, den wir heute feiern und der es vermocht hat, die Dissonanz der Welt in heiteren Wohllaut aufzulösen.

[F 845–46, 1–6; 1930]

Timons Mahl

Wie das Programm der heutigen Vorlesung zeigt, habe ich die Erwartung der Eigenen Schriften betrogen: falsche Freunde sind zu Timons Mahl geladen. Alle Gegebenheiten, die der Welt und die meiner Gegenwelt, mußten zu diesem Entschlusse führen und verknüpfen sich darin sinnbildlich. Denn was ich zu der Wirklichkeit noch zu sagen habe, könnte ich mit keiner eigenen Schrift eindringlicher sagen als mit der Grabschrift des Timon: »Fluch', Wand'rer, mir, dann flieh, eh dich der Fluch erfaßt.« Nichts anderes habe ich zu Österreich, nichts mehr in Österreich zu sagen. Nicht darum allein steht die Satire ohnmächtig vor der Wirklichkeit, weil sie sie nicht verändern und nicht materiell bezwingen kann – solches war ihr in den Maßen der Zeitgenossenschaft niemals gegeben; sondern: weil sie sie nicht mehr geistig bezwingen kann. Sie wird von ihr erreicht und übertroffen, sie wird eingeholt und abgewürgt von der Spottgeburt, und Phantasie erstarrt vor dem letzten Wunder, das sich nebst denen der Technik begibt: Lächerlichkeit macht lebendig; der Stoff übertreibt die Satire, die ihn geformt hat, die Erfindung beschämend, spottend der Ohnmacht, noch dies Erlebnis einzubeziehen. »Drum kein Laut!« gebietet sich Timon, des Bösen Besserung der Pest vertrauend. Ich will mich den Nichtssagern anreihen, die hier Macht haben, und ich entschließe mich zu dem Ausdruck einer Ohnmacht, einzugreifen in den Tumult der Phrasen, mit denen Wichte und Tölpel, also Politiker, selbst den einzigen und letzten Sachverhalt dieser Gegenwart übertölpeln und betrügen: die Not. »Schief ist alles; nichts grad in dieser fluchbeladenen Schöpfung als offne Schurkerei.« Was sollte ich denn andres sagen? Vielleicht ein Wahlbekenntnis zugunsten jener Sorte, die von dem Zeitpunkt an, als man nach Menschenopfern unerhört zu ihr gestanden hatte, den Umsturz all unserer Hoffnungen verschuldet hat und all das Grausen herbeiführen half, dem sie so lendenlahmen Widerstand leistet? Ein Wahlbekenntnis, das mir kürzlich eine gutmeinende Anhängerschaft abgenommen hat, die da glaubt, ich würde den tragischen Konflikt, in den sie zwischen Wahrheit und Partei geraten ist, mitmachen? Ein Bekenntnis, das ich doch, selbst wenn der Teufel vor den Toren Wiens stünde, niemals ablegen und mir nicht abnehmen lassen könnte zu der Wahl schlechter Vertreter der guten Sache: die dem Pflichterfüller des 15. Juli 1927 am 15. Juli 1930 die Wagentür vor dem Arbeiterheim geöffnet haben! Die umfassende Erkenntnis des Bankrotts der Freiheit, die als Schindluder einer Polyarchie ausgedient hat, das Gefühl von der Unabwendbarkeit eines Troglodytenaufstandes, der das Opfer von zehn Millionen eines Weltkriegs zum Hohn machen wird, gebietet den Verzicht im Sinne jenes Fremden im Timon, eines Fremden, der in Wien keineswegs willkommen wäre: »Weit bleibt jetzt Mitleid hinter Leid zurück, denn Menschlichkeit dankt ab vor Politik«. Und von da weiter bis zu der Absage des Timon, den es aus Mitleid mit den Greisen kalt läßt, wenn Alcibiades Athen schleift und die Senatoren an den Bärten zupft. Und dieser Timon ist überparteilicher als selbst der einfältige Zauberer, der mir seit langem das Gehirn ermüdet, der nichts hat als das Vertrauen und gegen dessen Faszination kein satirisches Kraut gewachsen ist. Da ist Verzicht mein stärkster Reim auf Pflicht. Ich weiß, es ist in der

Geschichte schon vorgekommen, daß ein Pferd zum Konsul gewählt ward, und gegen Symbole kann man halt nichts machen. Seit Jahren darauf aus, die Erwartung der Eigenen Schriften zu enttäuschen, habe ich mich diesmal geradezu entschlossen, ihr einen Streich zu spielen. Ich fühle, es ist überaus schmerzlich für einen großen Teil meiner Wiener Hörerschaft, statt des Genusses von Glossen über den Wahlausgang – »verdeckte Schüsseln!« verhieß das Plakat, »ein königliches Mahl, das will ich wetten!« »Ja, er ist noch der Alte!« – also statt dessen mit Shakespeare vorlieb nehmen zu müssen: »Einst warf er mit Juwelen, jetzt mit Steinen!« Und wiewohl ich ja diesen Schmerz nicht teilen kann, so habe ich doch ein gewisses Verständnis für die Situation, in die wir da geraten sind und zu der ich korrekter Weise den geeigneten Ausweg empfehlen werde, für die Situation, die dadurch entstanden ist, daß ich nun einmal mit dem redlichsten Willen den Wienern nur das Spektakel bieten kann, sie darum zu betrügen. Aber man möge mir glauben, daß mir die Zeit- und Ortsumstände die Lust genommen haben, mir eben über diese Gedanken zu machen, mindestens solche, die ich imstande wäre, physisch und mit sichtbarer Hohnfalte der Belustigung einer Raumgemeinschaft darzubieten. Was ich mir so am Schreibtisch zu den Dingen, die mich umgeben, weiterhin denken mag, ist sozusagen meine künstlerische Privatangelegenheit, deren publizistische Gestalt jeder annehmen oder verschmähen kann. Es bleibt, ohne Furcht vor Starhemberg, nur abhängig von Macht und Gunst der deutschen Sprache, zu der ich ja bessere Beziehungen zu unterhalten glaube als die überwiegende Mehrzahl der Heimwehrführer, der Sprache, die ganz gegen meinen Willen und meinen Wunsch mir jede Macht im Staate ausliefert, ja mich wehrlos macht gegen den Zwang, mir zu jedem Dummkopf etwas einfallen zu lassen. Aber ein ganz anderes und keineswegs unentrinnbar ist die äußere Nötigung, die einer bedenklichen Anhängerschaft, den Gestaltungen, denen sie nichts entnimmt als den Stoff, eine mir jetzt verhaßte Wirkung abzugewinnen, deren Fazit nichts sein könnte als entweder – und dies ist der edlere Fall – die Erkenntnis ausweglose Gräßlichkeit oder der Betrug einer Erheiterung an Hanswursten, die uns ja doch unüberwindlich regieren. Ich will nicht sagen, daß niemals wieder die Zeit kommen wird, wo es mich drängt, meine Grundansicht, daß im kleinsten Schmierfink der Weltuntergang sei und nur das ganze moralische und logische

Greuel, von dem wir umklammert sind, verächtlich – wo es mich also drängt, solches nicht nur einer Leserschaft, sondern auch wieder einer Hörerschaft zu sagen. Heute möge sie mir glauben, daß ich, wenn nicht das Wunder meiner Begegnung mit Offenbach eingetreten wäre, dieser Verschmelzung zweier Gelächter, vor ihr überhaupt nicht mehr erscheinen könnte; denn nur noch versgebunden, klangverpflichtet, strophenfertig vermag ich ihr die Halunken und Idioten vorzuführen. Was sich zwischen diesen und mir in Prosa begeben könnte, verhindert mich Schamgefühl öffentlich zu sagen. Nicht Zufall der Gelegenheit ist es, was mich zu dem Entschluß geführt hat, die repräsentativsten Gestaltungen innerhalb des Gebiets, das die mir peinliche Bezeichnung der »Eigenen Schriften« hat, nach und nach der Schallplatte anzuvertrauen und so die Technik für die üble Nachrede, die ich ihr halte, zu rehabilitieren, – sicherlich zu meinem materiellen Schaden, ja auf Kosten meiner Eitelkeit, die mir gestern wieder ein Trottel vorgehalten hat, zwar anonym, aber, da er bestimmt heute hier sitzt, erkennbar daran, daß er rot wird. Er wirft mir vor, daß ich jene Coupletstrophen wiederhole, was ihn an Primadonnenallüren erinnert, aber da hat er natürlich recht, ohne zu verstehen, daß meinem Podium Bühnenluft so organisch und rechtmäßig zukommt, wie ich der Einbeziehung von Lehre und Predigt in die Beifallssphäre widerstrebe. (Nebenbei soll er zur Kenntnis nehmen, daß sein Tadel meiner Konstruktion »hinreichend Wagemut haben, um ein Brieflein an den Verlag zu richten« eine dem Wustmann entlehnte Dummheit ist. Das Wort »um« ist nicht zu streichen, wie der Trottel befiehlt, sondern er ist als Ganzer zu streichen; auch er hatte hinreichend Wagemut, um ein Brieflein an den Verlag zu richten, aber da jener nicht bis zur Angabe der Adresse hingereicht hat, muß er auf diesem Weg die Antwort bekommen, und etwas Sprachlehre schadet ja auch den andern nicht.) Meine eigenste Schrift entfalte ich dort, wo ich als Nachschöpfer verschollener oder mißhandelter Bühnenwelten die aufbauende Arbeit leiste, die die Zerstörer an mir vermissen, und vollends dort, wo sich meine Sprache mit der mir wahlverwandten Musik verbindet, welche nunmehr erst, aus der früheren Verbindung scheidend, die richtige eingegangen ist. Daß, mit der Ausnahme des Berliner Rundfunks, sämtliche Machthaber eines impotenten Zeittheaters meine praktischen Möglichkeiten fürchten, ist die weit gelindere Enttäuschung, als die an meiner eigenen

Hörerschaft, welche, indem sie meiner Shakespeare-Bearbeitung und meiner Offenbach-Erneuerung, indem sie dem »Theater der Dichtung« die Gefolgschaft versagte, die heißbegehrten »Eigenen Schriften« mir zur Pein gemacht hat durch die Vergewisserung, daß sie an ihnen ja doch nichts weiter als den Stoff schmeckt, mit der billigen Freude an der Agnoszierung der Objekte, bestenfalls die Gesinnung oder sozusagen den animus injuriandi, den der Hörer teilt und nur nicht in gleichem Maße ausdrücken kann. Meine »Worte in Versen« sind berühmt, aber nicht bekannt, und daß meine Verdeutschung der Madame l'Archiduc und gar die nun vollendete der göttlichen Perichole mehr sprachlichen Nährwert enthält als eine Generation deutscher Lyrik, mehr Anreiz bietet zu Nachweisen der Sprachlehre als selbst ein Jahrgang der Fackel diesem Thema widmen könnte, bis zu den vertiefteren Mysterien des musikgebundenen Worts – von all dem wissen und wollen nur die wenigsten wissen. Mir selbst erscheinen aber die Dinge, mit denen ich mir da eine antipathische Zeit vertreibe, ungleich wichtiger als alles, was sich in der österreichischen Politik begibt, ganz abgesehen davon, daß sie mehr zur Förderung der Lebensfreude beitragen. Und weil jenes so unbedankt bleibt, während dieses so häßlich ist, bin ich beim Timon des Shakespeare angelangt, dem ich ja doch auch eine große Genugtuung schuldig bin. Hätte ich zu diesem Vortrag, wie er stattfinden wird, eingeladen, so wären 150 dem Rufe gefolgt, wie damals zum erhabenen und lieblichen Wintermärchen; 150 unter den tausenden Wiener Lesern der Fackel, denen es als erste Aufführung angekündigt war und die mir zu glauben und zu folgen vorgeben. Muß ich auf solche Hörer verzichten, so verzichte ich auch auf solche Leser! Und so sollten denn, da heute 900 erschienen sind, folgerichtig 750 den Saal verlassen, wenn sie nun merken, daß es ein falsches Gastmahl gibt. Ich lasse diesen, weil ich zwar ihre Erwartung betrügen, aber sie selbst nicht materiell schädigen wollte, zwei Minuten Zeit sich zu entscheiden und nach Belieben den Betrag für die Karte an der zur Geldausgabe geöffneten Kasse (die der große Zudrang zu den Eigenen Schriften gesperrt hat) zurückzuverlangen. Ein rechtlicher Anspruch bestünde nicht, da ich »Timon von Athen« in meiner Bearbeitung und insbesondere sprachlichen Erneuerung – nebst der aktuellen und zitathaften Anwendung, mit der ich das Drama als vielfaches Gleichnis in mein Lebensprogramm einstelle – sehr wohl in die Reihe meiner Eigenen Schriften aufnehmen könnte, deren Bezeichnung ihm gewiß im Rahmen einer Gesamtausgabe zukäme. Auch ist es immerhin als Gabe an meine Wiener Hörerschaft und nicht als Verkürzung aufzufassen, wenn ich sie an eben der sprachlichen und sprecherischen Leistung noch unmittelbarer teilnehmen lassen will, die ich soeben in Deutschland etlichen Millionen Hörern vermittelt habe. Ersatzansprüche würden kaum zurecht bestehen, doch bin ich bereit, sie sofort zu befriedigen; eine etwaige Mehrforderung für Fahrt und Garderobe glaube ich durch die Darbietung dieser Rede, die doch ganz gewiß zu den »Eigenen Schriften« zu zählen ist, getilgt zu haben. Und nun bitte ich, bevor ich den Ausklang der Gluck'schen Ouverture ertönen lasse und bevor die Jammerhaftigkeit dieser Gegenwart, von der ich aussagen sollte, in heroischeren Dimensionen kund wird, so schnell als möglich die Entscheidung sichtbar zu machen: wie viele Hörer mir die Unehre antun, für mich gegen Shakespeare zu entscheiden. »Nie werde euch ein bessres Mahl zu teil...!«, ruft ihnen Timon nach; »was, gehst du fort? Nimm deinen Trank erst mit – auch du, und du –«. Und der sucht seinen Rock, jener seine Kappe. »Timon ist toll!« »Ich spür's in den Gebeinen.« »Einst warf er mit Juwelen, jetzt mit Steinen.« Aber das nächste Mal wird er es, ganz ohne Vorwand der begehrteren Gabe, noch einmal in Wien mit Shakespeare versuchen!

[F 845–46, 30–36; 1930)

Ich war angewidert

Frankfurt am Main, den 29. Oktober 1930

An den Verlag
der »Fackel«

Sehr geehrte Herren,

auf Seite 80 des soeben herausgekommenen Buches »Ich war begeistert« von Stefan Großmann finden wir die Äußerung des Autors, in der von ihm redigierten Zeitschrift »Neue Wiener Rundschau« hätte Karl Kraus »begonnen die Wiener Literatur zu demolieren«, und durch sie sei Peter Altenberg groß geworden. Da unserer Meinung nach Herr Karl Kraus nur in seiner eigenen Zeitschrift, der »Fackel«, die Sie herausgeben, geschrie-

ben hat, wären wir Ihnen für eine Nachricht darüber dankbar, ob unsere Meinung zutreffend ist.
Wir danken Ihnen und empfehlen uns

Feuilleton-Redaktion
der
Frankfurter Zeitung

Ohne Ahnung, welcher Gebrauch von der Auskunft gemacht werden sollte, und ohne Widerlegung der Unwahrheit, daß Peter Altenberg durch eine von Herrn Großmann angeblich redigierte Zeitschrift groß geworden sei – ich habe seine erste Skizze vorher anderswo erscheinen lassen und sein erstes Buch »Wie ich es sehe« dem Verlag S. Fischer übergeben –, wurde dem Sachverhalt entsprechend geantwortet:

Wien, 7. November 1930

An die Feuilleton-Redaktion der Frankfurter Zeitung
Sehr geehrter Herr!
Mit dem besten Dank für Ihre freundliche Zuschrift antworten wir, daß diese offenbar von der Vermutung diktiert ist, daß eine Äußerung des Herrn Stefan Großmann so viele Unwahrheiten als Worte enthalte, und von der Voraussetzung, daß ein Ausspruch, den er Herrn Karl Kraus in den Mund legt – wir haben davon nur gehört –, erfunden ist, während die konkreteren Angaben immerhin der Nachprüfung bedürfen. Wiewohl es nun Herr Großmann erzählt, ist es richtig, daß Herr Karl Kraus in einer Zeitschrift, die nicht die Fackel war, »begonnen hat, die Wiener Literatur zu demolieren«, und Sie selbst irren in der Annahme, daß er nur in seiner eigenen Zeitschrift geschrieben habe. (Er hat, wie auch aus verschiedenen biographischen und lexikographischen Darstellungen hervorgeht, vor Gründung der Fackel an anderen Blättern mitgearbeitet.) Unrichtig ist aber wieder die Behauptung des Herrn Großmann, daß jene Zeitschrift, in der »Die demolierte Literatur« zuerst erschienen ist, »Neue Wiener Rundschau« geheißen habe, sie hat unseres Wissens »Wiener Rundschau« geheißen. Unrichtig ist auch, daß sie von Herrn Großmann »redigiert« wurde; sie wurde, wenigstens damals, als »Die demolierte Literatur« erschien, nicht von Herrn Großmann redigiert.
Mit dem Ausdruck der vorzüglichen Hochachtung

Der Verlag der Fackel

Die andere Mitteilung Großmanns soll sich darauf beziehen, daß ich ihn vor Jahrzehnten einmal – natürlich per Du – auf meine größere Berühmtheit hingewiesen hätte. Mitteilungen Großmanns, der fremde Lebensläufe von der Wiege bis zur Bahre begleitet und, wie ein bekannter Fall dartut, selbst vor dem Pissoir als der unausweichlichsten Gelegenheit einer Begegnung nicht halt macht, sind mit jener Vorsicht aufzunehmen, die, rechtzeitig angewandt, nie zu einer Bekanntschaft geführt hätte, deren geflissentliche Vermeidung sich aber trotzdem als kein taugliches Mittel herausstellt, nachträglicher Intimität zu entgehen. Großmann, den ich in den letzten Jahren leider weit mehr vernachlässigt als in Jünglingszeiten bevorzugt habe – er hatte sich mir im Café Griensteidl durch einen Brief genähert, in dem er als einer, der vom Leben scheiden wolle, den letzten Willen aussprach, fünf Gulden zu erhalten –, Großmann hat also ein Buch geschrieben, das schon durch den Titel »Ich war begeistert« viel von der Glaubwürdigkeit einbüßt, die seinem Inhalt nicht zukommt. Ich kenne diesen Inhalt teils durch mündliche Überlieferung, durch Gerüchte, die mehr Beweiskraft haben als die Aussagen, die ihn bilden, teils aus den vielfachen Protesten, Klagen und Berichtigungen, die die Betroffenen veröffentlicht haben, die ich aber auch nur vom Hörensagen kenne. Es heißt, daß so ziemlich sämtliche Personen, die in Großmanns Autobiographie einbezogen sind, vielleicht mit Ausnahme der Toten und solcher Lebenden, die die gesellschaftliche Distanz wehrlos macht, sich über die wahrheitswidrige Darstellung dessen, was sie mit ihm nicht zu tun hatten, aufhalten. Großmann ist, wenngleich ich ihm kraft der mir innewohnenden Eitelkeit meinen frühen Vorsprung an Ruhm zu Gemüt geführt haben soll, nachgerade berühmt dafür, daß er mit sämtlichen Menschen, die ein peinlicher Sprachgebrauch prominent nennt, die Schweine und nur sich selbst nicht gehütet hat, den schrankenlosesten publizistischen Gebrauch davon zu machen. Altenberg könnte ich, aus genauester Kennerschaft der einschlägigen Umstände, zur Not gegen die posthume Annäherung schützen, schwerer leider Alfred Polgar, dem nun der jahrzehntelange Umgang verbleibt, den er nicht genommen hat. Was Großmanns vom Partner unwiderlegbare Beziehung zu Viktor Adler anlangt, deren dramatisches Resultat der Berliner Volksbühne den Verzicht auf die »Unüberwindlichen« erleichtert hat, so trägt sie ihm sogar Tantiemen, und da er ganz der Horatio ist, Stöß' und Gaben vom Geschick mit gleichem Dank zu empfangen, nimmt er sowohl die Reklame der B. Z. (die jetzt ein Kommunist und Inszenierer der »Letzten Nacht« leitet) hin, wonach Herr Friedrich Adler seiner Schaustellung beigewohnt hätte, wie dessen Erklärung, daß ihm so etwas natürlich nicht eingefallen sei. Ich kenne von dem Mist nur eine Szene – von unvorstellbarer Albernheit und Banalisierung eines mir entlehnten Kontrastmotivs –, die als Kostprobe abzudrucken sich auch Blätter nicht gescheut haben, die sonst Respekt vor mir bekunden, jene Szene, in der das Tribunal zum Pimperltheater wird und als deren Schlußpointe der Vater Adler einem inzwischen verstorbenen Greis »Halten Sie's Maul!« zuruft – eine Antwort, die doch weit mehr gegenüber sämtlichen Proben der Begeisterungsfähigkeit des Dichters am Platze wäre. Welchen Grad nun diese erreichen kann, zeigt, von einer weniger begeisterten Leserin dargeboten, ein Zitat aus der Biographie, die ich selbst nicht gelesen habe. (Man glaubt gar nicht, wie wenig ich lese, und Großmann, der einen schlagenden Beweis meiner Eitelkeit der Nachwelt überliefert hat, wird mich für einen so unglaubwürdigen Erzähler halten wie ich ihn, wenn ich zum Beispiel versichere, daß ich von einem Buch, das ausschließlich von mir handelt, dessen Autor begeistert war und von dem ich wertvolle Zitate kenne, in fünfzehn Jahren nicht einmal den Einband gesehen habe. Die Erklärung des Widerspruchs, daß ich zuweilen etwas über mich abdrucke, bleibt der Psychoanalyse überlassen.) Großmanns Begeisterungsfähigkeit dürfte also wohl in dem Folgenden gipfeln:

– – Das Stückchen hatte übrigens unzweifelhaften Erfolg. Ich verdanke ihm einige Goldstücke und die Bekanntschaft mit einem reizenden Wiener Mädel, der Schauspielerin

– folgt der volle Name –

im Josefstädter Theater, wegen ihrer Biegsamkeit und Schlankheit nur das »Palmkatzerl« genannt. – – Ich will dem reizenden Geschöpf hier eine kleine Gedenksäule errichten, weil sie vorbildlich war für einen ungemein graziösen Typus der Liebesverkäuferin, wie er nur in Wien wachsen konnte. Ich habe übrigens wahrhaftig kein Recht, das Wort Liebesverkäuferin auszusprechen, denn sie hat mir nichts verkauft, das Palmkatzerl hat in ihrem Leben mehr verschenkt als erworben. Es gehört zur Romantik dieses süßen Geschöpfes, daß sie sehr jung plötzlich gestorben ist.

Kleine Gedenksäule, rein autobiographisches Moment. Aus dem Gebiet der Bekenntnisse jedoch in das des puren Sexualklatsches greift das Folgende über:

Eine Garderobennachbarin der – –

hier wieder mit Zunamen Genannten

– ich will ihren Namen jetzt nicht nennen, denn sie ist eine leibhaftige Gräfin geworden und heute sicher eine moralstrenge Frau – wurde umschwärmt von einem Lyriker unseres Kreises, der sehr viel Gedichte, leider honorarlos, auf

– folgt nun doch Vorname und Anfangsbuchstabe des Zunamens –,

ebenjene Garderobennachbarin verfaßte. Wir rieten ihm ab, ihr die Gedichte zuzuschicken, weil wir das lächerlich fanden. Doch die Gedichte auf

– Vorname –

gaben allmählich einen ganzen Band ab, und es fand sich ein Verleger, der sie druckte. Sie sind unter dem einfachen Titel »Schöne –«

(Vorname)

erschienen, es werden wohl keine dreißig Exemplare verkauft worden sein. Am Tage des Erscheinens schickte er den Gedichtband

– dem Vornamen und Anfangsbuchstaben des Zunamens –

in die Garderobe. Es läßt sich nicht schildern, wie stolz die kleine Schauspielerin besonders auf das Titelblatt gewesen ist. Sie schickte es ihrem Grafen, dem Direktor, dem Regisseur, dem Dramaturgen, selbstverständlich allen Kolleginnen, und sie war so von dem bißchen Druckerschwärze entzückt, daß sie den jungen Dichter am nächsten Abend nach der Vorstellung zu sich lud. Als er am übernächsten Abend wieder im Griensteidl auftauchte, war er von einer höchst auffälligen Wortkargheit. Oh, er wußte, was ein Kavalier, selbst ein Lyriker, einer Glücksspenderin schuldig ist. In welcher Stadt der Welt, frage ich, Paris ausgenommen, kann man eine reizende Liebesverkäuferin mit einem Band Gedichte bezahlen?

Und in welcher Stadt der Welt, frage ich, Paris eingeschlossen, würde ein solcher Geistverkäufer von der Presse als hervorragender Schriftsteller gedruckt und zitiert werden und nicht gewärtig sein müssen, daß doch einer aufsteht, der es für eine Tote und für alles Lebendige unerträglich findet, daß die Liebesverkäuferin, die er kannte, ausgerechnet mit Herrn Großmann eine Ausnahme gemacht haben soll; und daß eine noch Wehrhafte, sei sie nun moralstreng geworden oder nicht, oder wer immer in ihrer Vertretung, einem Kulturforscher die Diskretion beibringt, die dieser einem Lyriker nachrühmt! Sollte ich einmal dazu gelangen, meine Memoiren unter dem Titel »Ich war angewidert« zu schreiben, so wird darin dieser Großmann, ohne jede Renommage mit persönlicher Bekanntschaft, einen annähernd so großen Raum einnehmen wie eine Sozialdemokratie, die solchen Nutznießer hervorgebracht hat, und die sonstige bürgerliche Welt, bei der er Liebkind ist.

[F 852–56, 62–66; 1931]

Großmann macht mir eine Szene

Eine alte Beziehung, lange Zeit ein gespanntes Verhältnis, artet nunmehr in einen Briefwechsel aus (ich habe es nicht gewollt):

Stefan Großmann 25. 5. 31 Berlin-Charlottenburg 9
Eichenallee 64
Westend 8874

An den Verlag
Die Fackel
Wien III.
Hintere Zollamtsstr. 3

Am heutigen Tage traf die beiliegende Nummer der Fackel hier ein, in der ein Artikel, der Herrn Großmann betrifft, rot angestrichen ist. Herr Großmann befindet sich zur Zeit im Ausland. Da ich annehme, daß er an dem Artikel kein Interesse hat, sende ich Ihnen die zugesandte Nummer anbei zurück.

Hochachtungsvoll
– –
Sekretärin

An Fräulein – – 6. Juni 1931
Sekretärin des
Herrn Stefan Großmann
Berlin-Charlottenburg 9
Eichenallee 64

Sehr geehrtes Fräulein!

Sie teilen uns mit, daß ein Heft der Fackel, worin ein Artikel, der Herrn Großmann betrifft, rot angestrichen sei, bei Ihnen eintraf, und senden das Heft an uns, da Sie annehmen, daß Herr Großmann, der sich zur Zeit im Ausland befinde, an dem Artikel kein Interesse habe. Selbst wenn es so wahr sein sollte, daß Herr Großmann an dem Artikel kein Interesse hat, wie daß er sich zur Zeit im Ausland befindet; wenn Sie also seine Intention erraten haben sollten anstatt sein Diktat zu empfangen, so verstehen wir noch immer nicht, warum Sie uns all dies mitteilen und uns das Heft zusenden. Wir können uns nun allerdings denken, daß Sie uns für den Absender des Heftes halten. Diese Meinung würde aber auf einem Irrtum beruhen, und wir senden Ihnen deshalb das Heft, das jedenfalls weit eher dem Adressaten als uns zugehört, wieder zurück. Nichts könnte dafür sprechen, daß gerade wir das Heft an Herrn Großmann, an den der Herausgeber der Fackel noch nie eine Zuwendung außer der in dem Artikel erwähnten gemacht hat, gelangen ließen. Freilich halten wir es nicht für unwichtig, daß er die Fackel liest, aber wir sind überzeugt, daß wir dafür nicht erst durch deren Einsendung sorgen müssen, sondern daß Herr Großmann sich die Fackel kauft, wenn er sie nicht, wie es eben diesmal geschehen ist, von wohlmeinender Seite geschenkt bekommt. Ihre Annahme, daß er an dem Artikel kein Interesse habe, ist ganz gewiß nicht zutreffend, es wäre denn, daß er nach flüchtigem Überblick sich davon überzeugt hätte, daß der Artikel im Wesentlichen kaum mehr als einen Nachdruck von Unsauberkeiten enthält, die dem Herrn Großmann ohnedies aus seinem Buche bekannt sind. Wie immer dem aber sei, und selbst wenn ein Heft, das einen Artikel über Herrn Großmann bringt, wegen starker Nachfrage vergriffen wäre, so wären wir doch nicht in der Lage, es uns von ihm spenden zu lassen. Die bemerkenswerte Tatsache jedoch, daß es dem Herrn Großmann von irgendeiner Seite, die ihn auf dem Laufenden erhalten will, zugesandt wurde, hätte keineswegs des Beweises durch Vorzeigung bedurft. Wir senden Ihnen deshalb das Heft zurück, nicht ohne den Rat an Herrn Großmann, es entweder, sobald er aus dem Ausland heimkehrt, zu lesen, da es ja auch noch andere interessante Beiträge enthält als denjenigen, der ihn nicht interessiert, oder wenn er überhaupt kein Interesse dafür haben und auch nicht imstande sein sollte, den Absender ausfindig zu machen, es an einen Interessenten weiterzugeben. Schließlich möchten wir bemerken, daß der gewiß erhebliche Umstand, daß sich die Fackel nach langer Ablenkung wieder einmal ausführlicher mit Herrn Großmann befaßt hat, noch immer nicht den Übermut rechtfertigt, mit uns in brieflichen Verkehr zu treten.

Hochachtungsvoll
Der Verlag der Fackel.

[F 857–63, 97–98; 1931]

»An der Schwelle des Goethe-Jahres«

hat Beer-Hofmann gestanden und der Ravag Worte und so hieratischer Banalität anvertraut, daß die Neue Freie Presse, deren Interessen andauernd zwischen Goethe und Gelles geteilt sind, sich entschloß, sie als Leitartikel zu bringen. Selbst der Satire, die von Natur kein Erbarmen kennt, tut es natürlich leid, einem älteren und geistig bestrebten Autor weh tun zu müssen, der innerhalb dieser Kulturwelt, deren Repräsentanten für eine Teppichfirma Broschüren schreiben, ohne Zweifel eine privat reine und gesinnungsmäßig saubere Feder führt. Und nichts dürfte gewisser sein, als daß die, wie es heißt, »seherisch beschwingten Worte« Beer-Hofmanns, wiewohl sie im Grunde nichts anderes sind als gebändigter Ullmann, noch turmhoch über allem stehen werden, was uns für dieses Jahr der Weihe und des Greuels die ungebändigten vorbehalten. Ich habe die »Iphigenie«-Zurichtung Beer-Hofmanns nicht gesehen und nur Beispiele einer dramaturgischen Ahnungslosigkeit überliefert bekommen, die freilich erschreckend waren. Beer-Hofmann ist Zionist und soll mir das »Gebet an die Sonne von Gibeon«, das ich leider nicht mit dem Ausdruck des Bedauerns zurücknehmen kann, infolge seiner Gläubigkeit, die ihm das volle Verständnis erschwert, persönlich übelnehmen. Ich schätze ihn darum persönlich sehr hoch und nehme ihm nur seine dichterische Produktion in ihrer Gesamtheit übel, wiewohl sie durch ein jedesmaliges langjähriges Werben um die Muse Rachel versöhnlich wirkt, ein alttestamentarischer Zug, der sich von der neujüdischen Literaturmache respektabel abhebt, mag auch das Ringen dieses Jaakob mit dem deutschen Sprachgeist: »Ich lasse dich nicht, du segnest mich denn« resultatlos verlaufen. Ich könnte ihm Vers für Vers seines Schaffens, von seinem »Charolais« an, den Nachweis erbringen, wie stark er gewollt hat, und er wäre, anständig und sprachlich bestrebt wie er ist, für meine Aufschlüsse sicherlich dankbar. So wird er wohl auch einsehen, daß keine Himmelsleiter auf dem Gemeinplatz aufstellbar wäre, mit dem er das neue Jahr als Goethejahr eröffnet hat:

In diesem neuen noch rätselhaft verhüllten Jahr, durch dessen Torbogen wir heute – bangend und hoffend – schreiten, jährt sich zum hundertsten Mal usw.

Auch das jährt sich schon zum hundertsten Mal, es sagen's aller Orten die Telegraphisten zwischen Klagenfurt und Jericho, die einem alten Brauch zufolge wie alljährlich so auch heuer den sonstigen Sylvesterverkehr erschwert haben. Und von Goethe zu sagen, daß er vor hundert Jahren irdischer Zeit, irdischen Maßen entwich, um schwerlos leuchtend sich emporzuheben in alles Künftige –

es klingt mehr, als es bedeutet, und im Vergleich damit ist selbst in der höfischen Definition von Goethes Tod als einem »Schwinden aus dem Hoheitskreise« mehr Metaphysisches enthalten. Beer-Hofmann hat aber ganz richtig beobachtet, daß es sich bei der Hundertjahrfeier dieses Ereignisses nicht um einen bloßen »Gedenktag« handle,

denn sonderbar gleichzeitig an allen Enden – wie geheime rasch zugeraunte Losung die Runde macht – ist ein anderes Wort aufgeflogen, sofort gebietend den Gemütern sich aufzwingend: Gedenkjahr – »Goethe-Jahr«.

Warum nicht? Gar nicht so geheim! Die Presse hat es genau so, leider Gottes, uns zugeraunt wie das Beethovenjahr und das Schubertjahr, und die Schlächtermeister werden eben diesmal Goethebüsten aus Schweineschmalz ausstellen.

An tausend Orten, in tausend Stunden wird in diesem Jahr Ungezählten immer wieder sein Name genannt, die Legende seines Lebens berichtet, sein Wort verkündet werden.

Von Journalisten: allen denen, die da grunzen, wenn »Über allen Gipfeln ist Ruh« zu einer ulkigen Koofmichreklame verwendet wird.

Mir ist heute aufgetragen, mit einem Heroldsruf ihn zu grüßen.

Die Einladung der »Ravag« dürfte etwas neuzeitlicher gefaßt gewesen sein.

Aber

– Beer-Hofmann sieht ein –

vermessenes Unterfangen – sein Herold sein zu wollen, leichthin alle Kronen zu melden, die dies Haupt wechselnd tragen darf – ohnmächtiges Unterfangen, feierlich ihn grüßen zu wollen, wo jedes Sich-Neigen zum In-die-Knie-Sinken, jedes grüßende Wort doch immer nur zu hilflos-stammelndem Bekennen tiefster Dankesschuld werden muß.

Das könnte gewiß alles von Glücksmann sein oder von einem gedämpfteren Csokor, aber die Devotion wäre vielleicht eher bei der Einrichtung der »Iphigenie«, und vermutlich auch bei der des ganzen »Faust« für einen Theaterabend, in Form der Resignation am Platze gewesen. Und was sich sonst noch alles an der Schwelle des Goethe-Jahres begibt! Da werden zum Beispiel »die Schatzkammern« ausgeleert,

die, hochkreisend, ein falkenäugiges Erkennen – alles Irdische erfassend – mit seiner Beute füllte!

Ullmann, noch reicher equipiert, hätte da ein titanisch schlichtes Vollbringen mit einem dionysisch unwirschen Behagen hinzugefügt.

Ich stehe hier. Geschlossener Raum umgibt mich. Ich rede.

Damit wäre ganz schlicht der Zustand vor dem Mikrophon bezeichnet. Aber nun kommt die Schilderung dessen, was sich dann im Äthermeer tut. Ehe das Wort sich von Beer-Hofmanns Lippen ganz löst, wird es schon erfaßt:

Von Bergen nicht aufgehalten, von Stürmen kaum gehemmt, wogt es ins Grenzenlose, vermag den Erdball zu umkreisen, landet an allen Küsten, die ihm zum Empfang bereitstehen...

(Ganz so ist das nicht: es gibt Rückkoppler, Kommunisten, Wellen mit Jazz und sonstigen Geräuschen)

und streift, unerkannt, auf verschneiter Paßhöhe die Wangen des einsamen Wanderers, der nicht ahnt, daß es Menschenbotschaft ist, die er mit seinem Atem in sich trinkt.

Wenn es etwas von Offenbach ist, was da die Wangen des ahnungslosen Wanderers streift, so lobe ich mir die Erfindung – sonst bliebe die Luft auf verschneiter Paßhöhe besser ungeschoren.

Mag dies ein Gleichnis sein!

Mag es. Aber wenn es dann heißt:

Unhemmbar wogten die Worte

– diesmal Goethes –,

ins Grenzenlose, und wo Herzen offen standen zum Empfang, tönten sie, alterslos, wundervoll auf.

Und, der sie nicht hört, der von ihnen nicht weiß – selbst der noch, nimmt sie unbekannt in sich auf!

so klingt's auch nicht. Gleichwohl ist es etwas wie die Spur eines Gedankens. Freilich so: Niemals standen die Herzen zum Empfang für Goethe-Worte offen; nicht tausend Menschen unter einer

Bevölkerung von elektrisch installierten Höhlenbewohnern haben die »Pandora« gelesen. Aber ebenso wahr, wie häufig von mir ausgesprochen, ist der Hinweis auf etwas wie die ätherischere Sendung des Wortes: die mittelbar sittliche Wirkung des Unfaßbaren, das, wie Beer-Hofmann ganz richtig sagt, »auch den letzten Kerker noch – den der Worte – schon durchbrochen« hat, so daß wir, was Goetheisch ist, »in uns atmen müssen«. Natürlich stimmt es wieder ganz und gar nicht für die heute lebende und lesende Menschheit, die auch ohne die Existenz Goethes nicht tierischer sein könnte. Und wenn der Journalist, der die »seherisch beschwingten Worte« preist, den Seher um des Vergleiches willen rühmt: wie der fromme Bauer die Initialen der heiligen drei Könige an die Tür seines Hauses schreibt, so schreibe jetzt ein großes Volk in der Zeit der Not den Namen Goethes »über die Tür seines Hauses«, so heißt das wirklich zum Schaden den Spott fügen. Keinem Angehörigen der Wertheimwelt wie der Krupnikwelt fällt es ein, den Namen Goethes über die Tür seines Hauses zu schreiben! Die Wiener Allgemeine Zeitung, der Schönheitspflege hingegeben, überschätzt den Zusammenhang ihrer Leser und weiterer Kreise mit Goethe erheblich, wenn sie den Nachbeter des Vorbeters behaupten läßt:

> Sich zu Goethe bekennend, wiederum, feierlich und sich vor seinem Genius beugend, flüchtet sich ein großes und wertvolles Volk gleichzeitig in seinen Schutz und baut darauf, daß in Goethes hohem Zeichen das anhebende Jahr friedlicher, glücklicher und menschlicher werde.

Sie schreiben den Namen Goethes über die Tür ihres Hauses? Ihres Komptoirs! Ihres Pissoirs! Mosse hat den Anfang gemacht: mit einem seitenfüllenden Kopf Goethes als Annoncenakquisiteurs. Lug und Phrasentrug, der den Rebbach maskieren soll! Wortgesindel, das dem Tatgesindel den Vorspann macht! Was dieses Kontinent, das alte, das es längst schon so gut wie Amerika hat, mit Goethe verbindet, ist der Hohn der Verwandlung seines edelsten Gedichtes in eine Parole sämtlicher Branchen, ist vor allem der Humor, der tagaus tagein und ganz bestimmt auch im »Goethejahr« das einzige dieser Menschheit geläufige Zitat aus einem Prosadrama umspielt, das Zitat, das aus ihrem Vorstellungskreis wie aus ihren Gerichtssaalrubriken nicht mehr zu entfernen ist. Vor diesem Kulturzustand, der die Abortwand zum Schauplatz aller politischen, geistigen und erotischen Bestrebungen einer

Bevölkerung macht, und gegenüber allem Greuel, den uns dieses Jahr vorbehält, dürfte es auch der einzige Bescheid sein, den Goethe selbst seiner Landsmannschaft zu erteilen hätte, wie er ihn ihr sein ganzes Leben hindurch erteilt hat. Von der Schwelle des Goethejahres würde er alle Annäherungsversuche einer Gesellschaft, die seinen Dekor braucht, um zu morden, zu rauben und mittels der von ihm verachteten Presse zu lügen, mit einem Fußtritt und dem ihr verständlichsten Goethewort abtun!

[F 868–72, 1–5; 1932]

Und dann kommt plötzlich ein Tag

an dem es ist, als ob ein Zauberstab eine Quelle zum Sprudeln gebracht hätte.

Es handelt sich nämlich darum:

Wie entsteht ein Schlager?
Er kommt und er ist da . . .
Von Franz Lehár.
– – Woher einem das geschenkt wird

weiß er aber nicht. So kann er zum Beispiel bei »O Mädchen, mein Mädchen, wie lieb' ich dich«

einen Eid ablegen, daß ich (er) nicht weiß, wie das entstanden ist.

Bei »Immer nur lächeln« war es anders.

Als ich diese Noten aufs Papier warf, saß mein kleiner Kanarienvogel auf meiner Schulter und pfiff mir seine schönsten Triller ins Ohr. Vielleicht habe ich ihn unbewußt plagiiert...

Ich kenne noch heute nicht den dritten Akt der »Lustigen Witwe«. Wenn man mir damals gesagt hätte, daß er vom Kanarienvogel ist, wäre ich geblieben. Die Schöpfung Kalmans ist mehr milieugebunden.

Ganz ähnlich kam auch »Komm mit nach Warasdin« zustande. Ich war damals in eine neue Wohnung gezogen und die Befürchtung meiner beiden Librettisten, daß mir hier nichts einfallen werde, schien sich bewahrheiten zu wollen.

Dies war insofern der Fall, als er faktisch auf dem Weg ins Café plötzlich die Melodie von Warasdin summte. Anders Benatzky, der immer den ganzen Stimmungskomplex musikalisch zu illustrieren versucht. Populär könne ein Refrain aber nur dann werden,

wenn in möglichster Prägnanz, mit möglichst neuen Worten und Wendungen ein allgemein interessierendes, allgemein gültiges Thema angeschnitten wurde.

Und welches Thema wäre allgemeiner interessierend und gültig als das von Mutzi und Putzi, vom Katzerl und Schatzerl? Benatzky kann da einen Erfolg verzeichnen, dessen sich wohl kaum ein Mitstrebender zu rühmen vermöchte: daß, wie ihm neulich ein Unbekannter schrieb,

die Negerkinder im schwärzesten Afrika »It must be wonderful indeed« (»Es muß was Wunderbares sein«) piepsen –

man kann sich schon denken was, aber auch der Wein spielt daneben eine Rolle, so daß der Unbekannte auch melden konnte – was vielleicht noch kurioser ist –: daß

die Lappen im höchsten Norden »Ja nan gang sa ska man vál roligt ha« (»Ich möcht' wieder einmal in Grinzing sein«) singen....

Es freue ihn doppelt:

Denn es bestätigt mir, daß ich den richtigen Weg eingeschlagen habe.

Wie sonderbar: die Lappen möchten wieder einmal in Grinzing sein, wo sie doch bestimmt noch nie waren, während zum Beispiel ich mein ganzes Leben darauf eingerichtet habe, nicht dorthin zu gelangen. Es ist offenbar ein von der Natur vorgesehener Austausch der Gefühle, daß die Lappen für das Wienerische schwärmen, während die Wiener wieder mehr dem Läppischen zugetan sind. Was aber den Zauberstab betrifft, der die Quelle zum Sprudeln bringt, so hat uns ein Interview mit einem der Schöpfer dem Geheimnis näher gebracht:

»Was verdient man also jetzt mit einer Operette und was hat man früher verdient?«

[F 876–84, 121–22; 1932]

Die Sprache

Der Versuch: die Sprache als Gestaltung, und der Versuch: ihr als Mitteilung den Wert des Wortes zu bestimmen – beide an der Materie durch das Mittel der Untersuchung beteiligt – scheinen sich in keinem Punkt einer gemeinsamen Erkenntnis zu begegnen. Denn wie viele Welten, die das Wort umfaßt, haben nicht zwischen der Auskultation eines Verses und der Perkussion eines Sprachgebrauches Raum! Und doch ist es dieselbe Beziehung zum Organismus der Sprache, was da und dort Lebendiges und Totes unterscheidet; denn dieselbe Naturgesetzlichkeit ist es, die in jeder Region der Sprache, vom Psalm bis zum Lokalbericht, den Sinn dem Sinn vermittelt. Kein anderes Element durchdringt die Norm, nach der eine Partikel das logische Ganze umschließt, und das Geheimnis, wie um eines noch Geringern willen ein Vers blüht oder welkt. Die neuere Sprachwissenschaft mag so weit halten, eine schöpferische Notwendigkeit über der Regelhaftigkeit anzuerkennen: die Verbindung mit dem Sprachwesen hat sie jener nicht abgemerkt, und dieser so wenig wie die ältere, welche in der verdienstvollen Registrierung von Formen und Mißformen die wesentliche Erkenntnis schuldig blieb. Ist das, was sie dichterische Freiheit nennen, nur metrisch gebunden, oder verdankt sie sich einer tieferen Gesetzmäßigkeit? Ist es eine andere als die, die am Sprachgebrauch wirkt, bis sich ihm die Regel verdankt? Die Verantwortung der Wortwahl – die schwierigste, die es geben sollte, die leichteste, die es gibt –, nicht sie zu haben: das sei keinem Schreibenden zugemutet; doch sie zu erfassen, das ist es, woran es auch jenen Sprachlehrern gebricht, die dem Bedarf womöglich eine psychologische Grammatik beschaffen möchten, aber so wenig wie die Schulgrammatiker imstande sind, im psychischen Raum des Wortes logisch zu denken.

Die Nutzanwendung der Lehre, die die Sprache wie das Sprechen betrifft, konnte niemals sein, daß der, der sprechen lernt, auch die Sprache lerne, wohl aber, daß er sich der Erfassung der Wortgestalt nähere und damit der Sphäre, die jenseits des greifbar Nutzhaften ergiebig ist. Diese Gewähr eines moralischen Gewinns liegt in einer geistigen Disziplin, die gegenüber dem einzigen, was ungestraft verletzt werden kann, der Sprache, das höchste Maß einer Verantwortung festsetzt und wie keine andere geeignet ist, den Respekt vor jeglichem andern Lebensgut zu lehren. Wäre denn eine stärkere Sicherung im Moralischen vorstellbar als der sprachliche Zweifel? Hätte er denn nicht vor allem materiellen Wunsch den Anspruch, des Gedankens Vater zu sein? Alles Sprechen und Schreiben von heute, auch das der Fachmänner, hat als der Inbegriff leichtfertiger Entscheidung die Sprache zum Wegwurf einer Zeit gemacht, die ihr Geschehen und Erleben, ihr Sein und Gelten, der Zeitung abnimmt. Der Zweifel als die große moralische Gabe, die der Mensch der Sprache verdanken könnte und bis heute verschmäht hat, wäre die rettende Hemmung eines Fortschritts, der mit vollkommener Sicherheit zu dem Ende einer Zivilisation führt, der er zu dienen wähnt. Und es ist, als hätte das Fatum jene Menschheit, die deutsch zu sprechen glaubt, für den Segen gedankenreichster Sprache bestraft mit dem Fluch, außerhalb ihrer zu leben; zu denken, nachdem sie sie gesprochen, zu handeln, ehe sie sie befragt hat. Von dem Vorzug dieser Sprache, aus allen Zweifeln zu bestehen, die zwischen ihren Wörtern Raum haben, machen ihre Sprecher keinen Gebrauch. Welch ein Stil des Lebens möchte sich entwickeln, wenn der Deutsche keiner andern Ordonnanz gehorsamte als der der Sprache!

Nichts wäre törichter, als zu vermuten, es sei ein ästhetisches Bedürfnis, das mit der Erstrebung sprachlicher Vollkommenheit geweckt oder befriedigt werden will. Derlei wäre kraft der tiefen Besonderheit dieser Sprache gar nicht möglich, die es vor ihren Sprechern voraus hat, sich nicht beherrschen zu lassen. Mit der stets drohenden Gewalt eines vulkanischen Bodens bäumt sie sich dagegen auf. Sie ist schon in ihrer zugänglichsten Region wie eine Ahnung des höchsten Gipfels, den sie erreicht hat: Pandora; in unentwirrbarer Gesetzmäßigkeit seltsame Angleichung an das symbolträchtige Gefäß, dem die Luftgeburten entsteigen:

> Und irdisch ausgestreckten Händen unerreich-
> bar jene, steigend jetzt empor und jetzt gesenkt.
> Die Menge täuschten stets sie, die verfolgende.

Den Rätseln ihrer Regeln, den Plänen ihrer Gefahren nahezukommen, ist ein besserer Wahn als der, sie beherrschen zu können. Abgründe dort sehen zu lehren, wo Gemeinplätze sind – das wäre die pädagogische Aufgabe an einer in Sünden erwachsenen Nation; wäre Erlösung der Lebensgüter aus den Banden des Journalismus und aus den Fängen der Politik. Geistig beschäftigt sein – mehr durch die Sprache gewährt als von allen Wissenschaften, die sich ihrer bedienen – ist jene Erschwerung des Lebens, die andere Lasten erleichtert. Lohnend durch das Nichtzuendekommen an einer Unendlichkeit, die jeder hat und zu der keinem der Zugang verwehrt ist. »Volk der Dichter und Denker«: seine Sprache vermag es, den Besitzfall zum Zeugefall zu erhöhen, das Haben zum Sein. Denn größer als die Möglichkeit, in ihr zu denken, wäre keine Phantasie. Was dieser sonst erschlossen bleibt, ist die Vorstellung eines Außerhalb, das die Fülle entbehrten Glückes umfaßt: Entschädigung an Seele und Sinnen, die sie doch verkürzt. Die Sprache ist die einzige Chimäre, deren Trugkraft ohne Ende ist, die Unerschöpflichkeit, an der das Leben nicht verarmt. Der Mensch lerne, ihr zu dienen!

[F 885–87, 1–4; 1932]

Man frage nicht, was all die Zeit ich machte.
Ich bleibe stumm;
und sage nicht, warum.
Und Stille gibt es, da die Erde krachte.
Kein Wort, das traf;
man spricht nur aus dem Schlaf.
Und träumt von einer Sonne, welche lachte.
Es geht vorbei;
nachher war's einerlei.
Das Wort entschlief, als jene Welt erwachte.

[F 888, 4; 1933]

Hans Wollschläger

Die Instanz K. K.
oder
Unternehmungen gegen die Ewigkeit
des Wiederkehrenden Gleichen

Den Geburtsort von 1874, Jicin, hat der Feind Felix Salten gegen ihn vorgebracht, um der *bestimmten Spielart von auskennerischem Agententum,* das man *mit dem Begriff Budapest verbindet*[1], mit dem Böhmischen Dorf zu kontern. Aber die Herkunft trägt nichts bei zur Erklärung der Dimension Karl Kraus: das Milieu der Kleinstadt in der k. k. Provinz, deren Name mit Recht viel eher an den Herzog von Friedland erinnert, so wenig wie die jüdische Deszendenz. Auch sie hat Salten, der Zionist, wie später Max Brod, wie früher und später viele andere, die mit K. K. die Herkunft gemein hatten und die Zukunft nicht gemein haben werden, in die Anklage eingetragen: gegen das, was mithin Selbsthaß gewesen sei, Ich-Verleugnung, verzweifelte Abwehr. Aber auch Kraus' Antijudaismus hat keine erkennbaren Wurzeln im Mutterboden des Vaterlands; wo er ›generalisierte‹, geschah es reaktiv auf vorgefundenes Selbstverständnis, und *jüdisch* steht in der Fackel-Satire gebrochen synonym für Eigenschaften jüdisch repräsentierter Gruppen, vor allem des Liberalismus – oder genauer: seines Herrschaftsinstruments, der liberalen Presse. Das zentrale Subjekt, der Journalismus, färbte auch die antijudaische Position mit ein, determinierte sie gesellschaftlich, nicht rassisch, und noch da, wo sie gegen rassische Ideologie bezogen wurde, blieb es das Eigentliche und beherrschend: *König Herzl* erwarb, wenn er nicht um *eine Krone für Zion* warb, seine täglichen Kronen bei Bacher und Benedikt, als Feuilletonist. Das ›Antisemitische‹ bei Karl Kraus ist unabhängig von Blut und Milieu; darum konnte es konfliktlos unabhängig bleiben von der eigenen Abkunft. Darum unabhängig auch von den Ideologien überhaupt, der Christlich-Sozialen wie der *Kohnnationalen,* der Berufsteutonen und Deutschtümelanten wie der liberalen Börsenjobber. Allen hat er das Bündnis mit ihm vergällt, keinem die Berufung auf die Fackel ermöglicht. Die viele Feindschaft, die er auf sich zwang, gehört erst oberhalb der Richtungen und Parteien so mit zur Definition seiner Einzig-Art, wenn auch nicht im Sinn der bloßen vielen Ehre, die das Sprichwort zuspricht; sie, die vom Bürger doch nur in Ermanglung höherer Werte hochgehalten wird, begliche nicht die Trübe der Einsamkeit, die Karl Kraus dafür akzeptierte. Wer nach Spuren von Menschenhaß suchte in seiner Naturanlage, von Tatenzwang aus böser archaischer Mitgift, von im Spott auftrumpfender Grämlichkeit, müßte an allem scheitern, was die privaten Zeugnisse verraten: er hat an der Verneinung gelitten wie keiner der von ihm Verneinten und nach den Liebenswerten der Welt verlangt und gesucht. Die Erzwingung des Hasses aller Welt: wäre auch sie, die im vorgegebenen Muster der Person fehlende, am Ende Schöpfung des Bewußtseins, Notwendigkeit der Erkenntnis allein? Gehörte es zur entworfenen Strategie seines Willens zur Wirkung, daß er die gesamte Umwelt so ohne Einlenken zum Gegen-Stand machte und auf die Nachwelt nahm – wußte er, daß sie, die im Tag und in aller Gegenwart nicht besiegbare, für eine Nachwelt, die seiner selbst mit Gewißheit gewiß sein würde, erst durch seinen uneingeschränkten Gegensatz zu ihr uneingeschränkt negativ definiert war, daß er so erst ihre endgültige Erledigung erzwingen konnte? Nach dem Selbstverständnis solchen Wirkens in die unabsehbare Ferne, solcher Entwürfe auf Ewigkeit wäre zu fragen, wo nach der Dimension Karl Kraus gefragt wird. Es wäre eine Dimension von Ich darin, von Un-Menschlichkeit, die zugleich nach Wahnanteilen fragen ließe, und selbst eine Anschauung, die Bescheidenheit nur den Lumpen zuweist, wüßte sich dieser Nach-Frage schwer zu erwehren. Der ›Größenwahn‹ fehlt in der Argumentation der Feinde selten, und nirgends fehlt er bei jenen Feinden, die devertierte Verehrer waren und ihm die Attribute der ›Gottähnlichkeit‹ zuvor ohne Hemmung verliehen hatten. *Man könnte größenwahnsinnig werden: so wenig wird man anerkannt*[2]*!* schrieb er, als noch das erste Fackel-Jahrzehnt nicht um war. Wurde er es? Die Gewißheit der heutigen Feinde wird dadurch geschmälert, daß er gegen die damaligen bereits heute recht behalten hat: Harden, der einstige Mentor, der *Ehrenmann mit logischen Unterbrechungen,* der Erledigte der »Erledigung« und des »Nachrufs«, ist so tot wie die Zukunft von gestern; Salten, der Jugendfreund, fristet sich allenfalls noch auf der Mutzenbacher-Ebene fort, wie Karl Kraus es ihm gönnte; Ehrensteins Wiedererweckung wird durch seine Stellung zu dem, der ihn erweckte, sehr behindert; und Werfel, der auf den Kitsch kam, überlebt – wie sie alle – oberhalb seines Formats nur noch in dem, was Kraus-Zitat an ihm wurde. Aber beweisender als der Umstand, daß die Zeit dem Urteil der Fackel nachkam, wäre der andere: daß sie alle, denen zur treffenden Invektive die beste Voraussetzung des Augenscheins gegeben war, ihren Gegenstand verfehlten; beweisender als ihr Scheitern auf

Zeit wäre ihr Scheitern in der Sache. Denn Karl Kraus hat, indem er mit der Feindschaft auch die Waffe des Austrags bestimmte, zugleich das Ergebnis bestimmt: noch daß Satire gegen ihn nicht möglich war, ließ er mit für Rang und Art seiner Satire zeugen. Wurde so jeder Versuch gegen ihn zum schäbigen Pasquill, so zugleich auch zur Selbstentlarvung, so zugleich auch zu jener Selbstentleibung, die er im Fall Kerr unwiderstehlich beschrieben hat. Bei Werfel nimmt der Vorgang fast tragische Züge an: während der »Spiegelmensch« nur plump und platt blieb, ist der »Roman-Einfall ›Der Verwandte‹« das Eingeständnis eines denkerischen Tiefstandes, vor dem man auch bei einem noch Geringeren als Werfel erschrecken müßte, und nur wenig mindert daran die Einsicht, die es unveröffentlicht bleiben ließ[3]. Mit den Feinden ist es, wo es um die Erkenntnis von Karl Kraus geht, nichts. *Ich mache kleine Leute durch meine Polemik so groß, daß sie nachher würdige Objekte für meine Polemik sind und mir kein Mensch einen Vorwurf machen kann*[4] –: einige, die er groß gemacht hatte, machten sich durch ihre eigene Polemik so klein, daß sie nur noch sich selber ein Vorwurf sind. Nicht polemisiert gegen ihn hat Freud, obwohl auch er, in weiterer Entfernung, zu den Gegnern gehörte. Den Autor von »Sittlichkeit und Kriminalität« suchte er zum Verbündeten, 1906, und vergeblich, bewogen wohl auch vom Umstand, daß die Fackel im Jahr zuvor die hochachtende Rezension der »Drei Abhandlungen« durch Otto Soyka gebracht hatte; ganz spät aber steht dann nur noch der Satz an Arnold Zweig, daß Karl Kraus *auf der Skala meiner Hochachtung eine unterste Stelle einnimmt*[5]*:* das Urteil, deutungsbedürftig, kam vielleicht aus der gleichen Perspektive zustande, aus der er etwa auch Theodor Lessing die Achtung verweigerte[6]. Karl Kraus hat die Psychoanalyse verneint, *jene Geisteskrankheit, für deren Therapie sie sich hält*[7], und es könnte das, auf der Wertungsebene, wo man versucht wäre, vom Rang die einzelnen Irrtümer zu subtrahieren, sein einziger Irrtum von Rang gewesen sein. Er wollte *den Weg zurück ins Kinderland…, nach reiflicher Überlegung, doch lieber mit Jean Paul als mit S. Freud machen*[8] und wurde scharf gegen den Anspruch, den Geist in die Sprechstunde der Nervenärzte zu holen. Freuds eigene Zurückhaltung hier kannte er nicht; ahnender Instinkt vielleicht nahm ihn, den Meister, aus, wenn er sich gegen die Richtung wandte, die Lehrlinge, die die Geister nicht wieder loswurden. 1913 druckte das Zentralblatt für Psychoanalyse *und sonstigen Unfug* anderthalb Seiten seiner hochglänzenden Ausfälle ab – »ohne jede Polemik«, aber mit dem ›Voilà la résistance‹ zwischen den Zeilen, das der dann folgenden Fackel-Replik leicht erlag[9] (und den Bußbetrag für den Urheberrechtsverstoß wandte Karl Kraus signalhaft der in Armut lebenden Dichterin Else Lasker-Schüler zu). Ihm war, ihm wäre auch heute so nicht beizukommen. *Mein Bewußtsein hat einen Hausknecht, der immer acht gibt, daß kein ungebetener Gast über die Schwelle komme. Psychoanalytiker haben auch unter ihr nichts zu suchen ...*[10] Sein Widerspruch gegen den Primat des Unbewußten: die Psychoanalyse selbst müßte ihn als Bestandteil seiner Ich-Leistung erkennen, als Mit-Ausdruck der Bewußtheit, die sein ganzes Leben und Werk organisierte. Bloße Couch-Routine, die den Strom seiner großen Essays als orale Unersättlichkeit, als ausagierten Verbalisierungsdrang deuten wollte, gewönne nur einen irrelevanten Befund und nichts mehr; jeder Schritt darüber hinaus müßte schon am Entstehungsprozeß scheitern, an der Genauigkeit und Bewußtheit des Entwerfens und Feilens, an der geistigen Gewalt der Durchsetzung. Das ›Sprudeln‹, das nach Thomas Manns Wort nur den Stümper und Dilettanten bezeichnet, hat bei aller stupenden Quantität seines Produzierens nirgends Platz gehabt. Die Dimension Karl Kraus: wer nach ihr fragte, hätte jenseits der archaischen Quellen zu beginnen. Zuletzt auch jenseits der ›Zeit‹. Daß er, als sie ›Hand an sich legte‹, diese Hand gewesen sei: der Satz Brechts, ausgehorcht, wie man Kraus' eigene Sätze aushorchen muß, bleibt eigentlich bloßes Aperçu und falsch. Die Dimension Karl Kraus: sie steht asymptotisch zu dem, was ihr Gegenstand war, und wie immer sie begrenzt wurde durch ihn und seine Grenzen, sein Produkt war sie nirgends. Aus dem Material, an das Karl Kraus Hand legte, könnte die gesamte Soziologie des Jahrhunderts ihre Arbeit fristen; ihn selber daraus zu erklären vermöchte sie nicht – es sei denn auf der Grundlage eines Geschichtsidealismus, der die Hervorbringung des Höchsten durchs Niedrigste als dialektisches Weltgesetz sähe. Den Juden ein Ärgernis und den Ariern eine Torheit, im Wien der Untertanen selbst *eines Weltalls treuer Untertan,* unter Redenden der einzig Beredte, entzieht sich Karl Kraus jeder genaueren Festlegung auf Zeit und Ort. Sein Herkommen war – und das hätte so sibyllinisch dazustehen, wie es in seinem Gedicht dasteht – *vom Ursprung*[11]; seine Erscheinung überwächst alles, was daneben von *Nirgendher* kam: Wien, Österreich, den ganzen Vielvölkerstaat. Was den Festgelegten böhmisch darin vorkommt, ist zuletzt Alle Welt.

*

Hat die individualistische Auffassung in der Geschichte Unrecht, die den historischen Verwicklungen nur die Aufgabe zuerkennt, die Persönlichkeit zu zeitigen, die ihrer Herr wird? Die Frage steht, ganz petit, schon im ersten Fackel-Heft vom April 1899 – und die Antwort desgleichen: *Der Mann, an dessen Intelligenz gemessen die Konflikte unserer Zeit klein erscheinen würden, ist aber noch nicht gefunden.* Daß er in ihm selber gefunden sei, brauchte Karl Kraus schon ein halbes Jahr später gar nicht mehr eigens festzustellen; die ganze Geste, mit der er *Die Konflikte Unserer Zeit* anpackte, sprach es aus, und das Kleingemachte unterlag in den folgenden 15 Jahren einer Großmacht der Intelligenz, wie es sie, in einem Menschen vereinigt, in der Geschichte der Publizistik nie und auch nie wieder gegeben hat. Ein *Kampf mit ungleichen Waffen* par excellence: gegen eine Kulturperiode, *in der die Menschen, durch Rasse und Religion getrennt, sich mit solcher Begeisterung zu dem einigenden Prinzip der Dummheit bekannt* hatten[12]; gegen speziell die *unerschöpfliche vaterländische Dummheit,* jenen *Urquell, dem mir unsere Leiden in gefälliger Natürlichkeit zu entspringen scheinen*[13], gegen den *grinsenden Ungeschmack* einer von sechs Witzblättern unterhaltenen Stadt; und vor allem gegen die Presse selbst, die Journalisten, die *Notizenprätorianer,* die *Taglöhner der Lüge,* die *Preßhyänen,* wie sie, die es in den »Letzten Tagen der Menschheit« dann im schauerlichsten Sinn wurden, schon im zweiten Jahr hießen[14], die Nachrichtenschieber, die nach Angebot und Nachfrage ›brachten‹ und die vom Gegenprogramm der ersten Fackel, dem im Sperrdruck herausspringenden *Was wir umbringen,* bis zum letzten Wort der letzten gemeint waren. Vor allem und vor allem die Presse. Gegen sie hat Karl Kraus seine ganze schöpferische Kraft ein- und durchgesetzt; an ihr, dem Beruf derer, die – nach Bismarck – ihren Beruf verfehlt haben, ist seine eigentliche Gegen-Berufung gewachsen; die Presse wurde das Totum pro partibus aller Übel und schließlich das *Weltübel* schlechthin. Er sammelte das ganze Aufgebot des Geistes, um den Inbegriff des Ungeistes zu treffen; unermüdlich berief er die Eideshelfer, Lassalle und W. Liebknecht, Schopenhauer und Nietzsche, Goethe und Kierkegaard, Wagner, Lichtenberg, Ibsen, Balzac –: *Man kann sicher sein, in jedem Lebenswerk eines Großen irgendwo eine Stelle zu finden, in der er der Geniepflicht der Preßverachtung genügt hat*[15]. Die Geschichte der Fackel ist die Geschichte des Kampfes gegen die Presse, und nicht wenig hat die Übermacht, gegen die ein Einzelner antrat, ihren Verlauf mit bestimmt. Auch innerlich, dort vielleicht am meisten. Denn der Journalismus, von dem Karl Kraus herkam, war durchaus in ihm selber angelegt, und wer das bestreiten, wer die entwickelte Gegenkraft bereits in seiner Wiege liegen sehen wollte, verkleinerte seine Lebensleistung. Dem Journalismus abzusagen, wie er Moriz Benedikt abgesagt hatte, *nach dem der Kaiser der Mächtigste in Österreich* war, war eine Notwendigkeit von tiefster ursprünglicher Kraft; sie hat das Anfangen der Fackel bewogen, sie hat, vielleicht, die ganze Fackel bis zum Ende bewirkt. Daß nach einem Jahr schon mehr daraus geworden war als nur blendend besserer Journalismus gegen den Journalismus, daß damit erst ein Crescendo begann, das von jedem glanzvollen Zwischenhöhepunkt eine weitere Steigerung möglich machte und bis zum Schluß anhielt, ist Außenkontur eines kathartischen Prozesses, dessen Begründetsein im Rationalen nicht mehr zu finden ist. Immer wohl ist der Wille zur geistigen Reinheit, wo er mit Macht vom Selbst in die Welt eingreift, absolut vom Anlaß und Wille zur Herstellung des idealen Innern; solche Notwendigkeit, die das Leiden des Künstlers mit umschließt, läßt sich aus keiner Definition Großen Denkens lösen, und die Psychologie, die, was in kleinerer Dimension Gewissen heißt, als zustande gekommene Struktur zu erklären vermag, bleibt vor deren Schöpfungen bei der Enge des bloßen Prinzips zurück. Bei Karl Kraus: vor dem Exzeß einer geistigen Reinheit, die absolut ist schlechthin und die ihre Verweisung ins Realitätsferne zugleich dadurch vereitelt, daß es ihr gelang, ihre Gegenstände, dem Bürger banal und unsensationell, mit in ihre Dimension zu erheben. Nicht ins Wahnhafte vergrößernd, sondern ins Wahrhafte. Der Vorwurf der Inkongruenz von Gegenstand und Darstellung hat gegen K. K. immer etwas von der unaufgeklärten Gewohnheit gehabt, die Mikroben, von denen die Krankheit zum Tode stammt, mit Hinweis auf ihre Kleinheit zu verachten (und jenen Mikroben, die ihn selber erhoben, übersetzte er die Verachtung konsequent in den Satz: *Wie kann einer nur mit solchem Dreck, wie wir sind, immer sich befassen!*[16]); die Vergrößerung, die seine Texte vollbringen, ist die des Mikroskops. Empfindlichkeit gegen das tödliche Kleinste: wie sie den denkenden Gang in die Welt bestimmt, so immer auch den in sich selber gehenden Gedanken: in sich selber ist Karl Kraus dem Feind die Feindschaft nie schuldig geblieben. Was das sei, was, wenn es so heißen dürfte, der ›Journalismus in ihm‹ wäre, bedürfte der genauesten Abgrenzung; wer sie zu Ende brächte, gewönne erst den vollen Begriff von dem, was er als ›den Journalismus‹ bekämpfte, und auch den vollen Begriff seines Rechts, ihn so im Prinzip zu bekämpfen: nicht als Fund- und Befundsfeld generalisierter geistiger Mißstände, sondern als den Ausnahmezustand des Geistigen überhaupt, den Miß-Stand schlechthin. Die nie schweigende Unruhe gegenüber der Verderbnis des mikroskopisch Kleinsten: sie ist dem Nachlebenden und – jenseits des Prozesses der formenden Bewältigung – Nachlesenden übers bloße Auge nicht sichtbar; ihre Erspürung bedürfte einer Empfindlichkeit, die vielleicht nur auf dem Wege der psychischen Identifikation im Nachleben und Nachlesen gewinnbar wäre; der sokratische Dämon bleibt unterhalb der Dimension Sokrates ein bloßer mythischer Begriff. Die Gewissenhaftigkeit der Fackel-Satire ist nur als Auswirkung greifbar, in ihrem Anlaß nicht. Das Kleinste, auf das sie Antwort der Notwendigkeit war, liegt nur als Bewältigtes, als Qualität des Bewußtseins offen auf, und die Feinde, die (wie der von K. K. später in die Unsterblichkeit erledigte Journalist Großmann) bei der Vorstellung von Einem verhielten, der immer nur dasselbe bringe und das Feld, auf dem sie ›alles brachten‹, kleinlich nach Druckfehlern und Aufsitzern absuche, gewannen nur die Möglichkeit einer Erkenntnis, die Erkenntnis nicht. Und nicht das Stupide des Vorwurfs, sondern eben das verpaßte Erkenntnismögliche darin ließ Karl Kraus mit Vehemenz, und immer wieder, darauf antworten, und auch dies immer selbe war Antwort auf sich selbst – bis ans Ende, lange über die Zeit hinaus, wo der Vorwurf von außen noch beantwortenswert erhoben wurde. Als er erhebbar war und noch nicht erhoben wurde, in den Anfängen, antwortete ihm Entwicklung, Formwerden, unablässig sich steigernder Sinn. Schon im ersten Jahr wies Karl Kraus anläßlich des Julius Bauer, eines zu Einfluß gekommenen Possenreißers der Wiener Theater- und Literatengesellschaft, auf den *Humor, der im Wortklang sich befriedigt und dem kein adäquater Ernst im Widerspiel entspricht*[17] –: daß von der Satire zum flott spottenden Sonntagshumorismus nur der eine Schritt sei, der die

Gegensätze trennt, daß jener Verhältnis zu diesem sich in bloßer Gegengiftigkeit erschöpfen könnte, war Erwägung der Eigenen Sache, die sich mehr als einmal selber zu leicht befand und sich die Verneinung schwerer und schwerer machte. Was selbst als Metapher genommen noch hyperbolisch wirkt, Bekenntnisse wie das, er habe oft um eines Wortes willen die Druckmaschinen aufgehalten, wie das vom *Fehler, den kein anderer sieht,* ist Wahrheit des Kleinsten in ihm, an dem noch das Größte sich maß: – ganz spät suchte er um eines Kommas willen den Weltlauf aufzuhalten. Es gebe *zwei schöne Dinge auf der Welt: Der ›Neuen Freien Presse‹ angehören oder sie verachten,* hatte er ganz früh gemeint: *Ich habe nicht einen Augenblick geschwankt, wie ich zu wählen hätte*[18]. Geschwankt keinen Augenblick; gewählt, ohne Ende, ein Leben lang – in jenem vom Leser Ungeahnten, *was vorausgegangen:* dem *Titanenkampf mit einer Letter*[19]. In den Anfängen hat dieser Kampf noch etwas, manchmal viel, vom Äußerlichen des Florettfechtens: wo Österreich nur erst *an akuter Langeweile zugrunde zu gehen droht*[20], genügte den Passaden und Paraden der Fackel zum Sieg die Eleganz. Ein Dutzend Jahre danach, als diese Eleganz ins Riesenhafte gewachsen war, als sie Macht darstellte und Maßstab, lag, riesenhafter noch, darüber der Schatten des *adäquaten Ernsts,* dessen Macht auszuüben sie gewachsen war. Um ihn ging der Kampf mit der Letter; sie war Abzeichen der letzten Distanz, die zum vollen Gegensatz zu den Greueln noch fehlte, denen er galt. Daß die ethische Reinheit eine der Sprache sei, daß sie ›buchstäblich‹ entschieden werde, daß die Verneinung der Übel Verneinung der Phrase sei, in der sie sich mitteilten – dieses Verständnis hat die Formen der Fackel zu einer Entwicklung getrieben, deren Hälfte schon ausgereicht hätte, mehr als einen Nachruhm zu begründen. Es gibt vielleicht in der Geschichte der Kreativität kein Beispiel, in dem der künstlerische Rang eines Werkes in gleicher Vollkommenheit dem seiner moralischen Motivation kongruent ist: Gegensinn herzustellen zum schlechten, unechten Leben. Bei Karl Kraus reicht das bis in die Kleintechnik des Aphorismus, der syntaktischen Komposition, des satirischen Effekts schlechthin: alle seine Sätze sind Gegen-Sätze nach Struktur und Sinn, zu Überkommenem, zu Phrase und Klischee. Was seiner Glosse gelang: durch bloßes Zitat das Urteil übers Zitierte mitsprechen zu lassen, bestimmt auch die Sprache seiner großen Essays: durch bloße Aufnahme der Phrase in seinen eigenen Text brachte er sie selbst und zugleich ihre Sprecher zum Eingeständnis ihrer Leere. Er referierte am einzelnen gedankenlosen Wort einen ganzen Denker und am verhatschten Satz ein ganzes Werk; er bewirkte, daß für die Nachwelt ein Dutzend Seiten in der Literaturgeschichte blaß werden vor dem Offenbarungseid des falschen Dativs. Solche Macht des Wortes herzustellen gegen die erkannte Macht der Worte (deren volle Erkenntnis ihm erst der Krieg bringen sollte), war die Notwendigkeit seiner bewußten Sendung, der moralischen wie der verneinenden, der moralisch verneinenden wie der künstlerischen. Der die Tat im Wort erkannte, lange noch ehe es grauenhaft tätlich wurde, mußte dem eigenen Wort Tat-Kraft erringen aus Erkenntnis. Karl Kraus hat den Logos, der im Ursprung war und der sein Ursprung war, wörtlich genommen. Im vierten Fackel-Jahr nannte er das, was *die Erscheinungen nicht an sich,* sondern *stets nur das Maß ihrer Gefährlichkeit betrachtet,* noch seine *perspektivische Taktik*[21]. Aber seine Negativität, in der sich Sprache und Betrachtung einig wurden, ist so wenig taktischer wie philosophisch abstrakter Ansatz gewesen, sondern empirisches Resultat, und daß die Satire, deren Form vorausweiß, was ihr Verfüger an ihr selber erst erfährt, ihn selber zu ihrem Erleidenden macht, gehört mit zu ihrer Definition. Karl Kraus hat die Bestätigung dessen, was er wußte, stets wie einen Schock erfahren: das macht etwas vom anrührend Idealistischen der Verneinung in ihm sichtbar. *Wie schwer es oft ist, eine Tat in einen Gedanken umzusetzen*[22] – in der lakonischen Wendung spricht zuletzt noch die Hoffnung mit, das Tatwerden der Greuelmöglichkeit in seinem Wort könnte Substitut sein fürs Tatwerden im Wirklichen und dieses verhindern. Das Scheitern dieser Illusion war die Leidenserfahrung, die eigentliche, seines Daseins, und er hat sich ihr, immer und immer wieder, preisgegeben, weil er jene nie preisgab. Der *Produktivgehalt kritischer Zerstörerarbeit,* von dem er schon im zweiten Jahr sprach[23], ist das Bejahende des Prinzips Hoffnung, das aus der Negation des Negativen das Plus erzwingt und noch dem eigenen Scheitern mit Verneinung antwortet. Den Schock-Erfahrungen seines Scheiterns hat Karl Kraus lebenslang so respondiert: mit gesteigerter Produktivität des Verneinens. Die großen Essays zur Thematik »Sittlichkeit und Kriminalität«, bis hin zur »Chinesischen Mauer» 1909, sind Resultat so – auch und gerade in ihrer künstlerischen Gewalt. In ihnen wurde die Satire, die erst nur den *ganzen Sittlichkeitsplunder* verspottete, die *das*

Freimädchen ethisch über den liberalen Leitartikler stellte[24] (und ein Denkmal für den Erfinder des Schwarzdrucks *aus Antipathie gegen den dargestellten Mann* verwarf *und weil es eine Prostituiertengasse verschandelt*[25]), die Sittlichkeit als das definierte, *was das Schamgefühl des Kulturmenschen gröblich verletzt*[26] – in ihnen wurde sie Ausdruck der Verletzung aus innerstem Entsetzen, und die Größe ihres Wortwerdens war Spiegel der aus Worten gewordenen Tat. Die Strafgerichtspraxis war schon im ersten Jahr auf den Tisch gekommen; daß Richter-Wort dem Kerkermeister zu tun gebe und Zeitungs-Wort dem Tod – nicht der Tatbestand, sondern der darin erbrachte Beweis der Einheit von Wort und Tat schockte den zutiefst, der sie behauptet hatte. *Am 10. März 1904 wurde in Wien lebenslänglicher schwerer Kerker wegen frechen Benehmens im Gerichtssaal diktiert*[27]: solche Sätze wie der zum Krafft-Prozeß sind Angelpunkte der Fackel-Entwicklung vor dem Krieg, und noch Äußerlichkeiten wie die rigorose Wendung gegen Einsender und Besucher auf dem Umschlag, die *längere Unterbrechung* kurz darauf und die Änderung der Erscheinensweise bilden Inneres ab. Die Satire konnte, virtuoser und schärfer als zuvor, weiter *jenen Tröpfen* Spott bieten, *die sich den Geschlechtsverkehr bloß auf ethischer Grundlage und nicht auf einem Divan vorstellen können*[28]; aber was ihr aus der Thematik zuwuchs, in Sprache und Position, war jene ethische Grundlage selbst, die sie brach. Es verschlug nichts, daß die Metanoia des Hofrats Feigl der Illusion des Weltveränderns entgegenkam. Karl Kraus sprach, 1905 in den »Bekenntnissen«, von der *bedenklichen ästhetischen Wendung*, welche die Fackel genommen, und von ihrem *moralischen Niedergang*[29]; er meinte ihr Höherwachsen – in den *adäquaten Ernst* dessen, der nur noch erfährt, was seine Satire vorausweiß. Er stellte in Österreich, wo *Schicksalswendungen durch Redewendungen übertüncht* wurden[30], die Schicksalswendung in der Redewendung wieder her und zeigte sie als die Anmeldung der Weltpleite, die kam. Aus der Totalität des Vorauswissens entstand die seines Widerspruchs gegen das Totum, und noch der Krieg Eines gegen Alle nahm die Weltkatastrophe vorweg, gegen deren Vorausahnung seine Hoffnung gern Unrecht behalten hätte und deren Unvermeidbarkeit er aus seinem eigenen Wort erfuhr. *Es geschieht fortan nur mehr, was von mir beschlossen ist*[31] –: ein halbes Jahr später, im Spätherbst 1912, geschah der Balkankrieg, der die *Hyänen auf dem Schlachtfeld* verwirklichte. Der Boxeraufstand von 1900 hatte noch im Hintergrund der Glosse bleiben können; vor den Greueln des Balkanfeldzugs steht bereits grell der Weltkrieg. Totalität des Widerspruchs: in ihr behielt die Empfindlichkeit gegen das tödliche Kleinste letztes Recht. So war, was ursprünglich *Lapidares aus der ›Neuen Freien Presse‹* hieß, die bloße Stilblütensammlung, zur Schandtafel der Welt geworden, so die bloße *Gernegroßstadt* Wien zum *Hundsgemeinwesen;* so waren die grandiosen Münz-Satiren, die schon den Krieg um der Presse willen ins Auge faßten, oder die Zifferer-Dialoge gerade in ihren groteskesten Momenten Vorübung nicht nur der Hand für die »Letzten Tage«. So sah Karl Kraus den *Psalmisten des Kurszettels*[32], Benedikt, schließlich als *apokalyptischen Galopin die Vorbereitungen zur Weltbaisse treffen*[33]: den *Sieger,* den Inbegriff des *Was wir umbringen,* der seine Unumbringbarkeit bewiesen hatte. Die Presse, die Selbstkarikatur des unsauberen Weltlaufs, war durch Lächerlichkeit nicht zu töten; die Satire, zu deren Sinn der Verlorene Posten per Definition gehört, war unsterblich, weil sie scheiterte. In diese Verschränkung mündet die Geschichte der Vorkriegs-Fackel, und aus ihr kam das Selbstverständnis der Instanz, in der sie fortleben konnte. Die Unerbittlichkeit auch, die über alles Menschliche hinauswachsende, des fortlebenden Kampfs gegen das ewige Kleinste. Hermann Hesse fand 1910 die »Sprüche und Widersprüche«, *unheimlich ernsthaft*[34], und in einem Vorlesungsbericht der »Reichspost« stand 1912, man habe am Schluß der »Faschingsunterhaltung« das Gefühl gehabt, *einem Spiele beizuwohnen, in dem es auf Tod und Leben geht*[35]. Es ging darum, wie ›wörtlich‹ immer, so wörtlich schon bald. Satire ist Paraphrase der Endzeiten, ihr Witz die Komplementärfarbe zum Tode.

*

Es sei gegen ihn *nicht aufzukommen,* hatte er drei Jahre zuvor gesagt, 1911: *Denn es ist ein Kampf mit ungleichen Waffen, wenn die gute und die schlechte Sache gegeneinanderstehen*[36]. Jetzt stand die schlechteste gegen den guten Einzigen, der sie prophezeit, der sie aus dem Bodensatz der Menschheit gewahrsagt, der sie *bestimmt* hatte –: konnte er gegen sie aufkommen? Die Frage, historisch zu seinen hellsten Gunsten entschieden, war, unentscheidbar, seine eigene. Satire wirkt durch virtuelles Übertreiben: sein Anschein, der zuletzt nur die Distanz zwischen der vorauswissenden Empfindlichkeit des Satirikers und den Unempfindlichen abbildet, ist in ihrer Taktik das Moment, das anschaulich macht: – konnte sie noch anschaulich machen, wo die Wirklichkeit sie selber übertrieb? Satire zieht die Erscheinungen zur Konsequenz zusammen: – konnte sie, wo jene sie selber zogen, noch mehr vollbringen als das ›Sic!‹ der geometrischen Analysis, das als Beweis genügt? Karl Kraus vollbrachte mehr. Er vollbrachte die riesig ausholende Anrede *In dieser großen Zeit – die ich noch gekannt habe, wie sie so klein war ...*[37]; dann vollbrachte er das Schweigen, fast durch das ganze Jahr 1915. Dann sprach er weiter, und scheinbar wie immer: gegen das Kleinste der Großen Zeit, gegen die Verursacher des tödlich Verursachten, gegen die Menschenartigkeit des Bösen. Wie immer gegen die Journalisten, die dem Frontmorden mit dem Feuilleton sekundierten und dem Sterben mit dem Stimmungsbericht, die den Heldentod empfahlen, zu dem sie Gelegenheit gemacht hatten, und dem Zusammenbruch der Werte das Zeilenhonorar abgewannen; gegen den Vorbereiter der Weltbaisse, der zum *Schlachtenbankier* geworden war und zum Tertius gaudens der Katastrophen; gegen die Literaten und Lyriker, die in der Sicherheit des Kriegspressequartiers, der *Heldenbeschreibungsanstalt*, für die Glorie das Leben des Geistes riskierten. Er protokollierte den Untergang, voller Grauen vor der Niederlage der Humanität, voller Grauen vor dem Sieg seines Rechthabens. *Eine Kultur ist dann fertig, wenn sie ihre Phrasen noch in einen Zustand mitschleppt, wo sie deren Inhalt schon erlebt*[38]. Auch die »Letzten Tage der Menschheit« sind, wie sie Satire sind, Protokoll so – aber nicht allein für die Akten des Weltgerichts, für die Instanz jenes Planeten Mars, den er die Ausjätung des Übels Erde als Hygienemaßnahme am Schluß vollziehen ließ und für dessen Theater er *gemalt* hatte, *was sie nur taten*[39]. Wie sie Satire sind: denn die Brechung des Wahren, als die sie definiert ist, greift auch hier bis in die Prämissen der Grundform, und was als Paradox erscheint, die Hinwendung, die Ansprache der bewahrenden Kunst an *Gottes Ebenbild*, das im von ihr Bewahrten selbst annihiliert worden war, enthüllt jenseits seinen strikten Gegen-Sinn – wie im gewendeten Schiller-Zitat das schauerliche *nur* ihn enthüllt, das zugleich das ganze Bewußtsein der Tatgewalt des Worts über die Gewalttat ausdrückt. Hier wird, in nuce, die ganze Humanität sichtbar, deren Trauer das Werk bewirkte und deren verzweifelter Widersinn im Satirischen darum die vollendete Formlösung fand, weil der Autor ihn in Person für sich zu lösen vermochte. Was Satire im Protokoll so aussetzen konnte, war die Zeit, war das Unabänderliche des Eingetroffenseins, das seine Abänderlichkeit lehren wollte und umgekehrt wurde in das, was durch Umkehr vielleicht nicht würde eintreffen müssen; was vom Urteil der »Letzten Tage« ausgesetzt wurde, war das Urteil selbst, das sie zu den letzten machte. Hier bildet sich, in der Verklammerung der Form, die Erkenntniskrise von Karl Kraus ab: die Entscheidung zwischen der wissentlichen Hoffnungslosigkeit und der Hoffnung wider besseres Wissen. Er suspendierte sie, indem er sie als Aporie der Form in die Tragödie einbezog; nichts könnte zuletzt vielleicht mehr daran ergreifen. Er stellte Satire her als den Ausweg: das Ende ohne Ende mochte an ihr zum Spott werden, seine Endlichkeit zu ihrer Übertreibung. Was alles, schauerlich, darin Platz hat, welche Fülle der Gegensinne, welche Totalität des sich selber verneinenden Negativen, in allem ist zugleich die Möglichkeit des Entrinnens gewährt (und wie weit sie geht, müßte nicht erst in einem Saal, der bei Qualtingers Vorlesung lacht, erlebt werden). Das Weltgericht, das die Zeit aufhebt und ›in uns‹ ist wie das Reich Gottes des Stifters des Christentums, begnadigt die Erinnerung an die kommende Tat zur Angst vor der vergangenen. Humanität gibt ihr Letztes: das Vorauswissen erbarmt sich, indem es zum Gedächtnis wird der vergessenden Welt. Dies wurde Karl Kraus nach dem Krieg in nie zuvor erreichtem Maß, und noch das Äußere seines Tätigseins, die Vorlesungen, die Hinwendung zum Theater, war Konsequenz dessen, was die Form der »Letzten Tage« in der Tiefe aussprach: der Verwandlung des Herausgebers der Fackel in den Janus der Instanz K. K. Shakespeare hatte schon 1902 *alles vorausgewußt*[40], und auch damals schon war er Maske und Kothurn dessen gewesen, der ihn in die Erinnerung rief; seit dem Krieg las Karl Kraus ihn wie eine höhere Instanz seiner selbst. Selber der Vorauswissende, las er – wo er persönlich auftrat – seine Urteile unterhalb dessen in sich, das sie gefällt hatte, als Protokollant eines Gerichts, dem er selber unterworfen war durch die Pflicht, *mit Wahrheit melden* zu müssen[41]. Er las, wenn er Shakespeare las, immer *Aus eigenen Schriften,* und die Identität mußte nicht erst durch das so angekündigte »Timon«-Programm von 1930 bewiesen werden. Der satirische Bruch, der sich in der Gestalt der »Letzten Tage« vollzieht und ihr Höchstes wurde, geht als Riß durch die Person des Autors, der durch sie ihr Höchstes wurde. Persönlich ist alles darin noch über die Erscheinung seiner selbst hinaus: dessen, der in Person unter die Personen trat und sich der Verfügung des Autors unterstellte; persönlich ist die Aporie der Form re-flektiert in dem, der ein weiteresmal den ganzen *adäquaten Ernst,* den blutigen, grauenhaften, vorauswissend meinte und doch den bloßen *Nörgler* spielte – und der zugleich *Der Optimist,* der eigentliche, war, weil er den *Nörgler* spielte; persönlich zuletzt ist sein *Großes Schweigen,* das zwischen dem Untergang liegt und der beschließenden Stimme dessen, der es *nicht gewollt* hatte[42] – ja, persönlich darin noch der Reflex des *Totschweigens,* das ihm widerfuhr und dem gegenüber er doch und doch das letzte Wort behält. Zwischen *dieser großen Zeit* und dem »Nachruf« auf sie liegt die Verwandlung der Instanz K. K., das Zerbrechen ihrer alten Unbedingtheit und die Aufrichtung, die riesenhafte, ihrer neuen. Wo der Anteil des Inneren an der Fackel-Satire erkannt ist, hätte auch im Verstummen von 1915 jener persönliche Anteil vermutet werden müssen, den die jetzt erschienenen Briefe an Sidonie Nádherny freilegen: jener des Rom-Erlebnisses mit der sich versagenden Narzißtin und des Verlusts der privaten Glückserwartung, der sich den Menschenverlusten des Krieges addierte[43]. Was die Briefe erkennen lassen, ist nicht weniger als ein totaler regressiver Ich-Verlust, und die Psychologie, die das Schweigen von 1915 deuten helfen wollte, hätte hier anzusetzen, auch wenn das Folgende, die Wiederherstellung, die neue Selbsthinstellung, sich der ihr naheliegenden Diagnose – Über-Ich-Besetzung, hohe Identifizierungs-Toleranz – entzieht. Die Höhe der neuen Selbsthinstellung: es dürfte schwerfallen, Elemente darin zu finden, die Unbewußtes wären, Einmischung präformierter Zwänge, Mitsprache irrealen Wahns. Die großen Essays der zweiten Lebenshälfte der Fackel, vom »Nachruf« bis zur »Dritten Walpurgisnacht«, sind geradezu definiert durch ihre selbst vom Pathos nur gesteigerte Sachbezogenheit, ihre ins Tiefe bohrende Genauigkeit, die mitunter sogar den satirischen Grundcharakter gefährdet: alles ist Ausdruck der durchsetzenden Bewußtheit, und es wäre unerlaubt, die späte Geschichte der Fackel als Krankengeschichte zu sehen; selbst einem Interpreten wie Hans Weigel ist da zu widersprechen. Gerade der »Nachruf«, der so etwas wie eine Regierungserklärung der Instanz K. K. darstellt und sonderbar genug in der Sekundärliteratur meist nur u. a. bemerkt wird, ist Herstellung und Vermittlung eines unerhörten, das Empfindlichste zu Sprachmacht bringenden Bewußt-Seins – und ein Wunder der Prosa, wie es keine der Weltliteraturen zum gleichen oder ähnlichen Gegenstand gleich oder ähnlich besitzt. Daß sich in einem einzigen Dialektwort der Gemütlichkeit, wie dem des oberkommandierenden Erzherzogs Friedrich bei einer Filmvorführung des Granatentods an der Front, die ganze Katastrophe der Humanität abspielen und abspiegeln kann, dieses Kleinste wurde Stellvertretung des ganzen Unsagbaren, und wäre einmal eine Nachzeit ohne jedes andere Dokument, ihr bliebe in diesem doch das ganze Wesen der Weltkriegswelt erhalten, im Faktum selbst wie in dem, daß es gestaltbar gewesen war. Im Strom der 120 Seiten Worte, einer Sintflut der in den Begriff bekommenen Greuel, die als Gedächtnis über die verdreckte Welt geschickt wird, ins unendlich Fließende mündend, nur dreizehnmal Atem holend, ist am Schluß das Unbeschreibliche getan: – *Und wie da, nachdem schon alles verpulvert war, ein gewaltiger Fall geschah, hörte man in atemloser Stille eine Stimme aus der vordersten Reihe nur ein Wort rufen, aber mit einem Ton, in dem alle Quantität der Leere dumpf zu Boden schlug, das große Wort des Nachrufs aller Nachrufe: Bumsti! ... Phorkyas aber richtet sich riesenhaft auf, tritt von den Kothurnen herunter, lehnt Maske und Marschallstab zurück und zeigt sich als Mephistopheles, um, insofern es nötig wäre, im Epilog das Stück zu kommentieren*[44]. Was sich hier riesenhaft aufrichtet, Begriff des Unwirklichen aus dem Helena-Akt, das sich als Mephistopheles zeigt und im Epilog kommentiert, ist definiertes Selbstverständnis des Satire-Begriffs der Instanz K. K., der in Maske und Wesen gespaltenen, und ihr Kommentar war, gespalten, *jene Stimme von oben* im Epilog der »Letzten Nacht«, die den Vollzug des Gerichts mit Wahrheit meldet und die Karl Kraus in der Aufführung von 1923 selber sprach. Das Ganze ist Rollenspiel, aber eines jener innersten Symbolik, die anderes nie ist: – er, Karl Kraus, war der Einzige, der zu dieser Stellvertretung befugt war, der Einzige, der rein geblieben war vom Enthusiasmus des Bösen und die Reinigung von oben erwirken durfte. Er war, so, zugleich auch der Einzige, der es *nicht gewollt* hatte und das letzte Wort behielt in der Höhe, in die er durch den Krieg gelangt war – nicht weil er sich überhoben, über alle anderen erhoben hätte, sondern weil alle anderen um ihn, die Stimme hatten, abgesunken waren in der Bodenlosigkeit. Er hatte den Reinheitsbeweis erbracht; er konnte unfehlbar werden, wie er allwissend schon geworden war. Die Gegensetzung der Fackel, ihr negatives Programm, hatte im Krieg ein Extrem der Totalität erreicht: er mußte – und das ist nun doch jenseits aller Kritik ganz ernst zu nehmen, adäquat ernst – er mußte seiner Satire die Bezugsinstanz schaffen, die soviel Gegensatz vertrug, oder er hätte ihn und sie aufgeben müssen. Die Instanz K. K.: ihre Gottähnlichkeit kam nicht von Nirgendher: die Verehrung hatte sie mehr als einmal zugesprochen, und von Kokoschka stammt die wahrhaft zyklopische Antwort auf die Brenner-Umfrage von 1913, Karl Kraus sei *abgestiegen zur Hölle, zu richten die Lebendigen und die Toten.* Daß Karl Kraus solches Außenverständnis seiner Satire in ihr Selbstverständnis eintrug, daß er Ernst damit machte, könnte, zumindest auch, *perspektivische Taktik* gewesen sein. Daß er Ernst damit machte – und Satire zugleich. Denn auch dies Selbstverständnis, die beim Wort genommene Ebenbildlichkeit, die er im »Epilog« unter sich zerstört gesehen hatte, unterwarf er der Brechung: ihre Facetten funkeln durch das ganze weitere Werk, nicht nur im epochalen Schlußwitz der »Bunten Begebenheiten«, der seinen eigenen Austritt aus der Katholischen Kirche paraphrasierte. Karl Kraus setzte Gottes Position, nach seinem Bilde, selber satirisch an: satirisch, das heißt erbarmend im Vorauswissen und mächtig im tätigen Wort. Die Verschränkung von Satire und Ethik: daß jene *im Widerspiel* nicht ohne diese statthaft sei, hatte er von allem Anfang festgesetzt: – wäre diese am Ende nicht ohne jene wirkend möglich? Die Frage hat sich ihm zweifellos gestellt und vielleicht mit bewirkt, daß er die alten Formen fortsetzte, erweiternd, vollendend. Sie hat sich ihm gestellt wie jene andere nach der Befugnis der Fortsetzung und Vollendung seiner Position inmitten des Nachkriegselends, jenes Elends, das die Prinzipien ihr Recht verlieren läßt und zuletzt selbst die Humanität ihr Recht aufs Prinzip. Er hatte, in seinem Weltkrieg gegen Wien, immer nur die leidenden Werte gesehen; er sah jetzt, nach dem Weltkrieg Wiens gegen Wien, die ihre Konsequenz erleidenden Menschen, und litt unter der Notwendigkeit, die Werte prinzipiell zu setzen und höher. Vielleicht ist die bis ins physisch Unglaubliche gesteigerte Vortragstätigkeit, die das Bessere gab gegen den Hunger, und die Weggabe allen Ertrags an die Hungernden, der Spiegel des brunnentiefen Konflikts, aus dem die Instanz K. K. aufwuchs; vielleicht trug er, der über Privates nie Rechenschaft ablegte, die Rechenschaft über die Zuwendungen an die Bedürftigkeit darum so peinlich genau ins Fackel-Protokoll ein, weil sie jenseits der Güte des Herzens zuletzt auch Loskauf waren, Bußen des Geistigen, das mit ihnen den Jammer der Menschheit in sich beschwichtigte und sein Recht auswies, sich ganz der Bewahrung ihrer Worte und Werte zu widmen. Der öde Franz Blei, der monierte, daß *der von den Eltern vermögende und viel verdienende Kraus* demgegenüber im Literaten-Café *niemandem auch nur einen Groschen geschenkt* habe, hat vorgebracht, er sei ein *von der Gnade der Liebe ganz unberührt gebliebner Mensch* gewesen[45] – manchmal wird ein Mensch bewiesen durch das, was sein Feind ihm abspricht. Die Gnade der Liebe war Ur-Sache der höchsten Empfindlichkeit, und wie diese blieb sie bis ans Ende ohne Nachlassen. Karl Kraus blieb in Wien, gegen das er empfindlich war, im *nach dem Zustand ihrer Straßen und ihrer Gehirne genannten Weichbild* der Stadt, die sich's mit dem Frieden gerichtet hatte und geblieben war, was sie war – und deren Aspekt Weltaspekt geworden war wie ihr Krieg Weltkrieg. Unter ihm richtete er weiter das Kleinste als Ganzes von Zeit und Raum, erbarmend im Vorauswissen und mächtig im tätigen Wort. Daß der Stuhl Gottes leerstand auf Erden wie der des Kaisers, auf dem ›letzten Endes‹, sehr tief enttäuschend, doch nur *die Unpersönlichkeit* gesessen hatte[46], bewirkte die Besetzung mit der Instanz K. K. (und in ihr, der ›viel bewußt‹ war, ist denn satirisch auch der Bezug aufs kleinere k. k. noch enthalten): Karl Kraus bedurfte der konkreten Autorität, weil er die Werte absolut autoritativ setzte, und die Erkenntnis, daß die Verbrechen der Menschheit an sich selber nur auf dieser Höhe justiziabel seien, verfügte das Selbstverständnis gegen sein Selbst: die Aufrichtung des Richterstuhls, auf dem einsam und unbarmherzig zu sitzen die Qual seines Herzens war. Die Chiffre dieser Instanz – *Der Herausgeber der Fackel* oder, wie in der Satireform der Briefe des Verlags, *Herr K. K.* – hat mitunter die Gewalt der Höchsten Majestät (und bewahrt sie noch da, wo ihr Satire von außen die Brechung zufügte, wie beim vergeblichen Plakat gegen Schober, dem die Niedrigkeit das ihre vergeblich entgegensetzte); als Mensch blieb er unauffällig, posenlos, eher abwehrend gegen die mißverstehende Adoranz. Aber eben das, was diese Abspaltung freispricht von allem kranken Gespaltensein: daß er die Instanz seiner Satire, die in Menschengestalt nicht repräsentierbare, nie in Person zu repräsentieren suchte, beweist sie als bewußtes, noch im Mystischen nüchternes Wirkungskonzept. Denn er, der das Amt des Weltrichtenden so ganz ohne den Beisitz der Gnade übte, der auf die Dummheit die Verdammnis setzte und auf den Grammatikfehler die ewige Überlebensstrafe, er war als Mensch verzeihend und geduldig, er lebte nächstenfreundlich und zugewandt, im Geistigen ruhend und liebend. Gerade das hat ihm, obwohl es die Verehrung erst eigentlich legitimierte, fraglos so viele Verehrer vertrieben, die mißverstehenden Freunde, die von der gewährten Gemeinschaft die Möglichkeit erwarteten, sich auch mit der Instanz des Weltgeistigen auf den Duzfuß zu stellen, und von dieser den Kompromiß, den nur das Caféhaus zuließ. Auch die Abwehr gegen die Hörer und Leser, denen der Herausgeber der Fackel mitteilte, daß sie das Unerfreulichste an der Fackel seien, und die Karl Kraus brauchte und suchte, gehört unter anderem Vorzeichen hierher: die Strenge gegen eine Verehrung, die der Satire zuletzt doch nur die Schadenfreude abgewann und wohlmöglich bereit war, den Augiasstall selber noch dafür zu preisen, daß er die Leistung des Herkules in die Welt gebracht hatte. Die Instanz K. K. war unzugänglich für Relativierung und Kompromiß, und was in der späten Fackel oft widersprüchlich dasteht, kommt aus dem Grund, daß Karl Kraus selber der von ihm eingesetzten Über-Ordnung unterworfen war und ohnmächtig gegenüber der Eigenmächtigkeit des Humanen Geistes. Nur unterhalb ihrer konnte er Bündnisse eingehen mit dem Tag; unterhalb dessen, das nicht schlafen noch schlummern durfte, konnte er müde werden und alt; unterhalb hatte er die Hand frei für das Theater, für Politik: für Risiken der Fehlbarkeit, für Möglichkeiten des Scheiterns im Tag. Politik: ganz im Anfang hatte er sie mit einbezogen, sie und das ganze Obrigkeitspersonal, das dann nachher einerlei war und ad acta entkam wie Berchtold in die Schweiz; nach zehn Jahren Fackel sprach er ihr die längst vollzogene Absage aus und hielt sie nur noch *für eine mindestens ebenso vortreffliche Manier, mit dem Ernst des Lebens fertig zu werden, wie das Tarockspiel*[47]: Teil seiner Absage ans Aktuelle, an alles, was eph' hemeran war, für den jour und die Jours. Daß sich der Begriff wandelte, als das Tarockspiel den vorausgewußten Verlauf von der Glorie zur Pleite nahm, bedarf der Erklärung nicht; erklärt werden aber sollte einmal, mit viel Zitat und Genauigkeit, welchen Sinn er ihm in der Folge zuwies. Auch den Kampf gegen Bekessy, in dem er, einmal, mit aller Kraft in die exekutive Praxis ging und erreichte, was über Einzelmenschenkraft ging, und dem er dann doch nur die Funktion zuteilen konnte, *an einem praktischen Erfolg, dem größten, den ich je errungen habe, die ganze Größe meines Mißerfolges darzutun*[48] – auch den Kampf gegen Bekessy, den er gewann, hat er als Politik geführt, wie den gegen Schober, den er verlor. *Das täglich wachsende Gefühl der Unwirksamkeit einer sittlichen Überredung, der eine akustischere Zeit, ein günstigeres Klima den unmittelbaren Erfolg nicht versagt hätte*[49]: aus ihm suchte er in die Tagestat zu entkommen, ins Bündnis mit den Tagesmächten, und der Wille zu solcher Wirkung unterhalb der höheren ist gewiß die Schwäche, die ihn ehrt. Im Prinzip, als Prinzip, mußte er damit scheitern – an der Sozialdemokratie, an der sogar die eigenen Prinzipien scheitern, wie an Dollfuß; er erfuhr, was er schon im siebten Jahr vorausgewußt hatte: *Könnte ein Kulturmensch überhaupt den Drang verspüren, sich politisch zu betätigen, er würde in Österreich stets zwischen den Parteistühlen zu sitzen kommen*[50]. Aber es wäre ohnehin sinnlos, ihn einer der Kategorien zuweisen zu wollen, die das Massendenken grob genug sortieren: ob er liberal war oder konservativ, ob links, ob Mitte, ob rechts, war nachher, ist heute einerlei; er war, als Prinzip, alles zugleich und über allem zugleich; er blieb die *Stimme von oben,* und was Karl Kraus unterhalb versuchte, ist sein Vergänglichstes. Es kostete ihn, bei Dollfuß, zuletzt viele Anhänger, und noch heute rechtfertigen deren Überreste nachrufend mit vielen nichtigen Worten, warum es ihn sie habe kosten dürfen. Aber es ändert nichts, und die gegen ihn Tagesrecht behielten, haben ihr Recht mit dem Tag verloren. Als die Stimme schwieg, zum zweitenmal, und ihr Protokollant unten erläuterte, 315 Seiten lang, *warum die Fackel nicht erscheint*[51], war die »Dritte Walpurgisnacht«, die Vorauswissen war und als Nachruf erschien, posthum, 1952, schon geschrieben. Aber lauter als sie, die dann nur noch einmal das *Ich habe es nicht gewollt* nachsprach, hatte, noch einmal, das *Große Schweigen* zu sprechen gegen die Greuel, die sich die Tollhausmenschheit vorbereitete, lauter als Deutschlands Erwachen das Einschlafen des Worts, das im Gedicht sein Verstummen anzeigte und das im Druck dann, ins Endgültige verändert, *entschlief*[52]. Es geschah fortan nur mehr, was von ihm schon beschlossen war. Dieses vielgeehrte und vielbewütete *Man frage nicht,* der höchste Ausdruck eines Menschenalters Gegensetzung und gelebten Willens zur Reinheit: noch der Prozeß um das

Komma darin, dessen Fehlen nicht den Sinn entstellte des Schweigens, sondern dessen Richtigkeit, ist höchster Ausdruck mit des Absoluten der Instanz K. K., auch wenn und gerade weil sie ihn in beiden Justizinstanzen verlor, ein Ausdruck, in dem die satirische Brechung zuletzt als Riß durch den ganzen Planeten geht: im Kleinsten ist, noch einmal, die ganze Tragödie des Geistes auf Erden dargestellt. Sein Rückenleiden hatte Karl Kraus nach dem ersten Schweigen davor bewahrt, in der Hölle des Feldgrauens umzukommen; sein Tod bewahrte ihn, nach dem zweiten, vor dem noch grauenhafteren Geschick – und Wien, das zwei Jahre danach, 1938, so schnellen Strichs, als wäre er nie gewesen, von der Barbarei eingenommen war, vor der Schande, mit einem Triumph über dies Geschick in die Geschichte zu kommen. Zu seinen letzten Worten gehört eine Frage, ein letztes Wort der Instanz, die inmitten des beginnenden Komas *plötzlich klar und kampfbereit*[53] war wie immer und von der er gehofft hatte, sie müsse *die Macht haben, den Tod zu verhindern*[54]: – *Wem habe ich denn jemals Unrecht getan?* Die Nachwelt beurteilt nüchtern. Aber wie immer sie im einzelnen differenzieren wollte, am Ende bliebe ihr vor dem Prinzip seiner Satire, die keine andere Brechung zuließ als die eigene, angesichts eines Ernstes, der vor sich selber nicht haltmachte, doch und doch nur die Möglichkeit, die das Frag-Würdige seiner Erscheinung in die Würdigung seiner Erscheinung adäquat ernst einbrächte, die Möglichkeit, ihr letztes Wort über ihn dem seinen nachzusprechen: – Wem hat er denn eigentlich jemals Unrecht getan?

*

Ich habe, ließ er den Nörgler am Schreibtisch über das Zeitalter sagen, *das Wesen gerettet und mein Ohr hat den Schall der Taten, mein Auge die Gebärde der Reden entdeckt und meine Stimme hat, wo sie nur wiederholte, so zitiert, daß der Grundton festgehalten blieb für alle Zeiten*[55]. Er hat sich, in ungezählten Letzten Worten, immer wieder selber erklärt, und der Interpretation bleibt wenig zu sagen, was nicht er selber schon sagte. Aber wollte man dieses riesige Leben aus einem einzigen Punkt erschlossen sehen, so wäre er dieses *Für alle Zeiten,* das als Inschrift darüber stehen könnte, wie über dem Kants, durch ihn erst endgültig, das *Zum Ewigen Frieden* steht, und am Ende bedeutet beides das Gleiche. *Dies Grab ist ein erhabener Verzicht: »Mir wird es finster, und es werde Licht!«*[56] Er hatte zu erkennen, daß der Dreck ewig ist und ewig der gleiche; er erkannte, daß der Widerspruch, die Gegensetzung, darum ewig dauern müsse. *Was wir umbringen:* – er hat nichts umgebracht. Aber er vollbrachte, daß das Unumbringbare keinen ruhigen Augenblick mehr hat, daß der Schund der Welt, der tödlich nicht zu treffen ist, über seinen, des Treffenden, Tod hinaus weiter getroffen bleibt. Es geschieht fortan wirklich nur mehr, was von ihm beschlossen ist. Ein Bewußtsein dieser Wirkung seines Wirkens könnte die dumpfe Wut erklären, die es ungemindert entbindet, heute noch, und weiter entbinden wird und die den bloßen Tatbestand, daß sich die Vertretung des Menschentums auf Vollmacht der Vertretenen nie berufen kann, sprengt. *Meine Angriffe sind so unpopulär, daß erst die Schurken, die da kommen werden, mich verstehen werden*[57]. Die Dauer seines Werkes wurde seine eigentliche Waffe, vor der aller Mißerfolg im Tag stumpf war: an dieser Dauer hat er gearbeitet, wenn er an seinen Formen arbeitete; diese Dauer suchten seine nie aufhörenden Umformungen der Sprachgestalt zu sichern, die immer neuen Überführungen in das dichtere Wort, in den endlich dichtesten Aggregatszustand des Gedankens – wie die jenes *Bumsti!,* das am Ende im Heroischen Vers dasteht. Alles ist end-gültig gesagt; alles ist Letztes Wort, das der Vergehende unvergänglich behält; alles ist auf ewige Nachzeit entworfen, bändigendes Äquivalent zur Ewigkeit der Menschengreuel, des alle bändigenden Gemeinen. *Nach dreißig Jahren* Sieglosigkeit war dies sein Sieg: *Ich bin vorhanden, vae victoribus!*[58] – und von der Mächtigkeit dieses Rechthabens mag zuletzt noch der bezwungen werden, der ihrem Pathos die Genugtuung voraushat, Zeitgenosse der Computer zu sein. Was er, Karl Kraus, alles nur in allem genommen, gewesen sei, ginge wohl über Definitionskräfte; daß nimmer seinesgleichen zu sehen sein wird, wäre nicht genug. Aber wenn ein Satz es beschreiben könnte, so wäre es einer, der dies beschriebe: die immer neue Sichtbarkeit seiner selbst, das unvergängliche Vorhandensein des entschlafenen Worts, das *jene Welt* überdauerte und immer wieder sie, die immer wiederkehrende, überdauern wird. Er der *alles vorausgewußt* hat, hat sich schließlich auch die Grabschrift selber gesetzt – in Versen, die, jeder Satz Negation und paraphrasiertes Zitat, die Erkenntnis der Vergeblichkeit und das Bewußtsein ewigen Fortlebens miteinander brechen und noch einmal das ganze Wunder seiner Satire entfalten:

Wie leer ist es hier
an meiner Stelle.
Vertan alles Streben.
Nichts bleibt von mir
als die Quelle,
die sie nicht angegeben[59].

1 »Die Fackel« (künftig abgekürzt F) Nr. 717–23, 93 ff.
2 F 254–55, 35.
3 jetzt abgedruckt in: Karl Kraus: »Briefe an Sidonie Nádherny« II, 315 ff.
4 F 381–83, 71
5 Sigmund Freud/Arnold Zweig: »Briefwechsel«: Brief vom 2. 12. 1927.
6 Brief Freuds an Kurt Hiller vom 9. 2. 1936. In: Kurt Hiller: »Köpfe und Tröpfe«, 308.
7 F 376–77, 21.
8 F 381–83, 73.
9 »Zentralblatt für Psychoanalyse« III, Heft 12, aus F 376–77, F 387–88, 17 ff.
10 F 406–12, 133.
11 »Zwei Läufer«. In: »Worte in Versen« I.
12 F 245, 16.
13 F 185, 8.
14 F 68, 2.
15 F 179, 50.
16 »Die Antwort«. In: »Worte in Versen« VIII.
17 F 1, 19.
18 F 5, 11.
19 »Warnung des Lesers«. In: »Worte in Versen« III.
20 F 1, 1.
21 F 119, 36.
22 F 241, 1.
23 F 56, 11.
24 beides F 149, 1.
25 F 275–76, 17.
26 F 153, 14.
27 F 157, 6.
28 F 211, 7.
29 F 185, 1 ff.
30 F 174, 1.
31 F 343–44, 6.
32 F 42, 13.
33 F 368–69, 39.
34 F 298–99, 44.
35 F 345–46, 25.
36 F 324–25, 60.
37 F 404, 1, gesprochen in Wien am 19. 11. 1914.
38 F 406–12, 106.

39 »Die letzten Tage der Menschheit«, Vorwort.
40 F 115, 3.
41 Shakespeare-Zitat im Vorwort der »Letzten Tage der Menschheit«.
42 Schlußwort der »Letzten Tage der Menschheit«.
43 »Briefe an Sidonie Nádherny« I, Nrn. 204 ff.
44 F 501–07, 120.
45 Franz Blei: »Karl Kraus«. In: »Zeitgenössische Bildnisse«.
46 »Franz Joseph«. In: »Worte in Versen« V.
47 F 264–65, 1.
48 F 743–50, 145.
49 ebda. 144.
50 F 190, 15.
51 F 890–905.
52 F 888, 4; die MS-Variante faksimiliert in: »Briefe an Sidonie Nádherny« II, 7–8.
53 E. Hartl: »Weltgericht vor dem Sprachtribunal«. Bei: Paul Schick: »Karl Kraus«, 136.
54 Helene Kann. Bei: Paul Schick, a. a. O.
55 »Die letzten Tage der Menschheit«, V. Akt, 54. Szene.
56 »Worte in Versen« IV.
57 »Nachts«.
58 »Nach dreißig Jahren«. In: »Worte in Versen« IX.
59 »Grabschrift«. In: »Worte in Versen« IX.

Inhalt

Karl Kraus
Schriften
Herausgegeben von
Christian Wagenknecht
12 Bände

Band 1: Sittlichkeit und Kriminalität
Band 2: Die chinesische Mauer
Band 3: Literatur und Lüge
Band 4: Untergang der Welt durch schwarze Magie
Band 5: Weltgericht I
Band 6: Weltgericht II
Band 7: Die Sprache
Band 8: Aphorismen
Band 9: Gedichte
Band 10: Die letzten Tage der Menschheit
Band 11: Dramen
Band 12: Dritte Walpurgisnacht